Grytsch/Kintzel

Unterrichtsmodelle für eine entscheidungs- und praxisorientierte Wirtschaftslehre

Teil 2

Wirtschaftswissenschaftliche Bücherei für Studium und Praxis
Begründet von Handelsschul-Direktor Dipl.-Hdl. Friedrich Hutkap †

Verfasser:
Dipl.-Hdl. **Rudolf Grytsch**, Studienrat
Dipl.-Kfm. **Reinhard Kintzel**, Studienrat

© 1984 by MERKUR VERLAG RINTELN
1. Auflage 1984

Nachdruck, Vervielfältigung oder sonstige Wiedergabe – auch auszugsweise – ist, abgesehen von den gesetzlich begründeten Ausnahmefällen der §§ 53 und 54 des Urheberrechtsgesetzes vom 09.09.1965 in der Fassung vom 10.11.1972, nur mit Genehmigung des Verlages gestattet.

Gesamtherstellung:
MERKUR VERLAG RINTELN Hutkap GmbH & Co. KG, PF 14 20, 3260 Rinteln 1

ISBN 3-8120-**0363-5**

Vorwort

Der vorliegende Teil 2 der *„Unterrichtsmodelle für eine entscheidungs- und praxisorientierte Wirtschaftslehre"* enthält die restlichen Unterrichtsvorschläge der gesamten Betriebswirtschafts- und Volkswirtschaftslehre.

Die zusammengestellten didaktischen Hinweise, Tafelbilder, Informations- und Arbeitsblätter sollen dem jungen Kollegen Anregungen für den Unterricht geben; dem erfahrenen Pädagogen oder Ausbilder bieten sie die Möglichkeit der Überprüfung und kritischen Reflexion.

Die theoretische Konzeption der Analyse und Planung von Unterricht befindet sich in Teil 1. Sie kann der situationsbezogenen Aufbereitung der hier angebotenen Materialien zugrunde gelegt werden. Es sei ausdrücklich darauf hingewiesen, daß jede konkrete Schulsituation Modifikationen in den didaktischen und methodischen Entscheidungen notwendig macht.

Für die Zusammenstellung einiger Tests möchten wir uns bei Herrn Ernst Dockter, Göttingen, recht herzlich bedanken.

Die Unterrichtsvorschläge sind in Anlehnung an das Buch „Betriebs- und Volkswirtschaftslehre" (Best.-Nr. ISBN 3-8120-0400-3) entstanden.

Diese Materialsammlung hat sicherlich Mängel:
- Sie ist teilweise zu umfangreich, läßt andererseits aber Wichtiges vermissen!
- Sie kann manche Zusammenhänge nicht ausreichend veranschaulichen!

Durch Ihre kritischen Bemerkungen können Sie der Verbesserung der vorgelegten Konzeption Ziele und Wege setzen. Allen, die durch Korrekturen, Hinweise, wertvolle Anregungen zur Überarbeitung des 1. Teils beigetragen haben, sei hier ausdrücklich gedankt.

Nörten-Hardenberg, Göttingen im November 1983   *Reinhard Kintzel*
    Rudolf Grytsch

Inhaltsübersicht zu Teil 1

A. Analyse und Planung des Wirtschaftslehreunterrichts ... 7

B. Unterrichtsmodelle für den Wirtschaftslehreunterricht ... 49

1 Grundlagen des Wirtschaftens ... 49
- Thema: Grundbegriffe in ihrem wirtschaftlichen Zusammenhang ... 49
- Thema: Warum müssen Menschen wirtschaften? ... 53
- Thema: Ökonomisches Prinzip ... 56
- Thema: Das Zielsystem der Unternehmung ... 64
- Thema: Die Gliederung der Wirtschaft ... 67
- Thema: Betrieb und Unternehmung ... 71

2 Rechtliche Rahmenbedingungen des Wirtschaftens ... 74
- Thema: Das Recht als Ordnungsfaktor im Wirtschaftsleben ... 74
- Thema: Bürgerlich-rechtliche Grundtatbestände ... 80
  1. Rechts- und Geschäftsfähigkeit ... 80
  2. Besitz – Eigentum ... 86
- Thema: Grundlagen des Vertragsrechts ... 92
  1. Zustandekommen eines Kaufvertrages ... 92
  2. Verschiedene Vertragsarten ... 114
     Exkurs: Kaufarten im Überblick ... 118
- Thema: Die Verjährung ... 119
- Thema: Störungen des Kaufvertrages im Überblick ... 127
- Thema: Das außergerichtliche und gerichtliche Mahnverfahren ... 134
- Thema: Die Allgemeinen Geschäftsbedingungen (AGB) ... 147
- Thema: Der verbrauchergerechte Einkauf (exemplarisch ausführlicher Entwurf) ... 154
- Thema: Handelsrechtliche Grundtatbestände ... 162
  1. Kaufmannseigenschaften ... 162
  2. Handelsregister ... 172
  3. Firma ... 176
  4. Vertretungsbefugnisse ... 183

3 Der betriebswirtschaftliche Leistungsprozeß ... 188

3.1 Der technisch-organisatorische Bereich ... 188
- Thema: Das System der Produktionsfaktoren ... 188
- Thema: Die menschliche Arbeit im Spannungsfeld von Unternehmung und Haushalt ... 193
- Thema: Das Ausbildungsverhältnis ... 195
- Thema: Formen der Entlohnung ... 206
- Thema: Die soziale Frage ... 214
- Thema: Auflösung des Arbeitsverhältnisses ... 217
- Thema: Die Sozialversicherung ... 221
- Thema: Tarifverhandlungen ... 234
- Vertiefungsthema: Technischer Fortschritt ... 240
- Thema: Mitbestimmung ... 248
- Thema: Vermögensbildung nach dem 3. Vermögensbildungsgesetz ... 256
- Thema: Betriebsmittel und Werkstoffe unter besonderer Berücksichtigung der Abschreibungen ... 260
- Thema: Der Wechsel zwischen degressiver und linearer AfA in rechtlicher und wirtschaftlicher Sicht ... 266
- Thema: Selbständige Mitarbeiter außerhalb der Unternehmung ... 276
- Thema: Betriebswirtschaftliche Entscheidungen bei der Lagerhaltung ... 279

Inhaltsverzeichnis

3 Der betriebswirtschaftliche Leistungsprozeß 7

3.2 Der finanzielle Bereich 7

Thema: a) Ursprung und Entwicklung des Geldes und seine Erscheinungsformen . . . 7
Thema: b) Funktionen des Geldes 11
Thema: c) Organisatorische Voraussetzungen des Zahlungsverkehrs 13
Thema: d) Instrumente des Zahlungsverkehrs 16
    1. Zahlung durch Bargeld 16
       a) Barzahlung 16
       b) Halbbare (bargeldsparende) Zahlung 19
    2. Zahlung durch Verfügung (bargeldlose Zahlung) 21
       a) Die Überweisung 21
       b) Der Scheck 23
       c) Dauerauftrag und Lastschrift als Vereinfachung im bargeldlosen Zahlungsverkehr 28
    3. Zahlung durch Geldersatzmittel (Der Wechsel) 37
       a) Wechselgeschäft 37
       b) Betriebswirtschaftliche Abwicklung der Wechselvorlage und Störungen beim Wechselgeschäft (exemplarischer Entwurf) 44
Thema: Die Finanzierung 53
    a) Kapitalbedarfsrechnung 53
    b) Finanzierungsformen 57
    c) Kreditsicherung 69
    d) Erhaltung des finanziellen Gleichgewichts 79

3.3 Der geschäftspolitische Bereich 82

Thema: Organisation und Planung als Entscheidungsprozeß 82
Thema: Die Aufbauorganisation 85
Thema: Die Ablauforganisation 93
Thema: Wesen der Information 98
Thema: Verschlüsselung von Informationen 104
Thema: Aufbau einer Datenverarbeitungsanlage 110
Thema: Datenträger 117
Thema: Grundlagen der Programmierung 127
Thema: Exkurs Datev 136
Thema: Datenschutz 137
Thema: Wahl der Unternehmensform als Entscheidungsprozeß 146
    a) Entscheidungskriterien für die Wahl der Unternehmensform 146
    b) Einzelunternehmung/Stille Gesellschaft/BGB-Gesellschaft 150
    c) Offene Handelsgesellschaft (OHG) und Kommanditgesellschaft (KG) als typische Personengesellschaften 153
    d) Gesellschaft mit beschränkter Haftung (GmbH) und Aktiengesellschaft (AG) als typische Kapitalgesellschaften 162
Thema: Unternehmenszusammenschlüsse im Überblick 179
Thema: Betriebswirtschaftliche Aspekte des Anschlusses an eine Kooperationsform des Großhandels 187

Thema: Die notleidende Unternehmung 200
    a) Unternehmungsstörungen und ihre Ursachen 200
    b) Maßnahmen bei Unternehmungsstörungen (Überblick) 202
    c) Außergerichtlicher und gerichtlicher Vergleich 205
    d) Der Konkurs 209

4 Wirtschaftssysteme und Wirtschaftsordnungen 216

Thema: Zusammenhänge zwischen Wirtschafts-, Rechts- und Gesellschaftsordnung . . .216
Thema: Von der freien Marktwirtschaft zur sozialen Marktwirtschaft 218
Thema: Von der Zentralverwaltungswirtschaft zum realexistierenden Sozialismus 222
Thema: Vergleich der Wirtschaftsordnungen 226

5 Wirtschaftspolitik 242

Thema: Wirtschaftskreislauf 242
Thema: Sozialprodukt und Volkseinkommen 250
Thema: Markt und Preis 257
Thema: Wirtschaftspolitische Ziele und Zielkonflikte 265
Thema: Wirtschaftspolitische Einzelziele 269
Thema: Inflation und ihre Ursachen 282
Thema: Träger und Instrumente der Wirtschaftspolitik 284

3 Der betriebswirtschaftliche Leistungsprozeß

3.2 Der finanzielle Bereich

Thema: a) Ursprung und Entwicklung des Geldes und seine Erscheinungsformen

Lernziele:

Der Schüler soll
- die Entwicklungsstufen von Naturaltausch bis zur Geldwirtschaft kennen und beschreiben können,
- die Übergänge zu den einzelnen Entwicklungsstufen begründen können,
- die Erscheinungsformen des Geldes kennen,
- das Münzregal und Notenmonopol dem Staat und der Deutschen Bundesbank zuordnen können.

1. Lernschritt:

Einstiegsmotivation: L legt Folie 1 auf und läßt Sch die einzelnen Entwicklungsstufen beschreiben.

2. Lernschritt:

Erarbeitungsphase: 1. Schritt: Erarbeitung des Tafelbildes „Drei kulturelle Entwicklungsstufen".

2. Schritt: L verteilt Arbeitsaufgaben für drei Gruppen und fordert Sch zur gruppenweisen Bearbeitung auf.

3. Schritt: Arbeitsergebnisse werden vorgetragen, besprochen und diskutiert.

3. Lernschritt:

Vertiefungsphase: 1. Schritt: L legt Folie 2 auf (Die verschiedenen Erscheinungsformen des Geldes) und ergänzt fragend-entwickelnd die Folie.

2. Schritt: Sch übertragen auf vorbereitetes Arbeitsblatt.

Folie 1

Ursprung und Entwicklung des Geldes

a) Naturaltausch

In einer Wirtschaft ohne *Geld* war der Tauschhandel mit Schwierigkeiten verbunden.

b) Warengeld

Wertvolle Gegenstände übernahmen die Rolle des Geldes.

c) Metallgeld

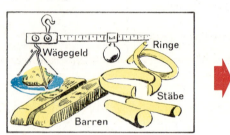

Metalle entwickeln sich zum allgemeinen Zahlungsmittel.

d) Münzgeld

Durch *Prägung* erhielten die Metalle eine Wertangabe.

e) Bargeld

Banknoten und Münzen bilden das Bargeld.

f) Buchgeld/Giralgeld

Neben dem Bargeld sind *Scheck* und *Überweisung* weit verbreitete bargeldlose Zahlungsmittel.

(Auszug aus den Folienheften des Deutschen Sparkassenverlages, Stuttgart. Die Folien- bzw. Informationshefte sind in der Regel bei allen Sparkassen zu erhalten.)

Arbeitsaufgaben:

1. Diskutieren Sie die Bedeutung der Arbeitsteilung in der Entwicklung zur Geldwirtschaft!
2. Begründen Sie, warum der Naturaltausch einer Ausdehnung des Handels hinderlich war!
3. Beschreiben Sie die Vor- und Nachteile des Geldes in unserer heutigen Wirtschaft!

Tafelbild

Drei kulturelle Entwicklungsstufen

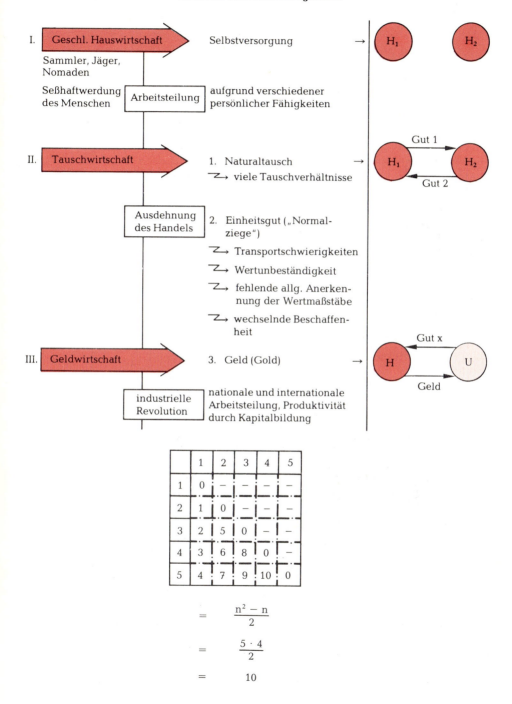

Folie 2 (Leerfolie – zugleich Arbeitsblatt)

Die verschiedenen Erscheinungsformen des Geldes

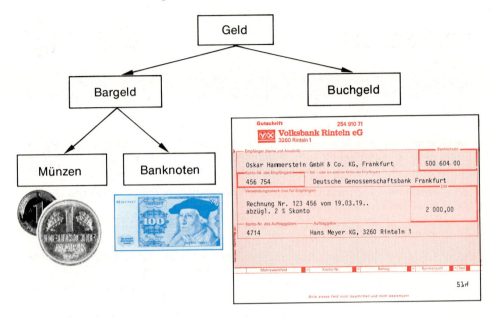

In der Bundesrepublik sind in Umlauf:

1. Münzen   a)   Pfennige

1 Pf.	2 Pf.	5 Pf.	10 Pf.	50 Pf.

b)   DM

1 DM	2 DM	5 DM	10 DM

Das Recht, Münzen zu prägen, liegt beim Staat (= Münzregal). Sie werden in der Bundesrepublik in 4 Münzprägeanstalten hergestellt, die durch die Buchstaben

    D   =   München
    G   =   Karlsruhe
    F   =   Stuttgart
    J   =   Hamburg

auf den Münzen gekennzeichnet sind.

2. Banknoten

5 DM	10 DM	20 DM	50 DM

100 DM	500 DM	1 000 DM

Die Banknoten werden von der Deutschen Bundesbank ausgegeben. Sie bilden zusammen mit den Münzen den Bargeldumlauf.
Der Wert unseres Bargeldes beträgt derzeit ca. 80 Milliarden DM.

(Auszug aus den Folienheften des Deutschen Sparkassenverlages, Stuttgart)

Thema: b) Funktionen des Geldes

Lernziele:

Der Schüler soll
- die Funktionen des Geldes aus den verschiedenen Verwendungsmöglichkeiten ableiten können,
- Eigenschaften gesetzlicher Zahlungsmittel nennen und zuordnen können,
- ein gesetzliches Zahlungsmittel durch den Zwangskurs und den Annahmezwang charakterisieren können,
- die Entstehung eines Münzgewinnes erklären können,
- das Verrechnungsprinzip des Buchgeldes an einem Beispiel erläutern können.

1. Lernschritt:

Motivationsphase: L erfragt verschiedene Verwendungsmöglichkeiten des Geldes. L erfaßt Sch-Antworten in Tafelbild 1 a.

2. Lernschritt:

Erarbeitungsphase: 1. Schritt: L und Sch entwickeln gemeinsam die Funktionen des Geldes aus den Verwendungsmöglichkeiten (Tafelbild 1 b).
2. Schritt: L und Sch ordnen den Funktionen bestimmte Eigenschaften zu (Tafelbild 1 c).
3. Schritt: L erklärt „gesetzliche Zahlungsmittel" mit Zwangskurs und Annahmezwang (TB 1 d).
4. Schritt: L übernimmt begriffliche Festlegung im Tafelbild 1 e.

3. Lernschritt:

Vertiefungsphase: 1. Schritt: L und Sch erarbeiten gemeinsam die Entstehung eines Münzgewinnes (Tafelbild 2).
2. Schritt: L und Sch erarbeiten gemeinsam auf der Grundlage eines Falles die Buchgeldverrechnung auf Konten (Tafelbild 3).

4. Lernschritt:

Lernzielkontrolle: Sch bearbeiten (ggf. als Hausarbeit) Wiederholungsfragen.

Tafelbild 1 (Innentafel)

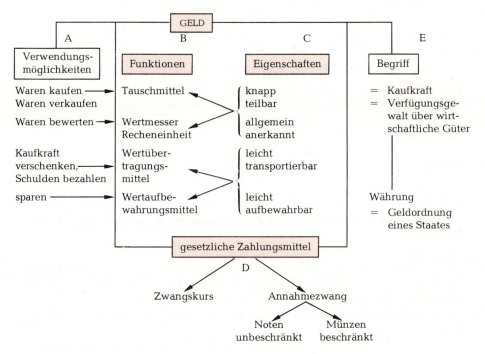

Tafelbild 2 (Außentafel)

Einnahmen	Ausgaben
erzielter NENNWERT bei der Münzausgabe	aufgewandter MÜNZPREIS (Stoffwert und Herstellungskosten)
	MÜNZGEWINN

Tafelbild 3 (Außentafel)

Herr Schmidt kauft in einem Fachgeschäft ein tragbares Fernsehgerät für 480,— DM. Den Kaufpreis zahlt er aber nicht in bar, sondern er schreibt eine Zahlungsanweisung aus, aufgrund derer sein Kreditinstitut den Betrag von 480,— DM auf das Konto des Fernsehfachgeschäftes umbucht.

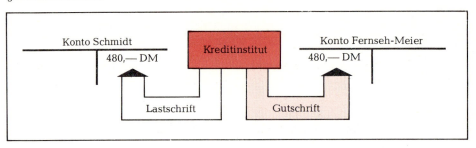

Arbeits-(Haus-)Aufgaben:

1. Beschreiben Sie Ursprung und Entwicklung des Geldes!
2. Heben Sie die wichtigsten Vor- und Nachteile von Bar- und Buchgeld hervor!
3. Welche Funktionen und Eigenschaften hat das Geld in unserer Wirtschaft?
4. Wer eine Ware kauft, muß sie bezahlen. Das Mittel, um sie bezahlen zu können, ist das Geld. Welche verschiedenen Erscheinungsformen des Geldes kennen Sie?

Thema: c) Organisatorische Voraussetzungen des Zahlungsverkehrs

Lernziele:

Der Schüler soll

— eigene Bankverbindungen in das deutsche Bankensystem einordnen können,
— das Bankensystem in den für den Zahlungsverkehr wichtigen Teilen erklären können,
— den Begriff „Universalbank" definieren können,
— die Bedeutung der Deutschen Bundesbank für den Zahlungsverkehr erläutern können,
— die Gironetze in der Bundesrepublik aufzählen können,
— die Abwicklung einer bargeldlosen Zahlung zwischen verschiedenen Gironetzen beschreiben können.

1. Lernschritt:

Motivationsphase: L fordert Sch auf, die Bankverbindung im häuslichen Bereich zu erfragen.

L und Sch ordnen die genannten Bankverbindungen der Sch in das Bankensystem ein (Folie 1), zugleich Arbeitsblatt.

2. Lernschritt:

Erarbeitungsphase: 1. Schritt: L ergänzt vorliegende Folie 1 in bezug auf die Nennung bestimmter Kreditinstitute und begrifflicher Abgrenzungen.
2. Schritt: L fordert Sch zur Bearbeitung der restlichen Arbeitsaufgaben auf.
3. Schritt: L legt Folie 2 auf und erarbeitet die wichtigsten Aufgaben der Deutschen Bundesbank und ihre Bedeutung für die Abwicklung des Zahlungsverkehrs.

3. Lernschritt:

Vertiefungsphase: 1. Schritt: L erklärt das Gironetz der Bundesrepublik anhand Tafelbild 1.
2. Schritt: L und Sch erarbeiten gemeinsam im Tafelbild 2 den Weg einer bargeldlosen Zahlung von einer Sparkasse zu einer Volksbank.

4. Lernschritt:

Erfolgssicherung: Wiederholungsaufgaben als Hausaufgabe.

Folie 1 (zugleich Arbeitsblatt)

Das Bankensystem in der Bundesrepublik Deutschland

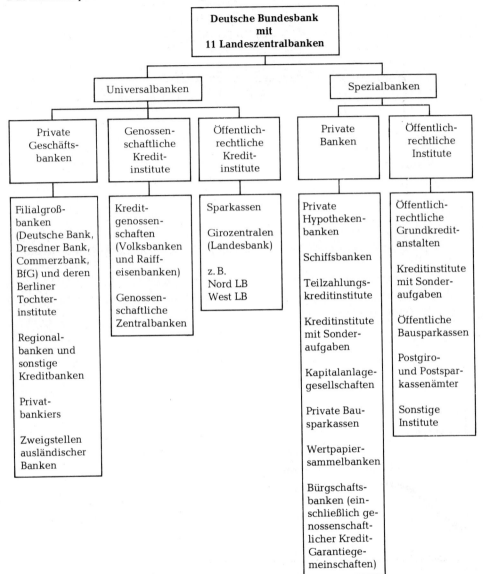

Arbeitsaufgaben:

1. Ordnen Sie Ihre Bankverbindung in das obige Bankensystem der Bundesrepublik Deutschland ein!
2. Informieren Sie sich bei Ihrer Bank über den Begriff „Universalbank"!
3. Sammeln Sie Vor- und Nachteile des „Universalbankensystems", und diskutieren Sie anschließend die Problematik!

Folie 2

Die Aufgaben der Deutschen Bundesbank[1]

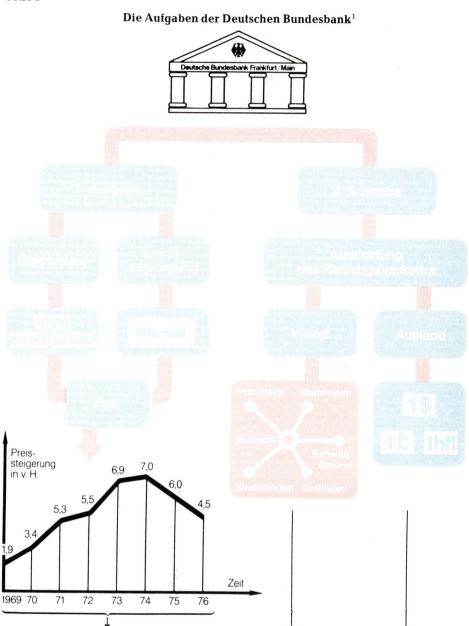

volkswirtschaftliche Aufgaben

betriebswirtschaftliche Aufgabe

vorwiegend volkswirtschaftliche Aufgabe

---
1 Quelle: Deutscher Sparkassenverlag, a. a. O.

Tafelbild 1

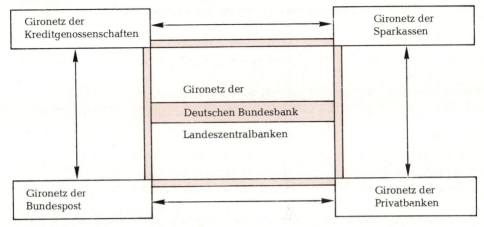

Tafelbild 2

Arbeitsaufgaben:

1. Beschreiben Sie das Bankensystem der Bundesrepublik Deutschland!
2. Nehmen Sie zu der folgenden Aussage Stellung: „Die Bundesregierung kann den Umlauf der Geldnoten beliebig erhöhen!"
3. Beschreiben Sie die Funktion der Deutschen Bundesbank im Zahlungsverkehr!

Thema: d) Instrumente des Zahlungsverkehrs

1. Zahlung durch Bargeld

a) Barzahlung

Lernziele:

Der Schüler soll
- die unterschiedlichen Zahlungsmöglichkeiten nennen können,
- im Rahmen der Barzahlung die Quittung als Bestätigung einer geleisteten Zahlung erklären können,
- eine Quittung formgerecht selbst erstellen können,
- andere Formen von Quittungen kennen und unterscheiden,
- die Möglichkeiten der Post im Barzahlungsverkehr beschreiben können.

1. Lernschritt:

Motivationsphase: L diktiert Fall und verteilt Quittungsvordrucke.

2. Lernschritt:

Erarbeitungsphase: 1. Schritt: L und Sch füllen gemeinsam das Quittungsformular aus (Folie 1).
2. Schritt: L und Sch erarbeiten gemeinsam die Elemente einer Quittung.
3. Schritt: L fordert Sch zur Nennung weiterer Quittierungsmöglichkeiten auf.

3. Lernschritt:

Vertiefungsphase: 1. Schritt: L verteilt Postmappen mit Vordrucken an Sch.
2. Schritt: L und Sch füllen gemeinsam Postanweisung aus (Folie 2).
3. Schritt: L und Sch erarbeiten gemeinsam den zahlungstechnischen Ablauf bei der Postanweisung.
4. Schritt: L beschreibt die Nachnahmesendung und den Wertbrief als weitere Barzahlungsmöglichkeit im Rahmen des Postzahlungsverkehrs anhand der Formularmappe.

4. Lernschritt:

Anwendungsphase: 1. Schritt: L schildert beliebigen Barkauf und fordert Sch auf, formlos dazu eine Quittung zu erstellen.
2. Schritt: L fordert Sch auf, weitere Quittungsformen zu sammeln und aufzukleben (Hausaufgabe).

Folie 1

Frau Müller, wohnhaft Breite Str. 3, 3380 Goslar, bezahlt am heutigen Tage eine Heizölrechnung (Nr. 470) in Höhe von 450,— DM in bar bei der Kohlenhandlung Schulz, Holzweg 3 in Goslar.

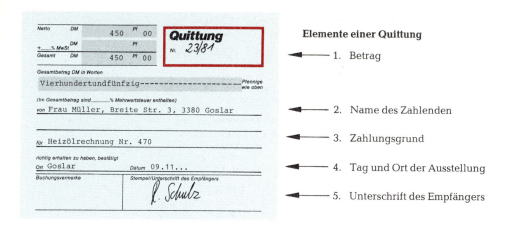

Zugleich Quittungsvordruck für die Schüler.

Folie 2

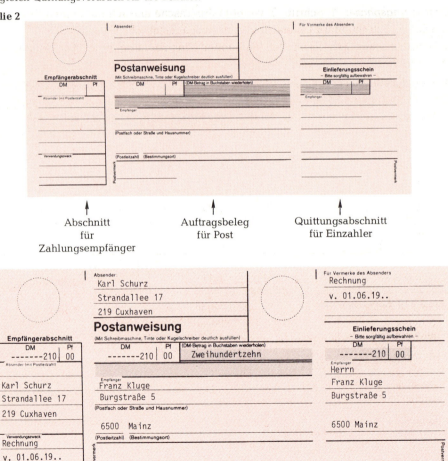

↑ Abschnitt für Zahlungsempfänger   ↑ Auftragsbeleg für Post   ↑ Quittungsabschnitt für Einzahler

ausgefüllte Postanweisung

b) Halbbare (bargeldsparende) Zahlung

Lernziele:

Der Schüler soll
- den Unterschied zwischen Barzahlung und halbbarer Zahlung beschreiben können,
- Einzahlungen auf eigene und fremde Konten durchführen können,
- die Zahlkarte als Form der halbbaren Zahlung im Postzahlungsverkehr beschreiben und benutzen können.

1. Lernschritt:

Motivationsphase: 1. Schritt: Besprechung der Hausaufgabe.
2. Schritt: Erarbeitung von Tafelbild 1a (Wiederholung), 1b und 1c als Überleitung zu anderen Zahlungsmöglichkeiten.

2. Lernschritt:

Erarbeitungsphase: 1. Schritt: L verteilt Giro-Tasche und schildert einen Fall.
2. Schritt: Sch schildern Unterschied zum Ausgangsfall der Vorstunde.
3. Schritt: L und Sch lösen den Fall unter Einbeziehung eines Bankkontos mit Hilfe eines Zahlscheines (Folie 1).

3. Lernschritt:

Vertiefungsphase: Sch lösen den Ausgangsfall unter Verwendung eines Postgirokontos (Zahlkarte), Folie 2.

Tafelbild 1

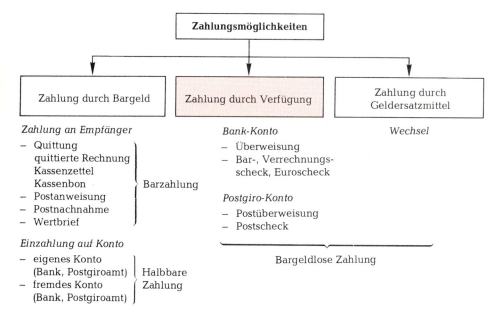

Fall: Frau Müller, wohnhaft Breite Str. 3, 3380 Goslar, möchte ihre Heizölrechnung (Nr. 470) in Höhe von 450,— DM auf das
- Bankkonto (StadtSpaKa Goslar Nr. 160004711)
- PGiroKonto (PGiroA Hannover Nr. 4136 16-506)

des Kohlenhändlers Schulz, Holzweg 3 in Goslar einzahlen.

Folie 1

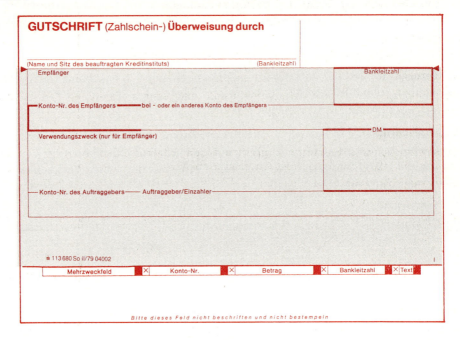

Folie 2

2. Zahlung durch Verfügung (bargeldlose Zahlung)

a) Die Überweisung

Lernziele:

Der Schüler soll
- das Konto als Voraussetzung des bargeldlosen Zahlungsverkehrs erkennen,
- eine Überweisung formgerecht ausfüllen können,
- die verrechnungstechnische Abwicklung bei der Überweisung beschreiben können,
- die Bedeutung der Fakultativklausel beschreiben können.

1. Lernschritt:

Motivationsphase: L schildert Ausgangsfall und erstellt Tafelbild, Teil a, und fordert Sch zu Alternativvorschlägen auf.

2. Lernschritt:

Erarbeitungsphase: 1. Schritt: L greift auf den Sch-Vorschlag der Überweisung zurück und läßt Vordruck aus der Giromappe suchen.
2. Schritt: L und Sch füllen gemeinsam das Überweisungsformular aus (Folie).
3. Schritt: L ergänzt Tafelbild Teil b.
4. Schritt: L und Sch erarbeiten gemeinsam die bargeldlose Verrechnung am Beispiel der vorliegenden Konten.

3. Lernschritt:

Vertiefungsphase: L und Sch erarbeiten gemeinsam die Funktion der Fakultativklausel (Folie).

4. Lernschritt:

Erfolgssicherung: L fordert Sch zur Lösung von Übungsaufgaben als Hausaufgabe auf.

Tafelbild

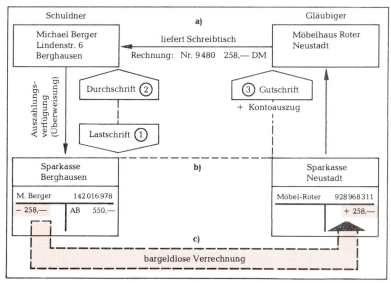

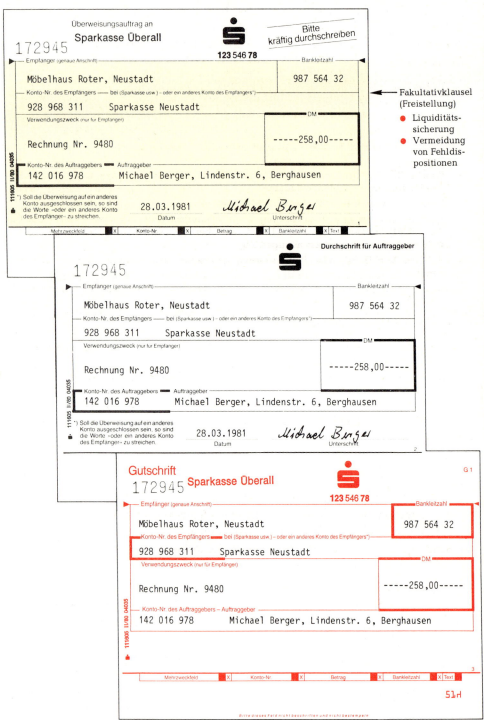

Arbeitsaufgaben:

1. Beschreiben Sie Ursprung und Entwicklung des Geldes!
2. Heben Sie die wichtigsten Vor- und Nachteile von Bar- und Buchgeld hervor!
3. Welche Funktionen und Eigenschaften hat das Geld in unserer Wirtschaft?
4. Wer eine Ware kauft, muß sie bezahlen. Das Mittel, um sie zu bezahlen, ist das Geld. Welche verschiedenen Erscheinungsformen des Geldes kennen Sie?
5. Beschreiben Sie das Bankensystem der Bundesrepublik Deutschland!
6. Nehmen Sie zu der folgenden Aussage Stellung: „Die Bundesregierung kann den Umlauf der Geldnoten beliebig erhöhen!"
7. Beschreiben Sie die Funktionen der Deutschen Bundesbank im Zahlungsverkehr!
8. Nennen Sie einige Beispiele für „Barzahlung", „halbbare Zahlung" und „bargeldlose Zahlung"!
9. Welche Quittierungsmöglichkeiten gibt es in unserer Wirtschaft und welcher würden Sie den Vorzug geben (bei Barzahlungen)?
10. Stellen Sie eine Quittung für folgende Situation aus:
    Herr Schulze, wohnhaft Lindenweg 3 in Göttingen, bezahlt eine Kohlenrechnung (Nr. 123/81) in Höhe von 496,— DM in bar bei der Kohlenhandlung Kohlen-Maxe, Holzweg 12 in Göttingen, am heutigen Tag.
11. Welchen Vorteil hat eine Postanweisung gegenüber den anderen Zahlungsmöglichkeiten?
12. Welche Voraussetzungen müssen bei einer Teilnahme am Postnachnahmeverkehr erfüllt sein?
13. Überprüfen Sie, welchen Stellenwert der Wertbrief im Rahmen des Zahlungsverkehrs hat!
14. Wie unterscheiden sich „Zahlkarte" und „Zahlschein"?
15. Beschreiben Sie exemplarisch den Vorgang einer Überweisung zwischen einer Sparkasse und einer Raiffeisenbank!
16. Erklären Sie anhand der vorliegenden Information „Abwicklung eines Eilgiros A/B" die Arbeiten im Eilverkehr B!
17. Besorgen Sie sich die Girotasche eines Kreditinstitutes und füllen Sie Zahlschein, Überweisung nach einem selbstgewählten Beispiel aus!

b) Der Scheck

Lernziele:

Der Schüler soll
— einen Scheck formgerecht ausfüllen können,
— die verrechnungstechnische Abwicklung des Scheckverkehrs erläutern können,
— verschiedene Scheckarten unterscheiden können,
— Sonderbestimmungen des Eurocheque-Verkehrs beschreiben können,
— Vorlegefristen und ihre Auswirkungen erklären können.

1. Lernschritt:

Motivationsphase: L stellt Ausgangssituation in Tafelbild 1 dar und fordert Sch zur Herausnahme eines Scheckvordrucks auf.

2. Lernschritt:

Erarbeitungsphase: 1. Schritt: Sch und L füllen gemeinsam ein Scheckformular (Folie 1/Barscheck) aus.
2. Schritt: L erweitert Ausgangssituation Tafelbild 1a und fordert Sch zur Übergabe auf.

3. Schritt: L läßt Scheckeinlieferung heraussuchen und füllt sie mit Sch aus (Folie 1). Ergänzung in Tafelbild 1b.

4. Schritt: L und Sch erarbeiten gemeinsam die kontenmäßige Verrechnung Tafelbild 1c.

3. Lernschritt:

Vertiefungsphase: 1. Schritt: L und Sch erarbeiten gemeinsam Tafelbild 2/①, Vorlegefristen und ihre Auswirkungen.

2. Schritt: Gemeinsame Erarbeitung von Tafelbild 2/② zu der Zahlungswirkung des Schecks.

3. Schritt: Besprechung der Besonderheiten beim Eurocheque (Folie 2).

4. Lernschritt:

Erfolgssicherung: L fordert Sch zur Bearbeitung von Arbeitsaufgaben im Rahmen von Partnerarbeit auf (Arbeitsblatt 1). Anschließende gemeinsame Besprechung der Arbeitsergebnisse.

Tafelbild 1

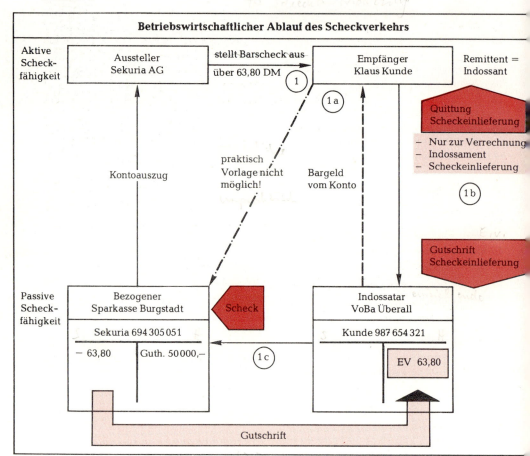

Folie 1

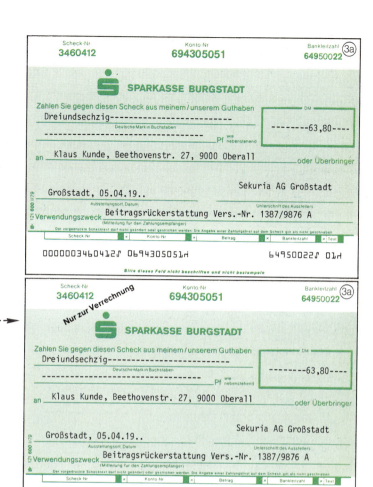

handschriftl.
Eintragung
oder Stempel

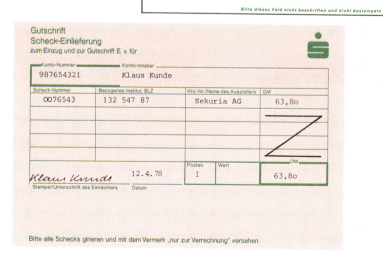

Tafelbild 2

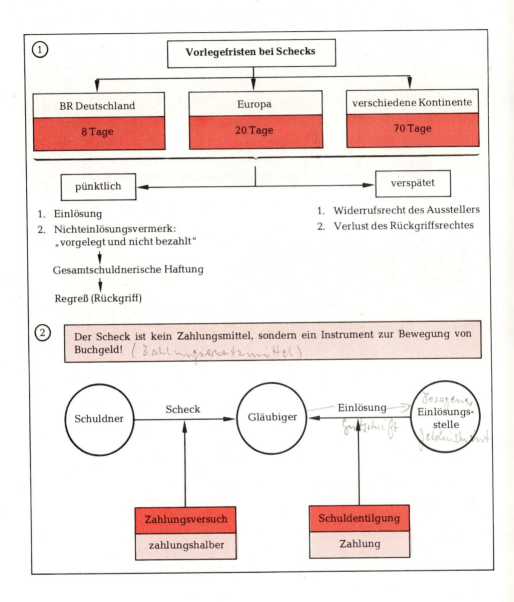

Folie 2

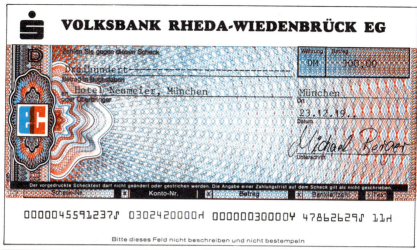

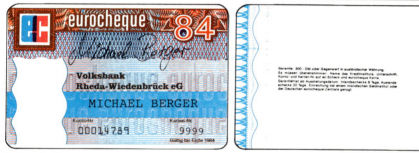

Arbeitsaufgaben:

1. Unterscheiden Sie Barscheck, Verrechnungsscheck, Eurocheque und Reisescheck!
2. Füllen Sie Barscheck, Verrechnungsscheck und Eurocheque nach einem selbstgewählten Beispiel aus!
3. Welche Auswirkungen hat das Fehlen eines gesetzlichen Bestandteiles beim Scheck?
4. Nehmen Sie Stellung zu folgender Behauptung: „Der Scheck ist kein Zahlungsmittel, sondern ein Instrument zur Bewegung von Buchgeld!"
5. Die folgende Überweisung enthält einige gravierende Mängel. Suchen Sie diese heraus!

6. Am 1. Oktober wird folgender Scheck ausgestellt. Der Stempel „Nur zur Verrechnung" wurde von Herrn Barth versehentlich angebracht. Er streicht den Stempeldruck durch und gibt den Scheck weiter.

   Nehmen Sie zu dem gesamten Vorgang Stellung (beachten Sie das Ausstellungsdatum!)!

7. Welche Vor- und Nachteile bietet ein Eurocheque für den Kunden?
8. Füllen Sie nach vorliegendem Muster einen Postscheck für unseren Ausgangsfall aus!

9. Aus Ihrem letzten Spanienurlaub ist 25 Tage nach der Ausstellung ein Scheck noch nicht bei Ihrer Bank vorgelegt.
   a) Was kann Ihre Bank in diesem Fall tun?
   b) Erlischt Ihre Schuld gegenüber dem spanischen Hotelier, wenn die Annahme des Schecks durch Ihre Bank verweigert wird?
10. Erklären Sie die Begriffe „aktive und passive Scheckfähigkeit"!
11. Erklären Sie den Unterschied zwischen „Orderpapier" und „Inhaberpapier" am Beispiel des Schecks!
12. Klären Sie anhand des Scheckgesetzes die Funktion des Indossamentes (vgl. Wechsel)!

c) Dauerauftrag und Lastschrift als Vereinfachungen im bargeldlosen Zahlungsverkehr

Lernziele:

Der Schüler soll

– Lastschrift und Dauerauftrag an exemplarischen Beispielen unterscheiden können,

- die Besonderheiten der Anwendung von Dauerauftrag und Lastschrift erklären können,
- die verrechnungstechnische Abwicklung von Dauerauftrag und Lastschrift erklären können.

1. Lernschritt:

Motivationsphase: L fordert Sch auf, die Möglichkeiten der Vereinfachungen bei wiederkehrenden Zahlungen aufzuzeigen.

2. Lernschritt:

Erarbeitungsphase: L und Sch erarbeiten gemeinsam Tafelbild 1 zur Gegenüberstellung von Lastschrift und Dauerauftrag.

3. Lernschritt:

Vertiefungsphase: 1. Schritt: Sch erarbeiten in Partnerarbeit in einem Arbeitsblatt den Ablauf eines Dauerauftrages und einer Lastschrift.
2. Schritt: L und Sch besprechen gemeinsam die vorgetragenen Ergebnisse.

4. Lernschritt:

Erfolgssicherung: L verteilt Arbeitsaufgaben, die in Gruppenarbeit zu lösen sind. Abschließende Besprechung durch L und Sch.

Beachte: Sonderbedingungen für den Lastschriftverkehr sind für Bankklassen geeignet!

Tafelbild 1

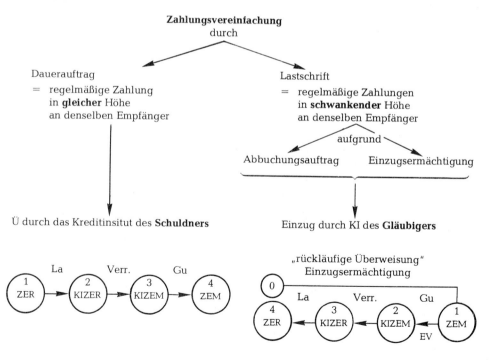

Arbeitsblatt

Das Lastschrift-Einzugsverfahren

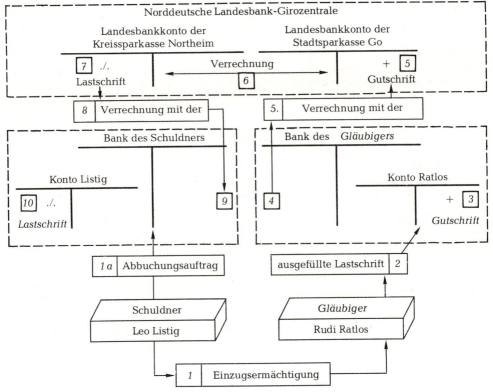

Arbeitsaufgaben:

1.

ZV-Instrument \ ZV-Teilnehmer	Zahlungserbringer ZER	Kreditinstitut des Zahlungserbringers KIZER	Kreditinstitut des Zahlungsempfängers KIZEM	Zahlungsempfänger ZEM
Überweisung (Dauerauftrag)	①→	②→	③→	④
Scheck	①	→④	③←	←②
Lastschrift („Rückläufige Überweisung")	④	③	②	①

Ergänzen Sie in der Übersicht die Verbindungspfeile in der Weise, daß sie die jeweiligen Tätigkeiten angeben (Lastschrift, Gutschrift, Verrechnung u. a.)!

2. Versuchen Sie, die Ihnen bekannten Zahlungsmöglichkeiten in einer Matrix nach folgendem Muster zusammenzustellen. Kennzeichnen Sie farblich die Felder, die baren, halbbaren, unbaren ZV beinhalten!

Zahler hat... \ Empfänger hat...	kein Konto	Konto	
		bei Kreditinstitut	bei Post
kein Konto			
Konto / bei Kreditinstitut			
Konto / bei Post			

Sonderbedingungen für den Lastschriftverkehr

I. Gemeinsame Bestimmungen für Zahlungspflichtige und Zahlungsempfänger

1. Zweck

Im Lastschrift-Einzugsverkehr kann der Gläubiger (Zahlungsempfänger) über sein Kreditinstitut (erste Inkassostelle) sofort fällige Forderungen zu Lasten des Kontos seines Schuldners (Zahlungspflichtiger) bei dessen Kreditinstitut (Zahlstelle) mittels Lastschrift in der Weise einziehen, daß der Forderungsbetrag vom laufenden Konto des Zahlungspflichtigen abgebucht wird. Die Lastschrift kann beleglos oder beleggebunden sein.

2. Einzugsermächtigung und Abbuchungsauftrag

Der Lastschriftbetrag wird nach vorheriger schriftlicher Vereinbarung zwischen dem Zahlungsempfänger und der ersten Inkassostelle eingezogen, und zwar aufgrund

a) einer dem Zahlungsempfänger von dem Zahlungspflichtigen erteilten schriftlichen Ermächtigung (Einzugsermächtigung) oder

b) eines an die Zahlstelle von dem Zahlungspflichtigen zugunsten des Zahlungsempfängers erteilten schriftlichen Auftrags (Abbuchungsauftrag).

3. Mustertexte

Die Beteiligten verwenden für Einzugsermächtigungen und Abbuchungsaufträge die auf der Rückseite abgedruckten einheitlichen Mustertexte der Kreditinstitute.

Im Abbuchungsauftrag sorgt der Zahlungsempfänger dafür, daß die Zahlungspflichtigen jeweils ihrer Zahlstelle unter Benutzung des einheitlichen Mustertextes einen Abbuchungsauftrag erteilen.

4. Vorlage der Einzugsermächtigung

Die erste Inkassostelle ist berechtigt, aber nicht verpflichtet zu verlangen, daß der Zahlungsempfänger die Einzugsermächtigung vorlegt.

5. Widerspruch im Einzugsermächtigungsverfahren

Wer im Rahmen des Einzugsermächtigungsverfahrens als Zahlungspflichtiger in Anspruch genommen wird, kann Belastungen widersprechen, wenn die für den Lastschrifteinzug notwendigen Voraussetzungen fehlen, dies gilt insbesondere, wenn eine Einzugsermächtigung nicht erteilt ist, wenn eine früher erteilte Einzugsermächtigung zurückgezogen worden ist, wenn der Zahlungsempfänger die ihm durch die Einzugsermächtigung erteilten Befugnisse überschritten hat oder wenn der Zahlungspflichtige gegenüber dem Zahlungsempfänger Gegenrechte geltend machen kann. Der Widerspruch ist unverzüglich gegenüber der Zahlstelle zu erklären.

6. Rückbuchungsanspruch im Abbuchungsverfahren

Wenn der Zahlstelle ein Abbuchungsauftrag nicht vorliegt, kann derjenige, der als Zahlungspflichtiger in Anspruch genommen wird, Rückbuchungen verlangen. Er hat dieses Verlangen unverzüglich beim kontoführenden Institut vorzubringen.

7. Rückbelastung von Lastschriften

Die Zahlstelle und die erste Inkassostelle sind nicht verpflichtet, die Berechtigung des Widerspruchs des Zahlungspflichtigen zu überprüfen. Sie sind berechtigt, die Rückbelastung ohne weitere Prüfung vorzunehmen.

Der Zahlungsempfänger muß bei Lastschriften, die nicht eingelöst bzw. wegen Widerspruchs zurückgegeben wurden, die Rückbelastung gegen sich gelten lassen. Er bereinigt Meinungsunterschiede über die Berechtigung eines Widerspruchs ausschließlich unmittelbar mit dem widersprechenden Zahlungspflichtigen.

8. Haftung

Die beteiligten Kreditinstitute haften im Rahmen des von ihnen zu vertretenden Verschuldens nur in dem Maße, wie sie im Verhältnis zu anderen Ursachen an der Entstehung des Schadens mitgewirkt haben.

II. Bestimmungen für den Zahlungsempfänger

1. Wahl der Verfahrensart

Der Zahlungsempfänger soll mit dem Zahlungspflichtigen beim Einzug von Forderungen in der Regel das Einzugsermächtigungsverfahren vereinbaren. Dies gilt insbesondere, wenn es sich um Beitragszahlungen aller Art, Versicherungsprämien, regelmäßige Gebühren, Steuern, Rechnungsbeiträge von Versorgungsbetrieben, Miet-, Pacht-, Zins- und Tilgungszahlungen und andere regelmäßige Zahlungen handelt.

Der Zahlungsempfänger kann mit dem Zahlungspflichtigen das Abbuchungsauftragsverfahren vereinbaren, wenn die einzuziehenden Forderungen überwiegend auf größere Beträge lauten. Das gilt beispielsweise bei Forderungen aus Warenlieferungen.

2. Rückbelastung von Lastschriften

Der Zahlungsempfänger ist verpflichtet, Lastschriften, die nicht eingelöst bzw. wegen Widerspruchs zurückgegeben wurden, von der ersten Inkassostelle sowie von den im Einzugsweg nachgeschalteten Einzugsstellen und von der Zahlstelle unmittelbar zurückzunehmen und wieder zu vergüten. Solche Lastschriften werden grundsätzlich im Original zurückgegeben. Ist dies nicht möglich, erfolgt die Rückgabe durch Ersatzbeleg.

3. Verbot der Wiederverwendung von Rücklastschriften

Nicht eingelöste bzw. wegen Widerspruchs zurückgegebene Lastschriften dürfen auf demselben Beleg nicht erneut zum Einzug gegeben werden.

4. Rücklastschriftprovision

Für nicht eingelöste bzw. wegen Widerspruchs zurückgegebene Lastschriften kann eine angemessene Rücklastschriftprovision berechnet werden.

III. Bestimmungen für den Zahlungspflichtigen

1. Zahlbarkeit

Lastschriften sind zahlbar, wenn sie bei der Zahlstelle eingehen. Teileinlösungen sind unzulässig.

2. Mangelndes Guthaben

Die Zahlstelle ist berechtigt, Lastschriften auch bei mangelndem Guthaben einzulösen. Bei Nichteinlösung wird ohne vorherige Rückfrage bei dem Zahlungspflichtigen der Nichtbezahltvermerk erteilt und die Lastschrift zurückgegeben.

3. Widerruf von Einzugsermächtigungen und Abbuchungsaufträgen

Einzugsermächtigungen und Abbuchungsaufträge können jederzeit widerrufen werden.

Einzugsermächtigungen werden ausschließlich gegenüber dem Zahlungsempfänger widerrufen.

Der Widerruf eines Abbuchungsauftrags ist nur wirksam, wenn er schriftlich gegenüber der Zahlstelle erfolgt. Der Widerruf muß spätestens am Geschäftstag vor dem Eingangstag der Lastschrift bei der Zahlstelle vorgelegen haben. Der Zahlungspflichtige benachrichtigt den Zahlungsempfänger.

Abkommen über den Lastschriftverkehr

Abschnitt I

Nummer 1

Im Rahmen des Lastschriftverfahrens wird zugunsten des Zahlungsempfängers über sein Kreditinstitut (erste Inkassostelle) von dem Konto des Zahlungspflichtigen bei demselben oder einem anderen Kreditinstitut (Zahlstelle) der sich aus der Lastschrift ergebende Betrag eingezogen, und zwar aufgrund

a) einer dem Zahlungsempfänger von dem Zahlungspflichtigen erteilten schriftlichen Ermächtigung (Einzugsermächtigung) oder

b) eines der Zahlstelle von dem Zahlungspflichtigen zugunsten des Zahlungsempfängers erteilten schriftlichen Auftrags (Abbuchungsauftrag).

Nummer 2

Die erste Inkassostelle nimmt Aufträge zum Einzug fälliger Forderungen, für deren Geltendmachung nicht die Vorlage einer Urkunde erforderlich ist, mittels Lastschrift herein. Für beleglose Lastschriften gelten die „Richtlinien für den beleglosen Datenträgeraustausch (Magnetband-Clearing-Verfahren)". Im übrigen gelten die „Richtlinien für einheitliche Zahlungsverkehrsvordrucke" sowie die „Richtlinien für eine einheitliche Codierung von zwischenbetrieblich weiterzuleitenden Zahlungsverkehrsbelegen (Codierrichtlinien)".

Nummer 3

(1) Lastschriften, die auf Einzugsermächtigungen beruhen, sind besonders zu kennzeichnen.

(2) Soweit für sie Belege erstellt sind, müssen die Vordrucke den Vermerk „Einzugsermächtigung des Zahlungspflichtigen liegt dem Zahlungsempfänger vor" tragen. Fehlt ein entsprechender Vermerk, oder ist er bei Belegausdruck von zunächst im beleglosen Verfahren weitergeleiteten Lastschriften gestrichen, so werden die Lastschriften als Abbuchungsauftrags-Lastschriften (Abschnitt I Nr. 1 b) behandelt.

(3) Die Zahlstelle ist berechtigt, Lastschriften nach dem Textschlüssel zu bearbeiten.

(4) Im beleglosen Verfahren sind die Textschlüssel entsprechend Anhang I der „Richtlinien für einheitliche Zahlungsverkehrsvordrucke" zu verwenden.

Nummer 4

Bei Lastschriften, die als Einzugsermächtigungs-Lastschriften gekennzeichnet sind, haftet die erste Inkassostelle der Zahlstelle für jeden Schaden, der dieser durch unberechtigt eingereichte Lastschriften entsteht.

Nummer 5

Lastschriften sind zahlbar, wenn sie bei der Zahlstelle eingehen.[1] Fälligkeitsdaten und Wertstellungen bleiben unbeachtet.

Nummer 6

(1) Die Zahlstelle hat dem Zahlungspflichtigen unverzüglich nach Belastung seines Kontos die Lastschriftbelege oder Ersatzbelege auszuhändigen oder ihm den Lastschriftbetrag, den Verwendungszweck und den Namen des Zahlungsempfängers in anderer Weise mitzuteilen.

(2) Bestätigungen über die Einlösung von Lastschriften werden nicht erteilt.

(3) Teileinlösungen sind unzulässig.

Nummer 7

(1) Lastschriften, die nicht eingelöst wurden oder denen im Sinne von Abschnitt III, Nr. 1 widersprochen wurde (Rücklastschriften), sind im Original zurückzugeben, ist dies nicht möglich, erfolgt die Rückgabe durch Ersatzbeleg. War die Lastschrift im beleglosen Verfahren zugegangen, so hat die Zahlstelle auf dem Ersatzbeleg die Bankleitzahl der ersten Inkassostelle, den Namen des Zahlungsempfängers und dessen Kontonummer, den Namen des Zahlungspflichtigen, den Betrag sowie den Verwendungszweck anzugeben, soweit sich diese Daten aus der Magnetbandinhaltsliste gemäß den „Richtlinien für den beleglosen Datenträgeraustausch" ergeben.

[1] Vgl. Fußnote Abschnitt II, Nr. 1.

(2) Nicht eingelöste Lastschriften sind mit dem Vermerk

„Vorgelegt am . . .
und nicht bezahlt"

sowie mit dem Namen der Zahlstelle, Ort und Datum der Ausfertigung zu versehen.[2]

(3) Lastschriften, die als Einzugsermächtigungs-Lastschriften gekennzeichnet sind und wegen Widerspruchs des Zahlungspflichtigen zurückgegeben werden (Abschnitt III, Nr. 1), sind mit dem Vermerk

„Belastet am . . .
Zurück wegen Widerspruchs"

sowie mit dem Namen der Zahlstelle, Ort und Datum der Ausfertigung zu versehen.

Abschnitt II

Nummer 1

Lastschriften, die nicht eingelöst werden,
a) weil sie unanbringlich sind,
b) weil auf dem Konto des Zahlungspflichtigen keine Deckung vorhanden ist oder
c) weil bei Abbuchungsauftrags-Lastschriften der Zahlstelle kein Abbuchungsauftrag vorliegt,

sind von der Zahlstelle spätestens an dem auf den Tag des Eingangs[3] folgenden Geschäftstag mit dem Vorlegungsvermerk an die erste Inkassostelle zurückzugeben.

Nummer 2

(1) Werden Lastschriften im Sinne des Abschnitts II, Nr. 1 nicht eingelöst, so hat die Zahlstelle die erste Inkassostelle bei Lastschriftbeträgen von 2 000,— DM und darüber unmittelbar spätestens an dem auf den Tag des Eingangs folgenden Geschäftstag bis zu dem in Nr. 4 der Anlage genannten Zeitpunkt und unter Einsatz der dort genannten Kommunikationsverfahren von der Nichteinlösung zu benachrichtigen (Eilnachricht).

(2) Die Eilnachricht hat den Namen und die Kontonummer des Zahlungsempfängers, den Lastschriftbetrag sowie den Namen des Zahlungspflichtigen zu enthalten, soweit die Daten aus der Lastschrift hervorgehen, war die Lastschrift im beleglosen Verfahren zugegangen, gilt dies nur, soweit sich die Daten aus der Magnetbandinhaltsliste gemäß den „Richtlinien für den beleglosen Datenträgeraustausch" ergeben.

Nummer 3

Die erste Inkassostelle ist – auch bei Verletzung dieses Abkommens und unbeschadet etwaiger Schadensersatzansprüche – verpflichtet, nicht un-

[2] Als „vorgelegt" gilt eine Lastschrift am Tag ihres Eingangs, vgl. im übrigen Fußnote zu Abschnitt II, Nr. 1.
[3] Der Tag des Eingangs ist derjenige Tag, an dem die Lastschrift der disponierenden Stelle der in der Lastschrift bezeichneten Zahlstelle, gegebenenfalls als einer Zweigstelle dieses Instituts zugeht.

gelöste sowie wegen Widerspruchs des Zahlungspflichtigen zurückgegebene Lastschriften, die mit dem Vorlegungs- bzw. Widerspruchsvermerk versehen sind, zurückzunehmen und wieder zu vergüten, die erste Inkassostelle darf diese Lastschriften in keiner Form erneut zum Einzug geben.

Nummer 4
Die Zahlstelle kann für Rücklastschriften als Auslagenersatz und Bearbeitungsprovision eine Rücklastschriftgebühr entsprechend den in Nr. 2 der Anlage genannten Höchstsätzen verlangen. Vereinbarungen der Kreditinstitute mit dem Zahlungsempfänger bzw. Zahlungspflichtigen über die Erhebung von Gebühren werden durch dieses Abkommen nicht berührt.

Nummer 5
Bei der Verrechnung von Rücklastschriften wird jede Stelle, über die die Rücklastschriftrechnung läuft, mit der Tageswertstellung für Einzugslastschriften belastet. Im übrigen gelten die Bestimmungen in Nr. 3 der Anlage.

Nummer 6
Einzelheiten über die Rückgabe, Rückrechnung und Eilnachricht regeln die „Ergänzenden Bestimmungen für die Rückgabe und Rückrechnung nicht eingelöster bzw. wegen Widerspruchs des Zahlungspflichtigen zurückzugebender Lastschriften" (Anlage).

Abschnitt III

Nummer 1
Lastschriften, die als Einzugsermächtigungs-Lastschriften gekennzeichnet sind, kann die Zahlstelle auch zurückgeben und eine Wiedervergütung erlangen, wenn der Zahlungspflichtige der Belastung widerspricht. Die Zahlstelle hat unverzüglich, nachdem sie von dem Widerspruch Kenntnis erlangt hat, die Lastschrift mit dem Vermerk nach Abschnitt I, Nr. 7, Absatz 3 zu versehen und zurückzugeben.

Nummer 2
Die Rückgabe und Rückrechnung ist ausgeschlossen, wenn der Zahlungspflichtige nicht binnen sechs Wochen nach Belastung widerspricht. Schadensersatzansprüche im Sinne der Regelung in Abschnitt I, Nr. 4 bleiben hingegen unberührt.

Nummer 3
(1) Im übrigen gelten die Bestimmungen unter Abschnitt II entsprechend.
(2) Die Eilnachricht entsprechend Abschnitt II, Nr. 2, über die Rückgabe einer Lastschrift wegen Widerspruchs hat bis zu dem in Nr. 4 der Anlage genannten Zeitpunkt des auf dem Zugang des Widerspruchs folgenden Geschäftstages zu erfolgen.

Abschnitt IV

Nummer 1
Dieses Abkommen begründet Rechte und Pflichten nur zwischen den beteiligten Kreditinstituten.

Nummer 2
(1) Verstöße gegen die aus diesem Abkommen erwachsenden Verpflichtungen sind unverzüglich nach Bekanntwerten zu rügen. Die Schadensersatzpflicht beschränkt sich auf den Betrag derjenigen Lastschrift(en), bei deren Bearbeitung den Verpflichtungen aus diesem Abkommen nicht genügt worden ist. Ein Schadensersatzanspruch gegen die Zahlstelle kann nicht daraus hergeleitet werden, daß die unter Abschnitt II, Nrn. 1 (a bis c) genannten Voraussetzungen nicht vorgelegen haben.
(2) Reklamationen und Schadensersatzansprüche sind außerhalb des Lastschriftverfahrens unmittelbar gegenüber der ersten Inkassostelle bzw. der Zahlstelle geltend zu machen.

Nummer 3
Die in diesem Abkommen in Bezug genommene Anlage ist Bestandteil des Abkommens. Die Regelungen in der Anlage können durch Beschluß der Vertragspartner im Betriebswirtschaftlichen Arbeitskreis der Spitzenverbände des Kreditgewerbes geändert werden. Die Änderungen werden für die Kreditinstitute verbindlich, die diesen Änderungen nicht binnen einer Frist von einem Monat nach deren Bekanntgabe widersprechen; die Kreditinstitute werden auf diese Möglichkeit des Widerspruchs jeweils bei Bekanntgabe der Änderungen in jedem Einzelfall hingewiesen. Der Widerspruch ist über den für das Kreditinstitut zuständigen Spitzenverband des deutschen Kreditgewerbes an den im Zentralen Kreditausschuß federführenden Verband zu richten. Dieser hat die übrigen Vertragspartner unverzüglich entsprechend zu unterrichten.

Abschnitt V
Dieses Abkommen tritt am 1. Juli 1982 in Kraft. Gleichzeitig tritt das „Abkommen über den Lastschriftverkehr" vom 1. Januar 1964 außer Kraft.

Abschnitt VI
(1) Dieses Abkommen kann von jedem Kreditinstitut oder einem Vertragspartner mit einer Frist von 12 Monaten zum Ende eines Kalenderjahres gekündigt werden.
(2) Kündigungen haben durch eingeschriebenen Brief gegenüber dem im Zentralen Kreditausschuß federführenden Verband zu erfolgen. Kündigt ein Kreditinstitut, so ist die Erklärung über den zuständigen Vertragspartner an den im Zentralen Kreditausschuß federführenden Verband zu richten. Die

Kündigung muß in diesen Fällen spätestens am 14. Tag der Kündigungsfrist bei dem im Zentralen Kreditausschuß federführenden Verband eingegangen sein. Dieser hat die Kündigung den Vertragspartnern und den übrigen diesem Abkommen angeschlossenen Kreditinstituten über die Vertragspartner mitzuteilen. Durch eine Kündigung wird das Fortbestehen dieses Abkommens zwischen den übrigen Vertragspartnern nicht berührt.

Anlage: Ergänzende Bestimmungen für die Rückgabe und Rückrechnung nicht eingelöster bzw. wegen Widerspruchs des Zahlungspflichtigen zurückzugebender Lastschriften.

1. Rückgabe und Rückrechnung

(1) Der Zahlstelle ist freigestellt, auf welchem Wege sie Rücklastschriften zurückgibt und zurückrechnet. Für die Rückgabe und Rückrechnung ist der Vordruck „Retourenhülle für Einzugspapier" (Abbildung 1) zu benutzen. War die Lastschrift im beleglosen Verfahren zugegangen, so kann auch der Vordruck „Rücklastschrift aus beleglosen Verfahren" (Abbildung 2) verwendet werden.

(2) Werden Rücklastschriften unmittelbar an die erste Inkassostelle zurückgegeben, so ist für die Rückgabe und Rückrechnung der Vordruck „Rückrechnung für Direktrückgabe" (Abbildungen 3a und 3b) zu verwenden. Auf der Rückrechnungslastschrift ist zu vermerken: „Abschnitt mit Vorlegungsvermerk bereits unmittelbar übersandt". Der Weg für die Rückrechnung ist auch bei unmittelbarer Rückgabe freigestellt.

2. Rückgabegebühr

Die Zahlstelle kann für Rücklastschriften im Betrag von weniger als 2 000 DM eine Rücklastschriftgebühr von insgesamt höchstens 5 DM, für Rücklastschriften von 2 000 DM und darüber von höchstens 10 DM berechnen.

3. Zinsausgleich

Die Zahlstelle ist berechtigt, bei Rücklastschriften im Betrag von 10 000 DM und darüber gegenüber der ersten Inkassostelle einen Anspruch auf Zinsausgleich geltend zu machen, wenn der Wertstellungsverlust 30 DM oder mehr beträgt. Als Zinssatz gilt der Diskontsatz der Deutschen Bundesbank am Tage des Eingangs der Lastschrift.

4. Eilnachricht

Die Eilnachricht gemäß Abschnitt II, Nr. 2, Abs. 1 bzw. Abschnitt III, Nr. 3, Abs. 2 hat bis spätestens 14.30 Uhr mittels Telex, Telefax, Teletex, Telefon oder Telegramm zu erfolgen.

Rücklastschrift aus beleglosen Verfahren

Kto.-Nr. des Zahlungsempfängers — Zahlungsempfänger — BLZ der 1. Inkassostelle

Kto.-Nr. des Zahlungspflichtigen — Zahlungspflichtiger

Verwendungszweck

Die vorstehende Lastschrift wurde
- ☐ vorgelegt am — und nicht bezahlt am
- ☐ belastet am — zurück am wegen Widerspruchs

Erläuterung:
- ☐ Angaben über den Zahlungspflichtigen nicht eindeutig
- ☐ Abbuchungsauftrag liegt nicht vor
- ☐ Rückruf
- ☐ Konto erloschen
- ☐

Lastschriftbetrag

Rückgabegebühr

DM

(Firmenstempel der Zahlstelle)

| Mehrzweckfeld | X | Konto-Nr. | X | Betrag | X | Bankleitzahl | X | Text |

440728 dgverlag 30

09H

Bitte dieses Feld nicht beschriften und nicht bestempeln

Rückrechnung für Direktrückgabe

▶ ☐ Scheck ☐ Wechsel ☐ Quittung ☐ Lastschrift

Kto.-Nr. des Zahlungsempfängers — Einreicher/Zahlungsempfänger — BLZ der 1. Inkassostelle

Kto.-Nr. des Zahlungspflichtigen — Scheckaussteller/Bezogener/Zahlungspflichtiger

Der nicht bezahlte Abschnitt **ist** ☐ mit ☐ ohne ☐ Protest/Vorlegungsvermerk ☐ mangels Zahlung 1)
Nr. **beigefügt.**

Erläuterung:
- ☐ Widerspruch
- ☐ Zahlungspfl.-Angaben nicht eindeutig
- ☐ Abbuchungsauftrag liegt nicht vor
- ☐ Rückruf
- ☐ Schecksperre
- ☐ Konto erloschen

Betrag

Fremde Kosten 1)

Porto u. Spesen 1)

Rückgabegebühr/Provision

DM

Wert 1)

1) Angabe nur bei Wechsel

1. Inkassostelle — 460249 dgverlag 30

Datum — Firmenstempel der Zahlstelle

Rückrechnung (Lastschrift) für Direktrückgabe

▶ ☐ Scheck   ☐ Wechsel   ☐ Quittung   ☐ Lastschrift

Kto.-Nr. des Zahlungsempfängers — Einreicher/Zahlungsempfänger — BLZ der 1. Inkassostelle

Kto.-Nr. des Zahlungspflichtigen — Scheckaussteller/Bezogener/Zahlungspflichtiger

Der nicht bezahlte Abschnitt **wurde** ☐ mit ☐ ohne ☐ Protest/Vorlegungsvermerk ☐ mangels Zahlung 1)   Betrag

Nr. _____ bereits unmittelbar übersandt.

Erläuterung: ☐ Wider-spruch ☐ Zahlungspfl.-Angaben nicht eindeutig ☐ Abbuchungsauftrag liegt nicht vor ☐ Rückruf ☐ Schecksperre ☐ Kontoerloschen

Fremde Kosten 1)

Porto u. Spesen 1)

Rückgabegebühr/Provision

DM

1) Angabe nur bei Wechsel

Wert 1)

Mehrzweckfeld | Konto-Nr. | Betrag | Bankleitzahl | Text

10 H

Bitte dieses Feld nicht beschriften und nicht bestempeln

---

3. Zahlung durch Geldersatzmittel (Der Wechsel)

a) Wechselgeschäft

Lernziele:

Der Schüler soll

– einen Wechsel ausfüllen können (gesetzliche Bestandteile),
– die wesentlichen Begriffe des Wechselgeschäfts kennen,
– die Verwendungsmöglichkeiten eines Wechsels beschreiben können,
– die Versteuerung des Wechsels erläutern und begründen können,
– die Indossamentfunktionen beschreiben können und verschiedene Indossamentarten unterscheiden,
– die Wechseldiskontierung durchführen können,
– betriebswirtschaftliche und volkswirtschaftliche Funktionen des Wechsels nennen können.

1. Lernschritt:

Motivationsphase: L schildert einen Fall, in dem ein Warengeschäft zur Grundlage eines Kreditgeschäftes wird. L und Sch diskutieren die Möglichkeiten der Kreditabsicherung. L regt ggf. die Zweckmäßigkeit eines Wechsels an.

2. Lernschritt:

Erarbeitungsphase: 1. Schritt: L übernimmt Ausgangssituation ins Tafelbild (TB I).

2. Schritt: L und Sch füllen gemeinsam ein Wechselformular in Anlehnung an den Fall aus und kennzeichnen die gesetzlichen Bestandteile (L verteilt Auszug zum Wechselgesetz). L füllt dabei Folie 1 aus.

3. Schritt: L und Sch suchen nach Verwendungsmöglichkeiten für den Wechsel. L sammelt bzw. ergänzt die Funktion des Wechsels in TB II.

3. Lernschritt:

Vertiefungsphase: 1. Schritt: L erweitert den bekannten Fall durch eine Wechselweitergabe (TB I a).

2. Schritt: L und Sch erarbeiten die Versteuerung des Wechsels (TB Ia und Folie 2).

3. Schritt: L und Sch erarbeiten die Indossamentfunktionen und -arten (TB Ia).

4. Schritt: Erweiterung der bekannten Ausgangssituation um eine Wechseldiskontierung (Folie 3) zugleich Schülerarbeitsblatt.

4. Lernschritt:

Anwendungsphase: L verteilt Arbeitsaufgaben und fordert Sch zur Bearbeitung in Gruppen auf. Anschließend Vortrag und Diskussion der Ergebnisse.

Tafelbild I

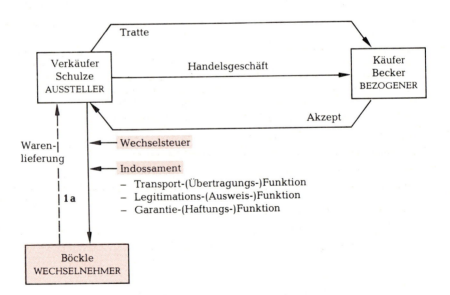

Folie 1

❶ **Ort und Tag der Ausstellung**

Wenn der Ausstellungsort fehlt, ist der beim Namen des Ausstellers angegebene Ort als Ausstellungsort zu betrachten.

❷ **die Bezeichnung „Wechsel" im Text**

❸ **die unbedingte Anweisung, eine bestimmte Geldsumme zu zahlen**

Die Zahlungsanweisung darf nicht an eine Bedingung geknüpft sein. An sich genügt die einmalige Angabe der Summe. Das Einheitsformular sieht jedoch die Angabe des Betrages sowohl in Ziffern als auch in Buchstaben vor. Bei Abweichungen gilt die in Buchstaben geschriebene Summe. Bei Verwendung einer Schriftsicherungsmaschine genügt es, wenn die Wechselsumme im Text durch Schriftsicherungsmaschine in Ziffern wiederholt ist.

❹ **die Verfallzeit**

a) an einem bestimmten Tag (z. B.: Zahlen Sie am 1. April 1976): sogenannter *Tagwechsel*;

b) zu einer bestimmten Zeit nach Ausstellung (z. B.: Zahlen Sie heute in drei Monaten): sogenannter *Datowechsel*;

c) bei Sicht, d. h., der Wechsel wird bei Vorlegung zur Zahlung fällig: sogenannter *Sichtwechsel*. Die Vorlegung des Sichtwechsels muß grundsätzlich innerhalb eines Jahres nach der Ausstellung erfolgen, wenn nicht der Aussteller auf dem Wechsel eine längere oder kürzere Frist (oder ein Indossant eine kürzere Frist) angegeben hat; auch ein Wechsel ohne Angabe der Verfallzeit gilt als Sichtwechsel;

d) zu einer bestimmten Zeit nach Sicht: sogenannter *Nachsichtwechsel*.

❺ **der Name des Wechselnehmers (Remittent)**

d. h. der Name dessen, an den oder an dessen Order gezahlt werden soll.

❻ **der Name des Bezogenen**

Der Bezogene ist deutlich und unmißverständlich anzugeben, und zwar stets der Name bzw. die Firma des Bezogenen und dessen Anschrift. Zur Unterscheidung gegenüber anderen Personen ist die Angabe des Vornamens zweckmäßig.

❼ **die Angabe des Zahlungsortes**

Der bei dem Namen des Bezogenen angegebene Ort gilt als Zahlungsort, wenn auf dem Wechsel nicht ein besonderer Ort angeführt ist, an dem die Zahlung erfolgen soll.

❽ **die Unterschrift des Ausstellers**

Die Unterschrift des Ausstellers ist eigenhändig zu vollziehen. Faksimilestempel dürfen – wie bei allen Wechselunterschriften – nicht verwendet werden. Die Adresse des Ausstellers ist mit anzugeben, denn wenn ein Wechsel nicht eingelöst wird, muß der Inhaber des Wechsels auch den Aussteller verständigen. Zu der Unterschrift des Ausstellers sollte stets dessen Firmenstempel (ohne Umrandung) hinzugefügt werden.

Wechselgesetz (Auszug) vom 21. Juni 1933

mit Änderungen bis zum 10. August 1965

Ausstellung und Form des gezogenen Wechsels

Art. 1 [Bestandteile]. Der gezogene Wechsel enthält:
1. die Bezeichnung als Wechsel im Text der Urkunde, und zwar in der Sprache, in der sie ausgestellt ist;
2. die unbedingte Anweisung, eine bestimmte Geldsumme zu zahlen;
3. den Namen dessen, der zahlen soll (Bezogener);
4. die Angabe der Verfallzeit;
5. die Angabe des Zahlungsortes;
6. den Namen dessen, an den oder an dessen Order gezahlt werden soll;
7. die Angabe des Tages und des Ortes der Ausstellung;
8. die Unterschrift des Ausstellers.

Art. 2 [Fehlen von Bestandteilen]. I Eine Urkunde, der einer der im vorstehenden Artikel bezeichneten Bestandteile fehlt, gilt nicht als gezogener Wechsel, vorbehaltlich der in den folgenden Absätzen bezeichneten Fälle.
II Ein Wechsel ohne Angabe der Verfallzeit gilt als Sichtwechsel.
III Mangels einer besonderen Angabe gilt der bei dem Namen des Bezogenen angegebene Ort als Zahlungsort und zugleich als Wohnort des Bezogenen.
IV Ein Wechsel ohne Angabe des Ausstellungsortes gilt als ausgestellt an dem Orte, der bei dem Namen des Ausstellers angegeben ist.

Art. 3 I **[Eigene Order].** Der Wechsel kann an die eigene Order des Ausstellers lauten.
II **[Trassiert-eigener Wechsel].** Er kann auf den Aussteller selbst bezogen werden.
III **[Bezogener].** Er kann für Rechnung eines Dritten gezogen werden.

Art. 4 [Zahlungsort]. Der Wechsel kann bei einem Dritten, am Wohnort des Bezogenen oder an einem anderen Orte, zahlbar gestellt werden.

Art. 5 [Zinsen]. I (1) In einem Wechsel, der auf Sicht oder auf eine bestimmte Zeit nach Sicht lautet, kann der Aussteller bestimmen, daß die Wechselsumme zu verzinsen ist.
(2) Bei jedem anderen Wechsel gilt der Zinsvermerk als nicht geschrieben.
II Der Zinsfuß ist im Wechsel anzugeben; fehlt diese Angabe, so gilt der Zinsvermerk als nicht geschrieben.

III Die Zinsen laufen vom Tage der Ausstellung des Wechsels, sofern nicht ein anderer Tag bestimmt ist.

Art. 6 I Ist die **Wechselsumme** in Buchstaben und in Ziffern angegeben, so gilt bei Abweichung die in Buchstaben angegebene Summe.

Art. 7 [Ungültige Unterschriften]. Trägt ein Wechsel Unterschriften von Personen, die eine Wechselverbindlichkeit nicht eingehen können, gefälschte Unterschriften, Unterschriften erdichteter Personen oder Unterschriften, die aus irgendeinem anderen Grunde für die Personen, die unterschrieben haben oder mit deren Namen unterschrieben worden ist, keine Verbindlichkeit begründen, so hat dies auf die Gültigkeit der übrigen Unterschriften keinen Einfluß.

Art. 8 [Vertreter ohne Vertretungsmacht]. (1) Wer auf einen Wechsel seine Unterschrift als Vertreter eines anderen setzt, ohne hierzu ermächtigt zu sein, haftet selbst wechselmäßig und hat, wenn er den Wechsel einlöst, dieselben Rechte, die der angeblich Vertretene haben würde.
(2) Das gleiche gilt von einem Vertreter, der seine Vertretungsmacht überschritten hat.

Art. 9 [Haftung des Ausstellers]. (1) Der Aussteller haftet für die Annahme und die Zahlung des Wechsels.
II Er kann die Haftung für die Annahme ausschließen; jeder Vermerk, durch den er die Haftung für die Zahlung ausschließt, gilt als nicht geschrieben.

Art. 10 [Blankowechsel]. Wenn ein Wechsel, der bei der Begebung unvollständig war, den getroffenen Vereinbarungen zuwider ausgefüllt worden ist, so kann die Nichteinhaltung dieser Vereinbarungen dem Inhaber nicht entgegengesetzt werden, es sei denn, daß er den Wechsel in bösem Glauben erworben hat oder ihm beim Erwerb eine grobe Fahrlässigkeit zur Last fällt.

Zweiter Abschnitt. Indossament

Art. 11 [Übertragung des Wechsels]. (1) Jeder Wechsel kann durch Indossament übertragen werden, auch wenn er nicht ausdrücklich an Order lautet.
(2) Hat der Aussteller in den Wechsel die Worte „nicht an Order" oder einen gleichbedeutenden Vermerk aufgenommen, so kann der Wechsel nur in der Form und mit den Wirkungen einer gewöhnlichen Abtretung übertragen werden.

(3)¹Das Indossament kann auch auf den Bezogenen, gleichviel ob er den Wechsel angenommen hat oder nicht, auf den Aussteller oder auf jeden anderen Wechselverpflichteten lauten. ²Diese Personen können den Wechsel weiter indossieren.

Art. 12 [Indossament bedingungsfeindlich; Teilindossament; Indossament an den Inhaber]. (1)¹ Das Indossament muß unbedingt sein. ²Bedingungen, von denen es abhängig gemacht wird, gelten als nicht geschrieben.
(2) Ein Teilindossament ist nichtig.
(3) Ein Indossament an den Inhaber gilt als Blankoindossament.

Art. 13 [Form; Blankoindossament]. (1)¹Das Indossament muß auf den Wechsel oder auf ein mit dem Wechsel verbundenes Blatt (Anhang) gesetzt werden. ²Es muß von dem Indossanten unterschrieben werden.
(2)¹Das Indossament braucht den Indossatar nicht zu bezeichnen und kann selbst in der bloßen Unterschrift des Indossanten bestehen (Blankoindossament). ²In diesem letzteren Falle muß das Indossament, um gültig zu sein, auf die Rückseite des Wechsels oder auf den Anhang gesetzt werden.

Art. 14 [Transportfunktion]. (1) Das Indossament überträgt alle Rechte aus dem Wechsel. (2) Ist es ein Blankoindossament, so kann der Inhaber
1. das Indossament mit seinem Namen oder mit dem Namen eines anderen ausfüllen;
2. den Wechsel durch ein Blankoindossament oder an eine bestimmte Person weiter indossieren;
3. den Wechsel weiterbegeben, ohne das Blankoindossament auszufüllen und ohne ihn zu indossieren.

Art. 15 [Garantiefunktion]. (1) Der Indossant haftet mangels eines entgegenstehenden Vermerkes für die Annahme und die Zahlung.
(2) Er kann untersagen, daß der Wechsel weiter indossiert wird; in diesem Falle haftet er denen nicht, an die der Wechsel weiter indossiert wird.

Tafelbild II

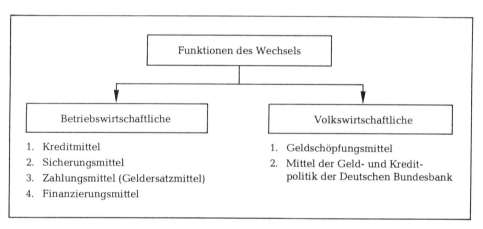

Folie 2

> Die Wechselsteuer beträgt 0,15 DM je angefangene 100,— DM. 200,01 DM = 3 mal 0,15 DM = 0,45 DM Wechselsteuer.

Die Entwertung der Steuermarken durch Eintragung des Tages der Entwertung ist an der vorgesehenen Stelle mittels Stempelaufdrucks, mit Schreibmaschine oder handschriftlich mit Tinte oder Kugelschreiber vorzunehmen.

Wechselsteuermarke

Für mich an die Order der
Erich Böckle GmbH
Braunschweig, 19.01.19..

Robert Schulze

Vollindossament

Weber

Blankoindossament
(macht Wechsel vorüber-
gehend zum Inhaberpapier)

Für mich an die Order der
KSK
Wert zum Einzug
Stuttgart, 10.04.19..

Böckle

Inkassoindossament
(Einzugsindossament)

KSK Stuttgart wird nur
Besitzer

42

Folie 3 (zugleich Sch-Arbeitsblatt)

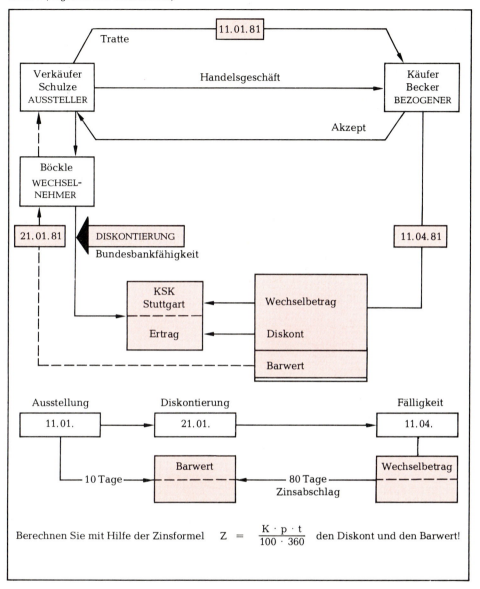

Arbeitsaufgaben:

Situation:

Hannelore Grupe hat im September 1982 in Hannover ein Textilfachgeschäft, das „Haus der Dame" eröffnet. Am 22.08.1982 wird sie von der Textilgroßhandlung Müller u. Co. in Braunschweig mit Winterbekleidung im Wert von 3 000,— DM beliefert. Da im Kaufvertrag Zahlung mit Wechsel vereinbart worden war, übersenden Müller u. Co. zusammen mit der Rechnung einen Wechsel über 3 000,— DM, fällig am 22.11.1982, den Hannelore Grupe akzeptiert und – mit Wechselsteuermarken versehen – zurücksendet.

1. Welche Gründe könnte es geben, daß Hannelore Grupe den Rechnungsbetrag nicht sofort bezahlt hat und eine Wechselverpflichtung eingegangen ist. Warum hat die Textilgroßhandlung Müller u. Co dem „Haus der Dame" keinen „offenen" 3-Monats-Lieferer-Kredit gewährt? Welche gegensätzlichen Wünsche des Käufers und des Verkäufers lassen sich durch den Verkauf gegen Wechsel miteinander in Einklang bringen?
2. Die Textilgroßhandlung Müller u. Co. hat drei Möglichkeiten, den Wechsel zu verwenden:
   a) Sie kann den Wechsel bis zum Verfalltag behalten und ihn dann beim Bezogenen einlösen. Aus welchem Grund ist es sinnvoll, über eine Forderung einen Wechsel auszustellen? Welche Funktion erfüllt der Wechsel in diesem Fall?
   b) Die Textilgroßhandlung Müller u. Co. hat noch eine Rechnung der Kleiderfabrik Klamott GmbH in Göttingen über 4 500,— DM zu begleichen, die am 22.11.1982 fällig ist. Welche Verwendungsmöglichkeit könnte sich in diesem Fall für den von Hannelore Grupe akzeptierten Wechsel ergeben? Ist die Kleiderfabrik verpflichtet, den Wechsel von Firma Müller u. Co. anzunehmen? Falls die Klamott GmbH den Wechsel zur teilweisen Begleichung der Rechnung annimmt, haben Müller u. Co. ihre Zahlungsverpflichtung dann bereits erfüllt? Welche Funktion erfüllt der Wechsel in diesem Fall?
   c) Müller u. Co. haben drittens die Möglichkeit, den Wechsel ihrer Bank zum Kauf anzubieten. Stimmt diese dem Ankauf zu, so schreibt sie den Wechselbetrag, nach Abzug von Zinsen (Diskont) und Provision, dem laufenden Konto der Firma Müller u. Co. gut; sie gewährt ihr dann einen Kredit, den man Wechseldiskontkredit nennt. Für welchen Zeitraum berechnet die Bank Zinsen? Was wird die Bank überprüfen, bevor sie der Wechseldiskontierung zustimmt?

Quelle: Arbeitsunterlagen Studienseminar Braunschweig

b) Betriebswirtschaftliche Abwicklung der Wechselvorlage und Störungen beim Wechselgeschäft

Außerhalb der eingeschlagenen Systematik wollen wir auch hier exemplarisch einen Entwurf ausführlich mit methodischen Entscheidungen darstellen.

Unterrichtsablauf (Lernzielmatrix)

Phase	Phasenlernziel	Kognitiver Aspekt	Instrumentaler Aspekt	Affektiver Aspekt
I	Sch analysieren (zur Wdhg.) einen indossierten Wechsel	– Begriffe erklären (Tratte, Akzept) – Bedeutung des Indossamentes erklären – Zeitpunkt und Berechnung der Wechselsteuer nennen	– Fähigkeit, bekannte Zusammenhänge in Worte zu kleiden – Fähigkeit, TB sauber in Arbeitsblatt zu übernehmen	– Bereitschaft, sich mit dem Thema aktiv zu befassen
II	Sch und L entwickeln gemeinsam ein Ablaufschema zur alternativen betriebswirtschaftlichen Abwicklung der Wechselvorlage	– termingerechte Vorlage des Wechsels nennen – sachlogische Reihenfolge der notwendigen Prüfungen aufzählen und Tätigkeiten erklären (Ordnungsmäßigkeit, Liquidität) – Einlösung als Normalfall darstellen – Abhängigkeit der Prolongation von Bonität erklären – zwei Arten der Prolongation unter Berücksichtigung des Risikos beschreiben – Begriffe und zeitlichen Ablauf von Protest-Notifikation – Regreß erklären – Bedeutung des Protestes (rechtlich) und der Notifikation (BWL) erklären	– Fähigkeit, mit Symbolen des Ablaufdiagramms umzugehen – wie unter I – Fähigkeit, sich im Wechselgesetz zurechtzufinden	– Wille, den regelmäßigen betriebswirtschaftlichen Ablauf zu suchen – Bereitschaft, in Alternativen zu denken – Wille, komplexe betriebswirtschaftliche Zusammenhänge für praktische Arbeit jederzeit „abrufbereit" aufzubereiten – Bereitschaft, wissenschaftliche Hilfsmittel zu verwenden – Bereitschaft, mit Gesetzen zu arbeiten

Phase	Phasenlernziel	Kognitiver Aspekt	Instrumentaler Aspekt	Affektiver Aspekt
III	Sch versuchen Erweiterungsfragen zur Regreßmöglichkeit des Ausstellers und Vermeidung der Prolongation durch den letzten Indossanten zu lösen	– Wechselklage als letzte Möglichkeit der Geldsicherung des Ausstellers nennen – mindestens zwei Unterschiede zwischen Wechselstrenge und Wechselklage aufzählen – den Vorzug der Ausstellung eines neuen Wechsels durch den Aussteller erklären	– wie unter I	– Bereitschaft, möglichst alle denkbaren Situationen zu durchdenken – Wille, Vertrauensspielraum (Bonität) von Wirtschaftssubjekten zu erhalten
IV	Sch lösen Übungsfall und erarbeiten Lösungsvorschlag für Entscheidungsfragen	– Entscheidungen aufgrund von Fakten begründen	– Fähigkeit, mit dem Ablaufdiagramm zu arbeiten – Fähigkeit, kurze und präzise Lösungsvorschläge anzugeben	– Bereitschaft, das Gelernte anzuwenden und damit zu kontrollieren – Bereitschaft zur Teamarbeit

Verlaufsplanung

Phase	Stofflich-systematische Gliederung	Aktionsformen	Impulse	Sozialformen	Medien	Richtzeit
I	**Motivation und Zielfindung**					
	1. Schritt: Wiederholung der Wechselelemente	L verteilt Arbeitsblätter und gibt Arbeitsanweisung L legt Wechselfolie auf	Einsatz der Wechselfolie	FrU FrU	Arbeitsblatt 1 + 2 TLS-Folie-Wechsel	
	2. Schritt: Analyse des Sachverhaltes und Zielfindung	Sch beschreiben Entstehung und Verwendungsmöglichkeiten eines Akzeptes		Sch/ Vortrag	Tafel	15 Min.
	3. Schritt: Übertragung der Ergebnisse auf Arbeitsblatt	Sch übertragen auf Arbeitsblatt 1		EzA	Arbeitsblatt 1	
II	**Zielerarbeitung**					
	1. Schritt: Vorlage des Wechsels unter Berücksichtigung der Ordnungsmäßigkeit	L erfragt die erste Aufgabe bei Wechselvorlage Sch nennen Elemente der Ordnungsmäßigkeit	Abfragesymbole im Tafelbild	FrU FrU	Tafel	
	2. Schritt: Überprüfung der Liquidität	Sch/L überprüfen die Zahlungsfähigkeit des Bezogenen bei Wechselvorlage		FrU	Tafel	
	3. Schritt: Prolongation unter Berücksichtigung der Bonität	Sch stellen die termingerechte Wechseleinlösung als Regelfall dar L fordert Sch zur Suche alternativer Lösungsmöglichkeiten bei mangelnder Liquidität auf Sch stoßen auf Prolongation als ersten betriebswirtschaftlichen Lösungsversuch Sch/L erarbeiten zwei Prolongationsmöglichkeiten	Bonität-Risiko praxisorientierte getrennte Abrechnung (Risiko) Einschränkung der Wechselveränderung (Ordnungsmäßigkeit)		Tafel	45 Min.
	4. Schritt: Übertragung der Ergebnisse	Sch übertragen auf Arbeitsblatt 1		FrU	Tafel	
	5. Schritt: Protest, Notifikation und Regreß	L fragt nach Alternativen bei versagter Prolongation Sch erarbeiten mit Gesetzestexten die Bereiche Protest, Notifikation und Regreß Vertiefende Lehrerfragen	Protesturkunde als Folie Kostenüberlegungen bei Notifikation Voraussetzungen für Rückgriffsrecht	FrU PaArb	Tafel TLS-Folie-Protest Wechselgesetz Tafel	
	6. Schritt: Übertragung der Ergebnisse	Sch übertragen auf Arbeitsblatt 1		EzA	Arbeitsblatt 1	
III	**Zielvertiefung**					
	1. Schritt: Wechselklage	L fragt nach den Regreßmöglichkeiten des Ausstellers		FrU	Tafel	
	2. Schritt: Vermeidung der Prolongation	L hält Vortrag über die betriebswirtschaftlichen Nachteile einer Prolongation L/Sch erarbeiten die Lösungsmöglichkeit Aussteller-Bezogener	Vermeidung der Prolongation	FrU/ Vortrag FrU	Tafel	15 Min.
	3. Schritt: Übertragung der Ergebnisse	Sch übertragen auf Arbeitsblatt 1		EzA	Arbeitsblatt 1	
IV	**Übende Anwendung**					
	1. Schritt: Bearbeitung der Arbeitsaufgaben	L fordert Sch zur Bearbeitung des Arbeitsblattes 2 auf		GrArb	Arbeitsblatt 2	15 Min.
	2. Schritt: Vergleich der Ergebnisse	L/Sch vergleichen die Ergebnisse	Hilfestellung	FrU/GrArb	Arbeitsblatt 2	
	3. Schritt: Situationsaufgaben und Wiederholung im Buch Hausaufgaben	L weist auf Hausaufgabe hin		EzA	J.R.Tiedtke Situationsaufg.2 20.Aufgabe	

Strukturanalyse (Vertikale Betrachtung des Strukturgerüstes)

Zur Offenlegung des Stoffaufbaus zum Thema „Wechsel" ist folgende Strukturskizze entworfen worden:

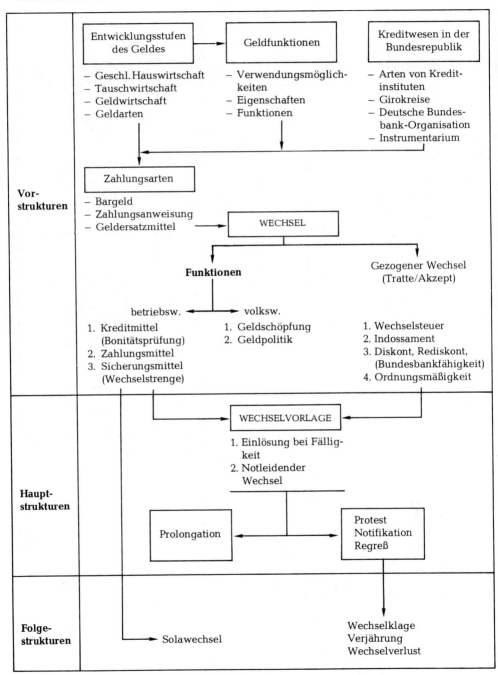

Arbeitsblatt 1

Betriebswirtschaftliches Ablaufdiagramm der Wechselvorlage

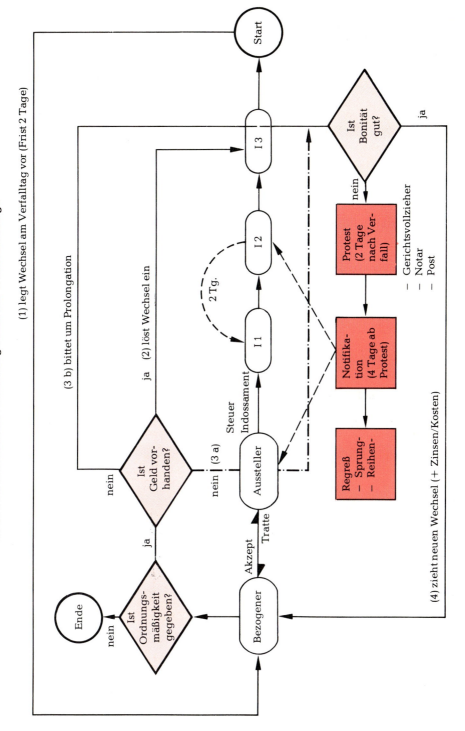

Arbeitsblatt 2

1. Zuweilen kann der Bezogene den Wechsel am Verfalltag nicht einlösen, weil er, vielleicht infolge schlechten Geschäftsganges, nicht über die erforderlichen Mittel verfügt.
   Unter welchen Voraussetzungen wird der Aussteller oder letzte Indossant einer Prolongation zustimmen?

2. Warum ist es nicht möglich, den Verfalltag auf dem Wechsel abzuändern?

3. Welche einzelnen Schritte müssen unternommen werden, wenn der Wechsel am Verfalltag vom Bezogenen nicht eingelöst wird und vom Wechselinhaber und Aussteller nicht prolongiert wird?

4. Innerhalb welcher Frist müssen beim Wechselprotest die Benachrichtigungen an die Vormänner erfolgen?

5. Unter welchen Voraussetzungen wird der Wechselinhaber den Sprungregreß wählen?

6. Welche Möglichkeiten hat der Aussteller bei Nichteinlösung des Wechsels, um die Wechselsumme und Kosten vom Bezogenen zu erhalten?

Folie 1

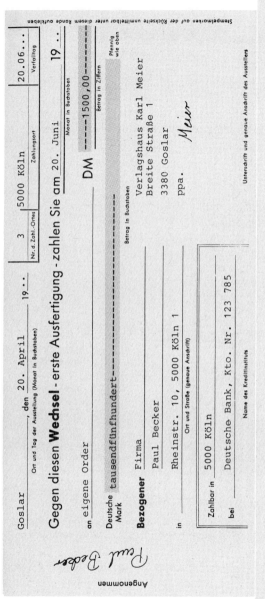

Für mich an die Order von
Herrn Kurt Krause.
Goslar, 25. April 19..

Karl Meier

Kurt Krause

Für uns an die Volksbank
Braunschweig eG

   zum Einzug

Braunschweig, 5. Mai 19..
  Müller & Schulze
  Verpackungen
  3300 Braunschweig

An die
Deutsche Bank, Köln

   zum Inkasso

Braunschweig, 5. Juni 19..

  Volksbank Brschwg. eG

WERT EMPFANGEN
DEUTSCHE BANK

Folie 2

Notariatsprotest

Köln, den 25. Juni 19..

Heute, zwischen 9 Uhr und 12 Uhr, habe ich auf Ersuchen der Firma Karl Meier, Breite Straße 1, Goslar, den mit dieser Urkunde verbundenen Wechsel dem Bezogenen, Herrn Paul Becker, Rheinstraße 10, Köln, in seinen Geschäftsräumen zur Zahlung vorgelegt. Der Bezogene erklärte, daß er die Zahlung nicht leisten könne.

Ich habe deshalb gegen den Bezogenen für meinen Auftraggeber mangels Zahlung Protest erhoben.

Notar *[Unterschrift]*

Kostenrechnung

Geschäftswert	20 000,00 DM
Protestgebühren	160,00 DM

Den Betrag erhalten zu haben bescheinigt:

Notar *[Unterschrift]*

Hausaufgaben:

1. Zuweilen kann der Bezogene den Wechsel am Verfalltag nicht einlösen, weil er, vielleicht infolge schlechten Geschäftsganges, nicht über die erforderlichen Mittel verfügt.
   Unter welchen Voraussetzungen wird der Aussteller oder letzte Indossant einer Prolongation zustimmen?
2. Warum ist es nicht möglich, den Verfalltag auf dem Wechsel aufzuändern?
3. Welche einzelnen Schritte müssen unternommen werden, wenn der Wechsel am Verfalltag vom Bezogenen nicht eingelöst wird und vom Wechselinhaber und Aussteller nicht prolongiert wird?
4. Innerhalb welcher Frist müssen beim Wechselprotest die Benachrichtigungen an die Vormänner erfolgen?
5. Unter welchen Voraussetzungen wird der Wechselinhaber den Sprungregreß wählen?
6. Welche Möglichkeiten hat der Aussteller bei Nichteinlösung des Wechsels, um die Wechselsumme und Kosten vom Bezogenen zu erhalten?

Programmierte Arbeit zum Zahlungsverkehr

Wer hat in der Bundesrepublik Deutschland das Recht, Banknoten zu drucken und in Umlauf zu bringen?

(A) Bundesfinanzministerium
(B) Bundesregierung
(C) Deutsche Bundesbank
(D) Landeszentralbanken

Eine Bargeldzahlung geschieht mit

(A) Bankscheck
(B) Überweisungsauftrag
(C) Postanweisung
(D) Wechsel
(E) Zahlkarte

Bei welcher Zahlungsart hat der Empfänger kein Konto?

(A) Postanweisung
(B) Verrechnungsscheck
(C) Überweisungsauftrag
(D) Zahlkarte

Wer muß bei einer bargeldlosen Zahlung ein Postgiro- bzw. ein Bankkonto besitzen?

(A) Einzahler
(B) Empfänger
(C) Empfänger und Einzahler

Eine rechtsgültige Quittung dient als Beweismittel für

(A) ausgeführte Arbeit
(B) ausgestellte Rechnung
(C) Warenwert
(D) Zahlungsversprechen
(E) geleistete Zahlung

Die Berechtigung zur Ausstellung von Bankschecks haben nur

(A) Besitzer von Bargeld
(B) Inhaber von Giro- oder Kontokorrentkonto
(C) Vollkaufleute
(D) volljährige Personen

Ein Verrechnungsscheck, dessen Vermerk „Nur zur Verrechnung" gestrichen ist,

(A) bleibt ein Verrechnungsscheck
(B) ist ungültig
(C) wird nicht eingelöst
(D) wird zum Barscheck

Was ist unter dem „Wert des Geldes" zu verstehen?

(A) Frage nach dem Übereinstimmen von Stoff- und Nennwert
(B) Geld als Sammelstück
(C) Nominalwert (Nennwert)
(D) Kaufkraft

Bei Zahlung mit einer Zahlkarte besitzt der

(A) Einzahler ein Bankkonto
(B) Einzahler eine Postgirokonto
(C) Empfänger ein Postgirokonto
(D) Empfänger weder Bank- noch Postgirokonto

Eine Rechnung wird normalerweise mit Postanweisung bezahlt, wenn

(A) Einzahler ein Postsparbuch hat
(B) Empfänger ein Sparkonto besitzt
(C) Empfänger und Einzahler weder ein Bank- noch ein Postgirokonto haben

Zur Begleichung einer monatlichen Stromrechnung mit Hilfe eines Bankkontos ist am günstigsten die Zahlung durch

(A) Dauerauftrag
(B) Einziehungsauftrag (Abbuchung)
(C) Überweisungsauftrag

Eines der folgenden Quittungselemente ist falsch!

(A) Betrag
(B) Grund der Zahlung
(C) Name des Zahlenden
(D) Unterschrift des Empfängers
(E) Kontonummer des Empfängers
(F) Ausstellungsort und -datum

„Blanko-Scheck" bedeutet:

(A) angegebenes Konto ist nicht gedeckt
(B) Scheckformular ist trotz fehlenden Geldbetrages bereits unterschrieben
(C) unterschriebenes Scheckformular
(D) Unterschrift des Ausstellers fehlt noch

Welches der folgenden Bestandteile des Schecks ist gesetzlicher Bestandteil?

(A) Schecknummer
(B) Kontonummer
(C) Angabe des Zahlungsempfängers
(D) Betrag in Ziffern
(E) Zahlungsort
(F) Bankleitzahl

Welche Frist ist bei der Scheckeinlösung innerhalb der Bundesrepublik Deutschland zu beachten?

(A) 7 Tage
(B) 8 Tage
(C) keine Frist
(D) 20 Tage
(E) 50 Tage

Was ist ein Wechsel?

(A) Besondere Form des Schecks
(B) Pfandbrief
(C) Teilhaberpapier
(D) Überweisungsauftrag
(E) Schuldurkunde

Für den Bezogenen handelt es sich beim Wechselgeschäft immer um einen

(A) Besitzwechsel
(B) Schuldwechsel

Bei einer Wechselziehung in Höhe von 2000,— DM ist wieviel Wechselsteuer zu entrichten?

(A) 30,— DM
(B) 4,— DM
(C) 2,— DM
(D) 40,— DM

Eine der folgenden Voraussetzungen zur Zentral- oder Rediskontfähigkeit ist falsch:

(A) unbegrenzte Laufzeit
(B) drei als zahlungsfähig bekannte Firmen
(C) zahlbar Bankplatz
(D) Handelswechsel

Welche Maßnahme würden Sie als Wechselvorleger ergreifen, wenn der Bezogene Sie um Prolongation bitten würde?

(A) sofortige Ablehnung
(B) Rückgriff
(C) Protest
(D) Überprüfung der Bonität
(E) Überprüfung der anderen Indossanten

Bei einer Notifikation muß der Wechselinhaber die Beteiligten wie folgt benachrichtigen:

(A) den Vormann
(B) alle Vormänner
(C) den Aussteller
(D) den Aussteller und alle Vormänner
(E) den Aussteller und Vormann

Beim „Euro-Scheck" übernimmt die Bank eine Einlösungsgarantie in Höhe von

(A) 100,— DM
(B) 200,— DM
(C) 300,— DM
(D) 500,— DM

Was schickt der Wechselaussteller dem Bezogenen zu?

(A) Tratte
(B) Akzept
(C) Indossament
(D) Provision

Der für verkaufte Wechsel bis zur Fälligkeit zu zahlende Vorauszins heißt

(A) Akzept
(B) Regreß
(C) Wechselkurs
(D) Diskont

Eine der folgenden Wechselfunktionen ist falsch:

(A) Ausweisfunktion
(B) Zahlungsfunktion
(C) Garantiefunktion
(D) Transportfunktion
(E) Übertragungsfunktion

Was ist der Diskontsatz?

(A) Prozentsatz für die Rediskontierung der Banken im Wechselgeschäft
(B) von der Bundesbank für ihren Ankauf von Handelswaren festgesetzter Zinssatz
(C) Zinssatz für kurzfristige Bankkredite

Beim Wechselprotest ist folgende Frist zu beachten:

(A) 2 Tage
(B) 3 Tage
(C) 4 Tage
(D) keine Frist
(E) wird vom Gericht bestimmt

Eine der folgenden Möglichkeiten beim Regreß ist falsch:

(A) Reihenregreß
(B) Seitenregreß
(C) Sprungregreß

Bei der Prolongation wird in der Praxis unter Berücksichtigung des Risikos folgende Möglichkeit gewählt:

(A) Verlängerung der Laufzeit durch Datumsänderung
(B) neue Wechselziehung mit Auszahlung der Zinsen und Kosten
(C) neue Wechselziehung mit erhöhter Wechselsumme (Zinsen und Kosten enthalten)

Eines der folgenden Bestandteile des gezogenen Wechsels ist nicht gesetzlich vorgeschrieben:

(A) Wort „Wechsel" im Text
(B) Ordervermerk
(C) Wechselempfänger
(D) Bezogener
(E) Unterschrift des Ausstellers

Thema: Die Finanzierung
       a) Kapitalbedarfsrechnung

Lernziele:

Der Schüler soll

— verschiedene Möglichkeiten der Kapitalbedarfsrechnung nennen und berechnen können,
— Kapitalbedarf für die Grund- und Umlauffinanzierung rechnerisch ermitteln können,
— einen vereinfachten Finanzierungskreislauf beschreiben können,
— eine Kapitalbedarfsrechnung auf der Grundlage von Ein- und Auszahlungen grafisch darstellen können,
— die Liquiditäts- und Rentabilitätsprobleme bei Finanzierungsüberlegungen aufzeigen,
— Maßnahmen zur Senkung des Kapitalbedarfs nennen können.

1. Lernschritt:

Einstiegsmotivation: L verteilt Situationsaufgabe und fordert Sch zur Stellungnahme auf.

2. Lernschritt:

Erarbeitungsphase: 1. Schritt: L und Sch berechnen gemeinsam den Gesamtkapitalbedarf für eine Unternehmensgründung (Filiale) TB 1 a.
2. Schritt: L und Sch erstellen einen Kapitalbedarfsstatus TB 1 b.
3. Schritt: L erstellt und erläutert TB 2.

3. Lernschritt:

Vertiefungsphase: 1. Schritt: L und Sch entwickeln einen vereinfachten Finanzierungskreislauf TB 3.
2. Schritt: L fordert Sch nach Begründungen für einen Finanzplan auf, verteilt Arbeitsblatt 1 (zugleich Folie 1).
3. Schritt: Sch erarbeiten Einzahlungs- und Auszahlungsströme und versuchen eine grafische Darstellungs- und Kapitalbedarfsermittlung in Partnerarbeit.

4. Schritt: Ergebnisvergleich anhand Folie 1 und Klärung von Rentabilitäts- und Liquiditätsaspekten.

5. Schritt: L und Sch sammeln Maßnahmen zur Senkung des Kapitalbedarfs als Vorfinanzierungsüberlegung TB 4.

4. Lernschritt:

Lernzielkontrolle: L verteilt Hausaufgaben zur Kapitalbedarfsrechnung.

Situationsaufgabe:

Eine Großhandlung plant die Errichtung einer Filiale. Sie ermittelt den Kapitalbedarf aufgrund folgender Angaben:

I. Gebäude (einschließlich Planungsarbeiten)   300 000,— DM
    Geschäftsausstattung   120 000,— DM
    Durchschnittlicher kalendertäglicher Wareneinkauf   3 000,— DM
    Eiserner Bestand   10 000,— DM
    Liefererziel   30 Kalendertage
    Kundenziel   60 Kalendertage
    Durchschnittliche Lagerdauer   15 Kalendertage
    Durchschnittliche kalendertägliche bare Handlungskosten   600,— DM

II. Die Großhandlung kann ein Eigenkapital von 430 000,— DM zur Verfügung stellen. Die Hausbank gewährt einen Kredit (Grundschuld) in Höhe von 90 000,— DM.

Folgende Fragen sind im Planungsstadium zu beantworten:
1. Wie errechnet sich der Kapitalbedarf?
2. Wie ist die Restfinanzierung sinnvoll zu sichern?

Tafelbild 1

1 a

Gebäude	300 000,— DM	
Geschäftsausstattung	120 000,— DM	
Waren (Eiserner Bestand)	10 000,— DM	430 000,— DM
Kassenbestand für Waren 3 000,— DM · (60 + 15 − 30)	135 000,— DM	
Ausgabewirksame Kosten 600,— DM · (60 + 15)	45 000,— DM	180 000,— DM
Gesamter Kapitalbedarf		610 000,— DM

1 b

Mittelverwendung		Kapitalbedarfsstatus	Mittelherkunft
Gebäude	300 000,—	Eigenkapital	430 000,—
Geschäftsausstattung	120 000,—	Grundschuld	90 000,—
Waren	10 000,—		
Zahlungsmittelbestand		Kontokorrentkredit	90 000,—
für Waren	135 000,—		
für Kosten	45 000,—		
	610 000,—		610 000,—

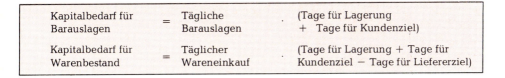

Tafelbild 2

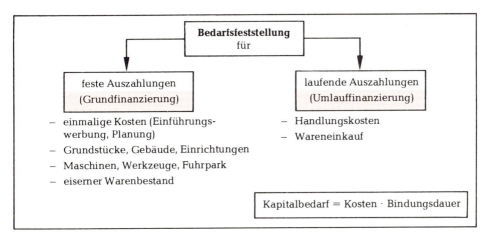

Tafelbild 3

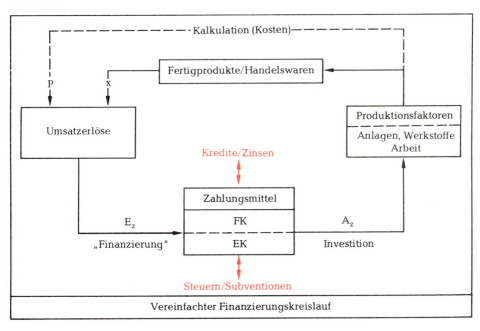

Arbeitsblatt 1 (zugleich Folie 1)

Monat	Vorgang	A_z einz.	A_z zus.	E_z einz.	E_z zus.	Kapital-bedarf *
0	Planungsarbeiten	4'	4'			4'
1	Grundstück	10'	14'			14'
2	Bauausführung	25'	39'			39'
3	Einrichtung	8'	47'			47'
4	Waren/Personal	16'	63'			63'
5	Werbung Umsatz	5'	68'	14'	14'	54'
6	Lfd. Kosten Umsatz	7'	75'	18'	32'	43'
7	Lfd. Kosten Umsatz	7'	82'	22'	54'	28'
8	Lfd. Kosten Umsatz	7'	89'	22'	76'	13'
9	Lfd. Kosten Umsatz	7'	96'	22'	98'	+ 2'
10	Lfd. Kosten Umsatz	7'	103'	22'	120'	+ 17'
11						
usw.		DM-Angaben in 10 000,— DM				

$$K_B = A_B + E_z - A_z$$

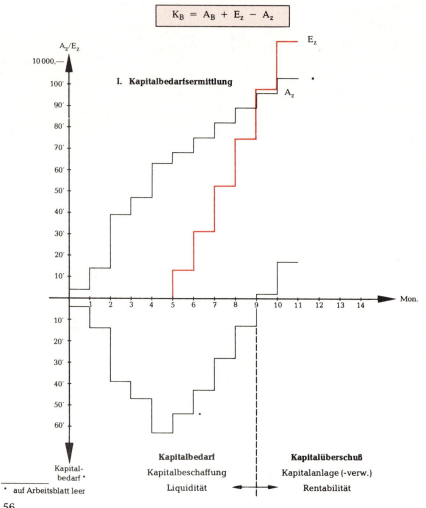

I. **Kapitalbedarfsermittlung**

Kapitalbedarf — Kapitalbeschaffung — Liquidität
Kapitalüberschuß — Kapitalanlage (-verw.) — Rentabilität

* auf Arbeitsblatt leer

Tafelbild 4

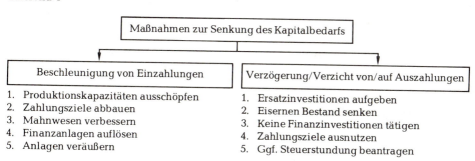

Beschleunigung von Einzahlungen	Verzögerung/Verzicht von/auf Auszahlungen
1. Produktionskapazitäten ausschöpfen	1. Ersatzinvestitionen aufgeben
2. Zahlungsziele abbauen	2. Eisernen Bestand senken
3. Mahnwesen verbessern	3. Keine Finanzinvestitionen tätigen
4. Finanzanlagen auflösen	4. Zahlungsziele ausnutzen
5. Anlagen veräußern	5. Ggf. Steuerstundung beantragen

Aufgaben:

1. Errechnen Sie nach folgenden Daten den Kapitalbedarf:

Grundfinanzierung	700 000,— DM	Lagerdauer für Stoffe	3 Tage
Tagesproduktion	100 Stück	Fertigungsdauer	7 Tage
Stoffkosten je Stück	10,— DM	Lagerdauer für Erzeugnisse	15 Tage
Fertigungskosten je Stück	20,— DM	Kundenziel	60 Tage
Verwaltungs- und Vertriebskosten je Stück	4,— DM	Liefererziel	30 Tage

2. Wie unterscheiden sich Grund- und Umlauffinanzierung?
3. Stellen Sie einen vereinfachten Finanzierungskreislauf für ein Unternehmen auf!
4. Welche finanzwirtschaftlichen Fragen stellen sich einem Unternehmer bei einer Filialgründung?
5. Erläutern Sie die wichtigsten Maßnahmen zur Senkung des Kapitalbedarfs!

Thema: Die Finanzierung
        b) Finanzierungsformen

Lernziele:

Der Schüler soll

– Finanzierungsmöglichkeiten aus einer einfachen Bilanz ableiten können,
– die Möglichkeiten der Außenfinanzierung kennen und beschreiben können,
– die Skontoausnutzung im Rahmen des Lieferantenkredites erfolgreich einsetzen können,
– verschiedene Kreditarten nennen und beschreiben können,
– die verschiedenen Möglichkeiten der Innenfinanzierung nennen und erläutern können.

1. Lernschritt:

Einstiegsmotivation: L schildert Ausgangssituation (Fall) und fordert Sch zur Suche von Lösungsmöglichkeiten auf.

2. Lernschritt:

Erarbeitungsphase: 1. Schritt: L und Sch erarbeiten gemeinsam Tafelbild 1 (Finanzierungsmöglichkeiten aus der Bilanz).

2. Schritt: Sch und L entwickeln einen einfachen Finanzierungskreislauf (Grundlage für Innenfinanzierung), Folie 1.

3. Lernschritt:

Vertiefungsphase: 1. Schritt: L und Sch erarbeiten anhand einer Zahlungsbedingung aus einer Rechnung die Bedeutung der Skontoausnutzung (Tafelbild 2).

2. Schritt: L und Sch erarbeiten im Rahmen einer Wiederholung die Finanzierung aus Abschreibungen, Folie 2 und 3.

3. Schritt: Sch und L erarbeiten die Entstehung eines Kreditvertrages Tafelbild 3 und unterscheiden ausgewählte Kreditarten, Arbeitsblatt 1/zugleich Folie 4.*

4. Lernschritt:

Lernzielkontrolle: L verteilt Aufgabenblatt zu den Finanzierungsformen.

Ausgangssituation

Der Steuerberater Fritz Fuchs beabsichtigt die Umstellung des Rechnungswesens auf EDV. Nach Abwägung aller Vor- und Nachteile entschließt er sich, eine eigene Anlage zu kaufen. Die Herstellerfirma hat ihm ein Angebot über 65 000,— DM unterbreitet. Zum Zweck der Finanzierung könnte Fuchs aus seinen betrieblichen Rücklagen 60 000,— DM in die Finanzierung einbringen.

Aufgabe: Überlegen Sie, welche Möglichkeiten der Steuerberater Fuchs zur Restfinanzierung in Anspruch nehmen kann.

Tafelbild 1

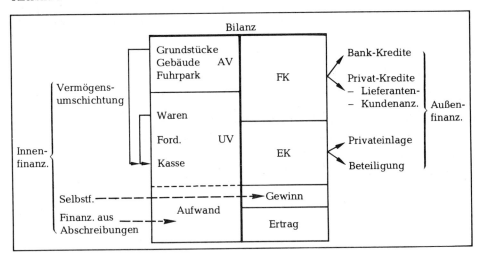

---

* Hier können Antragsformulare aus der Schulmappe der Sparkassen verwendet werden.

Folie 1

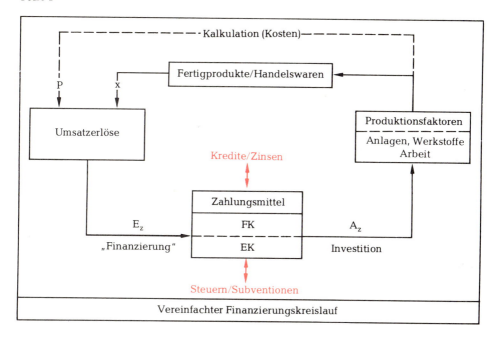

Fall:

Eine Warenlieferung wird unter folgenden Zahlungsbedingungen ausgeführt: „Zahlbar innerhalb von 30 Tagen, netto Kasse. Bei Zahlung innerhalb von 10 Tagen 2% Skonto".

Zahlen wir schon am 10. Tage, können wir 2% Skonto dafür abziehen, daß wir 20 Tage vor Fälligkeit bezahlt haben. Dies entspricht einem Jahreszinssatz von 36%. Dieser Prozentsatz läßt sich nach folgender Formel berechnen:

Tafelbild 2

$$\text{Jahresprozentsatz} \quad P = \frac{360 \cdot \text{Skontosatz}}{\text{Zahlungsziel} - \text{Skontofrist}}$$

$$P = \frac{360 \cdot 2}{30 - 10}$$

$$\underline{\underline{P = 36\%}}$$

Folie 2

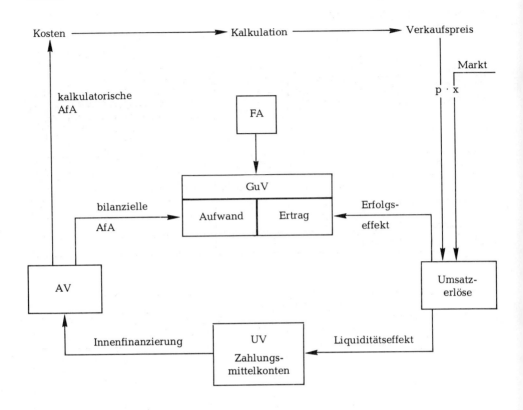

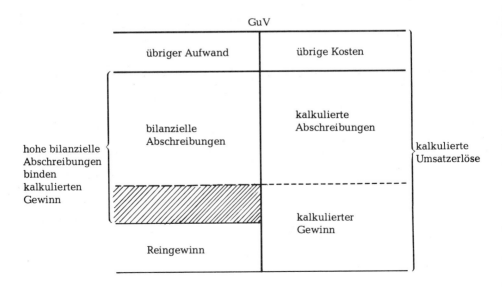

Folie 3

Kapitalfreisetzungseffekt

Maschine \ Jahr	1	2	3	4	5	6	7	8	9	10
1	200	200	200	200	200	200	200	200	200	200
2		200	200	200	200	200	200	200	200	200
3			200	200	200	200	200	200	200	200
4				200	200	200	200	200	200	200
5					200	200	200	200	200	200
jährl. Abschr.	200	400	600	800	1 000	1 000	1 000	1 000	1 000	1 000
ZM − Reinvestition	200 −	600 −	1 200 −	2 000 −	3 000 1 000	3 000 1 000	3 000 1 000	3 000 1 000	3 000 1 000	3 000 1 000
freigesetzte Mittel	200	600	1 200	2 000	2 000	2 000	2 000	2 000	2 000	2 000

Kapazitätserweiterungseffekt

Jahr	Ma-Anz.	AW	AfA (20 % Vorjahr)	Anzahl Neuinvest.	AfA-Rest	Ma-Abg.
1	10	100 000	−	10	−	−
2	12	120 000	20 000	2	−	−
3	14	140 000	24 000	2	4 000	−
4	17	170 000	28 000	3	2 000	−
5	20	200 000	34 000	3	6 000	−
6	14	140 000	40 000	4	6 000	10
7	15	150 000	28 000	3	4 000	2
8	16	160 000	30 000	3	4 000	2
9	16	160 000	32 000	3	6 000	3
.						
.						

Tafelbild 3

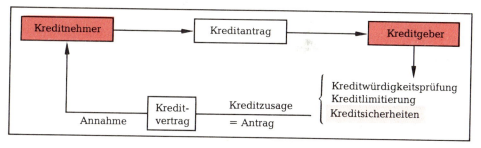

Darlehensantrag

an die Sparkasse Überall

Konto Nr. 654 321 098

Antragsteller (Vor- und Zuname, Anschrift)

Kunde, Klaus, Ingenieur
Beethovenstraße 27
9000 Überall
Legitimation: persönlich bekannt

Bürge (Vor- und Zuname, Geburtstag, Beruf, Anschrift)

Legitimation:

Darlehensbetrag	6.000,00 DM	Gutschrift des Darlehensbetrages auf Konto Nr.	876 543 210
0,32 % pro Monat Laufzeitzinsen	691,20 DM	Monatliche Raten z. L. Konto	987 654 321
Anlaufzinsen bis zum	0,00 DM	1. Rate am 30.10.1979	161,20 DM
2 % Bearbeitungsprovision	120,00 DM	35 weitere Raten, jeweils am 30.j.M.	190,-- DM
Gesamtbetrag	6.811,20 DM	Letzte Rate am 30.9.1982	190,-- DM
Effektiver Jahreszinssatz 8,77 % (Laufzeit 36 Monate)		5,00 DM Auslagenersatz bei Mahnung (Ziffer 5 des Schuldscheins)	

Sicherungsübereignung (Falls nicht zutreffend, bitte entwerten):
Folgende Gegenstände werden der Sparkasse gemäß den auf der Rückseite des Schuldscheins abgedruckten Bedingungen zur Sicherung übereignet:

Genaue Bezeichnung, bei Kfz. mit Fabrikmarke, Typ (kW/ccm), Erstzulassung, Fahrgestell-Nr., Brief-Nr. und amtl. Kennzeichen	Preis/Wert DM	ggf. Anzahlung DM
1 PKW Ford Taunus 1,6 l, 72 PS, UE-KK 27	11.950,--	5.950,--

Standort:

Arbeitgeber	beschäftigt seit	Krankenkasse	Mitgliedsnummer
Industriewerk Überall KG	1.10.1967	AOK Überall	C 112233

Angaben des Antragstellers Genau ausfüllen; unrichtige oder unvollständige Angaben schließen die Gewährung des Darlehens aus!

Geburtstag	verh. seit	Anzahl u. Alter der unterhaltsberechtigten Kinder	Güterstand
18.09.1943	16.06.1967	2 / 6,8	gesetzlich seit

Beruf/Geschäftszweig: Ingenieur. selbständig als

Ehegatte

Name (ggf. Geburtsname), Vorname, Geburtstag	Arbeitgeber, Beruf, beschäftigt seit
Kunde, geb. Renz, Gisela, 3.02.1945	--- Hausfrau

Einkommen (monatlich netto)

Antragsteller: Lohn/Gehalt DM	Ehegatte: Lohn/Gehalt DM	sonstige Einkünfte (z. B. Rente, Miete) DM
2.507,75	---	130,-- Kindergeld

Vermögensverhältnisse

Grundbesitz (Objekt u. Adresse)			Wert ca. DM
Lebensversicherung bei	Vers. Nummer	abgeschlossen am	über DM
Öffentl. Versicherungsanstalt	003/E 578	16.07.1967	40.000,--
sonstige Vermögenswerte (z. B. Bausparvertrag, Wertpapiere, Guthaben bei anderen Kreditinstituten, Kfz)			zusammen DM
Sparkonten, Wertpapierdepot			ca. 5.000,--

Verpflichtungen (einschl. Ehegatte)

	monatliche Rate/Raten zusammen DM	Stand per DM
Kredit- u. Darlehensverpflichtungen bei ---		
Sonstige Verbindlichkeiten (z. B. Abzahlungskäufe, Bürgschaften) ---		
laufende Verpflichtungen (z. B. Miete, Versicherungen) Miete, Versicherung (Leben)	monatlich zusammen	526,50 DM

Schwebt(e) Klage oder Mahnverfahren/Nein
Wohnungswechsel in den letzten 6 Monaten: nein

Ist Antrag auf Einleitung des Verfahrens zur Abnahme der Eidesstattlichen Versicherung gestellt, oder ist das Verfahren zur Abnahme der Eidesstattlichen Versicherung bereits durchgeführt/Offenbarungseid bereits geleistet? nein

Sicherheiten
☐ Lohn- und Gehaltsabtretung
☒ Sicherungsübereignung (s.o.)

Die Richtigkeit der vorstehenden Angaben wird ausdrücklich versichert. Die Sparkasse ist berechtigt, jederzeit die öffentlichen Register sowie das Grundbuch und die Grundakten einzusehen und auf Rechnung des Antragstellers einfache oder beglaubigte Abschriften und Auszüge zu beantragen, ebenso Auskünfte bei dritten Stellen einzuholen. Alle durch die Bearbeitung dieses Antrages entstehenden Kosten gehen zu Lasten des Antragstellers auch für den Fall, daß diesem Antrag aus irgendwelchen Gründen nicht entsprochen werden sollte.

Überall, den 21. September 19
Ort, Datum

Klaus Kunde
Unterschrift(en)

Hinweis: Im Zusammenhang mit der Aufnahme und Abwicklung dieses Darlehens werden der Schutzgemeinschaft für allgemeine Kreditsicherung (SCHUFA) Daten über den Darlehensnehmer und etwaige Mitschuldner zur Speicherung im Rahmen ihrer Tätigkeit übermittelt. Die Adresse der örtlich zuständigen SCHUFA wird von der Sparkasse auf Wunsch gerne mitgeteilt; außerdem ist die Bundes-SCHUFA e.V., Kronprinzenstraße 28, 6200 Wiesbaden, zur Auskunftserteilung bereit.

Bearbeitungsvermerke

Kredit nach § _____ der Satzung/SpkVO

1. Bei uns bestehende Verpflichtungen
1.1 Kredite und Darlehen

Konto-Nr.	bewilligt DM	beansprucht DM	Sicherstellung	blanko DM

keine

1.2 Bürgschaften

Konto-Nr.	Betrag DM	beansprucht DM	Name des Kreditnehmers

keine

2. Auskunft der Kreditschutzorganisation

angefordert: _____ eingetroffen: _____

telefonisch eingeholt, keine Verbindlichkeiten, nichts Negatives bekannt.

3. Sonstiges
Sparguthaben bei uns DM 470,00 und DM 3.030,--
Wertpapierdepot, Kurswert   DM 1.456,--

Überall, den 24. September 19 _____   _Steinkamp_
Ort, Datum   Sachbearbeiter

Beschluß

~~Abgelehnt~~ – Genehmigt – wie beantragt – mit 6.000,-- _____ DM zu folgenden Bedingungen:
Sicherungsübereignung des PKW Ford Taunus 1,6 l, 72 PS

Sitzung des Vorstandes/Kreditausschusses/Verwaltungsrats vom ---
Nr. des Beschlußbuches ---

Kreditabteilung

Überall, den 26. September 19 _____   _Kendel_
Ort, Datum   Unterschriften

Sparkasse Überall

Kreditvertrag

Konto Nr. 887 766 554

Industriewerk Überall KG
Postfach 13 98

9000 Überall

schließt mit der Sparkasse folgenden Vertrag über einen Kredit in laufender Rechnung bis zum Höchstbetrage von

150.000,-- Deutsche Mark,

in Worten DM

einhundertfünfzigtausend---

– nachstehend Kreditnehmer genannt –

1 Krediteinräumung, mehrere Kreditnehmer

Der Kredit wird in genannter Höhe auf Girokonto Nr. 887 766 554 zur Verfügung gestellt. Mehrere Kreditnehmer haften für die Verbindlichkeiten aus diesem Vertrag als Gesamtschuldner. Eine Willenserklärung der Sparkasse wird mehreren Kreditnehmern gegenüber auch dann wirksam, wenn sie nur einem von ihnen oder einem Zustellungsvertreter zugegangen ist.

2 Kreditkosten

Der Kreditnehmer verpflichtet sich, für den Kredit Zinsen und Provision nach den von der Sparkasse für Kredite dieser Art jeweils festgesetzten Zins- und Provisionssätzen zu zahlen. Änderungen dieser Sätze werden dem Kreditnehmer mitgeteilt. Zur Zeit beträgt der Zinssatz

7,5 % pro Jahr; die Zinsen werden nur für den in Anspruch genommenen Kredit berechnet. Soweit der zugesagte Kredit nicht in Anspruch genommen ist, wird als Entgelt für die Bereithaltung der gesamten Kreditvaluta eine Kreditprovision von

--- % pro Jahr berechnet[1].

Besondere Vereinbarungen:

Daneben wird eine Umsatzprovision von

--- % pro Jahr von dem in Anspruch genommenen Kreditbetrag erhoben[1].

--- % des reinen Umsatzes derjenigen Kontoseite, die den größeren Umsatz aufweist, erhoben[1].

Die Rechnung des Kreditnehmers wird viertel jährlich, erstmals auf den 31. Dezember 19.. , abgeschlossen, wobei die Kreditkosten belastet werden. Wird dadurch der eingeräumte Kredit überschritten, so berechnet die Sparkasse für den überzogenen Betrag, wie bei jeder Kreditüberschreitung, neben den obengenannten Kreditzinsen die bei ihr für Überziehungen jeweils festgesetzte Überziehungsprovision, zur Zeit

1,5 % pro Jahr. Die Überziehung ist jeweils sofort auszugleichen.

3 Kündigung, Befristung

Der Kreditvertrag kann von jedem Teil ohne Einhaltung einer Kündigungsfrist gekündigt werden.
Die Krediteinräumung ist unbeschadet eines jederzeitigen fristlosen Kündigungsrechts beider Parteien zunächst bis zum

30.09.19.. befristet[1].

4 Kreditsicherung

Von der Sicherstellung des Kredits wird bis auf weiteres abgesehen. Die Sparkasse ist jedoch berechtigt, jederzeit Sicherheiten zu fordern und die Rechte geltend zu machen, die ihr nach ihren Allgemeinen Geschäftsbedingungen zustehen.

5 Auskunftspflicht

Der Kreditnehmer verpflichtet sich, der Sparkasse, einem von ihr beauftragten Treuhänder oder ihrer zuständigen Prüfungsstelle jederzeit auf Anforderung seine Bücher, Bilanzen, Abschlüsse und Geschäftspapiere vorzulegen oder die Einsicht und Prüfung dieser Vorgänge zu gestatten, jede gewünschte Auskunft zu erteilen und die Besichtigung seines Betriebes zu ermöglichen.

[1] Nichtzutreffendes bitte streichen.

6 Sonstige Vereinbarungen

keine

7 Kosten des Vertrages

Alle durch den Abschluß und Vollzug dieses Vertrages einschließlich einer etwaigen späteren Bestellung von Sicherheiten entstehenden Kosten trägt der Kreditnehmer.

8 Gerichtsstand

Soweit sich die Zuständigkeit des allgemeinen Gerichtsstandes der Sparkasse nicht bereits aus § 29 ZPO ergibt, kann die Sparkasse ihre Ansprüche im Klageweg an ihrem allgemeinen Gerichtsstand verfolgen, wenn der im Klageweg in Anspruch zu nehmende Kreditnehmer Kaufmann oder eine juristische Person im Sinne der Nr. 27 AGB ist oder nach Vertragsabschluß seinen Wohnsitz oder gewöhnlichen Aufenthaltsort aus der Bundesrepublik Deutschland oder dem Land Berlin verlegt oder sein Wohnsitz oder gewöhnlicher Aufenthaltsort im Zeitpunkt der Klageerhebung nicht bekannt ist.

9 Rechtswirksamkeit

Sollten Vereinbarungen, die in diesem Vertrag getroffen sind, ganz oder teilweise der Rechtswirksamkeit ermangeln oder nicht durchgeführt werden, so sollen dennoch die übrigen Vereinbarungen wirksam bleiben.

10 Allgemeine Geschäftsbedingungen

Die Sparkasse weist ausdrücklich darauf hin, daß ergänzend ihre Allgemeinen Geschäftsbedingungen (AGB) Vertragsbestandteil sind. Die AGB hängen/liegen in den Kassenräumen der Sparkasse zur Einsichtnahme aus[1].

Überall, den 20. September 19
Ort, Datum

Unterschrift(en) des Kreditnehmers

Legitimation
persönlich bekannt

Bei mehreren Kreditnehmern Raum für weitere Unterschriften

Legitimation geprüft und für die Richtigkeit der Unterschrift(en):

L.S.

Unterschriften der Sparkasse

[1] Jeder Vertragspartner der Sparkasse erhält ein Exemplar der AGB, soweit noch keine Geschäftsverbindung besteht und der Vertragsabschluß außerhalb der Sparkasse erfolgt.

Folie 4 (zugleich Arbeitsblatt 1)

Übersicht: Ausgewählte Kreditarten

Kreditarten	Begriff	Laufzeit	Kosten	Sicherung Personal ~ (selber)	Sicherung Personal ~ (Dritte)	Realsicherheit	Art der Rückzahlung	Besonderheiten
Grundkredit a) Hypothek	Kredit, der durch ein im Grundbuch eingetragenes Pfandrecht an einem Grundstück gesichert ist	10–30 Jahre	Zinsen, Disagio (Damnum), Rechtskosten	Persönliche Haftung		Belastung eines bebauten oder unbebauten Grundstücks	Regel: jährliche Tilgung Ausnahme: Gesamtrückzahlung	Das Bestehen eines Schuldverhältnisses ist Voraussetzung = erlischt mit Tilgung (akzessorisch)
b) Grundschuld				Keine persönliche Haftung				Bestehen eines Schuldverhältnisses ist nicht Vraussetzung = bleibt bestehen (Eigentümergrd.)
Wechselkredit	Kredit, der aufgrund der Annahme eines Wechsels gewährt wird (Akzept)	Regel: 90 Tage	Diskont Wechselspesen Wechselsteuer		Wechselstrenge		Wechseleinlösung oder Prolongation	Orderpapier. Wechselinhaber kann den Wechsel: a) bis zum Verfalltag behalten b) zahlungshalber weitergeben c) bei einer Bank diskontieren
Wechseldiskontkredit	Ankauf eines Wechsels vor Fälligkeit durch ein Kreditinstitut	bis zu max. 90 Tagen	Diskont Wechselspesen Wechselsteuer Sollzinsen		Wechselstrenge		Gesamtrückzahlung durch Bezogenen	Bundesbankfähigkeit, Tilgung nicht durch Kreditnehmer i. d. R.
Kontokorrentkredit	Kredit in laufender Rechnung, bei dem der in Anspruch genommene Kreditbetrag in seiner Höhe mit dem Saldo des Kontokorrentkontos schwankt	Regel: 1/2 bis 1 Jahr. Durch Verlängerung jedoch fast „unendliche" Laufzeit	Zinsen Kreditprovision Umsatzprovision evtl. Überziehungsprovision	möglich	möglich	möglich	Zahlungseingänge (Gutschriften)	ungekündigt praktisch unendliche Laufzeit

Übersicht: Ausgewählte Kreditarten

Kreditarten	Begriff	Laufzeit	Kosten	Sicherung Personal ~ (selber)	Sicherung Personal ~ (Dritte)	Sicherung Realsicherheit	Art der Rückzahlung	Besonderheiten
Lombardkredit	Durch Faustpfand an beweglichen Sachen gesicherter Kredit	1/2jährlich bis jährlich mit entsprechender Verlängerung	Zinsen, evtl. Depotgebühren. Regel: Je sicherer das Pfand, je geringer der Zins			Besitzübertragung von Wertpapieren und Waren, selten von Edelmetallen	Gesamtrückzahlung oder als Kontokorrent möglich	Warenlombard in der Regel durch Übergabe des Lagerscheines
Sicherungsübereignung	Durch Übertragung von Eigentum an beweglichen Sachen oder Wertpapieren gesicherter Kredit	1/2jährlich bis jährlich mit entsprechender Verlängerung	Zinsen. Höhe hängt von der Art und dem Umfang der übereigneten Gegenstände bzw. Wertpapiere ab			Eigentumsübertragung an beweglichen Sachen, Kreditnehmer bleibt Besitzer	Gesamtrückzahlung oder als Kontokorrent möglich	
Zessionskredit	Kredit, der durch die Abtretung von Forderungen (Zession) gesichert ist	1–12 Monate mit entsprechender Verlängerung	Zinsen. Höhe hängt von der Art und dem Umfang der übereigneten Gegenstände bzw. Wertpapiere ab; evtl. Kosten für den Verwaltungsaufwand der bank		offene u. stille Zession		Gesamtrückzahlung oder als Kontokorrent möglich	
Avalkredit	Kredit, der durch eine Bürgschaft oder Garantie einer Bank gesichert ist	bis zu 2 Jahren	Zinsen und Bürgschafts- oder Garantieprovision (1–2 %)		Bürgschaft oder Garantie einer Bank		Gesamtrückzahlung oder Tilgung in Raten möglich	
Lieferantenkredit	Kredit, den Warenlieferanten ihren Kunden durch Gewährung von Zahlungszielen einräumen	Regel: 30–90 Tage	entgangener Skonto	oft: reiner Personalkredit	Ausnahme: Bürgschaft	in der Regel: Eigentumsvorbehalt (verlängerter-)	Bezahlung der Warenlieferung	

Übungsaufgaben:

1. Errechnen Sie nach folgenden Daten den Kapitalbedarf:

Grundfinanzierung	700 000,— DM	Lagerdauer für Stoffe	3 Tage
Tagesproduktion	100 Stück	Fertigungsdauer	7 Tage
Stoffkosten je Stück	10,— DM	Lagerdauer für Erzeugnisse	15 Tage
Fertigungskosten je Stück	20,— DM	Kundenziel	60 Tage
Verwaltungs- und Vertriebskosten je Stück	4,— DM	Liefererziel	30 Tage

2. Wie unterscheiden sich Grund- und Umlauffinanzierung?
3. Stellen Sie einen vereinfachten Finanzierungskreislauf für ein Unternehmen auf!
4. Welche finanzwirtschaftlichen Fragen stellen sich einem Unternehmer bei einer Filialgründung?
5. Erläutern Sie die wichtigsten Maßnahmen zur Senkung des Kapitalbedarfs!
6. Wie unterscheiden sich Außen- und Innenfinanzierung?
7. Wie unterscheiden sich offene und stille Selbstfinanzierung?
8. Welche Finanzierungsmöglichkeiten bieten sich einem Unternehmen durch die Inanspruchnahme von Abschreibungen?
9. Eine Warenlieferung wird unter folgenden Zahlungsbedingungen geliefert: „Zahlbar innerhalb von 20 Tagen netto Kasse. Bei Zahlung innerhalb von 5 Tagen 3 % Skonto."

    Lohnt es sich für den Verkäufer, zur Ausnutzung des Skontos einen Kredit aufzunehmen, wenn der Jahreszinssatz 14 % beträgt?
10. Stellen Sie fest, welche Kreditarten in Ihrem Ausbildungsbereich von Bedeutung sind!
11. Welche Informationen über den Kreditnehmer sind im Rahmen der Kreditwürdigkeitsprüfung von Wichtigkeit?
12. Entwickeln Sie ein Ablaufdiagramm für die Vergabe eines Autokredites!

Thema: Die Finanzierung
c) Kreditsicherung

Lernziele:

Der Schüler soll
- die Möglichkeiten der Kreditsicherung kennen und systematisieren können,
- die selbstschuldnerische und die Ausfallbürgschaft unterscheiden können,
- die Formen der Forderungsabtretung (Zession) beschreiben können,
- die Wechselsicherung erklären können,
- Sicherungsübereignung und Eigentumsvorbehalt kennen und erklären können,
- Unterschiede zwischen Faustpfand, Hypothek und Grundschuld beschreiben können,
- den Aufbau des Grundbuches erklären können.

1. Lernschritt:

Motivationsphase: L verteilt Broschüre der Creditreform „Kreditsicherung und Rechtsform in einer Unternehmung" (4000 Neuss 1) und fordert Sch zur Auswertung der Information auf S. 7 auf.

2. Lernschritt:

Erarbeitungsphase: L und Sch erarbeiten gemeinsam einen Überblick über die Möglichkeiten der Kreditsicherung, Tafelbild 1.

3. Lernschritt:

Vertiefungsphase: 1. Schritt: Sch erarbeiten Informationen zur Kreditsicherung durch zusätzliche Haftung Dritter (Personalsicherheiten).
2. Schritt: L bespricht anhand Folie 1 Bürgschafts- und Zessionssicherung und wiederholt kurz Wechselsicherung.
3. Schritt: Sch entnehmen Grundinformationen zur Realsicherung aus der Broschüre.
4. Schritt: Sch und L erarbeiten gemeinsam Sicherungsübereignung und Eigentumsvorbehalt.
5. Schritt: L erklärt anhand Tafelbild 2 die Bedeutung des verlängerten Eigentumsvorbehaltes.
6. Schritt: Sch erarbeiten das Faustpfand anhand einer Situationsaufgabe durch Partnerarbeit (mit anschl. Besprechung).
7. Schritt: L erläutert anhand Folie 2 den Aufbau des Grundbuches.
8. Schritt: L und Sch erarbeiten den Unterschied zwischen Hypothek und Grundschuld, Folie 3.

4. Lernschritt:

Anwendungsphase und Lernzielkontrolle: L verteilt Arbeitsblatt mit Hausaufgaben.

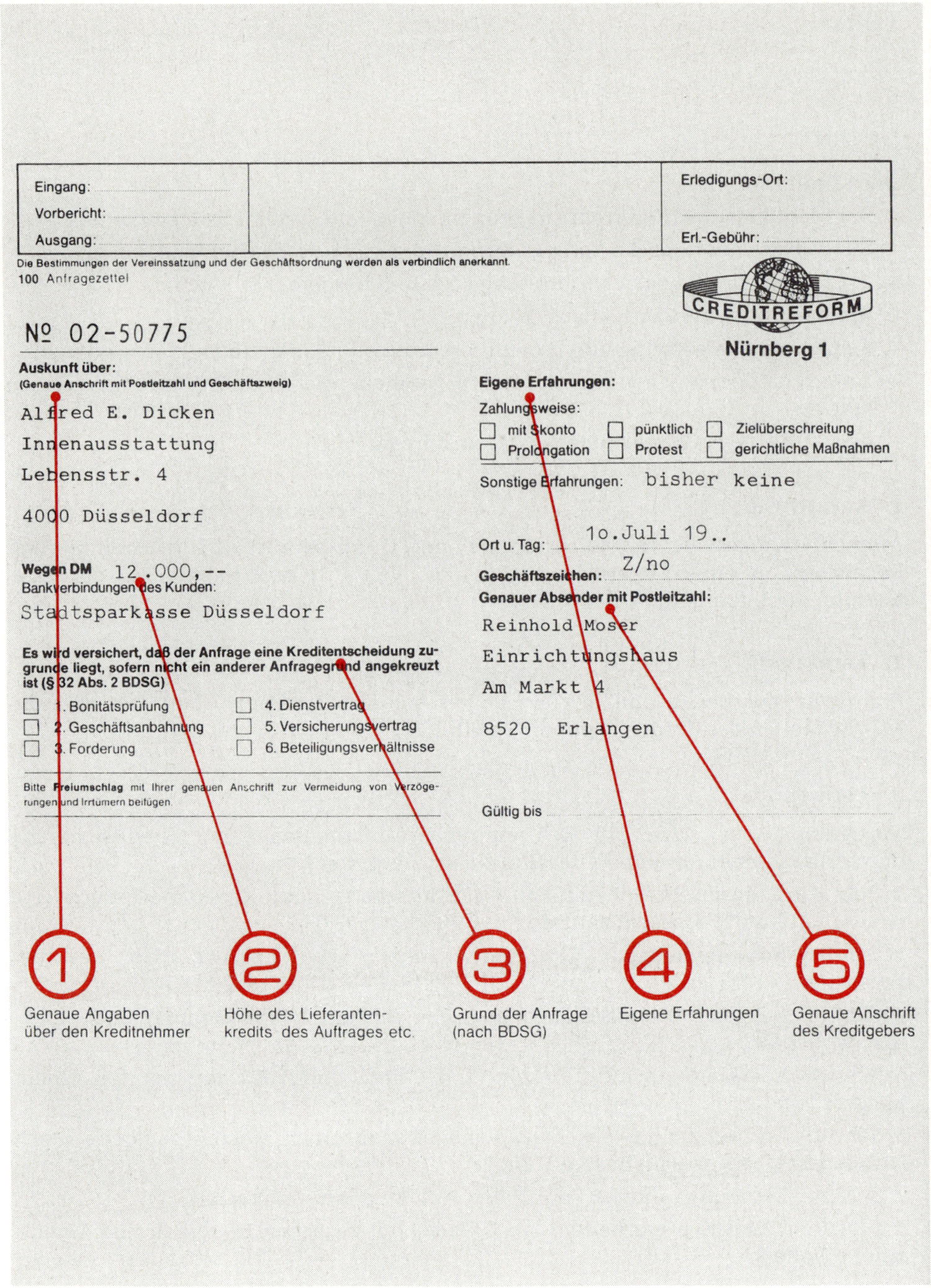

Eingang:		Erledigungs-Ort:
Vorbericht:		
Ausgang:		Erl.-Gebühr:

Die Bestimmungen der Vereinssatzung und der Geschäftsordnung werden als verbindlich anerkannt.
100 Anfragezettel

N⁰ 02-50775

CREDITREFORM
Nürnberg 1

Auskunft über:
(Genaue Anschrift mit Postleitzahl und Geschäftszweig)

Alfred E. Dicken
Innenausstattung
Lebensstr. 4

4000 Düsseldorf

Wegen DM 12.000,--
Bankverbindungen des Kunden:

Stadtsparkasse Düsseldorf

Es wird versichert, daß der Anfrage eine Kreditentscheidung zugrunde liegt, sofern nicht ein anderer Anfragegrund angekreuzt ist (§ 32 Abs. 2 BDSG)

☐ 1. Bonitätsprüfung   ☐ 4. Dienstvertrag
☐ 2. Geschäftsanbahnung   ☐ 5. Versicherungsvertrag
☐ 3. Forderung   ☐ 6. Beteiligungsverhältnisse

Bitte **Freiumschlag** mit Ihrer genauen Anschrift zur Vermeidung von Verzögerungen und Irrtümern beifügen.

Eigene Erfahrungen:
Zahlungsweise:
☐ mit Skonto   ☐ pünktlich   ☐ Zielüberschreitung
☐ Prolongation ☐ Protest   ☐ gerichtliche Maßnahmen

Sonstige Erfahrungen: bisher keine

Ort u. Tag: 1o.Juli 19..

Geschäftszeichen: Z/no

Genauer Absender mit Postleitzahl:

Reinhold Moser
Einrichtungshaus
Am Markt 4

8520 Erlangen

Gültig bis

① Genaue Angaben über den Kreditnehmer
② Höhe des Lieferantenkredits des Auftrages etc.
③ Grund der Anfrage (nach BDSG)
④ Eigene Erfahrungen
⑤ Genaue Anschrift des Kreditgebers

Quelle: Creditreform, Kreditsicherung und Rechtsformen der Unternehmung, 4000 Neuss 1.

Ort: 4o4o Neuss		Datum: 15. Dezember 198.	
Z. u. H. Nr.: o5-6o48		Nr.: BI O/228/49/D/2f	**CREDITREFORM**
Kontroll-Nr.: Ze Bu		Dch. V. C.:	
Ihr Zeichen: La		Mitgl. V. C.: Düsseldorf	

An
Firma
Stechmann & Co. GmbH
Königsallee 25

4000 Düsseldorf

Betr.:
Kurt Busch
Fabrik chemischer Rohstoffe GmbH
Peterstr. 4o

4o4o Neuss

Rechtsform	GmbH
Gründung	2.1.1938 als Einzelfirma, 7.8.1952 als GmbH
Handelsregister	2o.1o.1952, Ag Neuss, HRB 51o
Gesellschafter	Kurt Busch sen., Neuss DM 5oo.ooo,--
	Dr. Jürgen Busch, Neuss DM 25o.ooo,--
	Dr. Kurt Busch jun., Neuss DM 2oo.ooo,--
Stammkapital	DM 95o.ooo,--
Geschäftsführer	Kurt Busch sen., geb. 2o.2.191o, verheiratet, Akazienallee 14, Neuss, gute Beurteilung
Allgemeines	Produktion von Lackkunstharzen, Kunststoffbändern, -verpackungen und ähnlichen Artikeln Vertrieb erfolgt zum Teil über Firma Mahlendorf Handel & Co., Neuss
Mitarbeiter	ca. 3o Angestellte, ca. 13o Arbeiter
Jahresumsatz	198. ca. DM 38,o Mio, Vorjahr ca. DM 36,o Mio
Immobilien	Eigentum der Firma Betriebsgrundstück und -gebäude, ca. 6.800 qm, zur Hälfte bebaut, Verkehrswert ca. DM 1o,o Mio, angeblich geringe Belastung
Aktiva	Betriebseinrichtung: maschinelle Anlagen, Forschungslabor, 2 Tankwagen, 2 Lkw, 1o Pkw, Zeitwert ca. DM 7,o Mio Material- und Warenlager ca. DM 5,o Mio Außenstände ca. DM 6,5 Mio GmbH ist mit DM 14o.ooo,-- Kommanditistin der Firma Mahlendorf Handel & Co., Neuss
Passiva	Lieferantenverbindlichkeiten nach Eigenangaben DM 3,6 Mio Bankkredit auf gedeckter Basis in unbekannter Höhe steht zur Verfügung
Anmerkung	nicht haftendes Immobilienvermögen von Kurt Busch sen.: Bürokomplex Cantadorstr. 1o, 4ooo Düsseldorf, Verkehrswert ca. DM 1,o Mio, Belastung unbekannt
	Überprüfung sämtlicher Angaben zum Immobilieneigentum durch Grundbucheinsicht nicht möglich
Banken	Dresdner Bank AG, Neuss Stadtsparkasse, Neuss
Zahlungsweise	vereinbarungsgemäß, teils mit Skonto
Kreditfrage	DM 2oo.ooo,-- (zweihunderttausend) zulässig

Diese Auskunft ist nur für den Anfragenden bestimmt. Für den Inhalt der Auskunft wird jede Haftung abgelehnt, das gilt auch für den etwaigen Vorsatz von Erfüllungsgehilfen. Wer die Auskunft zur Kenntnis nimmt, unterwirft sich damit diesen Bedingungen.

Arbeitsaufgaben:

1. Beurteilen Sie den Wert der einzelnen Informationen für den Auskunftsempfänger!
2. Fassen Sie die einzelnen Informationspunkte zu Oberbegriffen zusammen!
3. Würden Sie im vorliegenden Falle einer Kreditgewährung zustimmen?

Tafelbild 1

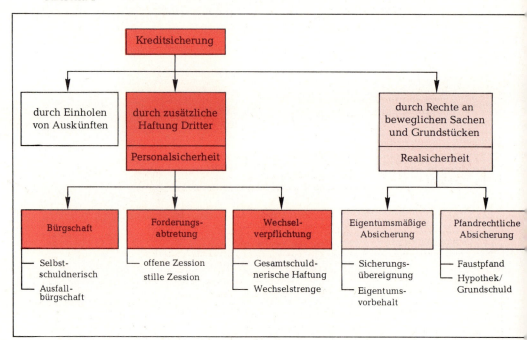

Folie 1

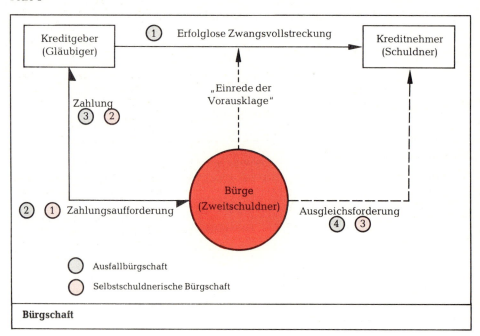

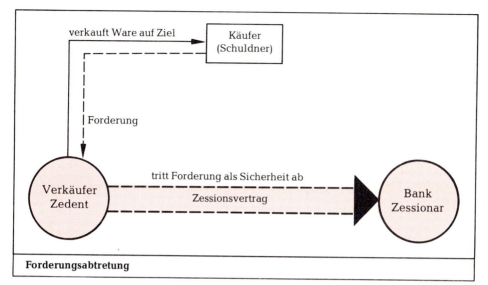

Forderungsabtretung

Tafelbild 2

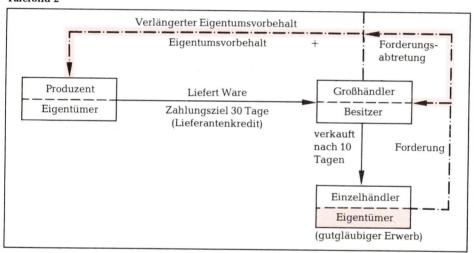

Situationsaufgabe: Faustpfand

Der Kaufmann Erwin Schachtebeck, In der Straut 2, 3400 Göttingen, möchte die Raten für seinen Lkw stunden lassen. Er begründet dem Lkw-Unternehmer Alwin Laste, Industriestraße 5, 3400 Göttingen, seinen Antrag damit, daß zur Zeit zwei weitere Züge wegen Unfall und Reparatur ausfallen. Als Sicherheit bietet Schachtebeck den Familienschmuck seiner Frau Bärbel im Werte von 10 000,— DM als Sicherheit an. Laste willigt ein, Stundung bis zum Betrag von 8 000,— DM zu gewähren. Schachtebeck übergibt ihm dafür den Familienschmuck.

1. Aus welchem Grunde stundet Erwin Laste nur bis zum Betrag von 8 000,— DM?
2. Frau Laste möchte den Schmuck aus repräsentativen Gründen bei einer Veranstaltung tragen?
   a) Prüfen Sie, ob sie das darf!
   b) Stellen Sie den Eigentümer des Schmuckes fest!

3. Unternehmer Laste überlegt sich, was passiert wäre, wenn der Juwelier Frau Schachtebeck den Schmuck unter Eigentumsvorbehalt verkauft hätte.

§ 1207   a) Hätte Laste das Pfandrecht erwerben können, wenn er von dem Eigentumsvorbehalt gewußt hätte?

§§ 1207, 932   b) Hätte Laste auch bei Unkenntnis des Eigentumsvorbehaltes das Pfandrecht erwerben können?

4. Prüfen Sie was passiert, wenn bei einer Pfandverwertung der Pfanderlös des Schmuckes

§ 1247   a)   7 000,— DM beträgt;
         b)   10 000,— DM beträgt.

§§ 1228, 1234   5. Darf Laste den Schmuck verwerten, wenn die Raten 8 000,— DM erreicht haben?

6. Was kann Laste nach Eintritt der Pfandreife mit dem Schmuck machen? Prüfen Sie folgende Fälle:

§§ 1228, 1235   a) für seine Frau behalten,

§ 1235   b) öffentlich versteigern lassen,

§§ 1235, 1221   c) Verkauf an einen Juwelier für 9 000,— DM.

Folie 2

Grundbuchblatt

Aufschrift	Bestandsverzeichnis	3 Abteilungen		
		Erste Abteilung	Zweite Abteilung	Dritte Abteilung
1. Amtsgericht 2. Grundbuchbezirk 3. Band-Nr. 4. Blatt-Nr.	1. Kennzeichnung des Grundstücks • Flurstück • Wirtschaftsart • Größe 2. Verbundene Rechte • Wegerecht	1. Eigentümer 2. Grundlage der Eintragung • Vermessung	Lasten und Beschränkungen • Dienstbarkeit (Wegerecht, Wohnrecht) • Reallast (Geld, Natural.) • Vorkaufsrecht • Erbbaurecht • Verfügungsbeschränkung (Konkurs)	Grundpfandrechte • Hypothek • Grundschuld (nach Rängen)

Abteilung I. Verzeichnis der Grundstücke

Laufende Nummer	Akten-Nachweisung	Bezeichnung des Grundstücks					Zeit und Grund des Erwerbs	Erwerbspreis und sonstige Wertangaben	Rechte, die dem jeweiligen Eigentümer des Grundstücks zustehen	Änderungen und Löschungen
		Gemarkung		Flurstück Nr.	Fläche						
		Karte Nr.			ha	a	qm				
1	2	3			5			6	7	8	9
			Lage Nutzungsort								
			4								
1	Heft 22 I 3	12	Geb. Nr.9			12	40	a) 18.Februar 1963 Erbfolge. Den 7.Mai 1966 *Franke*			
			Dammstr. Wohn- u. Geschäfts- haus mit Werkstatt- u. Lager- räumen					b) Carl Schuler: Auflassung vom 4. März 1981 auf Grund Erbtei- lungsvertrages. Den 25.März 1981 *Günther*			

Seite 2

Abteilung II. Lasten und Beschränkungen des Eigentums

Laufende Nummer	Art der Belastung -Mitbelastete Grundstücke-	Änderungen und Löschungen
1	1	2
	a) Wohnungsrecht für Irma Kökel in Waiblingen, geb.am 17.Mai 1923, für die Dauer ihres ledigen Standes. Unter Bezugnahme auf die Bewilligung vom 4.März 1980 Den 25.März 1980 *Günther*	
	b) Vorkaufsrecht für Geb.Nr.7, Dammstr., Gemarkung Waib- lingen 310 qm. Unter Bezug- nahme auf die Bewilligung vom 18. Juni 1981 Den 19. Juni 1981 *Weller*	

Seite 3

Abteilung III. Hypotheken, Grundschulden, Rentenschulden

Laufende Nummer	Bezeichnung der belasteten Grundstücke nach der laufenden Nummer der Abteilung 1 -Mitbelastete Grundstücke-	Betrag		Art der Belastung (Hypothek, Grund- oder Rentenschuld)	Veränderungen		Löschungen Zu Spalte 1 bis 4		Eintragung
		DM	Pf.		Betrag		Eintragung von Veränderungen	Betrag		
					DM	Pf.		DM	Pf.	
1	2	3		4	5		6	7	8	9
1	Nr. 1	40000.	--	Hypothek ohne Brief für ein Darlehn für Wilhelm Möhle, Bauer in Wüstenhausen, von -Vierzigtausend Deutsche Mark- verzinslich zu 7% jährlich. Unter Bezug- nahme auf die Bewilligung vom 7.März 1981 Den 11. März 1981 *Günther*	40000.	--	Löschungsvormerkung nach § 1179 BGB für den jeweiligen Gläubiger der Grundschuld Nr. 3 Den 27. November 1981 *Günther*			
2	Nr. 1	5000.	--	Hypothek für ein Darlehn des Max Reiner, Kaufmann in Heilbronn, von -Fünftausend Deutsche Mark- verzinslich zu 9% jährlich. Unter Bezug- nahme auf die Bewilligung vom 8. September 1981 Den 9. September 1981 *Günther*						
3	Nr. 1	30000.	--	Grundschuld für die Bausparkasse Mainz in Mainz über -Dreißigtausend Deutsche Mark-, verzins- lich zu 5% jährlich, sofort vollstreckbar gegen den jeweiligen Eigentümer. Unter Bezugnahme auf die Bewilligung vom 25. November 1981 *Günther*						

Gruppe 01 Nr. 0644

Deutscher Hypothekenbrief

über

80.000,-- Deutsche Mark

- Gesamthypothek -

eingetragen im Grundbuch von
B o v e n d e n   (Amtsgericht Göttingen)
Band 9 Blatt 1546, Abteilung III Nr. 4 (vier).

Inhalt der Eintragung:
Nr. 4: 80.000,-- (Achtzigtausend) Deutsche Mark Hypothek mit 6,5 % Jahreszinsen, unter Umständen 8,5 % Jahreszinsen, gegebenenfalls einer Vorfälligkeitsentschädigung bis zu 2 % des zurückgezahlten Kapitals für die Vereinigte Postversicherung Berlin-Stuttgart Versicherungsverein auf Gegenseitigkeit, Stuttgart. Vollstreckbar nach § 800 ZPO. Gemäß Bewilligung vom 18.8. und 3.11.1983 im Range vor den Rechten Abt. II Nr. 2 und Abt. III Nr. 1,2,3 eingetragen am 15.11.1983.

Belastetes Grundstück:
Das im Bestandsverzeichnis des Grundbuchs unter Nr. verzeichnete Grundstück.

- lastend auf allen Miteigentumsanteilen -

Göttingen, den 23. November 1983
Amtsgericht

Müller   Schulze
Rechtspfleger   Justizamtsinspektor

Gruppe 02 Nr. 8148

Deutscher Grundschuldbrief

über

============100.000,-- Deutsche Mark ============

eingetragen im   Grundbuch von

Göttingen (Amtsgericht Göttingen)
Band 4   Blatt 147   Abteilung III Nr. 15 (fünfzehn)

<u>Inhalt der Eintragung:</u>

Nr. 15: 100.000,-- DM (Einhunderttausend Deutsche Mark) Grundschuld mit 15 % Jahreszinsen, einer einmaligen Nebenleistung von 5 % für die Volksbank eG, Göttingen. Vollstreckbar nach § 800 ZPO. Gemäß Bewilligung vom 8.9.1983 im Range vor dem Recht Abt. II Nr. 2 eingetragen am 2.11.1983.

<u>Belastetes Grundstück:</u>

Das im Bestandsverzeichnis des Grundbuchs unter Nr. 9 verzeichnete Grundstück.

Göttingen, den 22. November 1983
Amtsgericht

Müller   Schulze

(Dienstsiegel) Rechtspfleger   Justizamtsinspektor

Übungsaufgaben:

1. Geben Sie einen umfassenden Überblick über die Möglichkeiten der Kreditsicherung!
2. Welche Möglichkeiten stehen einem Unternehmen zur Einholung von Auskünften zur Verfügung?
3. Unterscheiden Sie die Begriffe „Personalsicherheit" und „Realsicherheit"!
4. Die Bilanz einer Unternehmung weist folgende Vermögenswerte aus:

Grundstücke u. Gebäude	200 000,— DM	Forderungen a. Lieferungen	70 000,— DM
Maschinen	110 000,— DM	Kundenwechsel	20 000,— DM
Betriebs- u. Geschäftsausst.	80 000,— DM	Kassenbestand	12 000,— DM
Fuhrpark	30 000,— DM	Bankguthaben	40 000,— DM
Rohstoffe	20 000,— DM	Wertpapiere	70 000,— DM

   Wie können die Vermögensteile zur Kreditsicherung verwendet werden?
5. Wie beurteilen Sie die Behauptung, daß jede Sicherheit letztlich nur soviel wert sei wie der Schuldner selber?
6. Welche besondere Bedeutung hat die Kaufmannseigenschaft gemäß HGB für die Bürgschaftserklärung?
7. Erläutern Sie den Begriff „Einrede der Vorausklage"!
8. Sammeln Sie Vor- und Nachteile von stiller und offener Zession in einer übersichtlichen Aufstellung!
9. Welche Bedeutung hat das Besitzkonstitut im Zusammenhang mit der Sicherungsübereignung?
10. Welches Risiko geht der Kreditgeber ein, wenn er ein Faustpfand zur Kreditsicherung annimmt?
11. In welcher Weise kann der Kreditgeber im Falle der Nichtzahlung ein Faustpfand verwerten?
12. Reicht im Zwischenhandel der einfache Eigentumsvorbehalt zur Sicherung der Forderung aus?
13. Wie unterscheiden sich Hypothek und Grundschuld?
14. Aus welchem Grund hat der Gesetzgeber die Einschaltung eines Notars und des Grundbuchamtes bei Grundstücksgeschäften zur Pflicht gemacht?
15. Beschreiben Sie den Aufbau des Grundbuches!
16. Ein Unternehmer vereinbart mit seiner Bank einen Kredit in laufender Rechnung.
    Prüfen Sie, welches Grundpfandrecht zur Sicherung dieses Kredites herangezogen werden sollte!
17. Der Bruder des Kaufmanns Schulze, Herbert Schulze, benötigt dringend ein Darlehen in Höhe von 50 000,— DM. Die Bank fordert dafür eine dingliche Sicherung. Da Herbert S. keine beleihungsfähigen Gegenstände hat, bittet er seinen Bruder, zugunsten der Bank eine Grundschuld auf dessen Grundstück eintragen zu lassen. Sein Bruder ist einverstanden.

    Prüfen Sie,

    a) ob die Bank nach Eintragung der Grundschuld berechtigt ist, die Tilgung der 50 000,— DM direkt von dem Bruder zu verlangen!

    b) ob der Bruder auch für den Restbetrag in Anspruch genommen werden kann, wenn bei einer Versteigerung des Grundstückes nur 40 000,— DM realisiert werden!

Thema: Die Finanzierung
　　　　　d) Erhaltung des finanziellen Gleichgewichts

Lernziele:

Der Schüler soll

— den Begriff Liquidität kennen und erläutern können,
— aus einer Bilanz die Liquidität 1. bis 3. Grades ableiten können,
— mit Hilfe der Liquiditätskennzahlen einen Stundungsantrag (Steuern) begründen können,
— für einen langfristigen Stundungsantrag die Notwendigkeit eines Finanzplanes erkennen und begründen.

1. Lernschritt:

Motivationsphase: Schilderung des Ausgangsfalles (Folie 1) und Erarbeitung der Vorbedingungen aus AO § 222 (Tafelbild 1 a).

2. Lernschritt:

Erarbeitungsphase: 1. Schritt: L und Sch entwickeln aus den Voraussetzungen die Notwendigkeit einer Liquiditätsanalyse (Tafelbild 1 b).
2. Schritt: Zusammenstellung der Liquiditätsgrade durch L und Sch anhand der vorausgegebenen Bilanz (Tafelbild 1 c).
3. Schritt: L und Sch berechnen die Liquiditätskennzahlen zur Ausgangssituation (Tafelbild 1 d).

3. Lernschritt:

Vertiefungsphase: L legt Folie 2 auf und erarbeitet mit Sch die Aussagekraft eines Finanzplanes in Hinblick auf eine langfristige Steuerstundung.

4. Lernschritt:

Anwendungsphase und Lernzielkontrolle: L verteilt Arbeitsblatt mit Fall und fordert Sch zur Lösung in Gruppenarbeit auf. Anschließend gemeinsame Besprechung.

Situationsaufgabe (Folie 1)

Der Steuerberater Erwin Schulte muß für seinen Mandanten Friedrich Schmidt, Eisenwarengroßhandel, einen Stundungsantrag für Steuernachzahlungen über 30 000,— DM beim zuständigen Finanzamt stellen.
Zur Überprüfung der Voraussetzungen analysiert der Steuerberater vom Eisenwarengroßhändler folgende Bilanz:

A	Bilanz zum 31.12.19..		P
Anlagevermögen	100 000,—	Eigenkapital	175 690,—
Umlaufvermögen		Fremdkapital	
— Kundenforderungen	28 780,—	— Verbindlichkeiten	45 130,—
— Besitzwechsel	4 000,—	— Noch abzuf. Abgaben	18 670,—
— Waren	100 000,—	— Schuldwechsel	3 000,—
— Bank	3 155,—	— USt	8 400,—
— Postscheck	4 310,—		
— Kasse	10 645,—		
	250 890,—		250 890,—

Aufgaben:

1. Welche Voraussetzungen nennt § 222 AO für einen Stundungsantrag?
2. Welche Einteilung nach Liquiditätsgesichtspunkten bietet die Bilanz?

79

Tafelbild 1

Liquiditätsanalyse

(1a) läge vor, wenn dadurch der Schuldner zahlungsunfähig würde (Illiquidität)

⟹ daher Ermittlung von **Liquiditätsgraden** (aus der Bilanz) (1c)

(1a) **Voraussetzungen für Stundungsantrag**

Einziehung der Steuerschuld
- erhebliche Härte für den Schuldner
- Steueranspruch ist nicht gefährdet

Liquidität 1. Grades

Ermittlung durch Gegenüberstellung der liquiden Mittel 1. und 2. Ordnung und der kurzfristigen Verbindlichkeiten.

Liquidität 2. Grades

Ermittlung durch Gegenüberstellung der liquiden Mittel 1. und 2. Ordnung und der kurzfristigen Verbindlichkeiten.

Der von den Finanzämtern im Rahmen der Bearbeitung von Stundungsanträgen angeforderte Liquiditäts- bzw. Finanzstatus bezieht sich durchweg auf die **Liquidität 2. Grades**.

Liquidität 3. Grades

Ermittlung durch Gegenüberstellung der liquiden Mittel 1., 2. und 3. Ordnung und der kurzfristigen Verbindlichkeiten.

(1b) (1d)

Liquiditätskennzahlen

Liquide Mittel 1. Ordnung
Kasse   10 645,— DM
Bank   3 155,— DM
Postgirokonto   4 310,— DM   18 110,— DM
− Kurzfristige Verbindlichkeiten
  Verbindlichkeiten   45 130,— DM
  Noch abzuführende Abgaben   18 670,— DM
  Schuldwechsel   3 000,— DM
  USt   8 400,— DM   75 200,— DM
Fehlbetrag   57 090,— DM

Verhältniszahl: $\dfrac{18\,110 \cdot 100}{75\,200,-} = 24{,}08\,\%$

Liquide Mittel 1. Ordnung   18 110,— DM
Liquide Mittel 2. Ordnung
  Kundenforderungen   28 780,— DM
  Besitzwechsel   4 000,— DM   32 780,— DM
                                                          50 890,— DM
− Kurzfristige Verbindlichkeiten   75 200,— DM
Fehlbetrag   24 310,— DM

Verhältniszahl: $\dfrac{50\,890 \cdot 100}{75\,200,-} = 67{,}67\,\%$

Liquide Mittel 1. und 2. Ordnung   50 890,— DM
Liquide Mittel 3. Ordnung
  Waren   100 000,— DM
                                                         150 890,— DM
− Kurzfristige Verbindlichkeiten   75 200,— DM
Überdeckung   75 690,— DM

Verhältniszahl: $\dfrac{150\,890 \cdot 100}{75\,200,-} = 200{,}65\,\%$

Liquide Mittel 1. Ordnung (Barliquidität)

Das sind sofort greifbare Finanzmittel, z. B. Bargeld, Wechsel, Guthaben bei Kreditinstituten und Postgiroämtern.

Liquide Mittel 2. Ordnung (einzugsbedingte Liquidität)

Das sind Mittel des Umlaufvermögens, die innerhalb von drei Monaten kurzfristig gemacht werden können. Dazu gehören u. a. Wertpapiere und Kundenforderungen.

Liquide Mittel 3. Ordnung (umsatzbedingte Liquidität)

Das sind Mittel, die erst nach längerer Zeit als liquide Mittel zur Verfügung stehen. Dazu rechnen u. a. Warenbestände.

Illiquide Mittel

Das sind die Wirtschaftsgüter des Anlagevermögens, die nur sehr schwer und ggf. unter Gefährdung der Unternehmensgrundlage flüssig gemacht werden können. Dazu zählen u. a. Grundstücke, Gebäude, Maschinen, Fahrzeuge.

Folie 2

Liquiditätsberechnung zwecks Steuerstundung[1]
Finanzplan vom 01.04.–30.09.19..

Vorhandene liquide Mittel und voraussichtliche Einnahmen

I. Liquide Mittel am 01.04.1980
   Kassenbestand   14 795,— DM
   Bankguthaben   121 720,— DM

II. Voraussichtliche Einnahmen
   aus Barumsätzen   200 000,— DM
   aus Zielverk.   500 000,— DM
   aus Abbau von
   Kundenforderungen   120 000,— DM

III. Einnahmen aus geplanten
   Kreditaufnahmen   180 000,— DM
                   1 136 515,— DM

Summe d. Einnahmen   1 136 515,— DM
Fehlbetrag   14 485,— DM
            1 151 000,— DM

Voraussichtliche Ausgaben und Privatentnahmen

I. Erhöhung der Aktiva
   Kauf einer Maschine   130 000,— DM
   Einkauf v. Material   350 000,— DM
   Eink. v. Roh- u. Hilfsst.   200 000,— DM
   Eink. v. Handelsware   80 000,— DM

II. Abbau der Passiva
   Hypothekentilgung   36 000,— DM
   Tilg. v. Lief.-Schulden   84 000,— DM
   Umsatzsteuer   36 000,— DM

III. Lfd. Betriebsausgaben
   Personalkosten   72 000,— DM
                   988 000,— DM
   Soziallasten   7 000,— DM
   Schuldzinsen   24 000,— DM
   Gewerbesteuer VZ   12 000,— DM
   Sonstige Kosten   6 000,— DM

IV. Privatentnahmen
   Lebenshaltung   36 000,— DM
   Sonderausgaben   6 000,— DM
   Einkommensteuer VZ   24 000,— DM
   Tilgung von Rückständen
   an ESt und VA   48 000,— DM

Summe der Ausgaben   1 151 000,— DM

[1] Quelle: JuSt 6/77 Kichl-Verlag, Ludwigshafen

Liquiditätsstatus	Finanzplan
vergangenheitsbezogen nur Vermögenspositionen	zukunftsbezogen alle Einnahmen und Ausgaben

aussagefähiger bezüglich

- zukünftiger Liquiditätslage
- Umfang der Stundung
- Dauer der Stundung
- Höhe der Stundungsraten

Arbeitsblatt

Für das Stundungsersuchen eines Mandanten über 40000,— DM für einen Monat liegen folgende Zahlen vor:

A	Bilanz zum 31.12.19..		P
Anlagevermögen	50000,—	Eigenkapital	111670,—
Umlaufvermögen		Fremdkapital	
– Waren	25000,—	– Verbindlichkeiten	32910,—
– Kundenforderungen	46780,—	– Noch abzuf. Abgaben	18070,—
– Besitzwechsel	10600,—	– Schuldwechsel	6000,—
– Bank	25820,—	– USt	4940,—
– Postscheck	10710,—		
– Kasse	4680,—		
	173590,—		173590,—

Überprüfen Sie, ob das Stundungsersuchen Aussicht auf Erfolg hat!

3.3 Der geschäftspolitische Bereich

Thema: Organisation und Planung als Entscheidungsprozeß

Lernziele:

Der Schüler soll

– die Begriffe Organisation und Improvisation unterscheiden können,
– Voraussetzungen für die Organisation nennen können,
– den Regelkreis von Organisation und Planung kennen und auf Alltagsprobleme anwenden können,
– die Organisationsaufgaben systematisieren können.

1. Lernschritt:

Motivationsphase: 1. Schritt: L verteilt Situationsaufgabe und fordert Sch zur Bearbeitung der Fragen in Gruppenarbeit auf.

2. Lernschritt:

Erarbeitungsphase: 1. Schritt: L und Sch erarbeiten gemeinsam ein Diagramm zur Unterscheidung der Begriffe Organisation und Improvisation (Tafelbild 1).
2. Schritt: L und Sch entwickeln gemeinsam einen Regelkreis der Planung und Organisation (Tafelbild 2).
3. Schritt: Sch übertragen das Eingangsbeispiel auf das Regelkreismodell.

3. Lernschritt:

Vertiefungsphase: L und Sch systematisieren die betriebliche Gesamtorganisationsaufgabe (Folie zugleich Leerarbeitsblatt).

Situationsaufgabe:

Herr Müller betreibt zusammen mit seinem Bruder einen Fachbetrieb für Elektroinstallation. Das Unternehmen ist sehr schnell gewachsen; Müller beschäftigt heute 20 Gesellen.

Vor 5 Wochen hat er dem Bauherrn Gerber ein Angebot für Elektroinstallation in dessen Neubau abgegeben. Gerber hat das Angebot rechtzeitig schriftlich angenommen.

Nach Beendigung der Ausschachtungsarbeiten sucht der Bauherr Gerber Herrn Müller auf und sagt ihm, daß der Rohbau gerade begonnen wurde und in etwa acht Wochen die Elektroinstallation anzubringen sei. Müller ist völlig überrascht. Er weiß nicht davon, daß Herr Gerber das Angebot bereits angenommen hatte. Gerber legt ihm den Durchschlag des Schreibens mit seiner Annahmeerklärung vor.

Müller holt daraufhin den Ordner „Angebote", in dem alle von Lieferern eingehende und an Kunden ausgehende Angebote alphabetisch abgelegt sind. Dort findet er das gesuchte Angebot.

Dann läßt er sich den Ordner „Aufträge" bringen. Die Aufträge sind ebenfalls alphabetisch geordnet. Er findet den Auftrag von Gerber nicht. Dieser wird nach längerem Suchen auf dem Schreibtisch seines Bruders entdeckt. Der Bruder befindet sich im Urlaub und hat die unerledigten Vorgänge nicht übergeben.

Herr Gerber droht der Firma eine Schadenersatzklage an, falls der Baufortschritt durch Terminversäumnisse verhindert wird.

1. Wo liegen die Ursachen für die Terminschwierigkeiten der Fa. Müller?
2. Welche wirtschaftlichen Folgen ergeben sich aus der mangelhaften Organisation der Fa. Müller?
3. Welche Vorgänge werden bei Müller durch Organisation und welche durch Improvisation geregelt?

Tafelbild 1: Verhältnis von Organisation und Improvisation

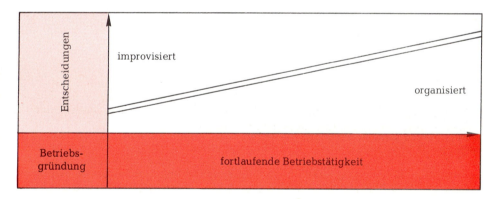

Voraussetzungen der Organisation sind
– Teilbarkeit der Aufgaben und
– Wiederholbarkeit der Aufgaben.

Unter Organisation versteht man ein System geplanter Regelungen für einen ökonomischen Ablauf des Betriebsprozesses.

Tafelbild 2

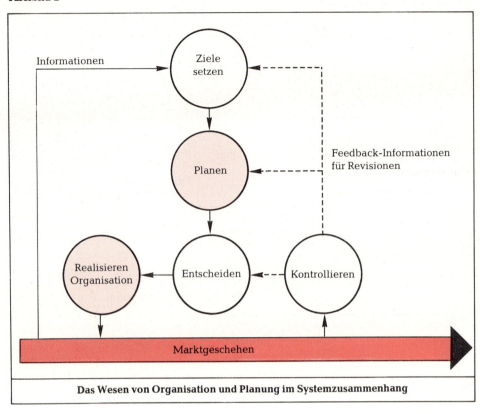

Das Wesen von Organisation und Planung im Systemzusammenhang

Erläuterungen zu 2. Lernschritt/3

Auf unser Eingangsbeispiel bezogen, erhält der Unternehmer Müller seine Marktinformation in Form einer Anfrage. Diese Anfrage bewirkt bestimmte Zielvorstellungen bei ihm (z. B. Auslastung des Betriebes, Gewinn, Verbesserung des Firmenrufes). Die Abgabe eines Angebotes läßt die Planungsphase beginnen (z. B. Terminfestlegung, Personaleinsatz), wobei die verschiedenen Alternativen vorgedacht und zum Teil entschieden wurden. Mit Auftragserteilung werden konkrete Pläne zur Realisierung des Bauobjektes festgelegt. Der Bauauftrag stellt für das Unternehmen Müller ein Standardobjekt dar, weil es bereits regelmäßig realisiert wurde. Damit kann er im Rahmen der Organisation bestimmte Arbeitsgruppen bzw. Arbeitsabläufe in Bewegung setzen. Nach Erledigung des Auftrages besteht für den Unternehmer die Möglichkeit der Überprüfung seiner Arbeit anhand der Reaktionen seiner Kundschaft. Hierbei kann es zu Veränderungen in seinem Entscheidungsprozeß im Hinblick auf zukünftige Auftragsabwicklungen kommen.

Folie (zugleich Leerarbeitsblatt)

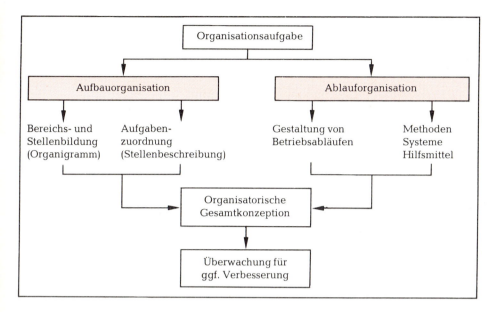

Thema: Die Aufbauorganisation

Lernziele:

Der Schüler soll
- die Entstehung der Aufbauorganisation beschreiben und die einzelnen Arbeitsschritte benennen können,
- die betriebliche Aufbauorganisation in einem Organisationsschaubild erfassen können,
- das Verhältnis von Leitung und Ausführung beschreiben können,
- verschiedene Weisungssysteme beschreiben und Vor- und Nachteile abwägen können,
- die Funktion einer Stellenbeschreibung nennen und einfache Stellenbeschreibungen selber anfertigen können,
- wichtige Grundsätze bei der Erstellung einer Aufbauorganisation nennen können.

1. Lernschritt:

Motivationsphase: L verteilt Situationsaufgabe und fordert Sch auf, sie in Gruppenarbeit zu beantworten.

2. Lernschritt:

Erarbeitungsphase: 1. Schritt: Sch und L erarbeiten gemeinsam TB 1 (Entstehung der Aufbauorganisation).

2. Schritt: L bittet Sch, ein Organisationsschaubild des Maklerbüros anzufertigen.

3. Schritt: Ergebnisvergleich anhand Folie 1 (dabei Klärung der Begriffe Hierarchie, Leitung, Ausführung).

Vertiefungsphase: 1. Schritt: L stellt andere Weisungssysteme vor mit Folie 2; Sch suchen nach Vor- und Nachteilen.

2. Schritt: Sch bearbeiten in Partnerarbeit „Stellenbeschreibung" und erarbeiten eigenen Vorschlag für das Maklerbüro.

3. Schritt: L und Sch erarbeiten gemeinsam TB 2 als Zusammenfassung.

3. Lernschritt:

Anwendungsphase: Sch bearbeiten Übungsaufgaben (ggf. als Hausarbeit), die anschließend gemeinsam besprochen werden.

Situationsaufgabe:

Das Maklerbüro Wenig befaßt sich in einer norddeutschen Stadt mit der Vermittlung von unbebauten Grundstücken, Mietwohnungen und Zimmern. Interessenten werden durch regelmäßige Anzeigen in Tageszeitungen geworben. Die Adressen der Verkäufer und Vermieter gehen überwiegend telefonisch, aber auch brieflich ein. Mieter und Käufer erhalten Auskünfte grundsätzlich nur bei persönlicher Vorsprache oder brieflich. Alle verfügbaren Objekte werden regelmäßig in der Hauszeitschrift „Häuser-, Grundstücks-, und Wohnungsmarkt" veröffentlicht, die auf einem eigenen Drucker hergestellt wird. Kaufinteressenten und Objekte sind in einer Kartei erfaßt. Mieter und Käufer sind verpflichtet, Vertragsabschlüsse dem Maklerbüro unverzüglich mitzuteilen. Provisionsansprüche entstehen erst nach erfolgreicher Vermittlung.

1. Welche Teilaufgaben sind zur Erfüllung der Gesamtaufgabe zu verrichten?
2. Wie könnte die Organisation des Maklerbüros aussehen, wenn die Aufgaben nach dem Objekt gegliedert werden?
3. Wie könnte das Organisationsschaubild aussehen, wenn nach der Verrichtung gegliedert würde?

Tafelbild 1

Entstehung der Aufbauorganisation

1. Gesamtaufgabe 2. Aufgabenanalyse 3. Aufgabensynthese

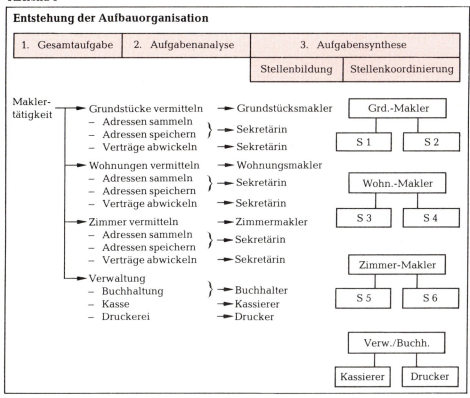

Folie 1 (zugleich Leerarbeitsblatt)

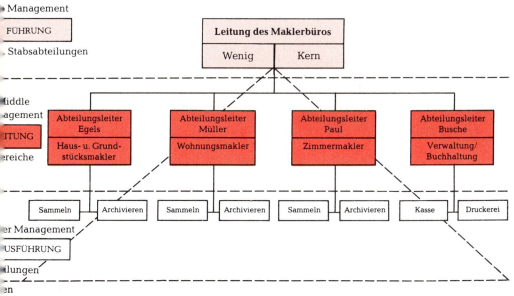

Je höher der Rang, desto größer ist die Leitungsvollmacht; mit sinkendem Rang steigt der Anteil der Ausführungsfunktion einer Tätigkeit.

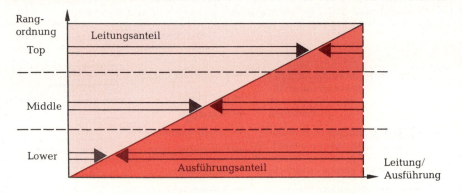

Folie 2

Organisationsformen – Weisungssysteme

1. Liniensystem

Merkmale:
Zentralisation, Eindeutigkeit der Führung, Prinzip des Instanzenweges, Entscheidung in einer Hand, Schnelligkeit der Entscheidung, Zentralität erschwert Führung im Großunternehmen wegen Unübersichtlichkeit und schwerfälliger Kontrolle.

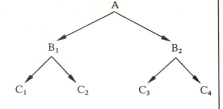

2. Funktionssystem

Merkmale:
Funktional geteilte Weisungsbefugnis, Sachverstand, Kompetenzüberschneidung, Spezialisierung, Einheitlichkeit des Auftragsempfanges durchbrochen, direkte Entscheidung, Unübersichtlichkeit.

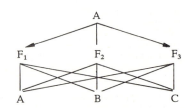

3. Stab-Linien-System

Merkmale:
Vermittelnde Form, Spezialisten (Stäbe) kontrollieren und beraten ohne Weisungsbefugnis, indirekter Einfluß durch Sachverstand, Nähe zur Unternehmungsleitung, Einheitlichkeit der Willensbildung gewahrt, keine Kompetenz in der Linienfunktion.

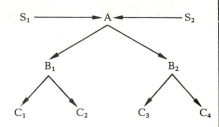

Arbeitsblatt

Stellenbeschreibung für die Stelle des Sachbearbeiters für den Einkauf von Installationsmaterial in einem Bauunternehmen*

Stellenbeschreibung Nr. 55
Hauptabteilung: Kaufmännische Leitung Abteilung: Einkauf Sachgebiet: Materialgruppe "Installationsmaterial"
1. Bezeichnung der Stelle: Einkäufer für Installationsmaterial
2. Mit der Stelle verbundene Zeichnungsvollmacht: Im Auftrag (i. A.)
3. Der Stelleninhaber ist unterstellt dem Leiter der Abteilung Einkauf
4. Der Stelleninhaber ist überstellt ---
5. Der Stelleninhaber wird vertreten durch den Einkäufer für Bauholz
6. Der Stelleninhaber vertritt den Leiter der Abteilung Einkauf
7. Zielsetzung Der Stelleninhaber soll das angeforderte Installationsmaterial rechtzeitig in der gewünschten Qualität und Menge zu günstigen Preisen beschaffen.
8. Der Stelleninhaber führt aus bzw. entscheidet über Bestellungen aus seiner Materialgruppe bis zum Werte von 10000,-- DM Vorbereitung von Einkaufs- und Vergabeverhandlungen, Vorschläge für die Festlegung von Einkaufskonditionen Einholen und Prüfung von Angeboten Führen der Lieferantenkartei Führen neuester Prospekte und Preislisten Überwachung der Liefertermine Erteilung von Mängelrügen in Verbindung mit der Wareneingangsprüfung und Qualitätskontrolle
9. Der Stelleninhaber berät seinen Vorgesetzten bei dessen Entscheidungen über Bestellungen im Werte von mehr als 10000,-- DM Einkaufs- und Vergabeverhandlungen Einkaufskonditionen Verwendung überzähligen bzw. unbrauchbaren Materials im Rahmen der Materialgruppe Installationsmaterial
10. Der Stelleninhaber informiert seinen Vorgesetzten über Situation am Beschaffungsmarkt für Installationsmaterial (Preise, Liefertermine, neue Lieferanten) Einkaufsmengen Beschaffungsengpässe Überzähliges bzw. unbrauchbares Installationsmaterial
11. Voraussetzungen des Stelleninhabers Vorbildung: Realschulabschluß, kfm. Lehre, Branchen- und Qualifikationskenntnisse, Verhandlungsgeschick
12. Persönlichkeitsmerkmale: selbständig, zuverlässig, gewissenhaft

* Abgewandelt nach Otto Oehler: Stellenbeschreibungen

1. Lesen Sie sich diese Stellenbeschreibung durch! Versuchen Sie, ihre Bedeutung im Rahmen der Aufbauorganisation zu begründen!
2. Fertigen Sie nach diesem Muster eine Stellenbeschreibung für die Stelle des Haus- und Grundstücksmaklers in unserem Maklerbüro!

Tafelbild 2

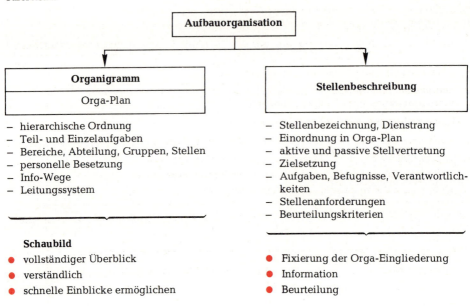

Übungen:

1. In einem Unternehmen hat sich die Zahl der Mitarbeiter im kaufmännischen Bereich erheblich erhöht. Der Organisationsplan muß daher überarbeitet werden. Stellen Sie aufgrund der vorliegenden Unterlagen einen neuen Organisationsplan der Firma Brackmann auf!

Stelle	Mitarbeiter	Stelle	Mitarbeiter
Kalkulation	2	Lohnbuchhaltung	4
Einkauf	3	Zentralsekretariat	10
Werbung	1	Poststelle	3
Botendienste	1	Pförtner	3
Personalverwaltung	2	Archiv	1
Rechtsabteilung	1	Organisation und Revision	2
Werkzeitung	2	Planung	2
Kostenrechnung	5	Kontokorrentbuchhaltung	10
Vertreter	18	Verkaufskontrolle	2
Telefonzentrale	2	Leiter Rechnungswesen	1
Geschäftsführer	1	Fuhrpark	3
Personalchef	1	Vertriebschef	1
Assistent d. Geschäftsführers	1	Leiter Techn. Dienste	1
Ausbildungswesen	1	Warenannahme	1
Empfang	2	Lager	2
Hauswerkstatt	2	Rechnungsprüfung	1

2. Was versteht man unter Organisation und Planung?
3. Beschreiben Sie das Wesen von Organisation und Planung im Systemzusammenhang!
4. Durch welche wesentlichen Merkmale unterscheiden sich Aufbau- und Ablauforganisation?
5. Entwickeln Sie für Ihr Büro eine Aufbauorganisation in den üblichen drei Teilschritten!
6. Wozu dient ein Organisationsplan?
7. Nennen Sie die wesentlichen Organisationsgrundsätze!
8. Es wird behauptet: Die Vorteile der Organisation eines Unternehmens nach dem Objekt nehmen mit der Größe des Unternehmens zu.
   Versuchen Sie diese Behauptung zu begründen!
9. Begründen Sie, weshalb mit zunehmendem Rang in der Betriebshierarchie die Ausführungsfunktion einer Tätigkeit abnimmt!
10. Unterscheiden Sie verschiedene Führungsstile!
11. Stellen Sie Vor- und Nachteile der Organisationsformen zusammen!
12. Welche Gründe haben im Hause Siemens zu einer Neuorganisation geführt?
    Versuchen Sie eine einfache Methode für eine Neuorganisation anzugeben!
    Welche Grundsätze müssen dabei beachtet werden?

Bei der Erarbeitung und Gestaltung von Organisationsplänen empfiehlt sich eine Methodik:

1. Erfassen der bestehenden Struktur (Istzustand) in einem Organigramm.
2. Kritische Analyse auf sachliche und personelle Schwachstellen.
3. Entwurf, Diskussion und Korrektur eines zukunftsbezogenen Organisationsplanes.
4. Genehmigung und Bekanntgabe des für verbindlich erklärten Organisationsplanes.

Aus den obigen Überlegungen werden einige wesentliche Organisationsgrundsätze deutlich:

— **Grundsatz der Zweckmäßigkeit.**

  Alle organisatorischen Maßnahmen müssen der Zielsetzung der Unternehmung entsprechen. Vorausregelungen um ihrer selbst willen sind zwecklos, überholte Regelungen sind aufzuheben.

— **Grundsatz der Klarheit.**

  Alle Aufgaben-, Verantwortungs- und Kompetenzbereiche sind klar abzugrenzen, Informationswege widerspruchsfrei zu gestalten.

— **Grundsatz der Wirtschaftlichkeit.**

— **Grundsatz der Sicherheit.**

Gründe und Ziele der Neuorganisation

1. Die Neuorganisation ist auf die Zukunft gerichtet: Sie soll das Haus für die siebziger Jahre rüsten, in denen wir eine erneute Verdoppelung unseres Umsatzes auf 20 Milliarden DM erwarten.
2. Die Neuorganisation entspricht den Notwendigkeiten der technischen Entwicklung: Die einzelnen Gebiete der Elektrotechnik verwuchsen immer mehr ineinander, so daß einerseits neue Zusammenfassungen, andererseits Neugruppierungen erforderlich wurden.
3. Die Neuorganisation trägt den Strukturwandlungen des Weltmarktes Rechnung: Von den 10 Milliarden DM Umsatz in diesem Geschäftsjahr werden bereits 50 Prozent außerhalb der deutschen Grenzen erzielt.
4. Die verschiedenen Sachgebiete des Hauses hatten sich unterschiedlich kräftig und schnell entwickelt: Es bedurfte einer Neugliederung im Interesse der Überschaubarkeit und des Verantwortungsumfangs.
5. Die traditionelle Gliederung in Siemens-Halske, Siemens-Schuckert und Siemens-Reiniger hatte sich damit überlebt. Technische Entwicklung und Marktgegebenheiten verlangten neue Strukturen und neue Zuordnungen.
6. Die bisherige Gliederung in drei firmenähnliche Bereiche hatte – trotz des Vorhandenseins einiger gemeinsamer Abteilungen – zu manchen Überschneidungen und Doppelarbeiten geführt.
7. Der rasche Aufbau nach dem Krieg hatte manchen, damals notwendigen Wildwuchs entstehen lassen: Er soll nunmehr beschnitten und durch eine neue Ordnung ersetzt werden.
8. Die Neuorganisation soll die Wirtschaftlichkeit des Hauses erhöhen: Doppelarbeit soll vermieden, manches hierarchische Neben- und Hintereinander beseitigt, Aufgabe, Kompetenz und Verantwortung sollen zur Deckung gebracht, Durchlaufzeiten verkürzt werden.
9. Die Neuorganisation soll Schlagkraft und Reaktionsschnelligkeit des Hauses erhöhen: Die Gliederung in überschaubare, selbständige Unternehmensbereiche wird zu größerer Elastizität, zu besserer Markterfassung und schnellerer Marktanpassung führen.
10. Die Neuorganisation soll die Einheit des Hauses stärken: Durch die Zusammenfassung seiner Kerngebiete in der Siemens AG und die Schaffung kraftvoller Zentralabteilungen wird die Einheitlichkeit der Unternehmenspolitik erhöht und das Profil des Hauses in der Welt verdeutlicht werden.

Ernst von Siemens   Gerd Tacke

Aus „Siemens-Mitteilungen"

Thema: Die Ablauforganisation

Lernziele:

Der Schüler soll

– die dynamische Betrachtung im Rahmen der Ablauforganisation von der statischen Aufbauorganisation trennen können,
– verschiedene grafische Hilfsmittel der Ablauforganisation nennen und unterscheiden können sowie ihren zweckmäßigen Einsatz bestimmen,
– einfache Aufgabenstellungen in Form eines Balkendiagramms lösen können,
– ein Arbeitsablaufdiagramm erstellen können,
– die vier Arbeitsschritte in Verbindung mit der Netzplantechnik beschreiben und an einfachen Beispielen selbständig durchführen können.

1. Lernschritt:

Motivationsphase: L verteilt Arbeitsblatt 1 und fordert Sch auf, in Gruppenarbeit eine Problemlösung zu erarbeiten.

2. Lernschritt:

Erarbeitungsphase: 1. Schritt: L und Sch erarbeiten gemeinsam anhand Folie 1 in drei Lösungsversuchen eine optimale Lösung.
2. Schritt: Fragend-entwickelnd werden die Einsatzmöglichkeiten des Balkendiagramms herausgearbeitet.
3. Schritt: Sch erarbeiten in Partnerarbeit Übung 1, die anschließend gemeinsam besprochen wird.
4. Schritt: L schildert Arbeitsabläufe, die eine bestimmte zeitliche Reihenfolge erfordern und stellt Arbeitsablaufdiagramm als Organisationsinstrument vor (Folie 2).

3. Lernschritt:

Vertiefungsphase: 1. Schritt: L schildert „Haus-Rohbau" als komplexe organisatorische Abstimmungsproblematik.
2. Schritt: Gemeinsames Erarbeiten eines Projektstrukturplanes.
3. Schritt: L entwickelt Modell einer Vorgangsliste, das Sch in Partnerarbeit für den „Rohbau" vervollständigen.
4. Schritt: Gemeinsam werden Ergebnisse verglichen und von Sch ein vorläufiger Netzplan entwickelt.
5. Schritt: L erläutert anhand Folie 3 die Zeitplanung.
6. Schritt: In Tafelbild 1 wird der Netzplan mit Zeitplanung entwickelt und der „Kritische Weg" bestimmt.

4. Lernschritt:

Anwendungsphase: 1. Schritt: Sch erarbeiten in Gruppenarbeit einen Netzplan zum Projekt „Frühstück" (Übung 2).
2. Schritt: Gemeinsame Besprechung der Arbeitsergebnisse.
3. Schritt: Sch und L fassen in Tafelbild 2 die Bedeutung der besprochenen Darstellungsmöglichkeiten zusammen.

Leer-Arbeitsblatt 1 (zugleich Folie 1)

In einem Büro sind täglich vier verschiedene Arbeiten auf drei Maschinen (M1, M2, M3) auszuführen, die aus Kostengründen mit dem kürzesten Maschineneinsatz pro Tag zu bewältigen sind.

Die Arbeiten erfordern folgende Maschinenbelegung:

1. Arbeit: 4 Std. M1, danach
4 Std. M3, danach
3 Std. M2.

2. Arbeit: 6 Std. M1, danach
2 Std. M3.

3. Arbeit: 4 Std. M2, danach
1 Std. M3.

4. Arbeit: 5 Std. M2, danach
2 Std. M1, danach
4 Std. M3.

1. Lösungsversuch:

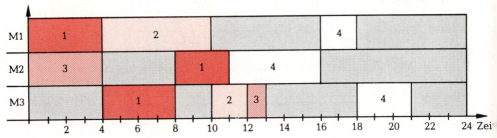

2. Lösungsversuch:

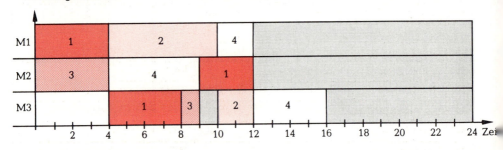

3. Lösungsversuch:

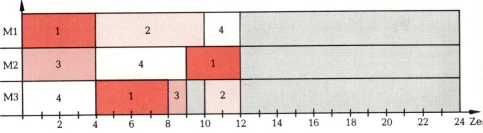

Quelle: Abgewandelt nach Hambusch, Organisationslehre, Winklers Verlag.

Folie 2 (Leerarbeitsblatt)

Arbeitsablauf Lieferantenrechnung

Nr.	Ablaufabschnitt	Ablaufarten des Arbeitsgegenstandes	Menge	Wege in m	Ist-Zeit in min	Bemerkungen
1	Eintragung in Posteingangsbuch	●⇨□▷▽				
2	im Ausgangskorb	○⇨◼▷▽			30	
3	zur Einkaufsabteilung	○⮕□▷▽		150		
4	im Eingangskorb	○⇨◼▷▽			30	
5	Bestellkopie zur Rechnung	●⇨□▷▽				
6	im Ausgangskorb	○⇨◼▷▽			60	
7	zur Abteilung Rechnungskontrolle	○⮕□▷▽		60		
8	im Eingangskorb	○⇨◼▷▽			120	
9	Rechnungsprüfung	○⇨◼▷▽				
10	Bestätigung der Richtigkeit	●⇨□▷▽				
11	im Ausgangskorb	○⇨◼▷▽			60	
12	zur Direktion	○⮕□▷▽		100		
13	bei Sekretärin im Eingangskorb	○⇨◼▷▽			30	
14	persönliche Vorlage durch Sekretärin	○⮕□▷▽		5		
15	Freigabe zur Zahlung	●⇨□▷▽				
16	zurück ins Vorzimmer	○⮕□▷▽		5		
17	im Ausgangskorb	○⇨◼▷▽			60	
18	zur Buchhaltung	○⮕□▷▽		40		
19	im Eingangskorb	○⇨◼▷▽			90	
20	Verbuchung	●⇨□▷▽				
21	im Ausgangskorb	○⇨◼▷▽			150	
22	zur Abteilung Kasse	○⮕□▷▽		20		
23	im Eingangskorb	○⇨◼▷▽			60	
24	Ausschreiben der Zahlung	●⇨□▷▽				
25	im Ausgangskorb	○⇨◼▷▽			180	
26	zur Registratur	○⮕□▷▽		200		
27	im Eingangskorb	○⇨◼▷▽			400	
28	Ablage	○⇨□▷▼				

(Aus: REFA, Methodenlehre des Arbeitsstudiums, Band 3)

Folie 3

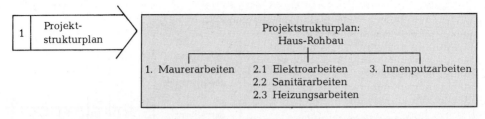

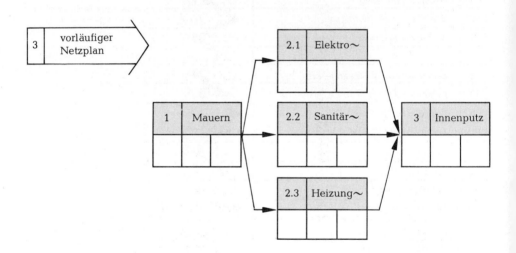

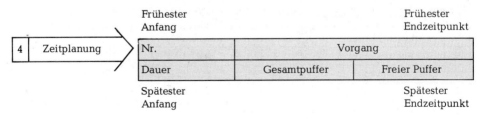

Quelle: Abgewandelt nach: Kaufm. Berufsgrundbildung und Organisationslehre, Europa Verlag, S. 220 ff.

Tafelbild 1

Vorgangsknoten mit der Pufferzeit Null befinden sich im „Kritischen Weg" (sie werden rot gekennzeichnet), weil keine Zeitreserven zur Verfügung stehen (Engpaß).

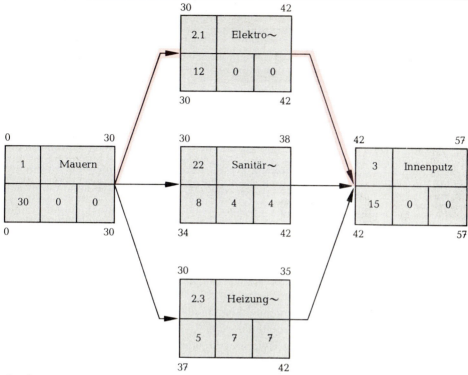

Übungen:

1. In einem Büro sind täglich vier verschiedene Arbeiten auf drei Maschinen auszuführen, die aus Kostengründen mit dem kürzesten Maschineneinsatz pro Tag zu bewältigen sind! Die Arbeiten erfordern folgende Maschinenbelegung:

   1. Arbeit: 4 Std. M1, danach
               5 Std. M3, danach
               3 Std. M2.
   2. Arbeit: 8 Std. M1, danach
               2 Std. M3.
   3. Arbeit: 4 Std. M2, danach
               1 Std. M3.
   4. Arbeit: 6 Std. M2, danach
               2 Std. M1, danach
               2 Std. M3.

2. Für die tägliche Einnahme des Frühstücks soll ein Netzplan erarbeitet werden, weil wir regelmäßig morgens in Zeitnot geraten. Folgender Projektstrukturplan wurde erstellt:

Projekt „Frühstück"

Vorbereitungen		Frühstück		Nebentätigkeiten	
Küche betreten	(1 Min.)	Brot und Toast belegen	(2 Min.)	Radio hören	(6 Min.)
Eßtisch decken	(4 Min.)	Frühstück einnehmen	(8 Min.)	Zeitung lesen	(8 Min.)
Wasser kochen	(5 Min.)	Frühstück beenden	(4 Min.)		
Ei kochen	(4 Min.)				
Kaffeemaschine füllen und anstellen	(3 Min.)				
Brot schneiden	(1 Min.)				

Tafelbild 2

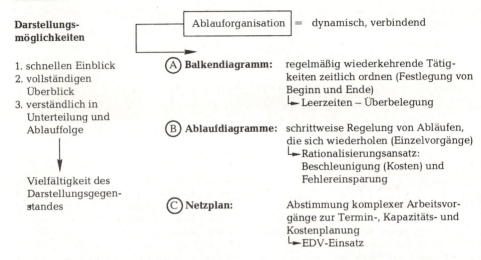

Thema: Wesen der Information

Lernziele:

Der Schüler soll

- ein einfaches Kommunikationsmodell kennen und beschreiben können,
- den betrieblichen Informationsbedarf beschreiben können,
- den Regelkreis der Information kennen und mit dem Begriff der Kommunikation verbinden können,
- einen Überblick über die Begriffe Informationsgewinnung, Informationsverarbeitung, Informationsspeicherung und Kommunikationsmittel haben.

1. Lernschritt:

Motivationsphase: 1. Schritt: L verteilt Text (Disco-Deutsch) und bittet Sch, in Partnerarbeit eine Übersetzung anzufertigen.
2. Schritt: Gemeinsame Diskussion der Ergebnisse und der auftretenden Schwierigkeiten.

2. Lernschritt:

Erarbeitungsphase: 1. Schritt: L und Sch erarbeiten gemeinsam ein einfaches Kommunikationsmodell (TB 1).
2. Schritt: L erarbeitet fragend-entwickelnd TB 2 zum betrieblichen Informationsbedarf.
3. Schritt: L entwickelt TB 3a und bittet Sch, eine Verbindung zum Kommunikationsprozeß herzustellen (TB 3b).

3. Lernschritt:

Anwendungsphase: L fordert Sch auf, die Abgabe einer ESt-Erklärung im Regelkreis der Information darzustellen (Partnerarbeit). Anschließend werden die Ergebnisse gemeinsam besprochen.

4. Lernschritt:

Vertiefungsphase: Dieser Abschnitt kann in Abhängigkeit von der verfügbaren Zeit geplant werden. Zwei Vorschläge seien angeboten:
1. Sendereihe des Bayerischen Rundfunks „Büroorganisation" mit 30-Min-Sendung zu: Info-Gewinnung, Info-Verarbeitung, Info-Speicherung, Kommunikationsmittel.
Begleitheft: Büroorganisation, TR-Verlagsunion
2. Vergabe von Referatsthemen zu den gleichen Inhalten. (Vgl. TB 4a–4c, Folie und Referatsgliederungsvorschlag 4d)

Arbeitsblatt

Mitreden muß man halt können!

Disco-Deutsch[1]

Als ich neulich mit Peter in die City drückte, macht der mich unheimlich an aufs Tilbury. Na, schon bohren wir dahin, obwohl ich eigentlich aufs Lollipop stand. Ich Chaot hatte keine Matte mit, weil ich meinen Kaftan vergessen hatte, und sagte zu Peter, er solle mal ausklinken. In dem Schuppen zogen ein paar People schon eine heiße Show ab. Wir machten eine kurze Fleischbeschauung, und Peter machte sich sofort daran, eine riesige Tussy anzugraben. Die war echt einsam, aber ich hatte einfach keinen Schlag bei ihr. Peter schafft sich da also mächtig rein und wollte wahrscheinlich 'nen kleinen Wuschermann machen, blickt aber nicht durch, daß die Tussy einen Typ hat. Der hing zu dem Zeitpunkt allerdings schon völlig durch. Vielleicht zog er auch, jedenfalls konnte die Tussy darauf nicht. Aber als Peter so ordentlich aufs Blech haut und mächtig mit seinem Busch wedelt, spannt der beknackte Gent seinen Glimmer, was läuft, und sagt Peter einen Satz heiße Ohren an. „Ich glaub' mich streift ein Bus", tönt Peter daraufhin, „paß lieber auf, daß du hier keine Taucherbrille erbst." Na, ich hatte keinerlei Bock auf Terror, vor allem, weil der halbe Laden inzwischen zu war, weil jeder schon ein paar Wutschis und Lämmis drin hatte, und ich sagte zu Peter: „Laß uns die Fliege machen." Das konnte Peter nicht recht ab, logo, die Schnecke hat ihn voll angeturnt. Also hob ich leicht angesäuert allein ab und rief Heimat ab, denn draußen war's mächtig schattig, obwohl der Planet den ganzen Tag gestochen hatte wie irr.

Versuchen Sie diesen Text in die „normale" Umgangssprache zu übersetzen!

Tafelbild 1

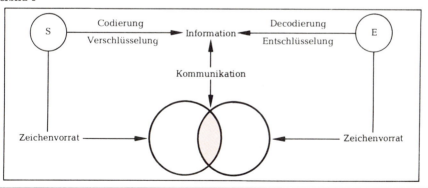

Eine Kommunikation zwischen dem Sender und dem Empfänger einer Information kommt nur dann zustande, wenn beide über den gleichen Zeichenvorrat verfügen!

---

[1] R. Hahn, Mitreden muß man halt können, Wirtschaft und Gesellschaft im Unterricht, 3/79, S. 108, Gehlen-Verlag.

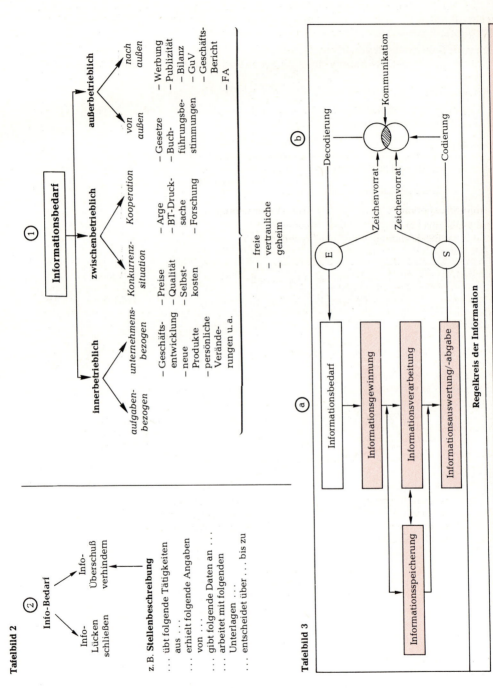

Informationen sind Nachrichten. Alle Impulse, die man mit den Sinnen wahrnehmen kann, können Nachrichten sein (gedruckte oder ge-

Stellen Sie die Abgabe einer ESt-Erklärung / eines Angebotes im Regelkreis der Information dar!

Übung: ESt

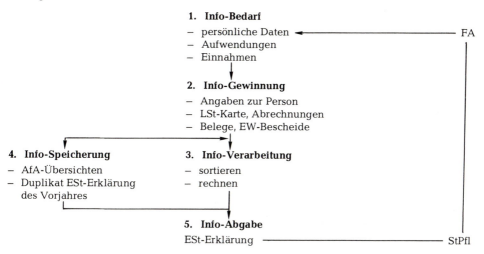

Tafelbild 4 a

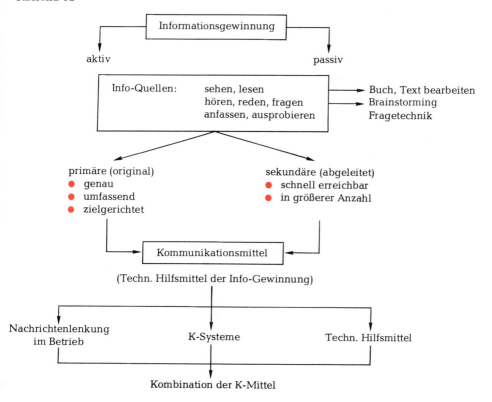

Tafelbild 4 b

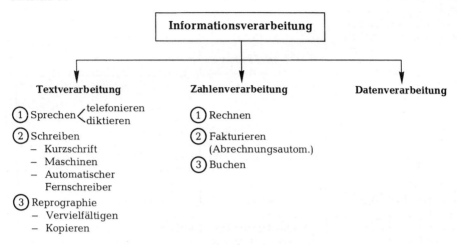

Tafelbild 4 c

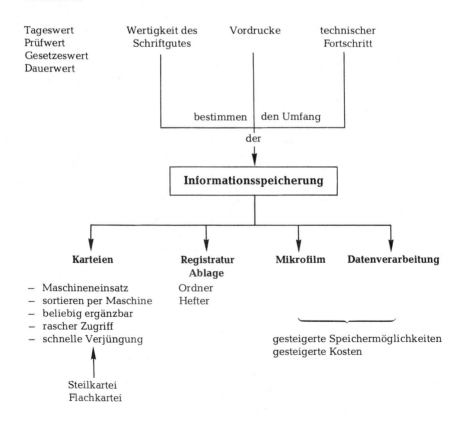

Folie zu Tafelbild 4c

	Speicher-möglich-keiten		Vorteile	Nachteile	Einsatz-möglich-keiten
	Karteien		automationsfreundlich beliebig ergänzbar rascher Zugriff schnelle Verjüngung (Vernichtung)	Ausnahme: Flachkartei hoher Raumbedarf bei doppelter Erfassung: alphabetisch systematisch	Suchaufg. Überwach. – Lager- – Lieferer- – Bestell-
		liegende Mappen	billig gute Raumausnutzung	schlechte Übersicht umständl. Bearbeitung starker Aktenverschleiß fehlende Flexibilität	aus Altablage mit statischem Bestand
		Ordner, stehend	gute Übersicht Sicherheit schnelle Bearbeitung gute Raumausnutzung einfache, schnelle Einrichtung	zeitaufwendig beim Ablegen fehlende Flexibilität	Sammelakten Massenbelege
	Registraturen	Stehsammler	gute Raumausnutzung gute Übersicht schnelle Bearbeitung preisgünstig	fehlende Flexibilität	Sammelakten vorgangsbez. Einzelakten
		Hänge-R.	ausgezeichnete Übersicht große Flexibilität schnellste Loseblatt-Ablage, beste Arbeitsplatz-Registratur	großer Raumbedarf unsicher bei Aktenbewegung	Arbeitsplatz Abteilung. beste Loseblattablage
		Pendel-R.	gute Raumausnutzung große Flexibilität geringe Beschaffungskosten, Formatunabh. Weiterverw. v. Möbeln	Übersicht (nur Schmalseiten)	starke Einzelakten
	Mikrofilm EDV		hohe Speicherkapazität	kostenintensiv in Anschaffung und Bedienung (Fachpersonal)	1. Sicherheit 2. Arbeitsunterl. 3. Zeichn. 4. Ersatz

(Linke Spalte: Gesetzeswert, Prüfwert, Dauerwert)

Tafelbild 4d

Gliederung: VC Kommunikationsmittel

1 Nachrichtenlenkung im Betrieb

  1.1 Sinnvolle Anordnung der Arbeitsplätze

  1.2 Einsatz der Orga-Mittel nach den Grundsätzen (betriebl. Gegebenheiten, Kosten, Größe und Art des Betriebes)

2 Kommunikationssysteme

  2.1 Einfache Problemlösungen in Kleinbetrieben

  2.2 Zunehmende Unternehmensgröße bedingt komplizierte Problemlösungen (Großraumbüro, EDV-Systeme bei Banken u. a.)

  2.3 Problem des „Technischen Fortschrittes"
- (1) TF steht erst am Anfang
- (2) TF bringt Schnelligkeit, Sicherheit, Produktivitätsvorteile
- (3) betrieblich-soziale Probleme
- (4) Kosten

3 Technische Hilfsmittel der Kommunikation

  3.1 Arten (Vor- und Nachteile)
- (1) Botendienst
- (2) Telefon
- (3) Sprechanlage
- (4) Telex
- (5) innerbetriebliches Fernsehen
- (6) Rohrpost
- (7) Förderanlagen

  3.2 Optimale Kombination der Kommunikationsmittel zur Bildung leistungsstarker Kommunikationssysteme

    3.2.1 Voraussetzungen
- (1) betriebliche Erfordernisse
- (2) anfallende Kosten
- (3) gut ausgebildetes Bedienungspersonal

    3.2.2 Ziele
- (1) Leistungsfähigkeit
- (2) Schnelligkeit
- (3) Sicherheit

Thema: Verschlüsselung von Informationen

Lernziele:

Der Schüler soll

- verschiedene Möglichkeiten der Verschlüsselung von Informationen kennen und beschreiben,
- die Binär-Codierung von EDV-Anlagen begründen können,
- im Binärsystem addieren und subtrahieren können,
- binär codieren und decodieren können.

1. Lernschritt:

Motivationsphase: L verteilt Arbeitsblatt 1 und fordert Sch auf, in Partnerarbeit Lösungen zu erarbeiten.

2. Lernschritt:

Erarbeitungsphase: 1. Schritt: L und Sch besprechen Ergebnisse der Gruppenarbeit und klären das Wesen der Kommunikation.

2. Schritt: Sch nennen andere Formen der Codierung, erläutern an Folie 1 die Bedeutung der Postleitzahlen.

3. Schritt: L erarbeitet fragend-entwickelnd die Addition und Subtraktion im Binärsystem, Sch lösen selbstgewählte Aufgaben.

4. Schritt: L erarbeitet fragend-entwickelnd zwei Methoden zur Umwandlung (Decodierung); Sch lösen angegebene Beispiele in Partnerarbeit – anschließender Ergebnisvergleich.

3. Lernschritt:

Anwendungsphase: 1. Schritt: Sch bearbeiten das Übungsblatt.

2. Schritt: Gemeinsame Besprechung der Ergebnisse.

3. Schritt: L zeigt in TB 1 die Arbeitsweise einer EDV-Anlage mit dem Binärcode.

Arbeitsblatt 1

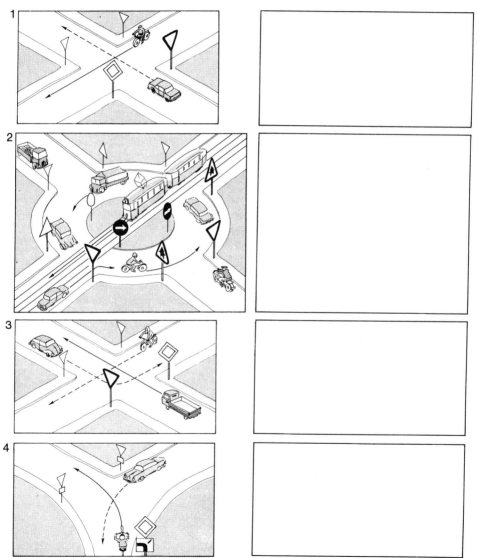

1. Beschreiben Sie die jeweilige Verkehrssituation!
2. Wie kommt es zwischen den Verkehrsteilnehmern zu einer Kommunikation?
3. Erklären Sie die Bedeutung folgender Verkehrszeichen!

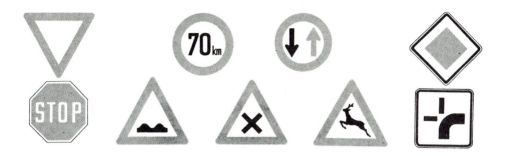

Tafelbild 1

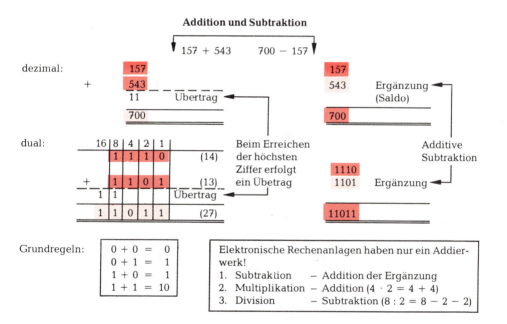

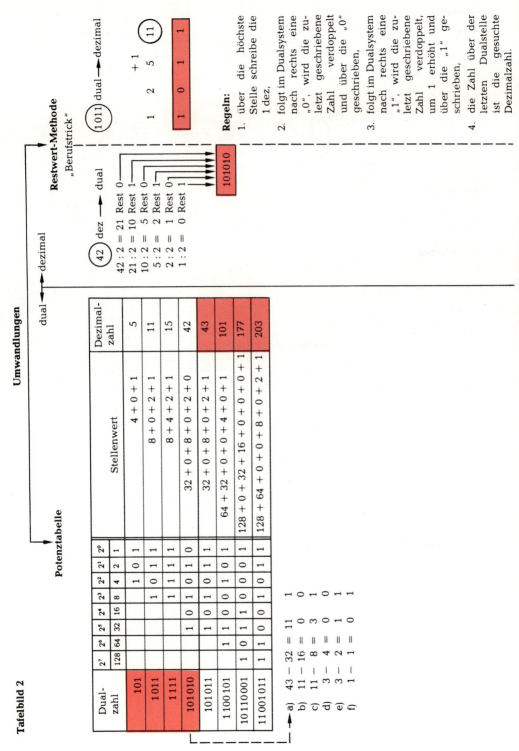

Übungsblatt (mit Lösungen = kursiv)

1.

Dual	2^9	2^8	2^7	2^6	2^5	2^4	2^3	2^2	2^1	2^0	Dez
	512	256	128	64	32	16	8	4	2	1	
101111					*1*	*0*	*1*	*1*	*1*	*1*	*47*
111111					*1*	*1*	*1*	*1*	*1*	*1*	*63*
1000111				*1*	*0*	*0*	*0*	*1*	*1*	*1*	*71*
		1	1	0	1	0	0	0	1	0	*418*
		1	0	0	0	0	0	1	0	1	*261*
	1	0	1	1	0	0	1	0	1	0	*714*

6

2. **Restwert-Methode**

   142 dez   *01110001*   →   *10001110*

   1516 dez   *00110111101*   →   *10111101100*

2

3. **Restwert-Methode**

   11111   *13715*   *31*

   101111   *1251123*   *47*

2

4.

32	16	8	4	2	1		Note	Punkte
		1	1	1	1	7	1	14–13
		1	0	1	1	5	2	12–11
	1	0	0	0	0	8	3	10– 9
			1	1	1	3	4	8– 7
		1	1	1	1	7	5	6– 3
	1	1	1	1	1	15	6	2– 0
1	11	111	111	11		Ü		
1	0	1	1	0	1	45		

$\frac{4}{14}$

Tafelbild 3

Darstellung der Rechenoperation in der Anlage

übernimmt von „hinten" (kleinste Stelle)

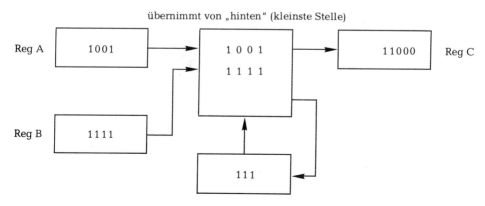

Reg A   1001

Reg B   1111

1 0 0 1
1 1 1 1

111

11000   Reg C

Thema: Aufbau einer Datenverarbeitungsanlage

Lernziele:

Der Schüler soll
- den Zusammenhang zwischen menschlicher und elektronischer Datenverarbeitung erkennen und beschreiben können,
- das EVA-System (Eingabe – Verarbeitung – Ausgabe) kennen,
- den Aufbau einer Zentraleinheit beschreiben können,
- Fehlerquellen bei der EDV angeben können,
- eine Konfiguration beschreiben können.

1. Lernschritt:

Motivationsphase: L verteilt Situationsaufgabe und fordert Sch zur Bearbeitung in Einzelarbeit auf.

2. Lernschritt:

Erarbeitungsphase: 1. Schritt: L erarbeitet anhand Folie 1a die Funktion des Menschen als DV-System in Anlehnung an die Situationsaufgabe.
2. Schritt: L und Sch verallgemeinern die Arbeitsschritte zum EVA-System (Folie 1b).
3. Schritt: L und Sch erarbeiten gemeinsam die Maschine als Datenverarbeitungssystem im Tafelbild als Vergleich zum DV-System des Menschen.

3. Lernschritt:

Vertiefungsphase: 1. Schritt: L legt Folie 2 auf und erarbeitet mit Sch Aufbau und Funktionsweise eines EDV-Systems (Teil a).
2. Schritt: L und Sch stellen die zentrale Fehlerquelle „Eingabe von Hand" in Teil b dar.
3. Schritt: L stellt in Teil c die Aufgaben der Zentraleinheit zusammen.
4. Schritt: L legt Folie 3 auf und zeigt verschiedene Möglichkeiten peripherer Geräte auf.

Situation:

In einem GH-Betrieb sind Rechnungen zu schreiben.
Folgende Informationen liegen vor:

Daten für Ausgangsrechnung

		Lieferschein	
Inhalt:	Kunden-Daten	Name:	Max Müller
		Anschrift:	Gartenstr. 21
			3000 Hannover
	Artikel-Daten	Art.-Nr.:	123456
		Bezeichn.:	Besen
		Menge:	150

Inhalt:
	Preisliste (Artikelkartei)	
	Art.-Nr.	123455
		123456
		123457
	Art.-Bezeichn.:	Handfeger
		Besen
		Schaufel
	Preis je Mengeneinheit:	2,50 DM
		3,— DM
		4,— DM

	Rabattstaffel	
Warenwert	< 100,— DM	= 0 % Rabatt
Warenwert	> 100,— DM	= 2 % Rabatt

Aufgaben:

1. Füllen Sie nach den obigen Angaben den Lieferschein aus!
2. Erstellen Sie unter Verwendung einer Rechenmaschine (Taschenrechner) die Ausgangsrechnung!

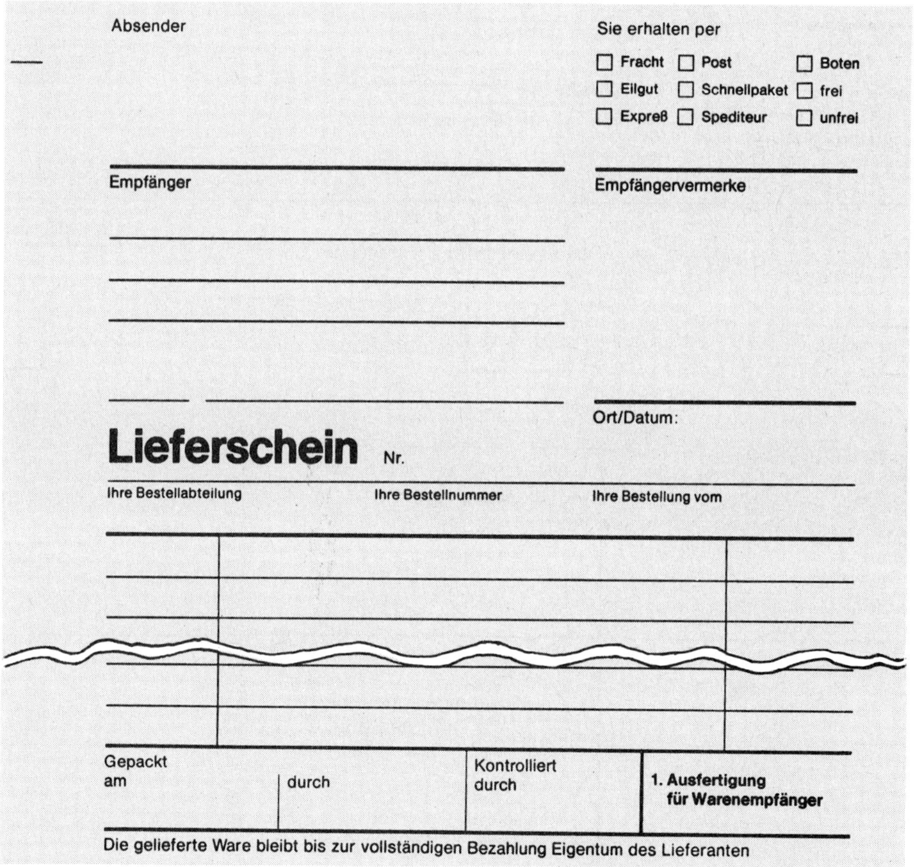

Absender

Sie erhalten per
- ☐ Fracht ☐ Post ☐ Boten
- ☐ Eilgut ☐ Schnellpaket ☐ frei
- ☐ Expreß ☐ Spediteur ☐ unfrei

Empfänger

Empfängervermerke

Ort/Datum:

Lieferschein Nr.

Ihre Bestellabteilung | Ihre Bestellnummer | Ihre Bestellung vom

Gepackt am | durch | Kontrolliert durch | 1. Ausfertigung für Warenempfänger

Die gelieferte Ware bleibt bis zur vollständigen Bezahlung Eigentum des Lieferanten

Folie 1 (Leerfolie)

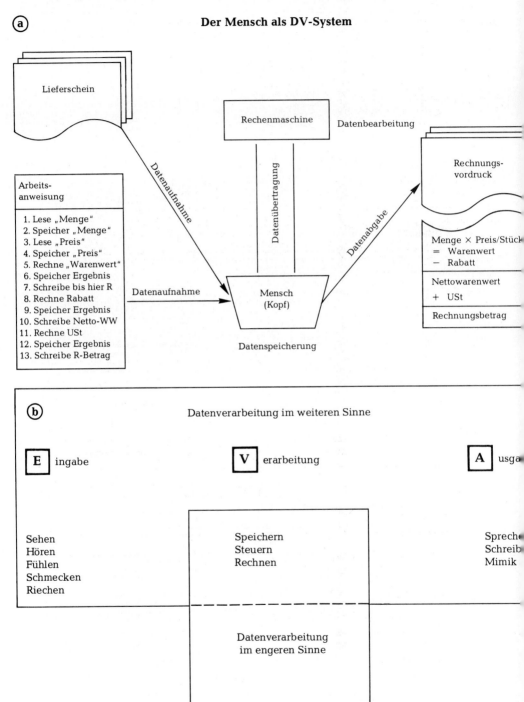

Absender		Ihre Bestellung	
		Postscheck	
Empfänger		Bank	
		BLZ	
		Kto.-Nr.	
		Zahlungsbedingungen	
		Ort / Datum	

Rechnung Nr.

Rechnungs-Endbetrag enthält   % MWSt / Betrag

Die gelieferte Ware bleibt bis zur vollständigen Bezahlung Eigentum des Lieferanten

Tafelbild

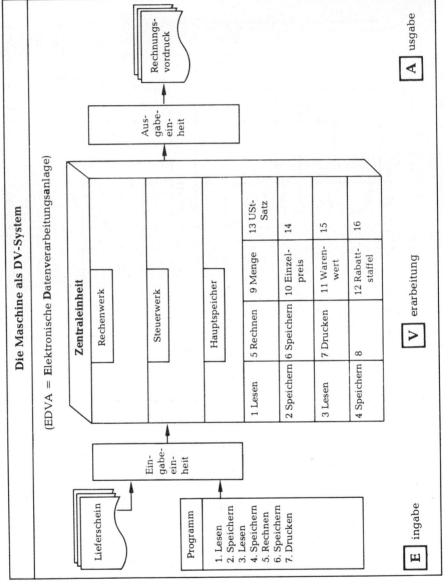

(Quelle: Materialien für Organisation IDV im Berufsfeld I, Band 1, Hrsg. Nds. Kultusminister 1978).

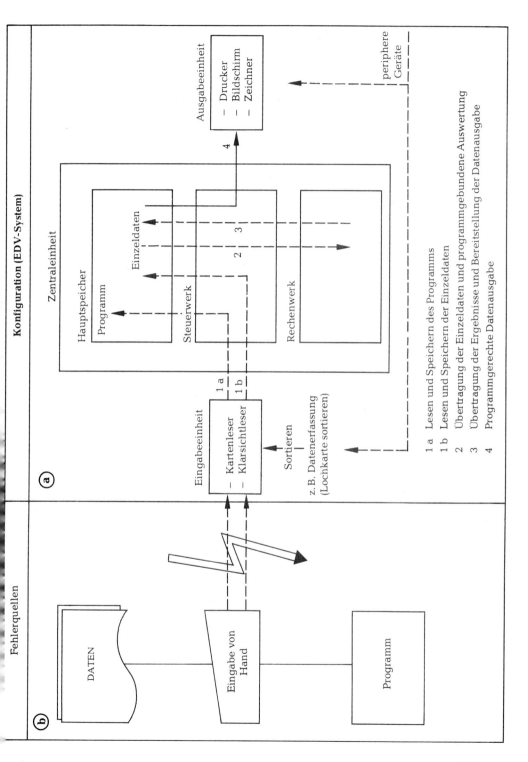

ⓒ

	Zentraleinheit	
Steuerwerk	**Hauptspeicher**	**Rechenwerk**

- steuert den Befehlsablauf
- überwacht Informationsfluß
  - innerhalb der Zentraleinheit
  - zwischen Ein-/Ausgabeeinheiten und Zentraleinheit

- speichert:
  - Programm
  - Eingabedaten
  - Zwischenergebnisse
  - Ausgabedaten
- jede Information wird an eine bestimmte Speicherstelle gebracht. Diese Speicherstellen sind adressiert
  (= numeriert)

führt aus:
- arithmetische Operationen
  - Addition   +
  - Subtraktion   −
  - Multiplikation   ×
  - Division   :
- logische Operationen
  - größer als   >
  - kleiner als   <
  - gleich   =

Folie 3

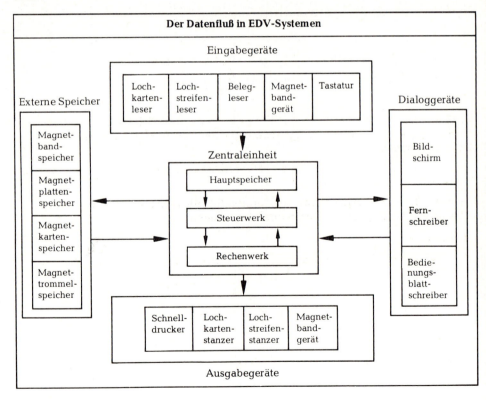

Thema: Datenträger

Lernziele:

Der Schüler soll

- verschiedene Datenträger nennen können,
- den Aufbau einer Lochkarte kennen und sie codieren und decodieren können (einfache Beispiele),
- verschiedene Lochstreifen kennen,
- den Aufbau und die Funktionsweise von Magnetband und Magnetplatte beschreiben können,
- Vorteile und Nachteile verschiedener Datenträger nennen können,
- das Zusammenwirken verschiedener Datenträger an einem einfachen Beispiel beschreiben können.

1. Lernschritt:

Motivationsphase: L legt Folie 1 auf und bespricht mit Sch verschiedene Datenträger im Überblick.

2. Lernschritt:

Erarbeitungsphase: 1. Schritt: Sch und L erarbeiten anhand Folie 2 den Aufbau einer Lochkarte.

2. Schritt: Sch und L erarbeiten auf Lochkartenmustern die Erfassung von Lohndaten (auf Folie 3) und lösen eine Übungsaufgabe.

3. Schritt: Sch und L besprechen anhand Folie 4 die Lochstreifen.

4. Schritt: Sch und L besprechen anhand Folie 5 das Magnetband.

5. Schritt: Sch und L besprechen anhand Folie 6 die Magnetplatte.

3. Lernschritt:

Vertiefungsphase: 1. Schritt: L und Sch erarbeiten im Tafelbild die Bedeutung des Speichers und stellen die Speicherkapazität von Magnetband und Magnetplatte vergleichend gegenüber.

2. Schritt: L legt Folie 7 auf und faßt verschiedene Datenträger im Überblick zusammen.

3. Schritt: L verteilt Arbeitsblatt und erarbeitet mit Sch anhand Folie 8 das Absortieren von Daten auf Lochkarten und Magnetband.

4. Lernschritt:

Lernzielkontrolle: Sch lösen Test bzw. Klassenarbeit zum Bereich der Datenträger.

Arbeitsblatt (zugleich Folie 1)

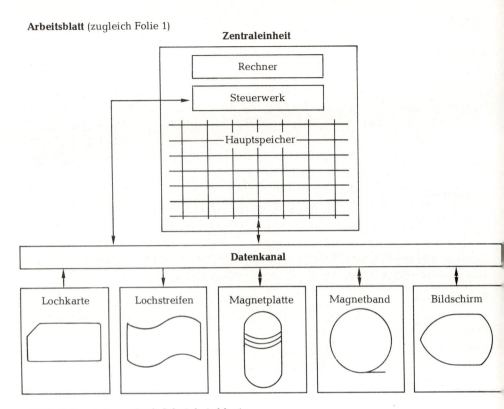

Folie 2 (Leerfolie zugleich Sch-Arbeitsblatt)

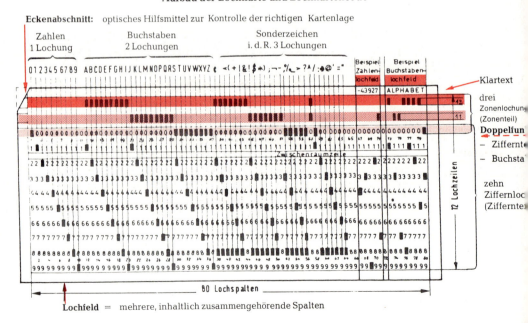

Folie 3

Beispiel (Lohnabrechnung)

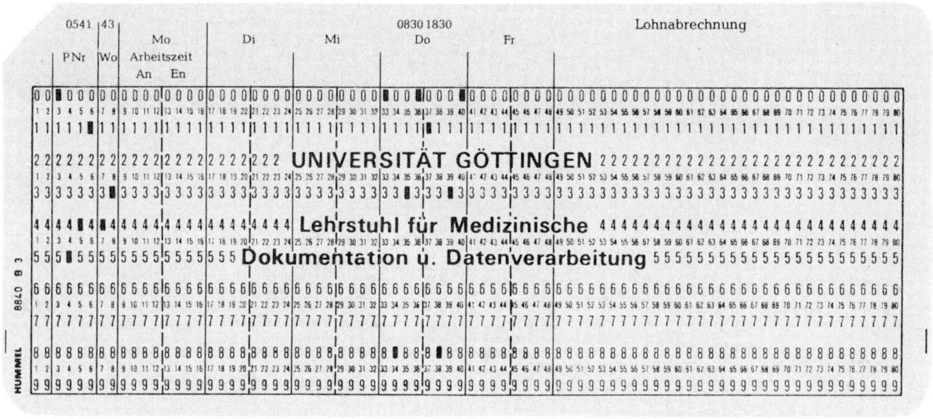

Aufgabe:
	Lieferanten-Nr.	16420
	Artikel-Nr.	00243
	Auftrags-Nr.	7007210
	Stück	0587
	Stück-Preis	0095,70
	Gesamtpreis	

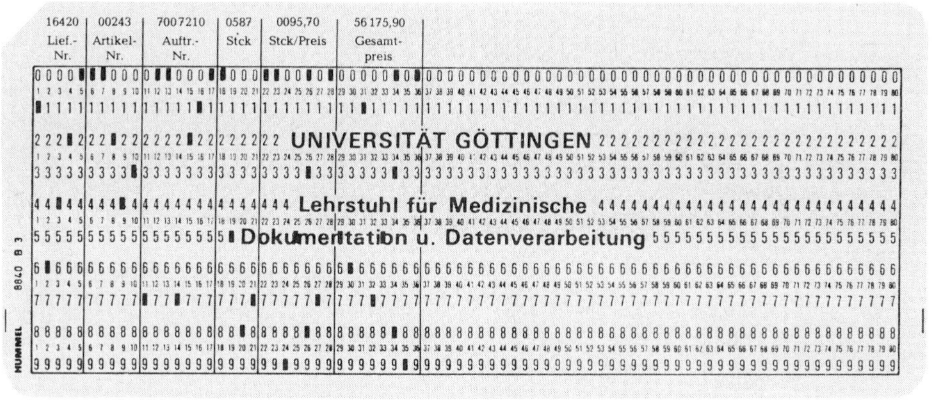

Lochkartenmuster für Schüler

Folie 4

Da in dem (auch im Fernschreiber verwendeten) 5-Kanal-Lochstreifen nur 32 Zeichen dargestellt werden können, geht man heute zu den 6-Kanal- (64 Zeichen), 7-Kanal- (128 Zeichen) und 8-Kanal-Lochstreifen (256 Zeichen) über. Lochstreifen zeichnen sich gegenüber Lochkarten vor allem durch die bequemere Transportmöglichkeit aus.

a b c d e f g h i j k l m n o p q r s t u v w x y z   1 2 3 4 5 6 7 8 9 0 += ( ) ? / ' . , - :

Der 5-Kanal-Lochstreifen

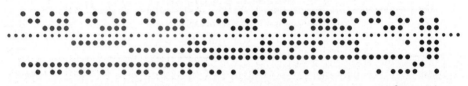

A B C D E F G H I J K L M N O P Q R S T U V W X Y Z   1 2 3 4 5 6 7 8 9 0 + = ( ) ? / ' . , - : ! " # $ % * & ‾ ‹ ›

Der 8-Kanal-Lochstreifen

Der Lochstreifen

Der Lochstreifen ist ebenso wie die Lochkarte ein Datenträger, der Informationen in gelochter Form enthält. Beim Lochstreifen gibt jede senkrechte Spalte ein Zeichen wieder. Gebräuchlich sind 5-, 7- und 8-Kanal-Lochstreifen. Dabei gibt die Anzahl der Kanäle Auskunft über die Zahl der codierbaren Zeichen.

Die wesentliche Bedeutung des Lochstreifens liegt in der Möglichkeit, diesen Datenträger bei der Erfassung von Daten mit Büromaschinen (Zeitersparnis) gleichzeitig ohne Mehraufwand zu erstellen und über eine EDV-Anlage auswerten zu lassen.

Die **Vorteile** des Lochstreifens bestehen darin, daß sie
- arbeitssparend erstellt werden können und
- wenig Raum beanspruchen (größere Speicherkapazität),
- höhere Einlesegeschwindigkeit haben.

Als entscheidende **Nachteile** sind zu nennen:
- keine Sortierbarkeit,
- keine Lesbarkeit,
- Falschlochungen können schwer korrigiert werden.

Folie 5

Das Magnetband

Das Magnetband ist in seinem physikalischen Aufbau den Tonbändern vergleichbar. Es speichert kostengünstig große Datenmengen in Sätzen. Kapazität und Übertragungsleistung werden durch „Blocken von Sätzen" (Zusammenlegung mehrerer Sätze zu einem Block) erhöht. Im Gegensatz zur Lochkarte und zum Lochstreifen sind Magnetbänder immer wieder verwendbar. Magnetbänder werden am besten für serielle Verarbeitung eingesetzt, d. h. für große Datenmengen, die fortlaufend gelesen und auf Band geschrieben werden müssen.

Neben den genannten Vorteilen ist die große Verarbeitungsgeschwindigkeit zu erwähnen.

Als wesentlicher Nachteil ergibt sich das Problem der Zugriffszeit, d.h. herauszufinden, an welcher Stelle der gesuchte Datensatz steht.
Weiterhin ist zu erwähnen, daß das Magnetband für Mitarbeiter nicht lesbar ist.

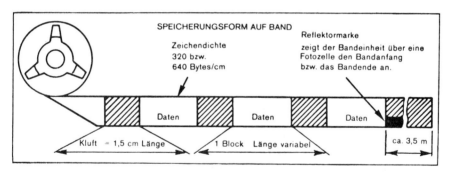

Speicherprinzip beim Magnetband

Magnetband mit 7 Informationsspuren

Magnetband mit 9 Informationsspuren

Folie 6

Die Magnetplatte

Die Magnetplatte besteht aus einer dünnen Leichtmetallscheibe, die auf beiden Seiten mit einer magnetisierbaren Schicht überzogen ist. Die Plattenfläche ist in 200 konzentrische, d.h. voneinander unabhängige Informationsspuren eingeteilt. Die Spuren sind von außen nach innen mit Nummern gekennzeichnet. Sie können auf jeder Spur bis zu 3625 Zeichen speichern.

Mehrere Platten können auf einer Achse unter Einhaltung von Zwischenräumen zu einem Plattenstapel zusammengefaßt werden. Bei einem Plattenstapel mit sechs Platten stehen für die Datenspeicherung 10 Plattenseiten zur Verfügung.

Die Vorteile der Magnetplattenspeicherung sind in folgenden Bereichen zu sehen:
- direkter Zugriff,
- hohe Lese- und Schreibgeschwindigkeit,
- große Kapazität,
- Unabhängigkeit von Sortiervorgängen,
- Änderungen einfacher als bei Magnetband.

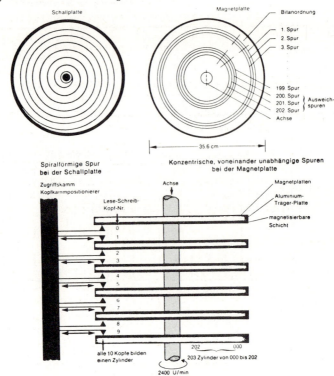

Tafelbild

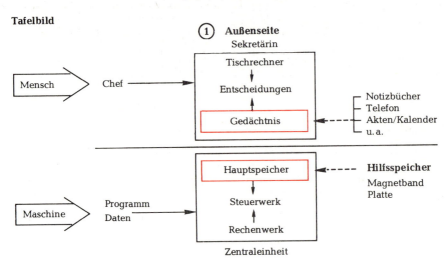

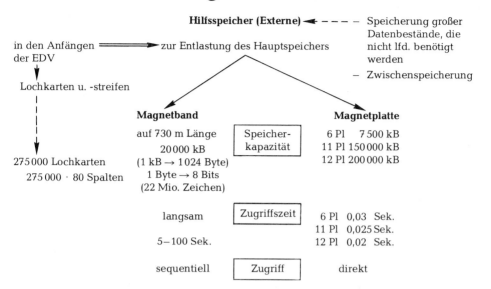

② Innenseite

Hilfsspeicher (Externe) ← – – – – Speicherung großer Datenbestände, die nicht lfd. benötigt werden

in den Anfängen ═══► zur Entlastung des Hauptspeichers
der EDV

– Zwischenspeicherung

↓
Lochkarten u. -streifen
|
|
↓
275 000 Lochkarten
275 000 · 80 Spalten

Magnetband
auf 730 m Länge
20 000 kB
(1 kB → 1 024 Byte)
1 Byte → 8 Bits
(22 Mio. Zeichen)

| Speicher-kapazität |

Magnetplatte
6 Pl   7 500 kB
11 Pl 150 000 kB
12 Pl 200 000 kB

langsam

5–100 Sek.

| Zugriffszeit |

6 Pl 0,03 Sek.
11 Pl 0,025 Sek.
12 Pl 0,02 Sek.

sequentiell | Zugriff | direkt

Folie 7

Datenträger		Kapazität (Zeichen)	Zugriffsart	Mittlere Zugriffszeit	Lesen/Schreiben (Sek.)
Magnetband	⊙	20 Mio bis 65 M ausw.	sequentiell	sequentielle Verarbeitung	15 000 bis 340 000
Magnetplatte	≣	7 Mio auswechs.	wahlfrei	85 ms (1)	156 000
Magnettrommel	⌬	0,8 Mio oder 4 Mio	wahlfrei	8,6 ms (0,1)	135 000 oder 1 200 000
Magnetkarte	∼∼	600 Mio auswechs.	wahlfrei	510 ms (6)	70 000

Folie 8 (Leerarbeitsblatt)

Magnetbandverarbeitung

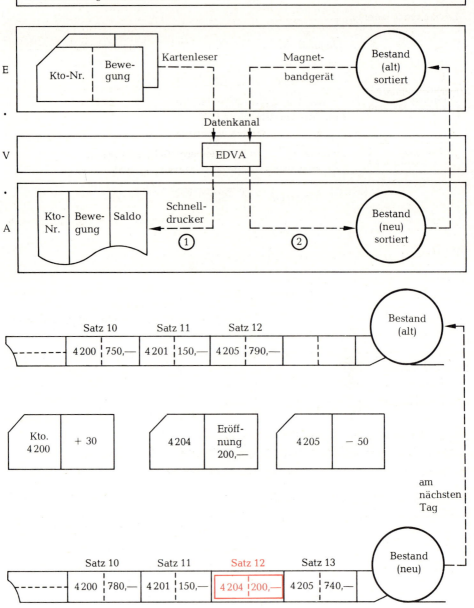

(Abgewandelt nach Bischoff, Datenverarbeitung, Gehlen, S. 67.)

E	Umsätze, sortiert auf LK		Alte Kontensalden, sort. auf M.-Band
V	4 200	alter Saldo 750,— + Umsatz 30,— = neuer Saldo 780,—	
	4 201	alter Saldo 150,— O = neuer Saldo 150,—	
	4 204	O + Umsatz 200,— = neuer Saldo 200,—	
	4 205	alter Saldo 790,— − Umsatz 50,— = neuer Saldo 740,—	
A	Kto.-Nr. – Umsatz – Saldo auf Liste		Neue Kontensalden, sort. auf M.-Band

①　　　　　　　　　　　　　　　　　　　②

Vorarbeiten: Belege kommen in die EDV-Abteilung
- Ablochen nach Kto.-Nr. auf LK
- Sortieren nach aufsteigender Kto.-Nr.

1. Eingabe:
a) Einlesen der LK durch Kartenleser (Bewegungsdaten)
b) Einlesen alter Bestände durch Magnetbandgerät

Datenkanal paßt unterschiedliche Geschwindigkeiten an!

2. Verarbeitung: Alter Saldo ± Umsatz = neuer Saldo (geordnet nach Kto.-Nr., die sich die EDVA aus LK + Magnetband zusammensucht)

3. Ausgabe:
a) Schnelldrucker druckt Dispo-Liste/Konto-Auszug
b) Magnetbandgerät speichert neuen Saldo!

Test[1]

1. Erörtern Sie anhand eines Beispiels die Begriffe Einzelinformation (Datum), Informationseinheit und Informationssammlung!
2. Geben Sie jeweils **zwei** Beispiele für die materiale, formale und inhaltliche Umformung von Informationen!
   materiale Umformung: . . . .
   inhaltliche Umformung: . . . .
   formale Umformung: . . . .
3. a) Was versteht man unter EDV? (i. e. S. – i. w. S.)
   b) Erläutern Sie das EVA-Prinzip an einem selbst gewählten Beispiel!
4. Welche Stufen der Datenverarbeitung lassen sich nennen?
5. Überprüfen Sie, ob es sich bei folgenden Angaben um Stamm- oder Bewegungsdaten handelt:

	Stammdaten	Bewegungsdaten
Personalnummer		
Name		
Geburtsdatum		
geleistete Arbeitsstunden		
Bruttolohn		

1 Zusammengestellt aus Normtest-Blättern.

6. Die Zentraleinheit einer DV-Anlage besteht aus
   a) Drucker; b) Hauptspeicher; c) Steuerwerk; d) Rechenwerk; e) Leser; f) Terminal

7. Übertragen Sie folgende Angaben in den Lochkartencode.

Angaben:	B	E	R	G	S	T	R	A	S	S	E	2	0
Zonenteil:													
Zifferteil:													

Geben Sie die Zeichen zu folgenden Lochungen wieder.

Zonenteil:	12	0	–	11	11	0	0	12	–	12	0
Zifferteil:	3	1	8	3+8	2	6	4+8	5	3+8	–	5
Zeichen:											

IBM Lochkarten-Code		Ziffern Lochung										
		keine	0	1	2	3	4	5	6	7	8	9	3u8	4u8
Zonen-Lochung	12	⌐	plus Null	A	B	C	D	E	F	G	H	I	.	⌑
	11	–	minus Null	J	K	L	M	N	O	P	Q	R	$	★
	0			/	S	T	U	V	W	X	Y	Z	,	%
	keine	Blank	Null 0	1	2	3	4	5	6	7	8	9	#	@

8. Zu den peripheren EDV-Einheiten gehört beispielsweise
   a) Klarschriftleser; b) Rechenwerk; c) Steuerwerk.

9. Erklären Sie das On-line-Verfahren und das Off-line-Verfahren!

10. Welche Vorteile hat das photoelektronische Leseverfahren bei der Lochkarte im Vergleich zum elektromechanischen Leseverfahren?

11. Wie werden Karten gelocht?
    a) spaltenweise; b) zeilenweise; c) je nach Bauart der Maschine.

    Wie werden Karten gelesen?
    a) spaltenweise; b) zeilenweise; c) je nach Bauart der Maschine.

12. Nennen Sie die wesentlichen Merkmale maschinengerechter Datenträger am Beispiel der Lochkarte.

13. In welcher Hinsicht ist der Computer dem Menschen in der Verarbeitung von Daten überlegen?

Thema: Grundlagen der Programmierung

Lernziele:

Der Schüler soll
- die Stufen einer EDV-Problemlösung kennen,
- EDV-gerechte Symbole kennen,
- Datenflußpläne und Programmablaufpläne unterscheiden können,
- einfache Pläne selbständig erstellen können.

1. Lernschritt:

Motivationsphase: L verteilt Situationsaufgabe und fordert Sch zu Vorschlägen auf.

2. Lernschritt:

Erarbeitungsphase: 1. Schritt: L und Sch erarbeiten gemeinsam einen Datenflußplan zur Berechnung von Boni (Tafelbild 1).
2. Schritt: L und Sch erarbeiten anhand Folie 1 die Stufen der Problemlösung einer EDV-Aufgabe.

3. Lernschritt:

Vertiefungsphase: 1. Schritt: L verteilt Informationsblatt zu den EDV-Symbolen und fordert Sch auf, in Gruppenarbeit einen Programmablaufplan für Boni-Gewährung zu entwerfen.
2. Schritt: Sch und L fassen die Ergebnisse in Tafelbild 2 zusammen.
3. Schritt: L legt Folie 1 auf und bespricht die restlichen Stufen der Problemlösung als Wiederholung.

4. Lernschritt:

Anwendungs- und Kontrollphase: 1. Schritt: Sch entwickeln selbständig Datenfluß- und Programmablaufplan zur Erstellung eines Antrages zum Lohnsteuerjahresausgleich.
2. Schritt: Die Arbeitsergebnisse werden verglichen und gemeinsam besprochen.
3. Schritt: Test oder Klassenarbeit zum Bereich der Grundlagen der Programmierung.

Situationsaufgabe:

In der Abteilung Rechnungswesen sollen aufgrund einer schriftlichen Anweisung des Geschäftsinhabers aus der Kundenkartei nacheinander die jeweiligen Jahresumsätze der einzelnen Kunden ermittelt werden. Auf ihrer Grundlage sind für das vergangene Jahr folgende Boni zu gewähren:
- ab 50000,— DM Jahresumsatz 2 %
- ab 100000,— DM Jahresumsatz 4 %
- ab 250000,— DM Jahresumsatz 6 %

Die gewährten Boni sind in eine Liste einzutragen und dem Geschäftsinhaber zur Genehmigung vorzulegen.
1. Erstellen Sie den Datenflußplan!
2. Leiten Sie daraus den Programmablaufplan ab!

Tafelbild 1

Datenflußplan/Problemanalyse

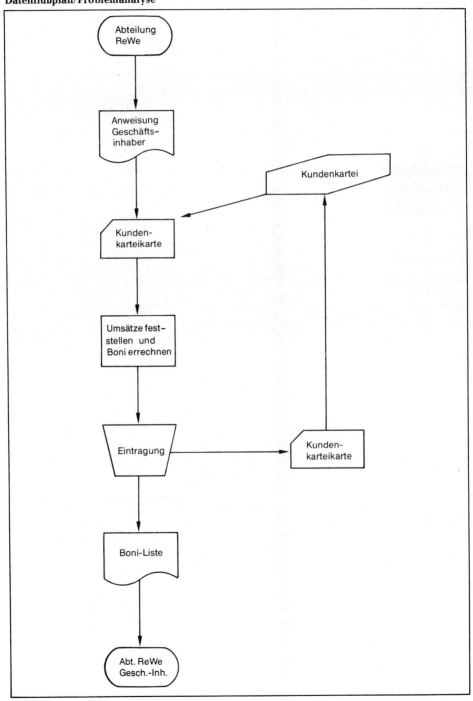

Folie 1

Grundlagen der Programmierung

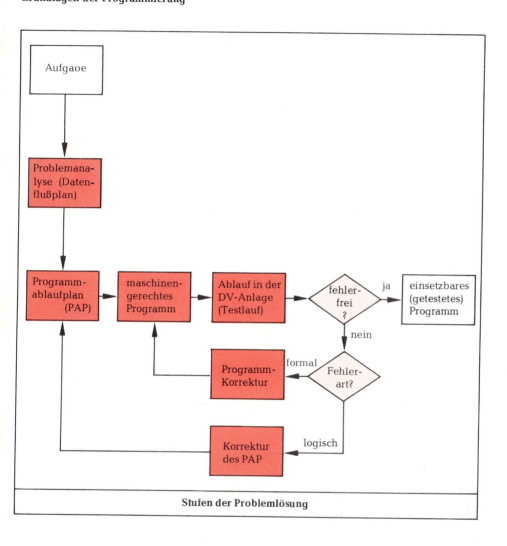

Informationsblatt

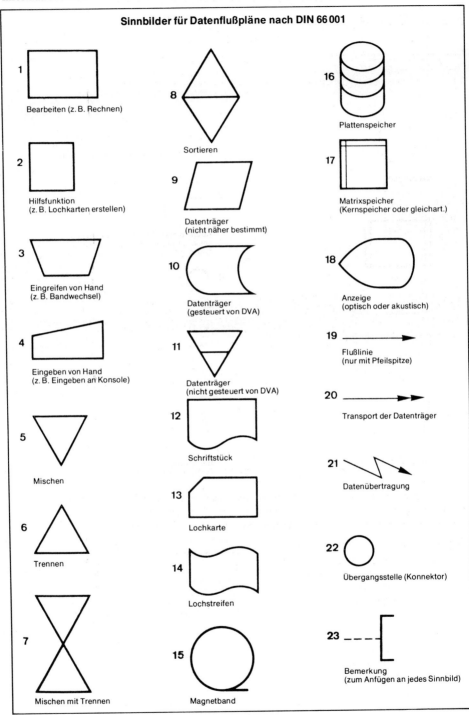

Sinnbilder für Programmablaufpläne nach DIN 66 001

1 Operationen (z. B. Addieren)
(mit Ausnahme der untenstehenden)

2 Verzweigung

3 Unterprogramm

4 Programmodifikation
(z. B. Ändern von Indexregistern)

5 Operation von Hand
(z. B. Eingriff des Bedieners)

6 Eingabe, Ausgabe
(maschinell oder mauell:
Kennzeichnung durch Beschriftung)

7 Ablauflinie
Vorzugsrichtung: a) von oben nach unten.
                  b) von links nach rechts.
auf Sinnbild gerichtete Pfeilspitze zulässig.

8 Zusammenführung
Ausgang durch Pfeilspitze kennzeichnen.
keine Zusammenführung durch kreuzende
Linien

9 Übergangsstelle (Konnektor)
Bezeichnung kennzeichnet
Zusammengehörigkeit: auch von mehreren Stellen,
aber nur zu einer Stelle

10 Grenzstelle (z. B. START, HALT, ENDE)

11 Bemerkung
(zum Anhängen an jedes Sinnbild)

Größe der Sinnbilder wahlweise, jedoch im vorgegebenen Seite- und Winkelverhältnis

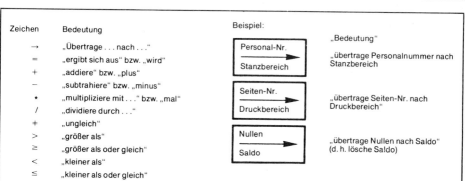

Zeichen	Bedeutung
→	„Übertrage . . . nach . . ."
=	„ergibt sich aus" bzw. „wird"
+	„addiere" bzw. „plus"
−	„subtrahiere" bzw. „minus"
*	„multipliziere mit . . ." bzw. „mal"
/	„dividiere durch . . ."
≠	„ungleich"
>	„größer als"
≥	„größer als oder gleich"
<	„kleiner als"
≤	„kleiner als oder gleich"

Beispiel:

Personal-Nr. → Stanzbereich   „Bedeutung"
„übertrage Personalnummer nach Stanzbereich"

Seiten-Nr. → Druckbereich
„übertrage Seiten-Nr. nach Druckbereich"

Nullen → Saldo
„übertrage Nullen nach Saldo"
(d. h. lösche Saldo)

Tafelbild 2
Programmablaufplan

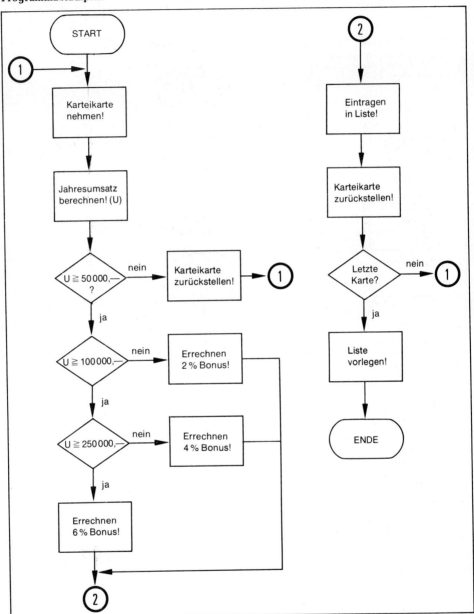

Arbeitsaufgabe:

Entwickeln Sie nach vorliegendem Muster
- Datenflußplan und
- Programmablaufplan

zur Erstellung eines Antrages auf LSt-Jahresausgleich!

Erfolgskontrolle
(einschließlich Lösungen = kursiv gesetzt)

1 = 40–38	4 = 27–20
2 = 37–33	5 = 19–10
3 = 32–28	6 = 9– 0

1. Schreiben Sie hinter die folgenden Symbole jeweils kurz ihre Bedeutung:

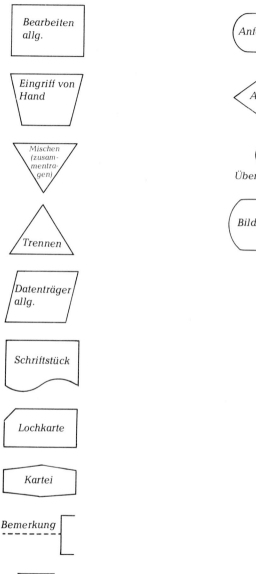

2. Entwerfen Sie den Arbeitsablaufplan: **„Abt. Einkauf schreibt Anfragen"**. Bedenken Sie, daß eine Warenbedarfsmitteilung vorliegen soll und daß die Textentwürfe dem Abteilungsleiter zur Unterschrift vorgelegt werden müssen. Kuvertiert und frankiert wird die Post von der Abt. „Allgemeine Verwaltung".

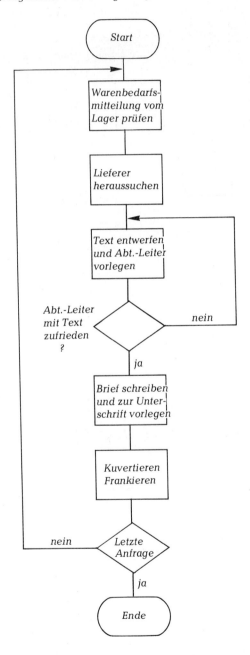

3. Entwerfen Sie zu den PAP der Vorseite den Datenflußplan!

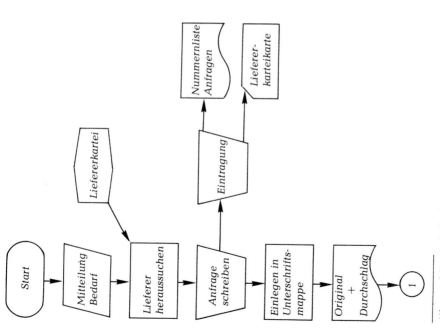

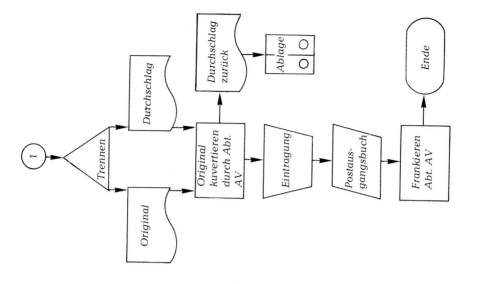

(Abgewandelt nach: Gottler-Krautwurst, Bürosimulation, Gehlen, S. 16 ff.)

Thema: Exkurs Datev (in Verbindung mit Lehrbuch)

Lernziele:

Der Schüler soll
- die Symbole der EDV anwenden können,
- die Zusammenarbeit zwischen Steuerbüro und externem Rechenzentrum als Ablaufdiagramm darstellen können.

Lernschritt:

Sch und L erarbeiten gemeinsam den Arbeitsablauf der maschinellen Datenerfassung beim Steuerbüro und externen Rechenzentrum.

Folie

Arbeitsablauf der maschinellen Datenerfassung beim Steuerbüro und externen Rechenzentrum

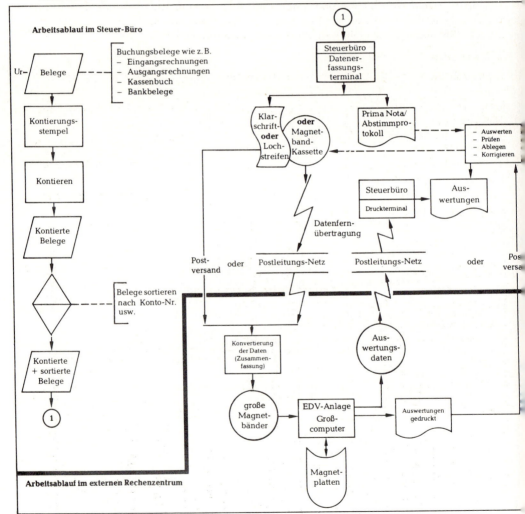

Thema: Datenschutz

Lernziele:

Der Schüler soll
- die Notwendigkeit des Datenschutzes erkennen,
- die wichtigsten Bestandteile des Datenschutzgesetzes kennen,
- die Zulässigkeit der Verarbeitung personenbezogener Daten prüfen können,
- die Rechte nach dem Bundesdatenschutzgesetz kennen,
- die zehn Gebote des Datenschutzes nennen und erklären können.

1. Lernschritt:

Motivationsphase: 1. Schritt: L verteilt Text und fordert Sch zum Lesen auf.
2. Schritt: L und Sch diskutieren Problematik.
3. Schritt: L legt Folie 1a auf und ergänzt mit Sch die vom einzelnen Menschen in verschiedenen EDV-Anlagen gespeicherten persönlichen Daten. L legt Folie Teil b auf und läßt von Sch die Gefahren eines Zentralcomputers beschreiben.

2. Lernschritt:

Erarbeitungsphase: 1. Schritt: L erarbeitet anhand Folie 2 den Datenschutz nach dem Bundesdatenschutzgesetz.
2. Schritt: L und Sch überprüfen gemeinsam anhand Folie 3 die Zulässigkeit der Verarbeitung personenbezogener Daten nach dem BDSG.

3. Lernschritt:

Vertiefungsphase: 1. Schritt: L und Sch sammeln gemeinsam auf Folie 4 Rechte nach dem Bundesdatenschutzgesetz.
2. Schritt: L verteilt Information (Auszug aus dem Bundesdatenschutzgesetz) und Übersicht zu den Überwachungsorganen.
3. Schritt: L und Sch sammeln abschließend die 10 Gebote zum Datenschutz.

Informationsblatt zur Datensicherheit

Ein Kinderspiel

Der Volkszählungsprozeß in Karlsruhe macht die Risiken der elektronischen Verdatung deutlich.

Ruth Leuze, Datenschutzbeauftragte Baden-Württembergs, berief sich auf einen x-beliebigen Bürger, einen Hausmeister im öffentlichen Dienst: „Er hat Auto und Eigentumswohnung; seine Frau putzt an einer Schule, damit der Sohn studieren kann."

Über diese Durchschnittsfamilie werden, wie die Stuttgarter Datenschützerin vorrechnete, bereits heute in staatlichen Computern rund zweitausend Daten gespeichert, beispielsweise zur Lohnabrechnung 680, bei der Kfz-Zulassungsstelle und beim Kraftfahrt-Bundesamt 210, bei der Krankenkasse 114 und bei der Rentenversicherung etwa 642....

In der Verhandlung vor dem Verfassungsgericht wurden die Dimensionen dieses täglichen Gebrauchs sichtbar:

- In den automatisierten Einwohnerdatenbanken sind nicht mehr nur die herkömmlichen Meldeangaben etwa über Anschrift und Familienstand gespeichert; vielmehr läßt das Melderechtsrahmengesetz von 1980 die Erfassung von 45 erweiterten Einwohnerdaten zu, mit denen sich die Akten bei x-beliebigen Behörden erschließen lassen.
- Die Länder können aufgrund eigener Meldegesetze darüber hinaus beliebige Datenmengen für beliebige öffentliche Zwecke dazuspeichern.
- Allein schon ein Teil dieser Daten reicht aus, um auf alle anderen personenbezogenen Dateien des öffentlichen Bereichs zugreifen zu können, deren Zahl in der Bundesrepublik nach Datenschützer-Erhebungen auf rund 100 000 geschätzt wird.

Was passiert, wenn die Daten der Volkszählung mit denen der kommunalen Melderegister gekoppelt würden, beschrieb Ruth Leuze: Mit einem Schlag wäre offenkundig, wie jeder einzelne Einwohner seinen Fragebogen ausgefüllt hat – die zugesicherte Anonymität wäre aufgehoben. „Weiß man dies, ist es bloß noch ein Kinderspiel, die Volkszählungsdaten dieser Bürger mit all ihren andernorts gespeicherten Daten zu verknüpfen."

Die Gefahr, daß Bürger mit Tausenden von Daten bis in die letzten Winkel ihrer Persönlichkeit ausgeleuchtet werden, war in Karlsruhe offenkundig. Das zwölfstellige Personenkennzeichen, dessen Einführung 1976 vom Bundestag wegen verfassungsrechtlicher Bedenken verworfen wurde, wäre als Schlüssel zu den verschiedenen Dateien gar nicht mehr nötig. Ruth Leuze: „Teile des Namens, der Anschrift oder des Geburtsdatums reichen völlig." ...

Computer

Fliegender Korsar

In einer Großrazzia hob das FBI ein Dutzend US-Kinderzimmer aus: Jugendliche Computer-Eindringlinge („Hacker") haben sich in die Datennetze zahlreicher Großfirmen und sogar des Pentagon eingeschlichen.

Daß einzelne, besonders pfiffige Computer-Freaks sich unerlaubten Zugang zu fremden Daten verschaffen konnten, war den Experten schon in den 70er Jahren klargeworden. Inzwischen hat sich daraus fast eine Art amerikanischer Nationalsport entwickelt. ...

Über Monate hatten sich die jungen Leute von ihren Heim-Computern aus elektronischen Zugang zu 60 Großrechnern in den USA und Kanada verschafft. Sie waren beispielsweise in den Computer des New Yorker Sloan-Kettering-Krebs-Zentrums eingedrungen und hatten Daten über die Bestrahlungsdauer von Krebspatienten durcheinandergebracht; auch fanden sie Einlaß in ein (nichtgeheimes) Computersystem des Atomwaffen-Forschungszentrums in Los Alamos (US-Staat New Mexico).

Der Einstieg in die fremden Datensysteme gelang den Jugendlichen über das sogenannte „Telenet", einen kommerziellen Datenverbund, dem in den USA 1200 Firmen, Universitäten und Institute angeschlossen sind – auch solche, die sich mit Rüstungsforschung befassen. Die angeschlossenen Firmen tätigen über Telenet Geschäfte oder tauschen Forschungsergebnisse aus.

Weil die Zahl der Benutzer so groß war, hielten die Hersteller den Code, der den Zugang zum Computernetz eröffnete, verhältnismäßig simpel. Im Falle von Telenet bestand der Code aus einer nur sechs- bis siebenstelligen Buchstaben- und Zahlenkette: Mit dem ersten Buchstaben wählt der Anrufer die Zahlungsart, mit der er später die Benutzungsrechnung begleichen will. Sodann folgt eine dreistellige Nummer, die mit der Telephon-Vorwahl des Distrikts identisch ist, in dem der angewählte Computer steht. Die letzten zwei bis drei Zahlen des Codes schließlich bahnen den Weg zu jeweils einem bestimmten Computer.

Die jugendlichen Elektronikspieler von Milwaukee tippten gewöhnlich die Vorwahl von Millionen-Städten ein, in denen besonders viele Computer stehen, etwa „213" für Los Angeles oder „212" für New York. Dann suchten sie durch Zufallskombinationen von zwei oder drei weiteren Ziffern an irgendeinen Computer heranzukommen. Gelang das, mußte allerdings noch ein Codewort eingetippt werden, um in das jeweilige Datensystem Einlaß zu finden.

Doch auch dieses letzte „Sesam, öffne dich!" verlangte den Teenagern keine sonderliche Phantasie ab. Zumeist waren es simple Codewörter wie „System", „Test" oder „Demo". Begriffe, wie sie häufig von den Computer-Firmen für ihre Wartungstechniker reserviert werden.

„Es ist gerade so, als ließe man in einem unverschlossenen Wagen den Schlüssel stecken", so charakterisierte Martin Hellman, Computer-Wissenschaftler der Stanford University und Regierungsberater für Datenschutz, das in vielen Fällen leichtfertige Sicherheitssystem von Computern – es sei geradezu „unmoralisch". ...

Mehr als 100 Millionen Dollar hat das US-Verteidigungsministerium schon in den vergangenen Jahren für zusätzliche Computer-Sicherheit aufgewendet. Hochqualifizierte Wissenschaftler wurden vom Pentagon beauftragt, Schwachstellen im Netz ausfindig zu machen, indem sie sich in die Rolle von Computer-Saboteuren hineindenken. ...

Und in der Tat: Immer wieder gelang es den Experten, auch in scheinbar perfekt abgeschirmte Systeme einzubrechen. „Immer aufs neue", so Pentagon-Sicherheitsberater Parker, „fanden sie neue Löcher in dem System, das ohnehin einem Schweizer Käse gleicht." ...

Noch unheimlicher als die Sorge um Übertragungswege ist den Pentagon-Experten der Gedanke an die immer komplexer werdenden Programme in den Rechnern des militärischen Apparats. „Je umfangreicher und komplizierter die Programme werden, um so leichter sind sie auszutricksen, lassen sich Fallen einbauen", erläuterte Louis W. Tordella, ehemals Abteilungsleiter bei der NSA.

Computer-Fachleute rechnen etwa mit der Möglichkeit, daß Agenten und Saboteure das militärische Computer-Netz der Amerikaner für ihre Zwecke umfunktionieren könnten, mit Programmen, die sie an allen Sicherheitskontrollen vorbei in das Netz einschleusen, ohne daß es irgend jemand bemerkt. ...

„Es ist eine Art Herausforderung, herauszufinden, ob man das Sicherheitssystem durchbrechen kann, das ein anderer ersonnen hat", so umschrieb es ein New Yorker Computer-Freak. ...

Quelle: Auszüge zusammengestellt aus „Spiegel" Nr. 43/1983, S. 48 f., S. 258 ff.

Folie 1 (zweilagig)

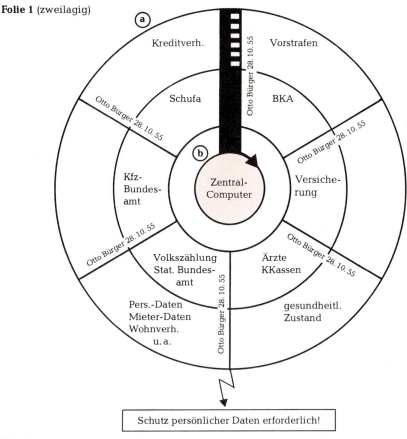

Schutz persönlicher Daten erforderlich!

Folie 2

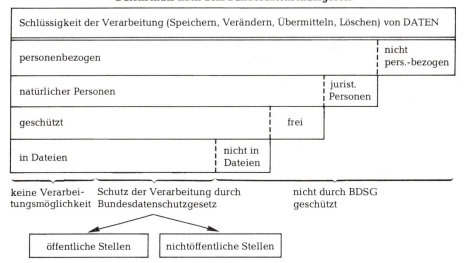

Arbeitsblatt (zugleich Folie 3)

Verarbeitung personenbezogener Daten

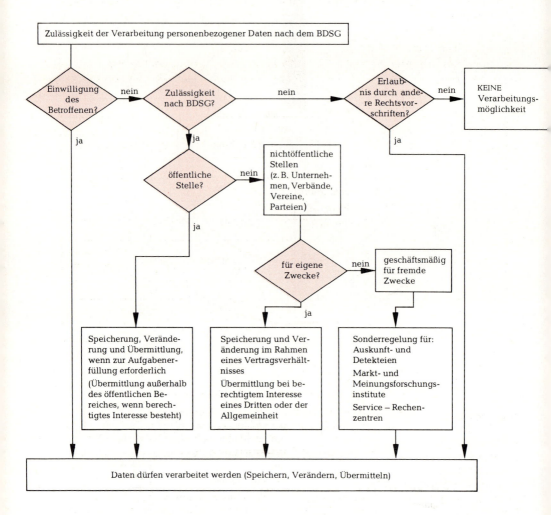

Folie 4

Rechte nach dem BDSG

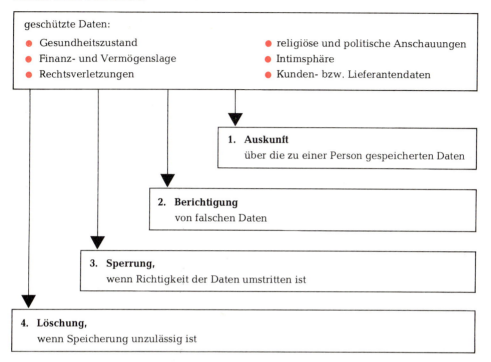

Informationen

Grundzüge des Bundesdatenschutzgesetzes

Schutzgegenstand:
Persönlichkeitssphäre / personenbezogene Daten

Das Bundesdatenschutzgesetz schützt die Persönlichkeitssphäre des Bürgers durch den Schutz personenbezogener Daten.

Vor allem die Daten müssen besonders gut geschützt werden, die so gespeichert sind, daß sie leicht weitergegeben werden können (rascher Zugriff und leichte Übertragbarkeit). Das trifft für Daten zu, die in sogenannten Dateien gespeichert sind. Zu den Dateien gehören nach dem Gesetz (§ 2 Abs. 3 Nr. 3) bestimmte Karteien im herkömmlichen Sinne, ebenso wie die Speicher elektronischer Datenverarbeitungsanlagen.

Anwendungsbereich

Das Gesetz gilt sowohl für die Wirtschaft als auch für den Bereich des Bundes.

Im öffentlichen Bereich gilt das Gesetz für die Verarbeitung personenbezogener Daten durch Behörden und sonstige öffentliche Stellen

a) des Bundes,

b) der Länder, Gemeinden und Gemeindeverbände, soweit sie Bundesrecht ausführen und der Datenschutz nicht durch Landesgesetz geregelt ist.

Im nichtöffentlichen Bereich gilt das Gesetz

a) für die interne Verarbeitung personenbezogener Daten, z.B. durch den Versandhandel, durch Banken und Versicherungen,

b) für die geschäftsmäßige Verarbeitung personenbezogener Daten
   – beim Verkauf von Daten (z.B. durch Auskunfteien, Adreßverlage),

- bei der Weitergabe von Daten in anonymisierter Form (z. B. durch Markt- und Meinungsforschungsinstitute),
- im Auftrage Dritter (z. B. durch Service-Rechenzentren).

Verbot mit Erlaubnisvorbehalt

Durch das Bundesdatenschutzgesetz erhält die Verarbeitung personenbezogener Daten eine völlig neue Rechtsgrundlage. Bisher gab es für die Verarbeitung personenbezogener Daten lediglich wenige spezielle Rechtsvorschriften, z. B. § 203 StGB (Berufsgeheimnisse), § 824 BGB (Kreditgefährdung). Jetzt ist die Verarbeitung solcher Daten grundsätzlich verboten. Sie ist nur dann zulässig, wenn das Bundesdatenschutzgesetz oder eine andere Rechtsvorschrift sie erlaubt oder der Betroffene eingewilligt hat (§ 3).

Das Bundesdatenschutzgesetz enthält nicht nur Vorschriften über die Zulässigkeit der Speicherung und Veränderung, sondern auch für die Übermittlung und Löschung von personenbezogenen Daten und macht deutlich, wie der Bürger seine Rechte wahrnehmen kann.

Rechte des Bürgers

Personenbezogene Daten gewinnen meist erst durch den Zusammenhang, in dem sie gespeichert und verarbeitet werden, ihre besondere Bedeutung. Deshalb muß der betroffene Bürger selbst entscheiden, ob durch die Verarbeitung seiner Daten schutzwürdige Belange beeinträchtigt werden. Das heißt: Der Bürger hat ein Selbstbestimmungsrecht über seine Daten. Zu diesem Recht des Bürgers gehören (§ 4):

- Auskunftsrecht über die zu seiner Person gespeicherten Daten,
- Berichtigung der zu seiner Person gespeicherten Daten, wenn sie unrichtig sind,
- Sperrung der zu seiner Person gespeicherten Daten, wenn sich weder deren Richtigkeit noch Unrichtigkeit feststellen läßt oder wenn die ursprünglichen Voraussetzungen für die Speicherungen weggefallen sind,
- Löschung der zu seiner Person gespeicherten Daten in den vom Gesetz genannten Fällen, vor allem bei unzulässiger Speicherung.

Auskunftsrecht

Jeder hat nach dem Gesetz das Recht, Auskunft zu verlangen über die zu seiner Person in Dateien gespeicherten Daten (§§ 13, 26, 34). Dazu muß der Bürger wissen, wo Daten über ihn gespeichert sind. Von der öffentlichen Verwaltung erfährt er es, weil die unter das Gesetz fallenden Behörden und sonstigen öffentlichen Stellen verpflichtet sind, bestimmte Angaben über die Art und den Verwendungszweck der von ihnen gespeicherten Daten zu veröffentlichen (§ 12). Alle übrigen datenverarbeitenden Stellen (3. bzw. 4. Abschnitt) sind verpflichtet, den Betroffenen über die Speicherung zu unterrichten, sofern er davon nicht anderweitig Kenntnis erlangt hat (§ 26 Abs. 1, § 34 Abs. 1).

Die Auskunftspflicht gegenüber dem Bürger umfaßt alle zu seiner Person gespeicherten Daten. (Die – eng auszulegenden – Ausnahmefälle sind im einzelnen aufgeführt: § 13 Abs. 2, § 26 Abs. 4).

Die Auskunft kann mit erheblichem Aufwand verbunden sein, wenn mehrere Dateien durchsucht werden müssen. Der Gesetzgeber hat daher die Auskunftserteilung im öffentlichen Bereich gebührenpflichtig gemacht (§ 12 Abs. 4). Für den nichtöffentlichen Bereich sieht das Gesetz die Möglichkeiten vor, ein Entgelt für die direkt zurechenbaren Kosten zu verlangen (§ 26 Abs. 3, § 34 Abs. 3). Der Bürger kann den „Preis" für die Auskunft beeinflussen, indem er seine Anfrage möglichst präzise formuliert. Er vereinfacht den Suchprozeß und reduziert so die entstehenden Kosten. Die Höhe der Gebühren, die von den öffentlichen Stellen des Bundes erhoben werden können, wird in einer Rechtsverordnung der Bundesregierung geregelt. Die Gebühren dürfen jedenfalls keine abschreckende Wirkung haben. Die Auskunft ist kostenlos, wenn Anhaltspunkte vorliegen, daß die Daten falsch gespeichert sind. Das kann zutreffen, wenn der Bürger beispielsweise einen Bescheid mit unrichtigen Angaben erhalten hat oder wenn eine Auskunft ergibt, daß die Daten unrichtig sind.

Recht auf Berichtigung

Das Gesetz enthält (§§ 14, 27 und 35) die klare Aussage, daß personenbezogene Daten zu berichtigen sind, wenn sie falsch sind. Das Recht auf Berichtigung ist nicht zuletzt deshalb besonders wichtig, weil mit der automatisierten Datenverarbeitung personenbezogene Daten aus vielen Quellen zu einem Persönlichkeitsbild zusammengefügt werden können. So erhalten Informationen, ohne inhaltlich geändert zu werden, einen völlig neuen Aussagewert. Die Bedeutungsänderung ergibt sich ausschließlich aus dem Verlust des bisherigen Zusammenhangs. Auch bei einer solchen Verzerrung von Daten kann der Bürger Berichtigung verlangen.

Recht auf Sperrung von Daten

Die Sperrung personenbezogener Daten (§ 14 Abs. 2, § 27 Abs. 2, 35 Abs. 2) ist speziell für das Bundesdatenschutzgesetz entwickelt worden. Sie soll nicht mehr benötigte Daten erhalten helfen. Die Daten werden mit einem Sperrvermerk versehen und dürfen nur noch unter bestimmten, im Gesetz genannten Voraussetzungen genutzt werden. Personenbezogene Daten werden außerdem auf Wunsch des Betroffenen gesperrt, wenn er ihre Richtigkeit bestreitet und sich weder die Richtigkeit noch die Unrichtigkeit feststellen läßt. Wenn personenbezogene Daten z. B. von Auskunfteien oder Adreßverlagen gespeichert werden, so sind sie nach Ablauf von 5 Jahren zu sperren (nach § 35 Abs. 2 Satz 2).

Recht auf Löschung von Daten

Löschung heißt gespeicherte Daten unkenntlich machen (§ 2). Durch diese Form des Nutzungsausschlusses können auch schutzwürdige Belange des Betroffenen beeinträchtigt werden. Daher hat der Gesetzgeber von der Verpflichtung zur Löschung nur sparsam Gebrauch gemacht. Sie ist auf den Fall beschränkt, wo die Speicherung der Daten von Anfang an unzulässig war (§ 14 Abs. 3 Satz 2, § 27 Abs. 3 Satz 2, § 35 Abs. 3 Satz 2). Der Bürger kann verlangen, daß die Daten zu löschen sind, wenn sie nicht mehr benötigt werden (§ 14 Abs. 3 Satz 2, § 27 Abs. 3 Satz 2). In bestimmten Fällen kann auch die Löschung nach Ablauf von 5 Jahren verlangt werden (§ 35 Abs. 3 Satz 2). Daten über gesundheitliche Verhältnisse, strafbare Handlungen, Ordnungswidrigkeiten sowie religiöse oder politische Anschauungen sind zu löschen, wenn der Betroffene die Richtigkeit bestreitet und die speichernde Stelle sie nicht beweisen kann (§ 27 Abs. 3 Satz 3 und § 35 Abs. 3).

Anrufung der Datenschutz-Kontrollinstitutionen

Hat der Bürger Schwierigkeiten, seine Rechte wahrzunehmen, oder ist er der Ansicht, durch die Verarbeitung seiner personenbezogenen Daten in seinen Rechten verletzt worden zu sein, so kann er sich an die jeweils zuständige Datenschutz-Kontrollinstanz wenden. Geht die Beeinträchtigung von einer Bundesbehörde oder einer anderen (in § 7 Abs. 1 genannten) öffentlichen Stelle des Bundes aus, so kann sich der Betroffene (nach § 21) an den Bundesbeauftragten für den Datenschutz wenden. Dieser wird den Beschwerden nachgehen und im Rahmen der ihm gesetzlich eingeräumten Befugnisse Abhilfe schaffen.

Zur Überwachung des Datenschutzes in der öffentlichen Verwaltung der Bundesländer wird es dort voraussichtlich auch Datenschutzkontrollinstitutionen geben.

Geht die Beeinträchtigung von einer nichtöffentlichen Stelle aus (im 3. oder 4. Abschnitt des Gesetzes umschriebene Institutionen), so kann sich der Betroffene ebenfalls an die jeweils zuständige Aufsichtsbehörde wenden (§ 30 Abs. 1, § 40 Abs. 1). Die Entscheidung darüber, welche Behörde die Aufsicht übernimmt, treffen die Bundesländer. Die Aufgaben und Befugnisse der Kontrollbehörden sind im Gesetz geregelt.

Natürliche und juristische Personen des privaten Rechts werden durch die Aufsichtsbehörden der Länder (3. bzw. 4. Abschnitt des Gesetzes) kontrolliert. Die Aufsichtsbehörde im 3. Abschnitt (§ 30) kontrolliert nur dann, wenn ein Bürger sich an sie wendet. Sie kann also nicht aus eigener Initiative Kontrollen durchführen, sondern nur, wenn ein Betroffener sich beschwert. Die Aufsichtsbehörde hat das Recht, bei der Überprüfung Grundstücke und Geschäftsräume zu betreten und dort geschäftliche Unterlagen, personenbezogene Daten sowie Datenverarbeitungsprogramme einzusehen (§ 30 Abs. 3). Die kontrollierten Stellen sind verpflichtet, der Aufsichtsbehörde alle notwendigen Auskünfte unverzüglich zu erteilen (§ 30 Abs. 2).

Andere nicht-öffentliche datenverarbeitende Stellen, beispielsweise Auskunfteien, Meinungsforschungsinstitute oder Rechenzentren (4. Abschnitt), die große Mengen personenbezogener Daten verarbeiten, werden strenger kontrolliert. Die Aufsichtsbehörde (§ 40) kann hier bei Einzelbeschwerden, aber auch aus eigener Initiative tätig werden.

Pflichten der datenverarbeitenden Stellen

Alle datenverarbeitenden Personen und Stellen, für die das Gesetz gilt (§ 1 Abs. 2 Nrn. 1 bis 3), sind verpflichtet, personenbezogene

Daten nur noch nach den Bestimmungen des Datenschutzgesetzes oder anderer Rechtsvorschriften zu verarbeiten. Gibt es keine Rechtsvorschrift für die Datenverarbeitung, dann muß der Betroffene der jeweils beabsichtigten Form der Datenverarbeitung zustimmen. Schon bei der Erhebung der Daten durch eine öffentliche Stelle des Bundes muß der Bürger über die dafür vorhandene Rechtsvorschrift, sonst über die Freiwilligkeit seiner Angaben (§ 9) informiert werden.

Personen oder Unternehmen, die in der Wirtschaft personenbezogene Daten für eigene Zwecke verarbeiten, dürfen diese z.B. nur im Rahmen der Zweckbestimmung eines Vertragsverhältnisses oder vertragsähnlichen Vertrauensverhältnisses mit dem Betroffenen speichern oder wenn es am berechtigten Interesse liegt und kein Grund zu der Annahme besteht, daß dadurch schutzwürdige Belange des Betroffenen beeinträchtigt werden. Auch dazu enthält das Gesetz Vorschriften über die Zulässigkeit, Daten zu übermitteln, zu verändern und zu löschen.

Die datenverarbeitenden Stellen sind außerdem verpflichtet, die Daten zu sichern, durch technische und organisatorische Maßnahmen (§ 6).

Datenschutz in den Massenmedien

Personenbezogene Daten, die von Unternehmen oder Hilfsunternehmen der Presse, des Rundfunks oder des Films ausschließlich zu eigenen publizistischen Zwecken verarbeitet werden, erfaßt das Gesetz nicht (§ 1 Abs. 3). Den Schutz dieser Daten sollen die dafür zu schaffenden Gesetze sicherstellen.

Ergänzende Regelungen

Schließlich enthält das Gesetz Straf- und Bußgeldvorschriften: Ein Jahr Freiheitsstrafe oder Geldstrafe drohen z.B. demjenigen, der unbefugt geschützte personenbezogene Daten übermittelt, verändert, abruft oder sich aus in Behältnissen verschlossene Dateien verschafft. Die Tat wird nur auf Antrag des Betroffenen verfolgt. Die Verletzung bestimmter Verfahrensvorschriften kann als Ordnungswidrigkeit mit einer Geldbuße bis zu 50000 DM geahndet werden.

Besondere Rechtsvorschriften des Bundes für in Dateien gespeicherte personenbezogene Daten haben Vorrang vor denen des Bundesdatenschutzgesetzes (§ 45). Es hat mithin eine Auffangfunktion in den Fällen, in denen der Datenschutz nicht in einem anderen Gesetz bereits geregelt ist.

Die meisten Regelungen des Gesetzes treten am 1. Januar 1978 in Kraft. Der Bundesbeauftragte für den Datenschutz und die betrieblichen Beauftragten müssen bereits zum 1. Juli 1977 bestellt werden. Die Verpflichtung der datenverarbeitenden Stellen, technische und organisatorische Datensicherungsmaßnahmen durchzuführen, wird am 1. Januar 1979 nach einer Übergangszeit wirksam.

Information

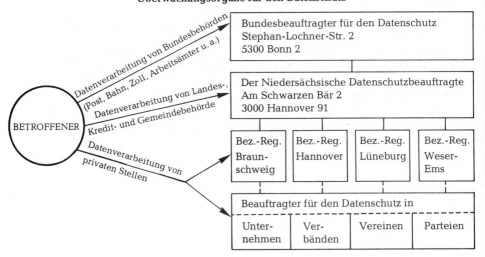

Überwachungsorgane für den Datenschutz

Folie 5

Die „Zehn Gebote des Datenschutzes"

Maßnahmen, die

- Unbefugten den **Zugang zu DV-Anlagen** verwehren *Zugangskontrolle*
  (z. B. Closed-Shop, Zutrittsberechtigung)

- bei der Verarbeitung tätige Personen hindern, **Datenträger** unbefugt zu **entfernen** *Abgangskontrolle*
  (z. B. Datenträger-Archivierung, Aufbewahrung und Zugriffsberechtigung)

- die unbefugte **Eingabe**, die **Kenntnisnahme, Veränderung** und **Löschung** gespeicherter Daten verhindern *Speicherkontrolle*
  (z. B. Sicherung von Datenstationen, Berechtigungsprüfungen)

- die **Benutzung von DV-Systemen** durch unbefugte Personen verhindern *Benutzerkontrolle*
  (z. B. Personalauswahl, Ausweisleser)

- gewährleisten, daß ausschließlich auf die der **Zugriffsberechtigung** unterliegende Daten zugegriffen wird *Zugriffskontrolle*
  (z. B. Betriebs- und Datenbanksysteme, Protokollierung)

- gewährleisten, daß überprüft und festgestellt werden kann, **an welche Stellen** Daten übermittelt werden können *Übermittlungskontrolle*
  (z. B. Funktionstrennung, Programm- und Datensicherung)

- gewährleisten, daß überprüft und festgehalten wird, **welche Daten zu welcher Zeit von wem** in DV-Systeme eingegeben worden sind *Eingabekontrolle*
  (z. B. Protokollierung, Programm- und Datenarchivierung)

- gewährleisten, daß im Auftrag verarbeitete Daten nur entsprechend den **Weisungen des Auftraggebers** verarbeitet werden *Auftragskontrolle*
  (z. B. Arbeitsvorbereitung, Verschluß von Programmen und Dateien)

- gewährleisten, daß bei der **Übermittlung** von Daten sowie beim **Transport von Datenträgern** diese nicht gelesen, verändert oder gelöscht werden *Transportkontrolle*
  (z. B. Verschlüsselung, abschließbare Transportbehälter)

- die **innerbehördliche** oder **innerbetriebliche Organisation** gemäß den besonderen Anforderungen des Datenschutzes gestalten *Organisationskontrolle*
  (z. B. Personalüberwachung, Funktionstrennung)

(Quelle: Materialien aus Lehrerfortbildungskursen des NLI, Hildesheim.)

Thema: Wahl der Unternehmensform als Entscheidungsprozeß
   a) Entscheidungskriterien für die Wahl der Unternehmensform

Lernziele:

Der Schüler soll

– die Chancen und Risiken einer selbständigen Tätigkeit kennen,
– rechtliche und betriebswirtschaftliche Aspekte als Entscheidungskriterien für die Wahl der Unternehmensform nennen können,
– die Begriffe „Geschäftsführung und Vertretung" unterscheiden können,
– als weitere Entscheidungskriterien die Bereiche Besteuerung, Finanzierung und Gewinn- und Verlustbeteiligung erklären können.

1. Lernschritt:

Motivationsphase: L verteilt Situationsaufgabe zur Wahl der Unternehmensform und fordert Sch zur Bearbeitung der Fragen auf.

2. Lernschritt:

Erarbeitungsphase: 1. Schritt: L und Sch erarbeiten die Veränderungen im Leben des Buchdruckers Binder (Tafelbild 1).
2. Schritt: Sch und L diskutieren und erarbeiten gemeinsam die Risiken der selbständigen Tätigkeit (Tafelbild 2a).
3. Schritt: Sch und L erarbeiten gemeinsam die begehrenswerten Chancen der unternehmerischen Selbständigkeit (Tafelbild 2b).
4. Schritt: L erläutert anhand von Tafelbild 3, nach welchen rechtlichen und betriebswirtschaftlichen Aspekten eine Wahl der Unternehmensform erfolgen kann.

3. Lernschritt:

Vertiefungsphase: 1. Schritt: Sch und L erarbeiten gemeinsam die unterschiedlichen Formen der Haftung (Tafelbild 4).
2. Schritt: Sch und L klären anhand Folie 1 die Begriffe „Vertretung" und „Geschäftsführung".
3. Schritt: L und Sch besprechen die Einflußfaktoren Besteuerung, Finanzierung und Gewinn- und Verlustbeteiligung (Tafelbild 5).
4. Schritt: L legt Folie 2 (Übersicht der Unternehmensformen) auf (zugleich Informationsblatt für Sch) und bespricht mit Sch die alternativen Unternehmensformen für Buchdrucker Binder.

4. Lernschritt:

Anwendungsphase und Lernzielkontrolle: L verteilt Arbeitsaufgaben und fordert Sch zur Bearbeitung in Gruppenarbeit auf. Anschließende gemeinsame Besprechung der Fragen.

Situationsaufgabe:

Der Buchdrucker Walter Binder hat aus einem Bausparvertrag 100 000,— DM zur Verfügung. Angesichts der steigenden Studentenzahlen an der Göttinger Universität ist ein größerer Absatz von Druckerzeugnissen (Diplomarbeiten, Dissertationen u. a.) zu erwarten. Binder entschließt sich zur Aufgabe seiner bisherigen Tätigkeit, um selbständig zu werden.

Arbeitsaufgaben:

1. Welche Grundvoraussetzungen sind zur unternehmerischen Selbständigkeit erforderlich?
2. Welche Chancen und Risiken geht der Buchdrucker Binder ein?
3. Welche rechtlichen und betriebswirtschaftlichen Aspekte wird Binder bei der Wahl der Unternehmensform berücksichtigen müssen?
4. Welche alternativen Unternehmensformen könnten für Binder in Betracht kommen?

Tafelbild 1

Grundvoraussetzungen der selbständigen unternehmerischen Tätigkeit

1. Der Unternehmer muß zum Erreichen des Unternehmenszweckes über ein hinreichendes Kapital verfügen;
2. das Unternehmen ist verpflichtet, für die aus seiner Tätigkeit entstehenden Verbindlichkeiten zu haften.

Tafelbild 2

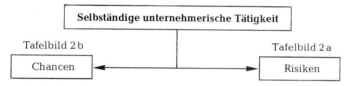

– Unabhängigkeit von fremden Weisungen,
– Entscheidungsfreiheit,
– Gewinnchancen,
– persönliche Erfolgserlebnisse,
u. a.

– Verlustrisiko seines eingesetzten Kapitals bzw. der aufgenommenen Kredite,
– das Risiko, Verluste zu erwirtschaften, woraus sich eine Gefährdung seines Lebensunterhaltes ergäbe,
– das Risiko, unternehmerische Fehlentscheidungen zu treffen, weil er nicht mehr weisungsgebunden ist,
– das Risiko, feste Arbeitszeiten im Rahmen der eigenen Zeiteinteilung zu verlieren.

Tafelbild 3

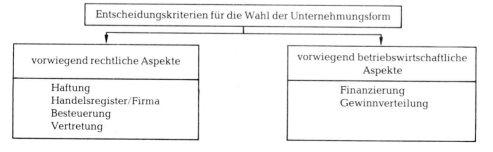

Tafelbild 4

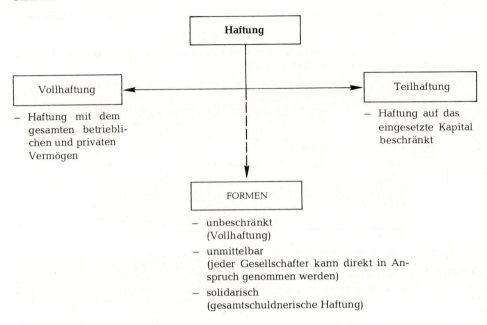

Tafelbild 5

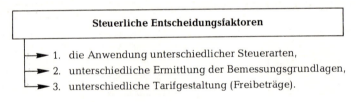

Folie 1

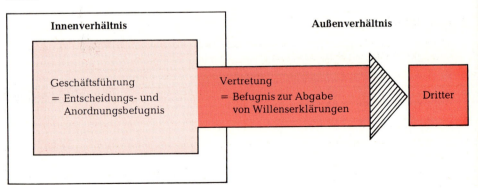

Folie 2 (zugleich Informationsblatt)

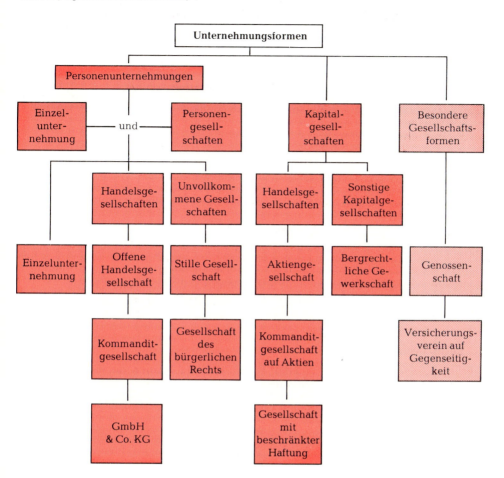

Arbeitsaufgaben:

1. Welche besonderen Chancen und Risiken würden Sie bei einer unternehmerischen Selbständigkeit in Ihrem Beruf eingehen?
2. Welche Firmengrundsätze sind Ihnen bekannt (Wiederholung)?
3. Welche Bedeutung hat das Handelsregister und insbesondere die Eintragung der Firma im HR?
4. Welche Finanzierungsprobleme können bei Gründung eines Unternehmens entstehen?
5. Welchen Einfluß hat die Gewinn- und Verlustverteilung auf die Wahl der Unternehmensform?
6. Welche steuerlichen Gesichtspunkte können die Wahl der Unternehmensform beeinflussen?

Thema: Wahl der Unternehmensform als Entscheidungsprozeß
   b)   Einzelunternehmung/Stille Gesellschaft/BGB-Gesellschaft

Lernziele:

Der Schüler soll

— die obengenannten Unternehmensformen beschreiben können,
— die Entscheidungskriterien analog zu den genannten Unternehmensformen anwenden können,
— die Bedeutung der einzelnen Unternehmensform beurteilen können.

1. Lernschritt:

Motivationsphase: L verteilt Auszug aus der „Wirtschaftswoche" und fordert Sch zur gemeinsamen Bearbeitung der Arbeitsaufgaben auf (Arbeitsblatt 1).

2. Lernschritt:

Erarbeitungsphase: 1. Schritt: L verteilt Arbeitsblatt 2 (leer), zugleich Folie 1 und fordert Sch zur Bearbeitung der Einzelunternehmung auf.
2. Schritt: L und Sch besprechen die Stille Gesellschaft (Arbeitsblatt 2/Folie 1).
3. Schritt: Sch und L erarbeiten die Entscheidungskriterien für die BGB-Gesellschaft (Arbeitsblatt 2/Folie 1).

3. Lernschritt:

Vertiefungsphase: L erklärt anhand Tafelbild 1 die Formen der Stillen Gesellschaft aus Sicht des Einkommensteuergesetzes.

4. Lernschritt:

Anwendungsphase und Lernzielkontrolle: L verteilt Arbeitsaufgaben und fordert Sch zur Bearbeitung in Gruppen auf.

Arbeitsblatt 1

	Einzel-handel	Groß-handel	Indu-strie	Hotel und Gastst.	Trans-port	Han-dels-vertr.	Ver-mittl.	Son-stige	Ge-samt
Welcher war der Hauptgrund für die Eröffnung des neuen Betriebes?									
Selbständigkeit/ Unabhängigkeit	35,6	31,1	40,0	45,1	28,6	37,5	34,2	33,3	37,6
eigene Existenz	9,6	17,2	10,0	15,7	14,3	3,1	4,9	13,7	11,1
Mehrverdienst/ Marktchance	18,3	17,2	18,0	19,6	28,5	18,7	9,7	15,7	17,7
Nebenverdienst	19,1	17,2	16,0	5,9	–	21,9	19,3	5,9	14,5
Interesse am Beruf	2,6	6,9	2,0	3,9	7,2	3,1	2,4	7,8	3,9
Arbeitslosigkeit	5,2	3,5	12,0	2,9	14,3	9,4	7,3	11,8	6,9
sonstige Gründe	9,6	6,9	2,0	6,9	7,1	6,3	12,2	11,8	8,1
	100	100	100	100	100	100	100	100	100
Welche waren die Hauptschwierigkeiten bei der Neugründung?									
Finanzierungs- probleme	18,4	26,9	23,3	18,7	–	13,3	5,3	23,8	19,0
Absatzprobleme	9,2	–	–	–	–	6,7	15,8	4,8	4,4
Belieferungs- probleme	3,5	19,2	6,9	1,3	–	–	–	4,8	4,4
Schwierigkeiten mit Behörden	4,6	7,7	9,3	9,3	11,1	–	–	11,9	7,3
Standort- bzw. Raumprobleme	9,2	7,7	9,3	4,0	–	–	–	7,1	6,4
keine Schwierigkeiten	55,1	38,5	51,2	66,7	88,9	80,0	78,9	47,6	58,5
	100	100	100	100	100	100	100	100	100

Ergebnisse einer Umfrage durch die Industrie- und Handelskammer Koblenz. Angaben in Prozent, bezogen auf die abgegebenen Antworten.

(Aus: Wirtschaftswoche, 15.04.1977, S. 19)

1. Welche Gründe werden als Hauptmotive für Betriebsgründungen angesehen?
2. Begründen Sie, warum ein Fünftel ($^1/_5$) der Befragten das zentrale Gründungsproblem in der Finanzierung sehen!
3. Suchen Sie nach Gründen, warum Standortprobleme in den Branchen unterschiedliches Gewicht haben!

Arbeitsblatt 2 (zugleich Folie 1)

Entscheidungskriterien für die Wahl der Unternehmensform

Entscheidungs-kriterien / Unternehmensformen	Gründung	Handels-register/Firma	Haftung	Finanzierung	Besteuerung	Vertretung/Geschäfts-führung	Gewinn- und Verlust-verteilung
Einzel-unternehmung	eine einzelne Person gründet bzw. leitet das Unternehmen	als Vollkaufmann Eintragung im HR erforderlich/Firmengrund-sätze u. ausgeschriebener Vorname erforderl. Firmenzusatz freiwillig	Einzelunter-nehmer haftet als Vollhafter Beachte: Möglichkeit der Gütertrennung	– Übertragung von Privat-vermögen – Selbst-finanzierung aus dem Gewinn	– Einkünfte aus Gewerbe-betrieb – Gewerbe-steuer als Realsteuer	allein zur Geschäftsführung und Vertretung berechtigt	Gewinn und Verluste werden vom Unter-nehmer allein übernommen
Stille Gesellschaft	Beteiligung an einem Unter-nehmen, ohne nach außen in Erscheinung zu treten	keine Eintragung des stillen Gesellschafters/keine Firmen-änderung	der „Stille" haftet nur mit seiner Einlage	breitere Finanzierungs-basis	– typische: Einkünfte aus Kapitalvermögen – atypische: Einkünfte aus Gewerbe-betrieb/Gewerbe-besteuerung	der „Stille" ist ausgeschlossen	am Gewinn und Verlust beteiligt
BGB-Gesellschaft (Gelegenheits-gesellschaft)	Vertrag zwischen Kaufleuten und Nichtkaufleuten zum Zwecke der Geschäfts-durchführung	keine HR-Eintragung / Firma entfällt	Gesellschafter haften unbeschränkt, persönlich, gesamt-schuldnerisch	Sach- u. Bareinlagen als gemeinsames Kapital	– einkommen-steuerlich: Einkünfte aus Gewerbe-betrieb – umsatz-steuerlich: verschiedene Unternehmen	gemeinsame Vertretungs-befugnis / Alleinvertre-tung möglich	vertragliche Regelung Beachte: „Auseinander-setzungsgut-haben" bei Auflösung

Tafelbild 1

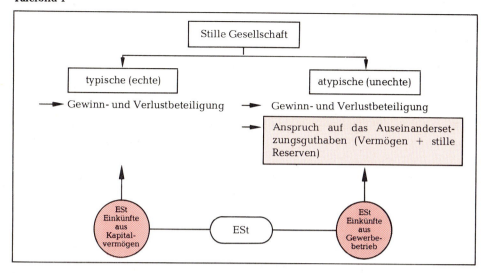

Arbeitsaufgaben:

1. Ist die stille Gesellschaft nur bei der Einzelunternehmung denkbar?
2. Stellen Sie die Unterschiede zwischen einem Darlehensvertrag und einer stillen Gesellschaft zusammen!
3. Welche steuerliche Bedeutung hat die stille Gesellschaft?
4. Welche Haftungseinschränkungen sind bei der Einzelunternehmung möglich?
5. Was ist unter dem „Auseinandersetzungsguthaben" bei der BGB-Gesellschaft zu verstehen?
6. Beschreiben Sie die Besteuerung bei der Einzelunternehmung und der BGB-Gesellschaft!
7. In welchen Fällen würden Sie die „Stille Gesellschaft" und die „BGB-Gesellschaft" als Unternehmensform vorschlagen?

Thema: Wahl der Unternehmensform als Entscheidungsprozeß
      c) Offene Handelsgesellschaft (OHG) und Kommanditgesellschaft (KG) als typische Personengesellschaft

Lernziele:

Der Schüler soll

– die typischen Personengesellschaften beschreiben können,
– die Entscheidungskriterien bei den Personengesellschaften anwenden können,
– die Gewinnverteilung an einem exemplarischen Beispiel durchführen können,
– Pflichten und Rechte der Gesellschafter beschreiben können,
– steuerliche Gesichtspunkte der Personengesellschaften erläutern können.

1. Lernschritt:

Motivationsphase: L verteilt Gesellschaftsverträge (Arbeitsblatt 1) und fordert Sch zum Lesen und Besprechen auf.

2. Lernschritt:

Erarbeitungsphase: 1. Schritt: L fordert Sch zur Bearbeitung der OHG auf (Fortsetzung des Arbeitsblattes aus der vorherigen Unterrichtseinheit, Folie 1 / Arbeitsblatt 2).

2. Schritt: Sch und L erarbeiten die Entscheidungskriterien der KG (Arbeitsblatt 2 / Folie 1).

3. Lernschritt:

Vertiefungsphase: 1. Schritt: L und Sch führen die Gewinnverteilung an einem Beispiel für die OHG durch (Folie 2 zugleich Arbeitsblatt 3).

2. Schritt: Sch und L führen die Gewinnverteilung bei der KG an einem exemplarischen Beispiel durch (Folie 3 zugleich Arbeitsblatt 4).

3. Schritt: L und Sch erarbeiten anhand HGB die Pflichten und Rechte der Gesellschafter bei der OHG (Tafelbild 1).

4. Schritt: Sch und L erarbeiten anhand HGB die Pflichten und Rechte der Gesellschafter bei der KG (Tafelbild 2).

5. Schritt: L erklärt die steuerlichen Gesichtspunkte der Personengesellschaften (Folie 3 zugleich Arbeitsblatt 4).

6. Schritt: L und Sch erarbeiten anhand Folie 4 / Informationsblatt 1 die Einschränkung des steuerlich wirksamen „Negativen Kapitalkontos".

4. Lernschritt:

Anwendungsphase und Lernzielkontrolle: L verteilt Übungsaufgaben / Fälle und fordert Sch zur Bearbeitung in Partner- und Gruppenarbeit auf.

Arbeitsblatt 1

a)

Gesellschaftsvertrag (verkürztes Muster)

1. Die Gesellschafter:
   Richard Meister, Dipl.-Kaufmann, geb. 1.3.1928, Hauptweg 3, 3400 Göttingen,
   Franz Holler, Dipl.-Ingenieur, geb. 6.10.1930, Grabenstraße 52, Northeim.
2. Geschäftsbeginn: 1. Februar 1980.
   Gegenstand des Unternehmens: Herstellung von Karton.
3. Die Firma lautet:
   Richard Meister und Co., Baseler Straße 200, 3400 Göttingen, und wird am 2. Feb. 1980 im Handelsregister eingetragen.
4. Vertragspflichten:
   a) Einlage: A) 50 000,— DM in bar; unbebautes Grundstück im Werte von 100 000,— DM;
   B) Gebäude im Werte von 100 000,— DM sowie ein Lkw im Werte von 120 000,— DM.
   b) Haftung: nach dem Gesetz.
   c) Mitarbeit: Jeder Gesellschafter ist zur persönlichen Mitarbeit verpflichtet.
   d) Treuepflicht: Die Gesellschafter müssen sich so verhalten, daß der Firma kein Schaden erwächst.
5. Vertragsrechte:
   a) Gewinn: Jedem Gesellschafter stehen 4% der Einlage zu; der Rest wird nach Köpfen verteilt.
   b) Auflösungserlös: Wird die OHG aufgelöst, steht jedem je nach Einlage ein Erlös zu.
   c) Büchereinsicht: Jeder Gesellschafter darf Geschäftsbücher aller Art einsehen.
   d) Privatentnahme: Jährlich höchstens 5 000,— DM.
   e) A und B obliegt die Vertretung und Geschäftsführung für alle Bereiche.
   f) Wichtige Beschlüsse (Prokuraerteilung, Vertragsänderung) müssen einstimmig gefaßt werden.
   g) Nach Einhaltung einer Kündigungsfrist von 6 Monaten kann jeder Gesellschafter ausscheiden.

3400 Göttingen, den 20. Januar 1980

gez. Meister   gez. Holler   gez. Slevogt
                                    Notar

b)

Gesellschaftsvertrag

Zwischen

1. Herrn Fritz Meier, bisher Prokurist,
   wohnhaft Bamberger Straße 99, 3410 Northeim
   und
2. Herrn Herbert Kunze, Pensionär,
   wohnhaft Goethestraße 6, 3410 Northeim

wird folgender Gesellschaftsvertrag abgeschlossen:

I. Allgemeine Angaben
   1. Herr Meier tritt als Vollhafter, Herr Kunze als Teilhafter in die Gesellschaft ein.
   2. Die Firma lautet: Fritz Meier KG.
   3. Sitz der Firma ist Rotestraße 1, 3410 Northeim.
   4. Die Firma eröffnet ihren Betrieb am 1. Januar 1981.
   5. Gegenstand des Betriebs: Weingroßhandlung.

II. Pflichten der Gesellschafter
   1. Der Vollhafter bringt folgendes Vermögen ein:
      a) Barmittel: 21 000,— DM
      b) Lagerhalle: 70 000,— DM
      c) Einrichtungen: 28 000,— DM
   2. Der Teilhafter bringt folgendes Vermögen ein:
      a) Barmittel: 27 000,— DM
      b) Personenkraftwagen: 3 000,— DM
      Die Vermögensteile sind bis 1. Januar 1981 bereitzustellen.
   3. Die Haftung des Komplementärs erstreckt sich neben dem Geschäftsvermögen auf ein Privatvermögen, gegenwärtig in Höhe von 10 000,— DM.
   4. Der Teilhafter ist zur Mitarbeit im Betrieb nicht verpflichtet.
   5. Für den Teilhafter besteht nicht die Pflicht zur Beachtung des Wettbewerbsverbots.

III. Rechte der Gesellschafter
   1. Gewinnverteilung: Jeder Gesellschafter erhält 4 % seiner Einlage.
      Der verbleibende Rest des Jahresgewinnes wird im Verhältnis
         4 Teile für den Vollhafter
         1 Teil für den Teilhafter
      verteilt.
   2. Der Vollhafter ist zur Privatentnahme bis zu 6 000,— DM jährlich berechtigt. Der Teilhafter kann Barmittel bis zur Höhe seines letztjährigen Gewinns entnehmen.
   3. Der Teilhafter kann jährlich die Abschrift der Bilanz verlangen und in die Bücher einsehen.
   4. Dem Komplementär stehen Geschäftsführung und Vertretung alleine zu.
   5. Bei Vornahme ungewöhnlicher Geschäfte, insbesondere bei Aufnahme neuer Gesellschafter, bedarf es der Zustimmung des Teilhafters.
   6. Nach Einhaltung einer Kündigungsfrist von 6 Monaten kann jeder Gesellschafter ausscheiden.
   7. Bei Auflösung der Firma steht den Gesellschaftern im Verhältnis ihrer Einlage ein Veräußerungserlös zu.

Northeim, 11. November 1980   Der Komplementär: gez. Fritz Meier
                               Der Kommanditist: gez. Herbert Kunze
                               Der Notar: Martin Meiners

Aufgaben:

1. Lesen Sie die vorliegenden Gesellschaftsverträge!
2. Arbeiten Sie die Vor- und Nachteile für die Gesellschafter heraus!

Arbeitsblatt 2 (zugleich Folie 1)

Entscheidungskriterien für die Wahl der Unternehmensform

Unternehmensformen \ Entscheidungskriterien	Gründung	Handelsregister/Firma	Haftung	Finanzierung	Besteuerung	Vertretung/Geschäftsführung	Gewinn- und Verlustverteilung
Einzelunternehmung	eine einzelne Person gründet bzw. leitet das Unternehmen	als Vollkaufmann Eintragung im HR erforderlich/ Firmengrundsätze u. ausgeschriebener Vorname erforderl. Firmenzusatz freiwillig	Einzelunternehmer haftet als Vollhafter Beachte: Möglichkeit der Gütertrennung	– Übertragung von Privatvermögen – Selbstfinanzierung aus dem Gewinn	– Einkünfte aus Gewerbebetrieb – Gewerbesteuer als Realsteuer	allein zur Geschäftsführung und Vertretung berechtigt	Gewinn und Verluste werden vom Unternehmer allein übernommen
Stille Gesellschaft	Beteiligung an einem Unternehmen, ohne nach außen in Erscheinung zu treten	keine Eintragung des stillen Gesellschafters/ keine Firmenänderung	der "Stille" haftet nur mit seiner Einlage	breitere Finanzierungsbasis	– typische: Einkünfte aus Kapitalvermögen – atypische: Einkünfte aus Gewerbebetrieb/ Gewerbebesteuerung	der "Stille" ist ausgeschlossen	am Gewinn und Verlust beteiligt
BGB-Gesellschaft (Gelegenheitsgesellschaft)	Vertrag zwischen Kaufleuten und Nichtkaufleuten zum Zwecke der Geschäftsdurchführung	keine HR-Eintragung/ Firma entfällt	Gesellschafter haften unbeschränkt, persönlich, gesamtschuldnerisch	Sach- u. Bareinlagen als gemeinsames Kapital	– einkommensteuerlich: Einkünfte aus Gewerbebetrieb – umsatzsteuerlich: verschiedene Unternehmen	gemeinsame Vertretungsbefugnis/ Alleinvertretung möglich	vertragliche Regelung Beachte: "Auseinandersetzungsguthaben" bei Auflösung
OHG (Offene Handelsgesellschaft)	Mindestens zwei Gesellschafter (Gesellschaftervertrag)	Eintragung erforderlich Firma: Gesellschaftername/n Gesellschaftsverhältnis als Zusatz	Gesellschafter haften als Vollhafter	alle Gesellschafter bringen Sach- oder Bareinlagen ein	Einkünfte aus Gewerbebetrieb "einheitlich und gesonderte Feststellung von Einkünften"	Grundsätzlich kann sie von jedem Gesellschafter ausgeübt werden	Gewinn: 4 % des Kapitalanteils, Rest nach Köpfen Verlust: nach Köpfen
KG (Kommanditgesellschaft)	Mindestens zwei Gesellschafter (Gesellschaftervertrag)	Eintragung erforderlich Firma: wenigstens der Name eines Vollhafters Gesellschafts...	Komplementäre: unbeschränkt Kommanditisten: nur mit ihrer Einlage	Einlage wird gemäß vertraglicher Vereinbarung geleistet	Einkünfte aus Gewerbebetrieb "Verlustzuweisung" Beachte jedoch: § 15a EStG	Kommanditisten sind ausgeschlossen Kontrollrecht Mitsprache bei außergewöhnlichen Geschäften	Gewinn: wie bei OHG, Restgewinn jedoch in angemessenem Verhältnis Verlust nach Köpfen

Folie 2 (zugleich **Arbeitsblatt 3**)

Gesellschafter der Kunz OHG sind mit folgenden Kapitalanteilen zum Beginn des Wirtschaftsjahres (01.01.–31.12.) an der OHG beteiligt:

Hermann Kunz	100 000,— DM,
Walter Meier	80 000,— DM.

Die Entnahmen betrugen:

Hermann Kunz	30 000,— DM
Walter Meier	20 000,— DM.

Die Gesellschaft erwirtschaftete einen Gewinn von 127 000,— DM. Es ist gesetzliche Gewinnverteilung vereinbart.

Gesellschafter Meier leistete zum 30.12. des Wirtschaftsjahres eine Kapitaleinlage von 10 000,— DM.

Gewinnverteilungstabelle (Beträge in DM)

Gesellschafter	Kapital zum 01.01....	4 % Zinsen	Restgewinn	Gewinnanteil	Privatentnahmen	Kapitaleinlagen	Kapital zum 31.12.
	1	2	3	4 = 2 + 3	5	6	7
Kunz	100 000,—	4 000,—	60 000,—	64 000,—	30 000,—	–	134 000,—
Meier	80 000,—	3 200,—	60 000,—	63 200,—	20 000,—	10 000,—	133 200,—
		7 200,—	120 000,—	127 200,—			

Rechenweg Kapital zum 01.01....
  + Gewinnanteil (= Zinsanteil + Restgewinn)
  − Privatentnahme
  + Privateinlage
  = Kapital zum 31.12....

Folie 3 (zugleich **Arbeitsblatt 4**)

Gesellschafter der Hans Knoll KG sind
- Hans Knoll, Komplementär, voll erbrachte Kapitaleinlage 200 000,— DM,
- Kurt Klaus, Kammanditist, voll erbrachte Kapitaleinlage 100 000,— DM.

Vertragliche Gewinnverteilung:
a) der Komplementär erhält vor einer Gewinnverteilung aus dem Jahresgewinn für seine Arbeitsleistung einen Betrag von 30 000,— DM;
b) dann werden die Kapitaleinlagen mit 4 % verzinst;
c) der Restgewinn ist im Verhältnis der Kapitaleinlagen zu verteilen.

Gewinn des Wirtschaftsjahres 222 000,— DM.

Der Komplementär hat zum 30.12. 20 000,— DM aus dem Betriebsvermögen entnommen.

Gewinnverteilungstabelle

Gesellschafter	Kapital 01.01....	Vorwegvergütung	Zinsen 4 %	Verteilungsschlüssel	Restgewinn	Gesamtgewinn	Privatentnahme	Kapitaleinlage	Kapital 31.12...
	(DM)	(DM)	(DM)		(DM)	(DM)	(DM)		(DM)
	1	2	3	4	5	6 = 2 + 3 + 5	7	8	9
Hans Knoll	200 000,—	30 000,—	8 000,—	2	120 000,—	158 000,—	20 000,—	–	338 000,—
Kurt Klaus	100 000,—	–	4 000,—	1	60 000,—	64 000,—	–	–	100 000,—
		30 000,—	12 000,—		180 000,—	222 000,—			

Rechenweg Komplementär	**Kommanditist**
Kapital 01.01...	Kapital 01.01. = Kapital 31.12.
+ Gewinnanteil: Vorwegvergütung	Gewinn = Zinsanteil + Restgewinn
+ Zinsanteil	
+ Restgewinn	
+ Privateinlage	
− Privatentnahme	
= Kapital zum 31.12....	

Tafelbild 1

Offene Handelsgesellschaft

Rechte der Gesellschafter

- Recht auf Geschäftsführung
- Recht auf Büchereinsicht, das gilt auch für Gesellschafter, die von der Geschäftsführung ausgeschlossen sind.
- Widerspruchsrecht
  Dieses hat allerdings nur jeder geschäftsführende Gesellschafter, nicht der, der von der Geschäftsführung ausgeschlossen ist.
- Recht auf Gewinnanteil
  Dieser beträgt 4 % der Kapitalanteile, der Rest ist nach Köpfen zu teilen (HGB). Die Verlustverteilung richtet sich ebenfalls nach den Bestimmungen des HGB (nach Köpfen) oder nach Vertrag.
- Recht auf Privatentnahme
  Es bestimmt, daß jeder Gesellschafter 4 % seines zu Beginn des Geschäftsjahres vorhandenen Kapitalanteils entnehmen kann.
- Recht auf Kündigung
  ist entweder vertraglich geregelt oder, falls die Gesellschaft für unbestimmte Zeit gegründet worden ist, kann mit einer Frist von 6 Monaten zum Schluß des Geschäftsjahres gekündigt werden.

Pflichten der Gesellschafter

- Kapitaleinlage gemäß vertraglicher Vereinbarung
  Die OHG kennt kein festes Kapital und keine Mindesteinlage.
- Geschäftsführung
  Grundsätzlich kann sie von jedem Gesellschafter ausgeübt werden. Laut Vertrag kann sie jedoch einem oder mehreren Gesellschaftern übertragen werden.
- Wettbewerbsverbot
  Kein Gesellschafter darf sich an einer gleichartigen Handelsgesellschaft als persönlich haftender Gesellschafter beteiligen oder für fremde oder eigene Rechnung im Handelszweig der Gesellschaft Geschäfte tätigen.

Tafelbild 2

Kommanditgesellschaft

Rechte der Gesellschafter

1. Komplementäre wie bei der OHG
2. Kommanditisten
   - Mitteilung der Jahresbilanz, jedoch kein Anspruch auf jederzeitige Einsichtnahme in die Bücher.
   - Bedingtes Widerspruchsrecht. Es bedeutet, daß der Kommanditist nur bei außergewöhnlichen Geschäftsführungsmaßnahmen widersprechen kann. Ansonsten steht ihm ein Widerspruchsrecht nicht zu.
   - Gewinnanteil
     Regelung wie bei der OHG (jedoch angemessenes Verhältnis).
   - Kündigung
     Sie ist, falls im Vertrag nichts anderes vereinbart ist, 6 Monate vor Geschäftsjahresschluß zum Geschäftsjahresende möglich.

Pflichten der Gesellschafter

1. Komplementäre wie bei der OHG
2. Kommanditisten
   - Einlage
     Sie ist in der vertraglich vereinbarten Höhe zu leisten. Veränderungen der Kapitaleinlagen sind dem Handelsregister mitzuteilen.
   - Haftung
     Hier ist zu unterscheiden nach Haftung vor der Eintragung, aber nach Geschäftsbeginn, und nach Haftung nach der Eintragung.
     Vor der Eintragung haften die Kommanditisten wie ein Komplementär, sofern nicht ihre Beteiligung als Kommanditist dem Gläubiger bekannt ist. Nach der Eintragung haftet der Kommanditist bis zur Höhe seiner Einlage unmittelbar; die Haftung ist ausgeschlossen, soweit die Einlage geleistet ist.

Folie 3 (zugleich **Arbeitsblatt 4**)

Steuerliche Gesichtspunkte im Überblick

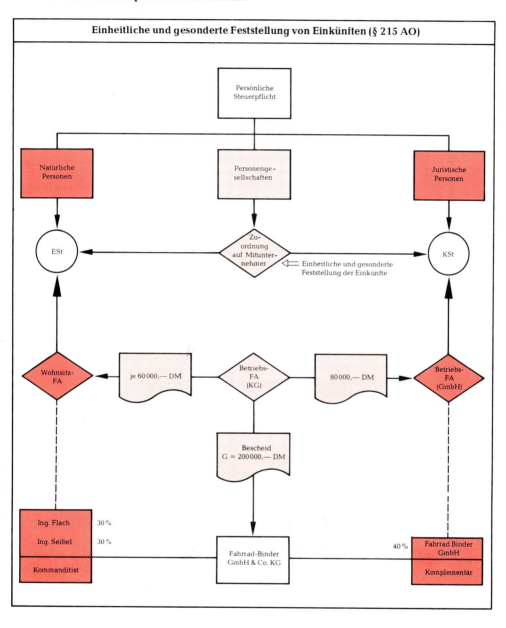

Folie 4 (zugleich **Informationsblatt 1**)

Einschränkung des steuerlich wirksamen „Negativen Kapitalkontos"
Nach dem seit 01.01.1980 neu in das EStG eingefügten § 15a können Verluste bei beschränkt haftenden Unternehmern (z.B. Kommanditisten, atypische stille Beteiligung) nur bis zur Höhe des Haftungsbetrages steuerlich geltend gemacht werden.
Für darüber hinausgehende Verluste ist die Verrechnung mit anderen positiven Einkünften desselben Jahres nicht (mehr) zulässig.
Der Kommanditist darf sie erst mit Gewinnen verrechnen, die in späteren Jahren auf seine Beteiligung entfallen.
Gem. § 15a (3) EStG ist eine **Nachversteuerung** von Verlusten für den Fall vorgesehen, daß durch kurzfristige Eintragung von zusätzlichen Haftsummen Verlustverrechnungsmöglichkeiten in beliebiger Höhe geschaffen werden.
§ 15a EStG führt also nicht zu einem Verbot des „Negativen Kapitalkontos", sondern nur zu einer Beschränkung der steuerlich wirksamen Verlustzuweisungen!

Beispiel:
Ein Arzt habe ein jährliches zu versteuerndes Einkommen aufgrund seiner selbständigen Tätigkeit von 100 000,— DM. Er entschließt sich zu einer einmaligen KG-Einlage in Berlin, die ihm im 1. Jahr 200% Verlustzuweisungen steuerlich zusichert. Es sei ein individueller ESt-Satz von 50% unterstellt (30% Sonder-AfA + 20% degressiv). Im 2. Jahr habe er einen Gewinnanteil von 50 000,— DM.

A	Bilanz		P	S	GuV	H
AV 1 000 000,—		EK	250 000,—	50% AfA 500 000,—	Verl.	500 000,—
		FK	750 000,—			
1 000 000,—			1 000 000,—			

Verlustzuweisung: $\dfrac{\text{Verlust}}{\text{EK}} = \dfrac{500'}{250'} = 2 \;\wedge\; 200\%$

zu versteuerndes Einkommen aus	ohne KG-Bet. 1	mit KG-Beteiligung 1		mit KG-Beteiligung 2 mit Vorj.-Verl.	mit KG-Beteiligung 2 ohne Vorj.-Verl.
			50 000,—		
selbst. Arbeit (3)	100 000,—	100 000,—	200% Verlust	100 000,—	100 000,—
				+ 50 000,—	+ 50 000,—
KG-Beteiligung (2)	—	− 50 000,—		− 50 000,—	
		50 000,—	50 000,— — 50 000,—	100 000,—	150 000,—
− 50% ESt	50 000,—	25 000,—		50 000,—	75 000,—
Eink. n. Steuern	50 000,—	25 000,—		100 000,—	75 000,—
gesparte Steuern		25 000,—		25 000,—	

Hier war die KG-Einlage nach 2 Jahren über die Steuerersparnis finanziert!

Übungsaufgaben zur OHG

1. Erarbeiten Sie aus dem Muster des Gesellschaftsvertrages seine wesentlichen Bestandteile!
2. Stellen Sie die Rechte und Pflichten anhand des Gesellschaftsvertrages stichwortartig zusammen!
3. Warum ist es sinnvoll, den Gesellschaftsvertrag schriftlich zu machen?
4. Unterscheiden Sie Geschäftsführung und Vertretung bei der OHG!

5. Führen Sie betriebswirtschaftliche Gründe an, die die Wahl der OHG als Rechtsform günstig erscheinen lassen!
6. Allgöver, Brandt und Baum betreiben unter der Firmenbezeichnung Allgöver & Brandt OHG einen Elektrogroßhandel. Allgöver hat 150 000,— DM, Brandt 200 000,— DM und Baum 300 000,— DM Kapital eingelegt. Alle arbeiten im Betrieb mit.
Im letzten Geschäftsjahr wurde ein Gewinn von 131 000,— DM erzielt. Im Gesellschaftsvertrag wurde über die Gewinnverteilung nichts vereinbart.
    a) Wieviel DM Gewinn erhält jeder Gesellschafter?
    b) Jeder Gesellschafter könnte als leitender Angestellter rd. 2 000,— DM mtl. verdienen, wenn er seine Arbeitskraft nicht der Gesellschaft widmen würde. Dieser geschätzte Betrag wird als Unternehmerlohn bezeichnet.
    Wieviel Zinsen hat der Kapitaleinsatz jedes Mitunternehmers erbracht (Kapitalrentabilität)?
    c) Ist es aus der Sicht aller Mitunternehmer sinnvoll, den Gewinn allein nach dem Verhältnis der Kapitalanteile zu verteilen oder allein nach Köpfen aufzuteilen?
    d) Reicht die Berücksichtigung dieser beiden Aspekte für eine sinnvolle Gewinnverteilung aus (Haftung beachten)?
7. An der Braun OHG sind 3 Gesellschafter beteiligt. Der Gewinn für den VZ 80 beläuft sich auf 415 872 DM.

Kapital A	266 400,— DM	Entnahmen	01.04.:	20 000,—	01.10.: 10 000,—
Kapital B	133 200,— DM	Entnahmen	01.04.:	12 000,—	01.10.: 20 000,—
Kapital C	88 800,— DM	Entnahmen	01.04.:	8 000,—	01.10.: 10 000,—

Im Vertrag ist folgendes vereinbart: Von dem Gewinn erhalten A und B vorweg je 25 000,— DM für Dienste in der Gesellschaft. Die Verzinsung des Kapitals beträgt 8 % p.a. Die Entnahmen dürfen jeweils zum 01.04. und 01.10. erfolgen und werden bei der Verzinsung berücksichtigt.
Der Restgewinn ist im Verhältnis der Kapitalanteile per 01.01.80 zu verteilen. Wie hoch sind die Kapitalkonten der Gesellschafter am 31.12.80?

Übungsaufgaben zur KG

1. Erarbeiten Sie aus dem Muster des Gesellschaftsvertrages seine wesentlichen Bestandteile!
2. Stellen Sie die Rechte und Pflichten anhand des Gesellschaftsvertrages stichwortartig zusammen!
3. Führen Sie betriebswirtschaftliche Gründe an, die die Wahl der KG günstig erscheinen lassen!
4. Welche Vorteile haben sich die Kommanditisten im folgenden Beispiel erhofft, und welches Risiko sind sie eingegangen?

Kripo forscht nach Verbleib von 48 Millionen

Abschreibungs-Skandal?

Frankfurt (vwd). Die Staatsanwaltschaft in Darmstadt und die Abteilung für Wirtschaftskriminalität im hessischen Landeskriminalamt in Wiesbaden forschen gegenwärtig nach dem Verbleib von Millionenbeträgen, die Kommanditisten der Offenbacher Ärzteabschreibungsgesellschaft „Promedicis – Gesellschaft für Vermögensbildung deutscher Ärzte und Zahnärzte mbH" aufgebracht haben.

Dem Vernehmen nach liegen bei der Staatsanwaltschaft in Darmstadt inzwischen 100 bis 200 Anzeigen von Kommanditisten vor, die sich geschädigt fühlen. Die Rede ist von einem Betrag in Höhe von insgesamt knapp 48 Mill. DM, der im Zusammenhang mit den Spanien-Engagements der Promedicis „abhanden" gekommen sein soll.

Bei den Spanien-Engagements der Promedicis handelt es sich um die Beteiligungs-KG mit dem 16-Mill.-DM-Hotel „Palma Sol" in Torremolinos und den Golfpark „Del Sol" in der Nähe dieser spanischen Touristen-Metropole, wo fünf Hotels mit einem vorgesehenen Objektwert von rund 120 Mill. DM bisher nur zum Teil fertiggestellt sind.

(Quelle: Die Zeit)

5. Der Buchhändler Willi Kluge möchte eine Buchhandlung eröffnen. Da er eine sehr schmale Kapitalbasis hat, entschließt er sich zur Aufnahme seiner Freunde Peter Flux (10 000,— DM) und Erwin Suse (5 000,— DM). Kluge bringt 30 000,— DM in das Unternehmen ein. Die drei Partner entschließen sich zur Gründung einer Kommanditgesellschaft.

a) Ist eine Eintragung im Handelsregister erforderlich?
b) Welche Firmennamen wären möglich?
c) Wie haften die Gesellschafter Kluge, Flux und Suse?
d) Was ist unter solidarischer und gesamtschuldnerischer Haftung zu verstehen?
e) Was ist unter Vertretung und Geschäftsführung zu verstehen und wer ist im vorliegenden Fall dazu berechtigt?
f) Welche Rechte und Pflichten haben die Gesellschafter Kluge, Flux und Suse?
g) Im ersten Jahr wird ein Gesamtgewinn von 40 000,— DM erwirtschaftet. Kluge stehen für seine Tätigkeit als Geschäftsführer 25 000,— DM zu. Davon hat er bereits 8 000,— DM entnommen. Im Gesellschaftsvertrag ist die gesetzliche Gewinnverteilung vereinbart. Führen Sie bitte diese durch!

Thema: Wahl der Unternehmungsform als Entscheidungsprozeß
  d) Gesellschaft mit beschränkter Haftung (GmbH) und Aktiengesellschaft (AG) als typische Kapitalgesellschaften

Lernziele:

Der Schüler soll

— die typischen Kapitalgesellschaften und ihre Merkmale beschreiben können,
— die wichtigsten Entscheidungskriterien bei den Kapitalgesellschaften kennen und anwenden können,
— Organe der Kapitalgesellschaft nennen und erklären können,
— steuerliche Gesichtspunkte bei der Aktiengesellschaft (Dividende) im Rahmen der Körperschaftsteuer kennen und berechnen können.

1. Lernschritt:

Motivationsphase: 1. Schritt: L und Sch erarbeiten die Merkmale von Personen- und Kapitalgesellschaften.
2. Schritt: L legt Folie 1 auf und diskutiert mit Sch die Entwicklung der GmbH und AG.

2. Lernschritt:

Erarbeitungsphase: 1. Schritt: L fordert Sch zur Bearbeitung der Entscheidungskriterien bei der GmbH auf (Arbeitsblatt 1/zugleich Folie 2).
2. Schritt: Sch und L erarbeiten die Entscheidungskriterien der AG (Arbeitsblatt 1/zugleich Folie 2).

3. Lernschritt:

Vertiefungsphase: 1. Schritt: L und Sch erarbeiten die Organe der GmbH anhand Tafelbild 2.
2. Schritt: Sch und L erarbeiten die Organe der AG (Folie 3 und 4/zugleich Arbeitsblatt 2).
3. Schritt: L erläutert anhand Tafelbild 3 die Gewinn- und Verlustverteilung der AG.

4. Schritt: L und Sch erarbeiten anhand der Folie 5 (zugleich Arbeitsblatt 3) sowie der Folien 6, 7, und 8 die Eigenschaften der Aktie und den organisatorischen Rahmen der Hauptversammlung.
5. Schritt: L verteilt Informations- und Arbeitsblatt 4 und fordert Sch zum Lesen und gemeinsamer Bearbeitung der Lücken auf (anzurechnende oder zu vergütende Körperschaftsteuer).
6. Schritt: L erläutert anhand Tafelbild 4 die Zusammensetzung der Bruttodividende.

4. Lernschritt:

Anwendungsphase und Lernzielkontrolle: 1. Schritt: L und Sch führen gemeinsam eine Berechnung zur Einkommensteuerabschlußzahlung (Folie 9) durch.
2. Schritt: L verteilt Arbeitsaufgaben an Sch und fordert zur Bearbeitung in Partnerarbeit auf (Aufgabe 4 ggf. als Hausaufgabe).

Tafelbild 1

Merkmale von Personen- und Kapitalgesellschaften

Personengesellschaft	Kapitalgesellschaft
persönliche Haftung	Haftung nur durch das eingesetzte Betriebskapital
Verbindung von Eigentum und Geschäftsführung	Trennung von Eigentum und Geschäftsführung
keine Rechtsfähigkeit	eigene Rechtspersönlichkeit

Als typische Erscheinungsformen der Kapitalgesellschaften gibt es
– die Gesellschaft mit beschränkter Haftung (GmbH) und
– die Aktiengesellschaft (AG).

Folie 1

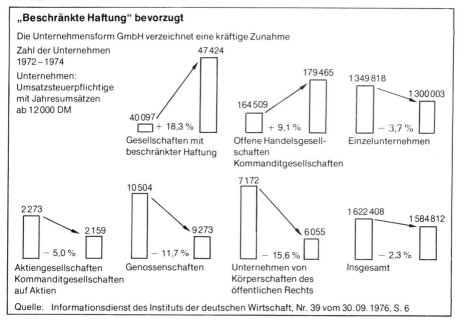

„Beschränkte Haftung" bevorzugt

Die Unternehmensform GmbH verzeichnet eine kräftige Zunahme

Quelle: Informationsdienst des Instituts der deutschen Wirtschaft, Nr. 39 vom 30.09.1976, S. 6

Arbeitsblatt 1 (zugleich **Folie 2**)

Entscheidungskriterien für die Wahl der Unternehmensform (Kapitalgesellschaften)

Entscheidungskriterien / Unternehmensformen	Gründung	Handelsregister/Firma	Haftung	Finanzierung	Besteuerung	Vertretung/Geschäftsführung	Gewinn- und Verlustverteilung
GmbH (Gesellschaft mit beschränkter Haftung)	mindestens eine natürliche oder juristische Person, Mindeststammkapital 50 000,—	Eintragung im HRB erforderlich, Personen- oder Sachfirma mit zwingendem Firmenzusatz „mbH"	Gesellschaftsvermögen haftet nach Eintragung in voller Höhe, Gesellschafter in Höhe der Einlage	Mindesteinlage 50 % des Mindeststammkapitals, Erweiterung des Kapitals durch neue Gesellschafter und Selbstfinanzierung	als juristische Person unterliegt die GmbH der Körperschaftsteuer, außerdem unterliegt sie der Gewerbesteuer	beide Bereiche liegen in den Händen des/der Geschäftsführer, sie werden im Gesellschaftervertrag bestimmt, ab 500 AN Aufsichtsrat	Gewinne im Verhältnis der Einlagen, Verluste zu Lasten der Gesellschaft
AG (Aktiengesellschaft)	mindestens 5 Personen und ein Grundkapital von 100 000,— DM, Bargründung, Sachgründung	als Formkaufmann Eintragung im HRB, Sachfirma mit Zusatz AG	Aktionäre haften mit ihrer Einlage, AG haftet mit ihrem Gesellschaftsvermögen	Mindestnennwert der Aktie 50,— DM, Grundkapital unkündbar, Rücklagenbildung aus Gewinnen	als juristische Person unterliegt die AG der Körperschaftsteuer, Dividenden sind Einkünfte aus Kapitalvermögen, sie unterliegt der Gewerbesteuer	Vorstand ist geschäftsführendes Organ, Aufsichtsrat kontrolliert, Hauptversammlung beschließt	gesetzliche Regelungen bei der Gewinnverteilung, gesetzliche Rücklagen, Ausschüttung als Dividende (vgl. Tafelbild 3)

Tafelbild 2

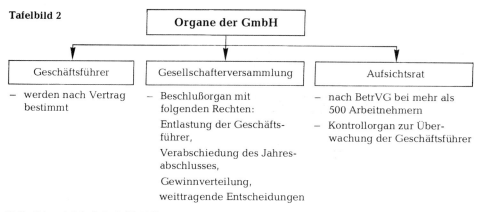

Folie 3 (zugleich **Arbeitsblatt 2**)

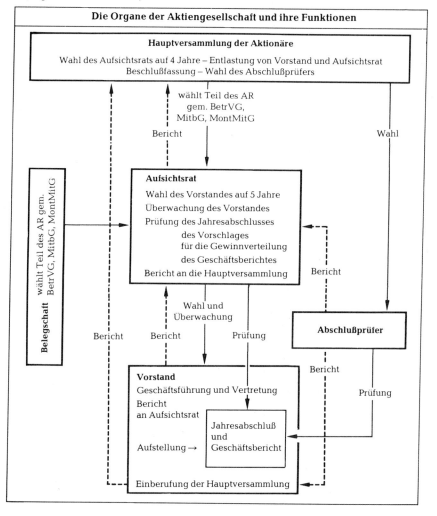

Folie 4

Organe der AG im Überblick

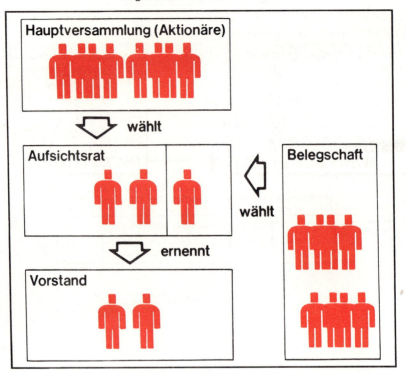

Tafelbild 3

Gewinn- und Verlustverteilung bei der AG

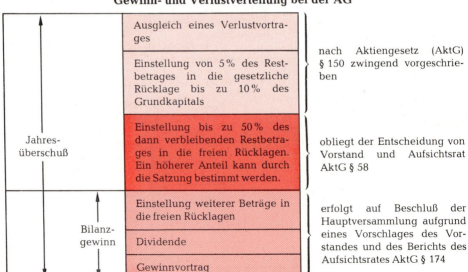

166

Folie 5 (zugleich **Arbeitsblatt 3**)

Die Eigenschaften der Aktie

WERTZUWACHS

AKTIONÄR

UNTERNEHMEN

INVESTITION

GEWINN

DIVIDENDE

Übernahme durch Schüler

Wie jedes Unternehmen, müssen auch die Aktiengesellschaften einmal im Jahr den Wert ihres Vermögens und ihrer Verpflichtungen ermitteln, also Bilanz ziehen. Das Vermögen des Unternehmens bezeichnet man mit „Aktiva". Unter dem Begriff „Passiva" sind die Schulden (Fremdkapital) und das Eigenkapital des Unternehmens zu verstehen. In der Bilanz werden Aktiva und Passiva gegenübergestellt. Übersteigt das Vermögen die Verbindlichkeiten und das Eigenkapital, hat die AG mit Gewinn gearbeitet.

Von diesem Gewinn zahlt sie einen Teil an die Aktionäre aus: die Dividende (aus dem Lat.: das zu Verteilende). Mit dem anderen Teil baut sie neue Fabrikanlagen, kauft Maschinen, betreibt Forschung, damit sie besser, schneller und preiswerter produzieren kann und mehr verdient. Das nennt man investieren. So wächst der Wert des Unternehmens und damit der Wert der Anteilscheine.

Wenn die AG mit Verlust gearbeitet hat, bekommen die Aktionäre keine Dividende. Außerdem kann durch einen Verlust der Wert ihrer Anteilscheine sinken.

Jeder Aktie ist eine Zahl aufgedruckt, der Nennwert. Die Beträge lauten über 50, 100 oder ein Vielfaches von 100 DM. Der Nennwert sagt nichts über den Wert, d.h. den Preis der Aktie. Er gibt nur an, mit welchem Anteil der Aktionär am Grundkapital und am gesamten Vermögen der AG beteiligt ist. Den Preis nennt man Kurs. Er bildet sich an der Börse.

Aktien sind Wertpapiere mit Chancen und Risiken.

Folie 6　　　　　　　　　　**Die Aktie**

Folie 7

Ankündigung einer Hauptversammlung

BASF Aktiengesellschaft
Ludwigshafen am Rhein

Wir berufen hiermit unsere diesjährige

ordentliche Hauptversammlung

ein auf Dienstag, den 7. Juli 1981, 10.00 Uhr im BASF Feierabendhaus, Ludwigshafen am Rhein, Leuschnerstraße 47.

Tagesordnung	
	1. Vorlage des Jahresabschlusses der BASF Aktiengesellschaft und des Konzernabschlusses für 1980, Vorlage des Geschäftsberichts der BASF Aktiengesellschaft und des Konzerngeschäftsberichts für 1980, Vorlage des Berichts des Aufsichtsrats.
	2. Beschlußfassung über die Gewinnverwendung.
	3. Entlastung des Aufsichtsrats.
	4. Entlastung des Vorstands.
	5. Neuwahl des Aufsichtsrats.
	6. Kapitalerhöhung aus Gesellschaftsmitteln.
	7. Satzungsänderungen.
	8. Wahl des Abschlußprüfers für das Geschäftsjahr 1981.

Die vollständige Tagesordnung mit Vorschlägen zur Beschlußfassung ist im Bundesanzeiger Nr. 92 vom 18. Mai 1981 enthalten. Wir bitten, diese Bekanntmachung Einzelheiten über die Tagesordnung und über die Hinterlegung von Aktien zur Teilnahme an der Hauptversammlung zu entnehmen. Letzter Hinterlegungstag ist Donnerstag, der 27. Juni 1981.

Allen Kreditinstituten, die BASF-Aktien verwahren, haben wir die Kurzfassung unseres Geschäftsberichts für das Jahr 1980 mit der Bitte um Weiterleitung an jeden BASF-Aktionär übersandt. Wir bitten diejenigen Aktionäre, die ihre BASF-Aktien durch eine Bank verwahren lassen und von dieser wider Erwarten nicht bis Mitte Juni 1981 den Kurzbericht erhalten haben, ihn bei ihrer Bank anzufordern.

Ludwigshafen am Rhein, den 18. Mai 1981

BASF Aktiengesellschaft
Der Vorstand

Folie 8
Muster einer Eintritts- und Stimmkarte

IHB **INVESTITIONS- UND HANDELS-BANK**
AKTIENGESELLSCHAFT

Eintritts- und Stimmkarte Nr. 0463 •

zu der am Mittwoch, dem 3. Juni 1981, 11.00 Uhr
in Frankfurt, Hotel „Frankfurter Hof", Am Kaiserplatz

stattfindenden
ordentlichen Hauptversammlung

der Aktionäre der
**INVESTITIONS- UND HANDELS-BANK
AKTIENGESELLSCHAFT
FRANKFURT AM MAIN**

für _____ in _____
     (Name)   (Ort)

Stück   Aktien Eigenbesitz
Stück   Aktien Fremdbesitz   über nominal DM 50,—
Stück   Aktien Vollmachtbesitz
        gem. § 129 (2) AktG

_____ , den _____
  (Ort, Datum)

_____
(Hinterlegungsstelle – Unterschrift)

HV 1981	HV 1981	HV 1981	HV 1981	HV 1981	HV 1981	HV 1981	HV 1981
Stimmabschnitt	Stimmabschnitt	Stimmabschnitt	Stimmabschnitt	Stimmabschnitt	Stimmabschnitt	Stimmabschnitt	Stimmabschnitt
1	**2**	**3**	**4**	**5**	**6**	**7**	**8**
Stimmen	Stimmen	Stimmen	Stimmen	Stimmen	Stimmen	Stimmen	Stimmen
IHB	**IHB**	**IHB**	**IHB**	**IHB**	**IHB**	**IHB**	**IHB**
HV 1981	HV 1981	HV 1981	HV 1981	HV 1981	HV 1981	HV 1981	HV 1981
Stimmabschnitt	Stimmabschnitt	Stimmabschnitt	Stimmabschnitt	Stimmabschnitt	Stimmabschnitt	Stimmabschnitt	Stimmabschnitt
9	**10**	**11**	**12**	**13**	**14**	**15**	**16**
Stimmen	Stimmen	Stimmen	Stimmen	Stimmen	Stimmen	Stimmen	Stimmen
IHB	**IHB**	**IHB**	**IHB**	**IHB**	**IHB**	**IHB**	**IHB**

Parkausweis und Gutschein
für Parkhaus
Am Kaiserplatz
Frankfurt
Bethmannstr. 54

IHB

**Präsenzkontrollabschnitt
HV 1981**

zur Stimm-
karte Nr.   0463 •

Bei Rückkehr in die Hauptversammlung erhalten sie die Stimmabschnitte mit der Untervollmacht gegen diesen Abschnitt zurück.

IHB

Untervollmacht
für vorzeitiges oder zeitweises Verlassen der HV zur
Stimmkarte Nr.   0463 •

_____ Stimmen

Hierdurch bevollmächtige ich

_____
in der heutigen HV das Stimmrecht auszuüben.

Frankfurt, den 3. Juni 1981   **IHB**

Informations- und Arbeitsblatt 4

Steuerliche Gesichtspunkte

Anzurechnende oder zu vergütende Körperschaftsteuer

1. Beseitigung der Doppelbelastung

Grundgedanke der Körperschaftsteuerreform war die Beseitigung der steuerlichen Doppelbesteuerung der Aktie: neben der durch das Unternehmen zu tragenden Körperschaftsteuer auf den ausgeschütteten Gewinn mußte nach früherem Recht der Aktionär die Dividende **zusätzlich** seinem individuellen Steuersatz unterwerfen.

Seit dem **01.01.1977** müssen Unternehmen grundsätzlich 36 v.H. Körperschaftsteuer auf den ausgeschütteten Gewinn bezahlen (56 v.H. bei einbehaltenen Gewinnen). Die **Ausschüttungs**belastung erhält der Aktionär allerdings vom Finanzamt erstattet; seine Einnahmen aus Kapitalvermögen erhöhen sich somit um diesen Betrag (vgl. § 20 Abs. 1 Nr. 3 EStG). Gem. § 36 Abs. 2 EStG sind sowohl die Körperschaftsteuer als auch die Kapitalertragsteuer auf die Einkommensteuer des Aktionärs anrechenbar.

2. Berechnung der Dividendengutschrift durch das Unternehmen

Unterstellt man bei einer Aktiengesellschaft einen ausschüttungsfähigen Gewinn vor Steuern von 100 Geldeinheiten, kommt es zu folgender Rechnung:

Gewinn vor Körperschaftsteuerabzug		100
− 36 % Ausschüttungsbelastung (Körperschaftsteuer)	für Schüler	36
Bardividene	Leerraum	64
− 25 % Kapitalertragsteuer		
Dividendengutschrift		48

3. Berechnung der Einnahmen aus Kapitalvermögen des Aktionärs

Für den Aktionär gehört die Dividende zu den Einkünften aus Kapitalvermögen. Gem. § 20 Abs. 1 Nr. 3 EStG ist ebenfalls die Körperschaftsteuer bei den Einnahmen aus Kapitalvermögen anzusetzen; auch die Kapitalertragsteuer erhöht die Einnahmen, da sie keine abzugsfähige Steuer darstellt. Für die Einnahmen aus Kapitalvermögen ergibt sich auf der Grundlage des Ausgangsbeispiels **folgende Rechnung**:

Dividendengutschrift	(75 v.H.)		48	
+ Kapitalertragsteuer				für Schüler
(25 v.H. von 64)	− (25 v.H.)		16	Leerraum
Bardividende	(100 v.H.)		64	
+ Körperschaftsteuer-Guthaben				
(36/64 = 9/16 von 64)			36	= $\frac{9}{16}$ der Bardividende
Bruttodividende				
= Einnahme aus Kapitalvermögen			100	

4. Anrechenbare oder zu vergütende Körperschaftsteuer

Sowohl Körperschaftsteuer als auch Kapitalertragsteuer stellen **Steuerguthaben** dar. Dieses Guthaben des Aktionärs kann
− anrechenbar oder
− zu vergüten sein.

a) Stpfl., die **zur Einkommensteuer veranlagt** werden, erhalten vom depotführenden Kreditinstitut eine **Steuerbescheinigung** über die anrechenbare Körperschaftsteuer (und Kapitalertragsteuer); sie ist Voraussetzung für die Geltendmachung der Steuerbeträge im Veranlagungsverfahren. Unterstellt man, daß für einen veranlagten Stpfl. ein individueller Steuersatz von 40 v. H. gilt, dann ergibt sich bei einem zu versteuernden Einkommen von 100 Geldeinheiten folgende Rechnung:

Zu versteuerndes Einkommen		100
davon 40%	für Schüler	40
− anrechenbare Körperschaftsteuer	Leerraum	36
− anrechenbare Kapitalertragsteuer		16
Erstattungsanspruch		12

b) Anteilseigner, die **nicht zur Einkommensteuer veranlagt werden**, erhalten auf Antrag das Steuerguthaben vergütet. Dies betrifft insbesondere den Personenkreis, dessen zu versteuerndes Einkommen unter den Veranlagungsgrenzen 24 000,— DM/48 000,— DM liegt, mit weniger als 800,— DM anderen Einkünften.
Weist der Stpfl. durch eine **Bescheinigung des zuständigen Finanzamtes** nach, daß er nicht veranlagt wird, kann das Kreditinstitut **Körperschaftsteuer und Kapitalertragsteuer sofort mit der Dividende gutschreiben**.
Für das Ausgangsbeispiel wäre in diesem Fall **folgende Abrechnung** zu erstellen:

Dividendengutschrift		48
+ Körperschaftsteuer	für Schüler	36
+ Kapitalertragsteuer	Leerraum	16
Auszuzahlende Bruttodividende		100

Tafelbild 4

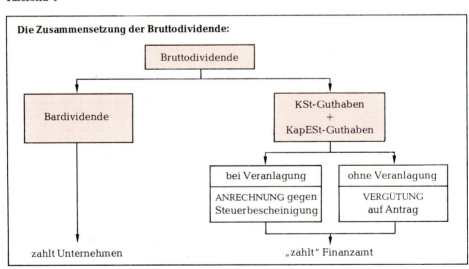

Folie 9

Beispiel: Ein lediger Stpfl. ohne Kinder hat neben Einkünften aus Gewerbebetrieb in Höhe von 50 000 DM 1978 eine Dividendengutschrift über 7 500 DM. Ermitteln Sie a) sein zu versteuerndes Einkommen, b) seine ESt-Nachzahlung.
Er kann 3 225 DM Sonderausgaben geltend machen, Alter 35 Jahre.

Lösung:

Einkünfte aus Gewerbebetrieb			50 000 DM
Einkünfte aus Kapitalvermögen			
Einnahmen (Dividendengutschrift)	7 500 DM		
+ 25 % Kapitalertragsteuer	2 500 DM		
Bardividende	10 000 DM		
+ 9/16 von 10 000 DM Körperschaftsteuer	5 625 DM		
Bruttodividende		15 625 DM	
− Werbungskostenpauschbetrag		100 DM	
− Sparerfreibetrag		300 DM	15 225 DM
Summe = Gesamtbetrag der Einkünfte			65 225 DM
− Sonderausgaben			3 225 DM
Einkommen = zu versteuerndes Einkommen			62 000 DM
ESt lt. Grundtabelle (Tabelle 1978)			23 109 DM
− Kapitalertragsteuer		2 500 DM	
− Körperschaftsteuer		5 625 DM	8 125 DM
Einkommensteuerabschlußzahlung			14 984 DM

Arbeitsaufgaben:

1. Ihnen liegt die Auskunft über die Firma Königliches Brauhaus Kempten AG vor. Beantworten sie dazu folgende Fragen:
   a) Wie hoch ist das Eigenkapital?
   b) Welche Sicherheiten können zur Kreditsicherung herangezogen werden?
   c) Welche in der Auskunft genannten Fakten gehen auf die Tätigkeit der Organe Vorstand, Aufsichtsrat und Hauptversammlung zurück?
   d) Was stellen Sie sich unter dem Begriff „Hauptaktionär" vor?

Info: Auskunft über eine AG

18
Ort:
Z. u. H. Nr.:
Kontroll-Nr.:
Ihr Zeichen:

Datum:
Nr.: BI/
Dch. V. C.:
Mitgl. V. C.:

An

Betr.: Königliches Brauhaus Kempten
Aktiengesellschaft
Elisabethstr. 3-11

8960 Kempten

Rechtsform	AG
Gründung	1.10.1903
Handelsregister	20.10.1903, Ag Kempten, HRB 1210
Grundkapital	DM 1.400.000,--
Rücklagen	gesetzliche DM 140.000,--
	freie DM 1.110.000,--
Hauptaktionär	Holsatia Brauerei AG, 2390 Flensburg, 70%
Vorstand	Friedrich Trocken, Dipl.-Volkswirt, geb. 1.4.1935, ledig, Baseler Str. 10, Kempten
	Jochen Mahler, Braumeister, geb. 2.5.1920, verheiratet, Ravensburger Str. 11, 7992 Tettnang
Aufsichtsrat	Karl Schlachter, Flensburg - Vorsitzender und weitere 2 Mitglieder
Allgemeines	Betrieb einer Brauerei, Herstellung untergäriger Biere
	Bierausstoß jährlich ca. 100.000 hl
Mitarbeiter	19 Angestellte, 68 Arbeiter
Jahresumsatz	1977 DM 11,2 Mio, 1976 DM 10,9 Mio
Aktiva	Bilanz per 31.12.1977
	Anlagevermögen DM 6,2 Mio
	Umlaufvermögen DM 1,1 Mio
Passiva	Grundkapital DM 1,4 Mio
	Rücklagen DM 1,2 Mio
	Rückstellungen DM 1,5 Mio
	Verbindlichkeiten langfristig (mindestens 4 Jahre) DM 3,0 Mio
	andere Verbindlichkeiten DM 0,7 Mio
	Jahresgewinn DM 0,1 Mio
	Bilanzsumme DM 8,0 Mio
Anmerkung	in der Bewertung der Immobilien, bestehend aus Grundstück 15.875 qm, davon 11.000 qm bebaut, erhebliche Reserven
	Dividende für 1977 8%
	im Anlagevermögen enthaltene Beteiligungen:
	Frischgetränke GmbH, 7900 Ulm DM 70.000,-- 100%
	Kemptener Gaststätten GmbH, Kempten DM 20.000,-- 100%
Banken	Kreissparkasse, Kempten
	Bayerische Hypotheken- u. Wechsel-Bank, Kempten
Zahlungsweise	innerhalb vereinbarter Ziele
Kreditfrage	DM 200.000,-- (zweihunderttausend) zulässig

Diese Auskunft ist nur für den Empfänger bestimmt. Für den Inhalt der Auskunft wird jede Haftung für Fahrlässigkeit abgelehnt. Das gilt auch für Erfüllungsgehilfen. **Wer die Auskunft zur Kenntnis nimmt, unterwirft sich damit diesen Bedingungen.**

2. Lesen Sie den folgenden Text und stellen Sie die Funktionen und Tätigkeiten des Aufsichtsrates in einer Übersicht zusammen!

Der Aufsichtsrat – was tut er wirklich?

Von Max Kruk

Der Aufsichtsrat ist nicht nur ein Rat, der Aufsicht führt. Und soweit er die Geschäftsführung überwacht, tut er das nicht nur so, wie sich das Aktiengesetz dies denkt. Es gibt keinen Aufsichtsrat, der zu Prüfungszwecken „die Bücher und Schriften der Gesellschaft" einsähe oder „die Vermögensgegenstände, namentlich die Kasse und die Bestände an Wertpapieren und Waren", prüfte. Kassensturz, Inventur und die Kontrolle des Rechnungswesens überläßt er dem Wirtschaftsprüfer, der ihm alljährlich über das Ergebnis seiner Prüfung berichtet.

Die Aufsichtstätigkeit des Aufsichtsrats ist mehr auf das Grundsätzliche gerichtet. Sie ist damit nicht minder wirkungsvoll, im Gegenteil. Wer mit einem Vorstandsmitglied über wesentliche Fragen seines Unternehmens spricht, spürt bald, wie groß der Respekt vor dem Aufsichtsrat oder dessen Vorsitzenden ist. Oft beruht das allein auf der unternehmerischen Überlegenheit oder der natürlichen Autorität der Männer in diesem Gremium. Aber der Aufsichtsrat hat zur Verifizierung seiner Kontrollfunktion auch einen Hebel höchst wirksamer Art: Er bestellt den Vorstand, entscheidet über Verlängerung oder Nichtverlängerung der Fünf-Jahres-Verträge, das bedeutet auch über die Höhe des Entgelts, über Tantiemen, nicht zuletzt über die Gestaltung der Pensionsansprüche. Dies vor allem ist es, was dem Aufsichtsrat die notwendige Autorität gegenüber dem Vorstand verleiht.

Die Aufsicht kann allerdings von unterschiedlicher Effizienz sein. Das ergibt sich besonders aus den Beteiligungsverhältnissen. Wo das Aktienkapital oder eine Mehrheit in festen Händen liegt, etwa bei Tochtergesellschaften in straff organisierten Konzernen, kann die Aufsichtspflicht des Aufsichtsrats zur Farce werden, weil die Tochtergesellschaft direkt von der Konzernspitze – oft aus dem Ausland – geleitet wird und faktisch wie ein unselbständiger Betriebsteil eines Unternehmens arbeitet.

In anderen Fällen kann es genau umgekehrt sein. Der Eigentümer oder Mehrheitsbesitzer und seine Vertrauten übernehmen selbst den Aufsichtsratsvorsitz, oft auch weitere Sitze, und benutzen dieses Gremium als ein Herrschaftsinstrument, dessen Wirksamkeit weit über die bloße Aufsichtsfunktion hinausreicht. Das kann in Konzernen so sein, ist häufig auch – nicht immer – in Familien-Unternehmen der Fall. Einzelunternehmer oder Vertreter einer Eigentümer-Familie setzen sich zuweilen auch an die Spitze der Geschäftsführung und erwählen sich kraft ihrer Stimmenmacht einen Aufsichtsrat, bei dem von wirklicher und umfassender Kontrolle keine Rede sein kann. Funktions- und Machtverschiebungen dieser Art sind häufig zu beobachten.

Selbst in Gesellschaften mit breit gestreutem Kapital kann die Aufsichtsratsfunktion mehr oder minder stark ausgebildet sein. Das hängt vielfach von der Wertschätzung ab, die deren Vorstand und besonders dessen führender Kopf in der Öffentlichkeit genießt. Manchmal ist der Vorstandsvorsitzende eine so starke Persönlichkeit, daß jede Aufsichtshandlung als ein „kleinliches Beginnen", jede Kritik als „Majestätsbeleidigung" angesehen wird. Die AEG galt in früheren Zeiten, unter Walther Rathenau, Felix Deutsch, Geheimrat Bücher, als Typ einer solchen „Generaldirektors-Gesellschaft".

Aus der Wandelbarkeit der Funktionen ist es auch zu erklären, daß sich die prinzipielle Aufgabenstellung des Aufsichtsrats mehr und mehr verschoben hat. Er ist heute nicht nur „Aufsichts-", er ist oft auch „Führungsrat". Dieser Wandel hat schon früh eingesetzt, er wurde 1937 legalisiert. Seitdem hat der Aufsichtsrat gesetzlich das Recht, bestimmte Arten von Geschäften von seiner Zustimmung abhängig zu machen. Es sind gerade die grundlegenden, für die Zukunft des Unternehmens wesentlichen Geschäfte wie Grundstückskäufe und -verkäufe, Beteiligungserwerb oder -abgabe, Neubau oder Stillegung von Werken und ähnliches, die der Vorstand, wenn der Aufsichtsrat dies will oder die Satzung es vorsieht, ohne dessen Zustimmung nicht vornehmen darf. Das heißt aber, daß die essentiellen Beschlüsse, die manchmal auch existentielle Entscheidungen sind, im Aufsichtsrat getroffen werden. Der Aufsichtsrat ist in solchen Fragen das Führungsorgan, der Vorstand mehr oder minder ein Ausführungsorgan. Bei der bekannten Amerika-Entscheidung des Volkswagenwerks ist das jüngst sehr deutlich zutage getreten.

Wo die Führung liegt, müssen zur Führung befähigte Männer das Wort haben. Gegen diesen im Grunde selbstverständlichen Imperativ wird viel gesündigt, besonders bei Firmen in Mehrheits- oder Einzeleigentum. Familienunternehmen scheuen oft schon Bankenvertreter im Aufsichtsrat, manchmal einfach aus emotioneller Aversion, vielfach auch, weil ein erfolgreicher Unternehmer „Herr im eigenen Haus" bleiben möchte. Er ist aufgrund seines bisherigen Wirkens, das er als „Lebenswerk" empfindet, so selbstsicher geworden, daß er Rat oder Kritik als unzumutbare Einmischung empfindet. Nicht selten berufen solche Unternehmer in ihren Aufsichtsrat zwar versierte und hochqualifizierte Männer als Ratgeber für

175

bestimmte Bereiche, etwa einen bekannten Juristen, einen Wirtschaftsprüfer, einen Steuerberater, vielleicht sogar einen Vertreter der Hausbank. Nur eines fürchten sie wie der Teufel die fromme Seele: einen unabhängigen Mann mit branchenspezifischen Kenntnissen, einen Unternehmer von Format, an dessen Urteil sie ihre eigenen Entschlüsse messen könnten. Bei Neckermann hat solches Unterlassen sicher zum Niedergang beigetragen.

Die großen Publikumsgesellschaften wissen im allgemeinen einen starken und urteilsfähigen Aufsichtsrat zu schätzen. Wenn hier zum verständlichen Kummer von Kleinaktionären ein freigewordener Sitz meist nach einem zwischen Vorstand und Aufsichtsrat abgestimmten Wahlvorschlag, also durch eine Art Kooptation besetzt wird, dann beruht dies vornehmlich auf dem Streben, im Aufsichtsrat Männer mit unternehmerischer Urteilskraft zu wissen: Man will sicherstellen, daß in dem obersten Führungsorgan Beschlüsse, die zu Schicksalsentscheidungen werden können, in der Hand von Männern mit hoher Unternehmer-Qualifikation liegen.

Unnötig zu sagen, daß diese Betrachtungen nur für die Vertreter der Kapitaleigner gelten. Wie sich die Verhältnisse in den Aufsichtsräten entwickeln werden, wenn erst in Firmen mit mehr als 2000 Beschäftigten die Hälfte der Sitze von Vertretern der Arbeitnehmer eingenommen wird, bleibt abzuwarten. Aber eines ist sicher: Der Kampf der Gewerkschaften um die erweiterte Mitbestimmung hätte keinen Sinn, wenn diese ihre größere Macht in Aufsichtsräten nicht als Stärkung ihrer Macht in der Gesellschaft auffassen würden. Wehe dem Unternehmer, der nicht rechtzeitig erkennt, daß auf die Seite der Kapitaleigner nicht schwache, sondern starke Männer gehören – dann erst recht.

(Aus: „FAZ", Nr. 37 vom 14.02.77, S. 9.)

3. Erarbeiten Sie anhand des folgenden Textes die Aufgaben und die Problematik der Funktion des Wirtschaftsprüfers!

Die Verantwortung des Wirtschaftsprüfers
Von Max Kruk

Am 11. März 1974 unterschrieb der Abschlußprüfer von Herstatt den Prüfungsbericht. Kraft seines Amtes bestätigte er, daß die Buchführung, der Jahresabschluß und der Geschäftsbericht Gesetz und Satzung entsprechen. Drei Monate später wurde bei dem gleichen Unternehmen ein Verlust in der Größenordnung von einer halben Milliarde D-Mark festgestellt. Am 26. Juni verfügte das Banken-Aufsichtsamt die Schließung der Schalter. Die Herstatt-Bank war am Ende.

Zwischen der beruhigenden Feststellung des Wirtschaftsprüfers, alles sei in Ordnung, und der totalen Pleite liegen genau 107 Tage, eine fatal kurze Zeitspanne. Muß da nicht die Frage laut werden, welchen Sinn die Tätigkeit eines Abschlußprüfers hat, wenn die Prüfung Gläubiger und Aktionäre nicht vor derartigen Verlusten zu schützen vermag? Schließlich wurde die Prüfung der Jahresabschlüsse 1931 gerade deshalb eingeführt (und der Berufsstand der Wirtschaftsprüfer damals zu diesem Zweck geschaffen), um Zusammenbrüche, wie sie sich in den turbulenten zwanziger Jahren ereignet hatten (Ivar Kreuger, Lahusen, Katzenellenbogen) für alle Zeit auszuschließen.

Zur Erfüllung ihrer Aufgaben haben die Wirtschaftsprüfer als neutrale, unabhängige, sachverständige Personen große Rechte erhalten. Sie sind die einzigen, die freien Zugang zum Allerheiligsten des Unternehmens haben. Sie können alle Bücher und Schriften einsehen, alle Auskünfte vom Vorstand fordern. Auch das Geheimste bleibt ihnen nicht verborgen. Was sie gesehen und vernommen haben, müssen sie freilich in ihrer Brust bewahren. Aber sie können nach der Prüfung vor Gläubiger und Aktionäre treten und verkünden: „Habt keine Sorge, euer Geld ist so verwaltet worden, wie Gesetz und Satzung es vorschreiben".

Um so größer ist der Schock, wenn etwas schiefgeht. Dann melden sich die Zweifel, ob das Vertrauen der Öffentlichkeit in diese „Schutzengel", wie sie einmal genannt wurden, wirklich berechtigt sei. Man zweifelt den Sachverstand der Prüfer an, manchmal auch ihr Pflichtbewußtsein, ihre Integrität, ihre Unabhängigkeit. Ob solcher Vorwürfe geht jedesmal ein Erschrecken durch die Reihen der Wirtschaftsprüfer. Wieder einmal, so meinen sie, würden damit Ansprüche an diesen Berufsstand gerichtet, die über den gesetzlichen Auftrag hinausgingen und die er nicht erfüllen könne. Aber ein Schock kann heilsam sein, vorausgesetzt, er führt zur Selbstbesinnung.

Der ursprüngliche gesetzliche Auftrag des Abschlußprüfers ist klar. Er lautet, den Jahresabschluß unter Einbeziehung der Buchführung und des Geschäftsberichtes zu prüfen. Der Jahresabschluß erstreckt sich auf ein vergangenes Jahr. Das Feld des Prüfers ist also die Vergangenheit. Was nach der Prüfung geschieht, fällt nicht in seine Verantwortung. Der Jahresabschluß ist auch allein daraufhin zu prüfen, ob bei seiner Aufstellung die Gesetze, besonders das Aktiengesetz, und die Satzung beachtet worden sind, mehr nicht. Auch der miserabelste Jahresabschluß muß den vom Gesetz formelhaft vorgeschriebenen Bestätigungsvermerk des Abschlußprüfers erhalten, wenn nur Gesetz und Satzung nicht verletzt wurden.

Das bedeutet, daß es nicht zum Auftrag des Abschlußprüfers gehört, die Geschäftspolitik zu beurteilen oder die Wirkung bestimmter Maßnahmen des Vorstands abzuschätzen. Er soll unternehmerische Entscheidungen nicht kritisieren. Aber von diesem Grundsatz gibt es eine wichtige Ausnahme, und sie hat die Aufgabe des Abschlußprüfers entscheidend verändert. Im Jahre 1954 hat ein Bundesgerichtsurteil den Abschlußprüfern die Verpflichtung auferlegt – und sie ist dann auch in das Aktiengesetz von 1965 übernommen worden –, vor gefährlichen Fehlentwicklungen des Unternehmens zu warnen. Ein Abschlußprüfer darf nicht mehr schweigen, wenn er bei seiner Prüfung Tatsachen feststellt, „die den Bestand des Unternehmens gefährden oder seine Entwicklung wesentlich beeinträchtigen können". Wo sich ernsthafte Gefahren abzeichnen, muß er also seine Stimme erheben, und zwar laut und unüberhörbar, nämlich durch einen Hinweis im Abschlußbericht, den Vorstand und Aufsichtsrat zu sehen bekommen.

Diese „Redepflicht" hat der Funktion des Abschlußprüfers eine neue Dimension verliehen. Er kann sich jetzt nicht nur darauf beschränken, zu registrieren, was gewesen ist. Vielmehr muß er seinen Blick auch in die Zukunft richten und die Maßnahmen der Geschäftsführung darauf abklopfen, wo Gefahren lauern könnten. Ganz so vergangenheitsorientiert, wie es gern dargestellt wird, ist die Prüfung eines Jahresabschlusses ohnehin niemals gewesen. Schon die Bewertung bestimmter Anlagenteile oder der Vorratsbestände setzt eine Abschätzung künftiger Marktentwicklungen voraus, ebenso die Bildung von Rückstellungen für mögliche Verluste aus schwebenden Geschäften (heute vielfach ein besonders heikler Punkt). Im übrigen legen die Wirtschaftsprüfer selbst Wert darauf, nicht nur als „Revisoren" zu gelten. Sie wollen Allround-Berater sein, die den von ihnen betreuten Unternehmen auf allen Gebieten der Betriebsführung mit ihrem Rat zur Seite stehen.

Der Herstatt-Fall gibt Anlaß, die Verantwortung des Wirtschaftsprüfers neu zu überdenken. Das wird auch in den Reihen der Wirtschaftsprüfer erkannt. Auf der Hamburger Fachtagung sagte kürzlich einer von ihnen (sinngemäß): „Wir werden als Berufsstand unglaubwürdig, wenn Firmen zusammenbrechen, denen wir den uneingeschränkten Bestätigungsvermerk gegeben haben, auch wenn das Testat völlig in Ordnung war." Genau das ist es. Die Glaubwürdigkeit und damit das Vertrauen in die Wirtschaftsprüfer und in die Institution der Abschlußprüfung stehen auf dem Spiel. Die Zeit der Bilanzmanipulationen, die bis 1931 im Vordergrund standen, ist dank der Abschlußprüfung vorbei. heute geht es um andere Fragen, und sie sind mit den konventionellen Methoden einer routinemäßigen Abschlußprüfung nicht zu fassen. Die Forderung lautet – und auch sie ist in Hamburg schon formuliert worden –, den Prüfungsauftrag zu einer „Unternehmensanalyse" zu erweitern, mit deren Hilfe Risiken aufgedeckt und Warnungen ausgesprochen werden können.

Die Verantwortung der Wirtschaftsprüfer würde damit nochmals wesentlich erweitert, und manche unter ihnen scheuen eine solche zusätzliche Bürde. Aber die Öffentlichkeit sieht in den Wirtschaftsprüfern nun einmal, wie sich immer deutlicher erweist, mehr als bloße Prüfer des Rechenwerks. Sie betrachtet sie als Garanten für Bestand und Erfolg der von ihnen geprüften Unternehmen. Auf die Dauer werden sich die Wirtschaftsprüfer diesem Anspruch nicht entziehen können, ob sie wollen oder nicht.

(Aus: FAZ vom 22.10.74)

4.

Überblick in Kurzform
Die Wahl der Rechtsform einer Unternehmung

Rechts- formen Merkmale		Einzel- unter- nehmung	Stille Gesell- schaft	OHG	KG	AG	GmbH
Gründung	Mindestanzahl der Gründer	1	2	2	2	5	2
Gründung	Form	–	nicht vorge- schrieben	nicht vorge- schrieben	wie OHG	gerichtlich oder notariell beurkunde- ter Vertrag	wie AG
	Finanzierung	allein	Kapitalein- lage des stillen Gesell- schafters	alle Gesell- schafter	alle Gesell- schafter	Aktien	Geschäfts- anteil
	Haftung	allein und unbe- schränkt	stiller Gesell- schafter mit Einlage	unmittelbar, unbeschränkt, solidarisch	Vollhafter Teilhafter	Aktien- betrag	Geschäfts- anteil
Leitung	Geschäfts- führung	allein	Inhaber	jeder Gesell- schafter	nur Voll- hafter	Vorstand	Geschäfts- führer
Leitung	Vertretung	allein	Inhaber	jeder Gesell- schafter	nur Voll- hafter	Vorstand	Geschäfts- führer
	Gewinn- beteiligung	allein	stiller Gesell- schafter erhält an- gemessenen Anteil	4 % des Kapitals, Rest nach Köpfen	4 % des Kapitals, Rest in ange- messenem Verhältnis	Dividende	entsprechend dem Geschäfts- anteil

Bevor Sie die zusammenfassende Aufgabe erarbeiten, erarbeiten Sie bitte zur Wiederholung die obige Matrix zur Rechtsform der Unternehmung.

Zusammenfassende Aufgabe zu den Unternehmensformen

Der Buchbinder Klaus Schulz erbt überraschend 100 000,— DM. Er sieht sich daraufhin um, wie er das Geld gewinnbringend und sicher anlegen kann. Die Einrichtung einer eigenen Werkstatt würde jedoch mehr als 100 000,— DM kosten; außerdem fehlen Schulz die kaufmännischen Kenntnisse, um einen Betrieb selbständig zu führen.

Durch Zufall hört er von seinem langjährigen Freund Horst Meyer, daß dieser seine Südfrüchtegroßhandlung in Göttingen erweitern möchte, um auch Kunden außerhalb des Stadtgebietes beliefern zu können. Doch bisher fehlen ihm dazu die notwendigen finanziellen Mittel.

Nach längerer Beratung beschließt Schulz, seine Erbschaft in die Firma Meyer einzubringen.

Dadurch stehen die beiden neuen Geschäftspartner nun vor der Wahl, die für sie günstigste Rechtsform herauszufinden.

Ein befreundeter Steuerberater gibt ihnen den Tip, daß eigentlich nur die Rechtsform der OHG oder der KG in Frage käme.

a) Welche Vor- und Nachteile ergeben sich für Meyer aus der Umwandlung seiner Einzelunternehmung in eine Gesellschaft?

b) Erläutern Sie ausführlich die gesetzlichen Regelungen bei der Geschäftsführung, Haftung und Gewinnverteilung in der OHG sowie der KG!

c) Erläutern Sie die Begriffe „Komplementär" und „Kommanditist"! Welcher Rechtsform ordnen Sie diese Bezeichnungen zu?

d) Welche Rechtsform würden Sie den beiden Geschäftspartnern vorschlagen, wenn Schulz auch weiterhin in seinem erlernten Beruf als Buchbinder arbeiten möchte?
e) Handelt es sich bei den oben genannten Gesellschaften (OHG, KG) um Personen- oder Kapitalgesellschaften?

Da die Geschäfte der Firma gut gehen, überlegt sich Meyer, wie er einen Teil seines Gewinns anlegen kann. Sein Finanzberater rät ihm zum Kauf von Aktien. In diesem Zusammenhang hat Meyer folgende Fragen:

f) Welches Risiko geht er als Erwerber von Aktien ein?
g) Könnte er theoretisch ebenfalls eine AG gründen? Begründen Sie Ihre Meinung!
h) In welchem Organ der AG kann er als Aktionär Einfluß auf das wirtschaftliche Geschehen „seiner" AG nehmen?
i) Welche hauptsächlichen Aufgaben hat dieses Organ?
j) Wie heißen die übrigen Organe der AG und was sind ihre wichtigsten Aufgaben?

Thema: Unternehmenszusammenschlüsse im Überblick

Lernziele:

Der Schüler soll
— die Aufgaben der Wettbewerbspolitik beschreiben können,
— die Grundzüge des Wettbewerbsrechts kennen,
— die möglichen Konsequenzen der Unternehmenskonzentration beschreiben und beurteilen können,
— Kartell, Konzern und Trust als Formen der Unternehmenskonzentration erklären können.

1. Lernschritt:

Motivationsphase: L legt Folie 1 (Beteiligungen BP) auf und diskutiert mit Sch die Ursachen und Hintergründe der Unternehmenskonzentration.

2. Lernschritt:

Erarbeitungsphase: 1. Schritt: L und Sch erarbeiten anhand Tafelbild 1 und Folie 2 die Grundelemente des Kartells.
2. Schritt: L und Sch besprechen die unterschiedlichen Kartellarten anhand Folie 3/zugleich Informationsblatt 1.
3. Schritt: Sch und L erarbeiten die Grundelemente des Konzerns (Tafelbild 2a).
4. Schritt: L erklärt anhand Tafelbild 2b die möglichen Arten der Verflechtung.
5. Schritt: Sch und L besprechen anhand Tafelbild 3 die Wesensmerkmale des Trusts.
6. Schritt: L und Sch wiederholen bzw. ergänzen anhand Folie 4/zugleich Informationsblatt 2 die Möglichkeiten der Unternehmenskonzentration.

3. Lernschritt:

Anwendungsphase und Lernzielkontrolle: 1. Schritt: L verteilt Test und fordert Sch zur Bearbeitung auf.
2. Schritt: L verteilt Arbeitsaufgaben, die im Rahmen der Hausarbeit gelöst werden sollen.
3. Schritt: Klassenarbeit über Kartelle und Kartellpolitik; vertiefend: Organschaft und Schachtelprivileg.

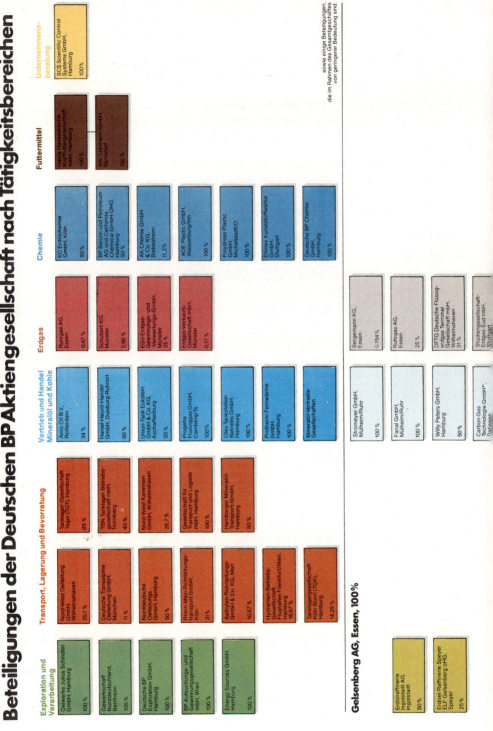

Tafelbild 1   **Das Kartell**

> **Merke:**
> Das Kartell ist ein horizontaler Zusammenschluß von Unternehmen, die rechtlich selbständig bleiben, aber einen Teil ihrer wirtschaftlichen Selbständigkeit durch Vertrag verlieren.

Horizontaler Zusammenschluß:

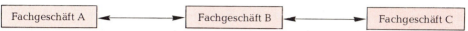

Hier liegen Vereinigungen von Unternehmen gleicher Produktions- oder Handelsstufen vor.

Folie 2

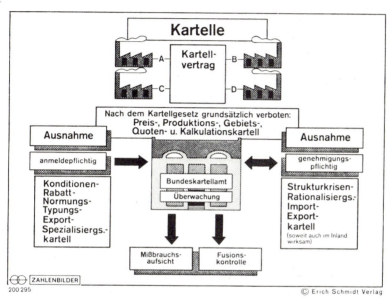

Folie 3 (zugleich Informationsblatt 1)

Man kann die Kartelle nach dem Zweck der Vereinbarung einteilen:

anmelde-pflichtig	– **Konditionenkartell** mit gleichen Lieferungs- und Zahlungsbedingungen, – **Rabattkartell** mit gleichmäßiger Rabattgewährung
genehmigungs-pflichtig	– **Rationalisierungskartell,** das die einheitlichen Rationalisierungsmaßnahmen in den Betrieben festlegt, – **Absatzkartell** (Syndikat), bei dem die Unternehmungen über eine gemeinsame Vertriebsstelle, das Syndikat, verkaufen, – **Strukturkrisenkartell** soll zu gleichmäßigen Produktionsanpassungen an neue Marktlagen führen, – **Spezialisierungskartell,** durch Spezialisierung soll rationalisiert werden (Bedingung: Wettbewerb muß erhalten bleiben),
verboten	– **Preiskartell,** das Mindestverkaufspreise vorschreibt, – **Kalkulationskartell** mit einheitlicher Kostenrechnung, – **Gebietskartell** mit Verteilung der Absatzgebiete für jedes Mitglied, – **Produktionskartell,** daß jedem Betrieb die Herstellungsmenge vorschreibt.

Tafelbild 2

Der Konzern

a)

> **Merke:**
> Der Konzern ist ein Zusammenschluß von Unternehmungen, die rechtlich selbständig bleiben, aber ihre wirtschaftliche Selbständigkeit ganz oder teilweise an die Konzernleitung verloren haben. Es kann sich hierbei um einen vertikalen oder um einen horizontalen Zusammenschluß handeln.

Der Zusammenschluß auf horizontaler Ebene kommt beim Konzern sehr selten vor.

Vertikaler Zusammenschluß:

Bergbauunternehmen
Stahlverarbeitendes Unternehmen (Stahl- und Walzwerk)
Blechverarbeitendes Unternehmen
Unternehmen für den Handel mit Walzblecherzeugnissen

Hier liegen Vereinigungen von Unternehmungen aufeinanderfolgender Produktions- oder Handelsstufen vor.

b)

Arten der Verflechtung

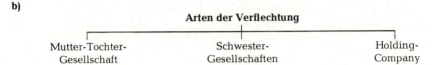

Mutter-Tochter-Gesellschaft — Schwester-Gesellschaften — Holding-Company

Tafelbild 3

Der Trust

> **Merke:**
> Der Trust ist eine Verschmelzung (Fusion) von Unternehmungen, die ihre rechtliche Selbständigkeit zugunsten einer Unternehmung aufgeben.

Durch die vollständige Verschmelzung kann eine wirkungsvollere Rationalisierung und erhöhte Wettbewerbsfähigkeit erreicht werden. Horizontale und vertikale Zusammenschlüsse sind möglich.

Folie 4 (zugleich Informationsblatt 2)

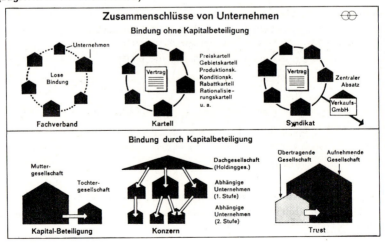

Arbeitsaufgaben:

1. Nennen Sie Beispiele für Konzernbildungen in der Bundesrepublik Deutschland!
2. Suchen Sie Beispiele für folgende Arten von Unternehmenszusammenschlüssen:
   a) horizontaler Zusammenschluß,
   b) vertikaler Zusammenschluß!
3. Beschreiben Sie die positiven und negativen Auswirkungen der betrieblichen Zusammenschlüsse am folgenden Beispiel:

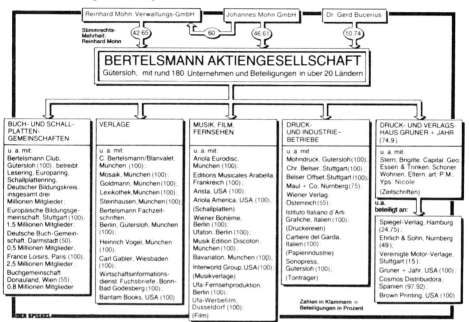

Arbeitsaufgaben (Test)

Unternehmenszusammenschlüsse

1. Welche Aussage ist **richtig**?
   a) Durch den Beitritt zu einem Kartell geht für die Unternehmen in der Regel die wirtschaftliche und rechtliche Selbständigkeit verloren. ☐
   b) Durch den Beitritt zu einem Kartell geht nur die wirtschaftliche Selbständigkeit verloren. ☐
   c) Durch den Beitritt zu einem Kartell geht die wirtschaftliche Selbständigkeit zum Teil verloren, die rechtliche Selbständigkeit bleibt voll erhalten. ☐
   d) Durch den Beitritt zu einem Kartell geht nur die rechtliche Selbständigkeit verloren. ☐

2. Welche Aussage ist **falsch**?
   Kartelle haben den Zweck
   a) die Preise zu senken, ☐
   b) Rabatte festzulegen, Konditionen festzulegen usw., ☐
   c) den Wettbewerb einzuschränken, ☐
   d) Vorteile des Verbrauchers auszuschalten. ☐

3. Welche Aussage ist **richtig**?
   a) Beim Zusammenschluß zu einem Konzern bleibt die wirtschaftliche und rechtliche Selbständigkeit voll erhalten. ☐
   b) Beim Zusammenschluß zu einem Konzern bleibt die wirtschaftliche Selbständigkeit ganz erhalten, die rechtliche Selbständigkeit geht verloren. ☐
   c) Beim Zusammenschluß zu einem Konzern geht die wirtschaftliche Selbständigkeit ganz verloren, die rechtliche Selbständigkeit geht teilweise verloren. ☐
   d) Beim Zusammenschluß zu einem Konzern geht die wirtschaftliche und rechtliche Selbständigkeit ganz verloren. ☐
   e) Beim Zusammenschluß zu einem Konzern geht nur die wirtschaftliche Selbständigkeit verloren. ☐

4. Welche Antwort ist **richtig**?
   Ein Trust entsteht durch Verschmelzung von Unternehmen,
   a) die dadurch ihre rechtliche und wirtschaftliche Selbständigkeit behalten, ☐
   b) die dadurch ihre wirtschaftliche Selbständigkeit ganz, die rechtliche Selbständigkeit nur teilweise verlieren, ☐
   c) die dadurch ihre wirtschaftliche Selbständigkeit teilweise, die rechtliche Selbständigkeit ganz verlieren, ☐
   d) die dadurch ihre wirtschaftliche und rechtliche Selbständigkeit verlieren. ☐

5. Das Gesetz gegen Wettbewerbsbeschränkungen verbietet grundsätzlich Kartelle, sieht aber auch Ausnahmen vor. Welches Kartell gehört **nicht** zu den anmeldepflichtigen und genehmigungspflichtigen Kartellen und ist damit **verboten**?
   a) Konditionenkartell ☐   d) Preiskartell ☐
   b) Rabattkartell ☐   e) Krisenkartell ☐
   c) Rationalisierungskartell ☐

6. Durch Unternehmenszusammenschlüsse können für die Allgemeinheit Nachteile auftreten. Welche Aussage dazu ist **falsch**?
   a) Die Preise können willkürlich festgesetzt werden, wenn der Wettbewerb fehlt. ☐
   b) Unwirtschaftlich arbeitende Betriebe können erhalten bleiben. Ihre Kosten bestimmen häufig die Preise. ☐
   c) Die Unternehmen senken durch ihren Zusammenschluß die Preise und erhöhen die Rabatte. ☐
   d) Durch den Wettbewerbsausschluß erzielen die Unternehmen höhere Gewinnspannen. ☐

Arbeitsaufgaben (bzw. als Klassenarbeit einzusetzen)

Beachte: Schülerantworten bedürfen in einigen Passagen der Korrektur!

Die Norddeutsche Zeitung (NZ) berichtet:

16 Unternehmen der norddeutschen Zementindustrie beabsichtigen, ein norddeutsches Zementkontor zu gründen. Im Wege eines Preis-, Kontingentierungs(Quoten)-, Gebiets-, Rationalisierungs- und Sortenkartells mit Syndikat.

1. Was versteht man unter
   a) Kartell im allgemeinen und
   b) unter den hier vorliegenden Kartellarten im besonderen?
2. Welche einzelnen wirtschaftlichen Vorteile erstreben die Kartellmitglieder durch diese Art des Zusammenschlusses?
3. Nach welchen Gesichtspunkten werden durch die Kartelleitung die Preise festgesetzt?
4. In welcher Weise kann sich die Preispolitik des Kartells gegenüber den Abnehmern und innerhalb der gesamten deutschen Volkswirtschaft auswirken?

5. Was kann geschehen, wenn ein kapitalstarker Außenseiter in den Absatzmarkt des Syndikats einbricht?

6. Welche Kartellpolitik verfolgt heute die Bundesrepublik Deutschland? Welche Folgen hat das für den beabsichtigten Zusammenschluß?

Zu Frage 1:

a) *Kartelle* sind vertragliche Zusammenschlüsse rechtlich selbständig bleibender Unternehmen zur Regulierung des Wettbewerbs am Markt. Die Unternehmen verzichten auf einen Teil ihrer betriebswirtschaftlichen Selbständigkeit in dem Bestreben, mit Hilfe der Marktregulierung ihren wirtschaftlichen Erfolg zu erhöhen.

b) *Preiskartell*

Bei einem Preiskartell verpflichten sich die Unternehmen, die Verkaufspreise einheitlich festzusetzen. Ein Preiskartell schließt meistens auch ein Konditionenkartell mit ein.

Kontingentierungskartell

Die herzustellende Produktionsmenge für die gesamten Betriebe wird festgestellt, und danach bekommt jedes einzelne Unternehmen seine Produktionszahlen (Quoten). Diese Produktionszahl ist natürlich je nach Betriebsgröße verschieden.

Gebietskartell

Bei dieser Kartellart hat jeder Unternehmer ein bestimmtes festgelegtes Absatzgebiet.

Rationalisierungskartell

Die Unternehmen verpflichten sich, bestimmte Rationalisierungsmaßnahmen in ihren Betrieben vorzunehmen. Diese Kartelle müssen der Rationalisierung wirtschaftlicher Vorgänge dienen und geeignet sein, die Leistungsfähigkeit und Wirtschaftlichkeit wesentlich zu heben und die Bedarfsdeckung zu verbessern.

Sortenkartell

Jedes Unternehmen ist verpflichtet, die ihm im Kartell auferlegten Sorten herzustellen (z. B. Betrieb A: Sorte 1, 2; Betrieb B: Sorte 3, 4).

Syndikat

Alle Verkäufe und Aufträge für die Unternehmen laufen über eine gemeinsame Verkaufsstelle mit eigener Rechtsform, nämlich das Syndikat. Das Syndikat verteilt die Aufträge an die einzelnen Betriebe der Unternehmen.

Zu Frage 2:

Preiskartell

Bei einem Preiskartell richtet man sich nach dem Grenzproduzenten, das heißt, daß alle besser arbeitenden Betriebe einen Differentialgewinn zu verzeichnen haben. Dieser Gewinn erzielt der Unternehmer, ohne sich dem ihm schädigenden Wettbewerb aussetzen zu müssen.

Kontingentierungskartell

Jeder Betrieb bekommt die Produktionsquote, die seiner Kapazität entspricht. Dadurch ist eine gleichmäßige Auslastung der Betriebe gewährleistet. Die fixen Kosten haben hier für den Betrieb am meisten nachgelassen. Die festgesetzte Quote bedeutet für den Betrieb gleich optimale Ausnutzung der Kapazität. Diese Quote verhindert aber auch eine Überproduktion und damit einen Preiseinbruch. Eine Überbeschäftigung (progressive Kosten) wird genauso wie eine Unterbeschäftigung (Einsetzung der Steigung der fixen Kosten) durch die Festsetzung der Quote vermieden. Durch eine regelmäßige Produktion hat der Betrieb ständig ein wohlsortiertes Lager.

Gebietskartell

Der wichtigste wirtschaftliche Vorteil ergibt sich aus den sehr niedrigen Transportkosten. Eine kostensparende Organisation des Absatzes läßt sich verhältnismäßig leicht durchführen.

Rationalisierungskartell

Durch Rationalisierungsmaßnahmen kann jeder Betrieb seine Kosten in einem gewissen Maße senken. Dadurch wird die Wirtschaftlichkeit erhöht. Eine gemeinsame Forschung und Erprobung kann durchgeführt werden. Fortschrittliche Einkaufs-, Verkaufs- und Produktionsmethoden werden gemeinsam entwickelt und angewandt. Die gesamten Entwicklungskosten werden auf die Unternehmen, die am Kartell beteiligt sind, verteilt.

Sortenkartell

Die Spezialisierung auf eine Sorte kann vorgenommen werden. Dadurch kann eine Massenproduktion in Gang gesetzt werden. Das bedeutet jedoch wieder Kostensenkung.

Syndikat

Es kann eine Rationalisierung des Absatzes vorgenommen werden. Eine bessere Marktbeobachtung und Marktbeeinflussung kann von den Unternehmern betrieben werden. Weiterhin kann die Werbung gemeinsam gestaltet werden. Die gesamten Organisationskosten werden durch diese Maßnahmen gesenkt.

Zu Frage 3:

Die Kartelleitung erstrebt einen möglichst hohen Preis am Markt. Die Höhe dieses Preises hängt davon ab, wie viele Abnehmer diesen Preis akzeptieren, und ob der Preis die produzierte Menge noch absetzbar macht.

Die Höhe des Preises hängt ferner davon ab, ob es Substitutionsgüter gibt. In unserem Falle ist diese Möglichkeit nicht vorhanden, denn die Bauunternehmer können zum Beispiel nicht von Zement auf Holz umsteigen. Die Kartelleitung ist bestrebt einen möglichst stabilen Preis zu halten. Er darf nicht zu hoch sein, so daß die Produktion eingeschränkt werden müßte. Jede Einschränkung der Produktion bedeutet, daß der Betrieb und die Anlagen nicht voll ausgelastet sind, und daß die fixen Kosten den Unternehmer bei seiner Kalkulation sehr belasten.

Zu Frage 4:

a) *Auswirkung der Preispolitik gegenüber den Abnehmern*

Der Preis des Kartells ist willkürlich festgesetzt worden, und er kann sehr überhöht sein. Der einzelne Abnehmer kann sich gegen diesen Machtblock nicht wehren.

Der festgesetzte Preis ist kein Marktpreis, und er kann auch nicht von den Abnehmern beeinflußt werden.

b) *Auswirkung der Preispolitik gegenüber der gesamten Volkswirtschaft*

Die Preispolitik unseres geplanten Kartells kann die gesamte deutsche Volkswirtschaft schädigen. Wenn man eine Festsetzung des Preises gestatten würde, so würde dieses Beispiel in der gesamten Bundesrepublik Schule machen. Die anderen Unternehmen würden sich sofort zu einer Monopolstellung zusammenschließen. In der Volkswirtschaft ist aber eine Monopolstellung immer ungesund. In diesem Gebiet ist eine Belastung des sozialen Wohnungsbaus vorhanden. Durch die steigenden Kosten beim Wohnungsbau muß die öffentliche Hand auf einem anderen Gebiet verzichten. Also kann man allgemein sagen, daß die Bildung eines Preiskartells einen Nachfrageausfall auf anderem Gebiet hervorruft. Zum Beispiel spart man durch die erhöhten Zementpreise an Fliesen, Kacheln usw. Es kann sogar eine Absatzkrise auf einem anderem Gebiet hervorgerufen werden, oder es kann zum Kaufkraftschwund kommen, das bedeutet wieder eine Schrumpfung des Sozialprodukts.

Zu Frage 5:

Die meisten Mitglieder des Kartells nutzen durch ihre Mitgliedschaft den technischen Fortschritt nicht aus. Der kapitalstarke Außenseiter sieht, daß dieses Kartell überhöhte Preise fordert und schaltet sich in diesen Markt ein. Dieser Außenseiter produziert billiger und kann somit mit einem Preis, der unter dem des Kartells liegt, in den Konkurrenzkampf mit dem Kartell treten. Der Außenseiter kann ferner bessere Sorten anbieten. Es kommt jetzt darauf an, wer von den beiden Konkurrenten den längeren Atem hat.

Thema: Betriebswirtschaftliche Aspekte des Anschlusses an eine Kooperationsform des Großhandels
(ausführlicher Unterrichtsentwurf)

1 Vorbemerkungen (Analyse der Rahmenfaktoren)

Die Überlegungen zur Unterrichtsgestaltung nehmen ihren Ausgang in der Analyse der Rahmenfaktoren (Klasse, Lehrer, Raum, Schule, Betrieb usw.). Erst die Analyse der Rahmenfaktoren des Unterrichts ermöglicht eine optimale Analyse und Planung einer Unterrichtseinheit.

Die fehlende Allgemeingültigkeit der Analyse und Platzgründe sind der Anlaß dafür, daß auf weitere detaillierte Ausführungen verzichtet wird. Für den konkreten praktischen Unterricht muß dieser Entwurf unter Berücksichtigung der Rahmenfaktoren neu aufbereitet und ergänzt werden.

2 Planung der Lernziele und Lerninhalte

2.1 Analyse der vorgegebenen Lernziele

Die geplante Unterrichtseinheit ist den „Handreichungen für den Unterricht in den Großhandelsfachklassen – Großhandelsbetriebslehre" entnommen worden (3. Ausbildungsjahr und 6. Lerngebiet: Kooperationsformen im Handel). Da die Handreichungen curricular aufbereitet worden sind, können wir auf ein allgemeines Lernziel (Richtziel) zurückgreifen. Das **Richtziel** ist wie folgt formuliert:

„**1. Problemziel:**

Der Schüler soll den Großhandelsbetrieb im Spannungsfeld zwischen den verschiedenen wirtschaftlichen Zielen (Minimierung des Risikos; Maximierung des Gewinns; Verbesserung des Image; Optimierung der Liquidität usw.) *kennenlernen, verstehen* und *beurteilen* können.

2. Verhaltensziel:

2.1 Der Schüler soll die Qualifikation eines selbständigen und verantwortungsbewußten Mitarbeiters im Großhandelsbetrieb erreichen.

Er soll
 – die für die Geschäfte des Großhandelsbetriebes bedeutsamen wirtschaftlichen Kenntnisse und Einsichten erwerben
 – die Fähigkeit erreichen, betriebswirtschaftliche Zielsetzungen zu beurteilen, Entscheidungen zu planen (Alternativen zu suchen) und zu begründen
 – die Fähigkeit erreichen, in arbeitsteiligen Funktionen zu kooperieren

2.2 Der Schüler soll wichtige Arbeits- und Lerntechniken kennen und anwenden können
 – um Informationen zu sammeln und auszuwerten
 – um Gesetzmäßigkeiten auf neue Sachverhalte übertragen zu können
 – um Probleme selbständig zu erkennen und verantwortungsbewußt lösen zu können."

Für das Lerngebiet „Kooperationsformen im Handel" ist folgendes **Grobziel** formuliert worden:

„Der Schüler soll die wirtschaftliche Bedeutung der Kooperation im Handel verstehen."

Daneben werden **Feinlernziele** mit folgenden Formulierungen genannt:
„Der Schüler soll
 – Kooperationsformen im Handel nennen und erläutern können

– ihre betriebswirtschaftlichen und volkswirtschaftlichen Vor- und Nachteile gegenüberstellen können."

Die Feinziele der Unterrichtseinheit sind im Bereich des Unterrichtsverlaufs (4.1) zu finden.

2.2 Strukturanalyse

2.2.1 Vertikale Betrachtung des Strukturgerüstes

Zur Offenlegung des Stoffaufbaus haben wir für das vorliegende Thema folgende Strukturskizze entworfen.

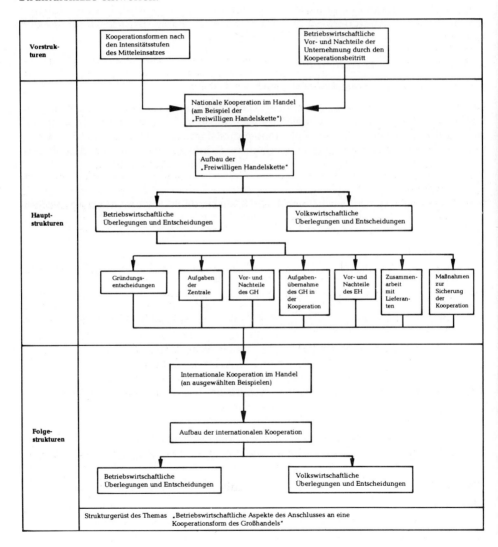

188

2.2.2 Horizontale Schichtung

Das zu bearbeitende Thema läßt Querverbindungen zu folgenden Disziplinen zu:

- Rechtliche Schicht: Bestimmungen nach dem Kartellgesetz und dem Vertragsrecht
- Ethische Schicht: Einhaltung der vertraglichen Abmachungen als Vertrauensbasis zwischen den Kooperationspartnern
- Mathematische Schicht: Kostenberechnungen und Vergleichsberechnungen für die Entscheidung des Kooperationsbeitritts
- Volkswirtschaftliche Schicht: Kooperation als Instrument der internationalen Zusammenarbeit von Volkswirtschaften; die Vor- und Nachteile für die Volkswirtschaft durch die Gründung von Kooperationen
- Betriebswirtschaftliche Schicht: Entscheidungen und Überlegungen bei der Gründung und Realisierung einer „Freiwilligen Handelskette" unter besonderer Berücksichtigung der Risiko- und Kostenfaktoren

2.3 Stoffauswahl

2.3.1 Analyse der vorgegebenen Unterrichtsinhalte

Die im Rahmen der Handreichungen formulierten Inhalte (horizontale und vertikale, nationale und internationale Kooperationsformen im Handel – an ausgewählten Beispielen) müssen für unsere Unterrichtseinheiten mit entsprechendem Stoff ausgefüllt werden, weil die obengenannten Inhalte nur einen Rahmen darstellen.

2.3.2 Wissensvertiefung

Da die Klasse keine überzeugenden Gedächtnisdaten aufweist, müssen wir das Prinzip der Wissensvertiefung in Verbindung mit dem Interdependenzwissen des Stoffumfeldes bei der Stoffauswahl vorrangig berücksichtigen. Die elementaren Überlegungen und Entscheidungen des Großhandels bei Eintritt in die „Freiwillige Handelskette" haben wir in einem Flußdiagramm vertiefend dargestellt. Der Aufbau der Kette muß umfassend dargestellt werden (Folie), da wir für die weiteren Überlegungen alle Elemente benötigen. Durch diese Vorgehensweise müssen wir einige Bereiche des Stoffes entsprechend reduzieren (siehe Punkt 2.3.5 Stoffreduktion). Abschließend sei darauf hingewiesen, daß durch diese Vorgehensweise eine Förderung der lernschwachen Schüler möglich ist.

2.3.3 Aktualität und Praxisbezug

Da das Prinzip der Aktualität eine thematisch zeitnahe Stoffaufbereitung fordert, wollen wir unsere Überlegungen und Entscheidungen während des Unterrichts an praktischen Gegebenheiten orientieren (Spar als „Freiwillige Handelskette" von Lebensmittelgroßhandlungen). Daneben wollen wir den Erfahrungshorizont mehrerer Schüler (Auszubildende in einer „Freiwilligen Handelskette") in den Unterricht einfließen lassen, um einen Praxisbezug herzustellen. Dieses Ziel wird auch durch den Einsatz eines Ablauf- und Prüfdiagramms verfolgt, weil durch dieses Instrumentarium die betriebswirtschaftlichen Funktionsabläufe bei Kooperationsentscheidungen leichter abrufbar sind.

2.3.4 Wissenschaftsbezogenheit

Das Ablauf- und Prüfdiagramm wird unter anderem auch eingesetzt, um die Lernenden zu wissenschaftlichen Denkweisen anzuleiten und zu motivieren. Durch diese Vorgehensweise werden komplexe Sachverhalte so aufbereitet, daß der Schüler in ähnlichen betrieblichen Situationen zu gleichen Entscheidungen kommt. Als weiteres wissenschaftliches Instrumentarium haben wir einen Text zur Entwicklung der „Freiwilligen Handelsketten" aus dem Bereich der wissenschaftlichen Forschung herangezogen.

2.3.5 Stoffreduktion

Bei der Stoffreduktion müssen wir uns am Leistungsvermögen der Klasse unter besonderer Berücksichtigung der lernschwachen Schüler orientieren. Daneben haben wir auch den Leistungswillen der Klasse zu beachten. Die Auswahlprinzipien des Stoffes und die Faktoren des Unterrichtsverfahrens (z.B. methodische Entscheidungen) und der Zeit sind in angemessener Weise zu berücksichtigen. Daraus ergibt sich folgende Stoffreduktion:

- Die **rechtlichen Bestimmungen** nach dem Kartellgesetz und dem Vertragsrecht beschränken wir aus Gründen der Wissensvertiefung (Ablenkung vom Schwerpunkt des unterrichtlichen Geschehens) und der Zeitknappheit auf die Frage, inwieweit die Abstimmung der Absatzgebiete im Rahmen der „Freiwilligen Handelskette" gegen das Gebietskartell verstößt.
- Die **ethische Schicht** reduzieren wir nicht, weil das Vertrauensverhältnis zwischen den Kooperationspartnern unterrichtsdominant ist.
- Die **mathematischen Elemente** werden aus Gründen der Parallelität zum Fach Rechnungswesen (mit kaufmännischem Rechnen) vollständig reduziert. Die Nichtbeachtung des Vertiefungsprinzips würde das Augenmerk der Schüler vom betriebswirtschaftlichen Schwerpunkt der Stunde ablenken.
- Auf die **volkswirtschaftlichen Elemente** müssen wir aus Zeitgründen verzichten. Diese Elemente werden im Rahmen der folgenden Stunden angesprochen.
- Die umfangreichen **betriebswirtschaftlichen Elemente** müssen wir auf die Kernbereiche Aufbau der Kette, Gründungsentscheidungen, Aufgaben der Zentrale, Vor- und Nachteile des GH durch Kooperationsbeitritt, Aufgabenübernahme des GH für EH und Maßnahmen zur Sicherung der Kooperation beschränken, weil wir das Abstraktionsvermögen der Schüler nicht überfordern wollen. Daneben beachten wir den Zeitaspekt und den Vertiefungsaspekt (Elementarfunktionen stehen im Vordergrund der Stunde). Den Einstieg wählen wir über die Anknüpfung an den Stoff der vorherigen Stunde (keine Wiederholung des Stoffes!), weil durch diese Maßnahme (Ausgang vom bekannten Stoff) eine Steigerung der Motivation und ein Sicherheitsgefühl bei den Schülern erreicht werden kann. Im Bereich des Aufbaus der Handelskette verzichten wir auf eine detaillierte Skizzierung der geschichtlichen Entwicklung und weisen die Schüler auf die elementaren Auslösefaktoren für die Entstehung der Handelsketten hin. Eine Erarbeitung dieses Stoffumfeldes erfolgt im Rahmen der Hausarbeit. Bei der Erarbeitung der restlichen betriebswirtschaftlichen Elemente beschränken wir uns auf die wesentlichen Entscheidungen und Überlegungen und streben bei der Beantwortung der Fragen keine Maximalkataloge an (widerspricht dem Vertiefungsaspekt). Die vertiefende Arbeit soll bei den Schülern zu einer Steigerung des Verstehens und der Motivation führen. Der Lernzieltest am Ende der Stunde (mit didaktischer Reserve) soll den Pädagogen und Schüler zur Überprüfung der angestrebten Lernziele befähigen (soweit die Lernziele überprüfbar sind). Der Verzicht auf eine Benotung soll den Schüler zur ehrlichen Einschätzung seiner eigenen Leistung motivieren.

Unsere Unterrichtseinheit beschränkt sich also auf die betriebswirtschaftlichen Überlegungen und Entscheidungen des Großhandels bei Eintritt in die „Freiwillige Handelskette".

Die betriebswirtschaftliche Hauptstruktur umfaßt damit folgende Bereiche:
- betriebswirtschaftlicher Aufbau der Handelskette,
- risiko- und kostenorientierte Entscheidungen und Überlegungen des Großhandels bei Eintritt in die „Freiwillige Handelskette".

2.4 Stoffanordnung

2.4.1 Sachlogische Zusammengehörigkeit des Stoffes

Die Behandlung der betriebswirtschaftlichen Überlegungen und Entscheidungen des Großhandels bei Eintritt in die Handelskette ist nur dann möglich, wenn wir uns mit dem Aufbau dieser Kooperationsform auseinandergesetzt haben. Im Hinblick auf die Entscheidungen im Ablauf- und Prüfdiagramm ist festzustellen, daß die Bestandsphase im Anschluß an die Gründungsphase folgen muß.

2.4.2 Vermittlung von Hilfsvorstellungen und Erfolgssicherung

Das vorhandene Leistungsvermögen und die psychologischen Gegebenheiten der Schüler haben uns zu einer Stoffanordnung veranlaßt, die von kleineren Lernschritten (Aufbau der „Freiwilligen Handelskette") mit bekanntem Stoff (Kooperationsformen nach den Intensitätsstufen des Mitteleinsatzes) zu größeren (betriebswirtschaftliches Ablauf- und Prüfdiagramm) fortschreitet. Zum Zweck der Erfolgssicherung haben wir eine versteckte Wiederholung am Unterrichtsanfang (Definition des Begriffes „Kooperation") und am Stundenende eine offene Wiederholung (Lernzieltest) eingebaut.

2.4.3 Grobanordnungsschema der Stunde

1. Phase: Motivation durch Anknüpfung an bekannten Stoff (Folie mit Intensitätsstufen des Mitteleinsatzes).
2. Phase: Betriebswirtschaftlicher Aufbau der „Freiwilligen Handelskette".
3. Phase: Risiko- und kostenorientierte Überlegungen und Entscheidungen des Großhandels bei Eintritt in die „Freiwillige Handelskette".
4. Phase: Erfolgssicherung (übende Anwendung).

2.5 Erkenntnisleitende Fragestellungen

Im Hinblick auf die geplante Unterrichtseinheit ergeben sich folgende erkenntnisleitende Fragestellungen:
- Wie läßt sich der betriebswirtschaftliche Aufbau der „Freiwilligen Handelskette" skizzieren?
- Welche Entscheidungen muß der Großhandel bei Gründung der Kette treffen?
- Welche Aufgaben könnte die Verbundzentrale übernehmen?
- Welche Vor- und Nachteile kann ein Kooperationsbeitritt haben?
- Welche Aufgaben kann der GH für den EH im Rahmen der Handelskette übernehmen?
- Welche Maßnahmen können zur Sicherung der Kooperation ergriffen werden?

3 Lernorganisation

3.1 Motivation und Veranschaulichung

Neben den bereits genannten Maßnahmen zur Steigerung der Motivation wollen wir eine permanente Motivation durch folgende Maßnahmen erreichen:
- Stoffauswahl (entscheidungsorientierter Handlungsunterricht; Berücksichtigung der soziokulturellen und anthropogenen Rahmenbedingungen),
- Impulse (Einbau verschiedener Impulse als Verstärker im Unterrichtsablauf),
- wechselnder Medieneinsatz (Tafel, Tageslichtschreiber, Arbeitsblätter),
- Methodenwechsel (eingeschränkt),
- Veranschaulichung (den Gegebenheiten der Klasse angepaßte Tafelbilder und Folien).

3.2 Unterrichtsverfahren

Die Ergebnisse der Klassenanalyse, die fehlenden praktischen Erfahrungen und das noch nicht voll ausgebildete Abstraktionsvermögen der Schüler fordern einen hohen Anschauungsgehalt der Stunde. Durch den Einsatz der **erklärend-induktiven Methode** wollen wir dieser Forderung genügen.

3.3 Aktionsformen und Impulse

Der geplante Lehr- und Lernprozeß wird durch folgende wechselseitige Formen gesteuert:
- die erarbeitende Unterrichtsform mit den Bereichen der fragend-entwickelnden und impulssetzenden Unterrichtsform setzen wir bei den begrifflichen Abgrenzungen und der Erarbeitung des Ablauf- und Prüfdiagramms ein,
- die darstellende Unterrichtsform haben wir bei Arbeitsanweisungen, Randproblemen, Vorträgen (Aufbau der Handelskette) und vertiefenden Aspekten eingesetzt,
- die entdecken-lassende Unterrichtsform kommt alternativ bei der Arbeit mit dem Ablauf- und Prüfdiagramm zum Einsatz.

3.4 Sozialformen

Die Unterrichtseinheit wird durch den Frontalunterricht bestimmt, weil durch diese Sozialform eine zeitliche Absicherung der Stunde gewährleistet ist. Daneben kann bei den Schülern eine Steigerung des Sicherheitsgefühls erreicht werden. Die Einzelarbeit bei der Übernahme des Tafelbildes dient der Festigung instrumentaler Fertigkeiten.

3.5 Medieneinsatz

Das bisherige (eingeführte) Lehrbuch befaßt sich mit dem Aufbau der „Freiwilligen Handelskette" und läßt die betriebswirtschaftlichen Hintergründe unberücksichtigt. Aus diesem Grunde ist das Lehrbuch zum Zwecke der Veranschaulichung nicht geeignet. Wir setzen deshalb einen Textausschnitt aus einem geeigneten Buch ein (K. C. Behrens: Kurze Einführung in die Handelsbetriebslehre, S. 64–68). Im Mittelpunkt unserer Stunde steht das Tafelbild. Es wird von den Schülern in ein vorbereitetes Arbeitsblatt übernommen. Daneben setzten wir im Rahmen der Veranschaulichung den Tageslichtschreiber (Folie über den Aufbau der Kette, Folie über Intensitätsstufen, Folie mit Spar-Anzeige) ein.

4.1 Lernzielmatrix

Phase	Phasenlernziel	Kognitiver Aspekt	Instrumentaler Aspekt	Affektiver Aspekt
I	Sch. und L. erarbeiten die betriebswirtschaftlichen Grundelemente der „Freiwilligen Handelskette"	– Begriffe erklären (Kooperation, horizontale und vertikale Kooperation, Vor- und Nachstufe) – Aufbau der „Freiwilligen Handelskette" erklären – Begriff „Freiwillige Handelskette" erklären	– Fähigkeit, bekannte Zusammenhänge in Worte zu kleiden – Fähigkeit, TB sauber in Arbeitsblatt übernehmen	– den Wert systematischen Vorgehens erkennen und die Bereitschaft zeigen, sich aktiv mit dem Thema zu befassen
II und III	Sch. und L. entwickeln ein Ablauf- und Prüfdiagramm für die wesentlichen betriebswirtschaftlichen Überlegungen und Entscheidungen bei der „Freiwilligen Handelskette"	– die wesentlichen Entscheidungen der Großhandelsbetriebe bei Gründung der Kooperation beschreiben – die mögliche Aufgabenübernahme durch die Verbundzentrale nennen und erklären – die elementaren Vor- und Nachteile des Großhandelsbetriebes als Mitglied der „Freiwilligen Handelskette" aufzählen und begründen – Aufgabenbereiche des Großhandels nennen, die er im Rahmen der Kooperation für den Einzelhandel übernimmt – Maßnahmen zur Sicherung der Kooperation nennen – Entscheidungsbereiche der „Freiwilligen Handelskette" nennen und alternative Lösungsmöglichkeiten aufzeigen	– Fähigkeit, mit dem Ablauf- und Prüfdiagramm zu arbeiten – wie unter I	– Wille, die wesentlichen betriebswirtschaftlichen Überlegungen und Entscheidungen bei der „Freiwilligen Handelskette" zu suchen – Bereitschaft, in Alternativen zu denken – Wille, komplexe betriebswirtschaftliche Zusammenhänge für praktische Arbeit jederzeit „abrufbereit" aufzubereiten – Bereitschaft, wissenschaftliche Hilfsmittel zu verwenden – Wille, das Vertrauensverhältnis zwischen den Kooperationspartnern als Grundelement der Zusammenarbeit zu sehen – Bereitschaft, möglichst alle Alternativen zu erarbeiten

Phase	Phasenlernziel	Kognitiver Aspekt	Instrumentaler Aspekt	Affektiver Aspekt
IV	Sch. lösen Übungsfälle und erarbeiten Lösungsvorschläge	– Entscheidungen aufgrund von bestimmten Fakten vornehmen und begründen	– Fähigkeit, mit dem Ablauf- und Prüfdiagramm zu arbeiten – Fähigkeit, kurze und präzise Lösungsvorschläge zu machen	– Bereitschaft, das Gelernte anzuwenden und kritisch zu überprüfen – Bereitschaft zur Teamarbeit

4.2 Verlaufsmatrix

Phase	Stofflich-systematische Gliederung	Aktionsformen	Impulse	Sozialformen	Medien	Zeit
	Motivation und Zielfindung					
I	1. Schritt: Darstellung der „Freiwilligen Kette" als Kooperationsform im Handel (betriebswirtschaftliche Grundfakten)	L. verteilt Arbeitsblätter und gibt Arbeitsanweisung L. legt Folie auf und erinnert an die nicht erläuterte typische Kooperationsform „Freiwillige Kette"	Hinweise Ergänzung der fehlenden Elemente	L/Vortrag, FrU	Arbeitsblätter TL-Folie-1	20 Min.
	2. Schritt: Übertragung der Ergebnisse auf Arbeitsblatt	L. legt neue Folie auf und fordert Sch. zur Erläuterung der Zusammenhänge auf L. und Sch. erarbeiten die betriebswirtschaftlichen Grunddaten der „Freiwilligen Kette" Sch. übertragen auf Arbeitsblatt 1		FrU, L/Vortrag EzA	TL-Folie-2 Arbeitsblatt 1	
	Zielerarbeitung und Zielvertiefung					
II und III	1. Schritt: Betriebswirtschaftliche Entscheidungen unter Kosten und Risiko bei der Gründung der „Freiwilligen Kette"	L. und Sch. erarbeiten die wesentlichen betriebswirtschaftlichen Überlegungen und Entscheidungen bei Gründung der „Freiwilligen Kette" L. nimmt Ergänzungen vor	keine Überschneidung der Absatzgebiete	FrU	Tafel	

Gliederung	Aktionsformen	Impulse	formen	Medien	Zeit
2. Schritt: Übertragung der Ergebnisse auf Arbeitsblatt	Sch. überträgt auf Arbeitsblatt 2		EzA	Arbeitsblatt 2	
3. Schritt: Die Aufgaben der Verbundzentrale	L. und Sch. erarbeiten die möglichen Aufgabenstellungen der Verbundzentrale L. nimmt Ergänzung der fehlenden Aufgaben vor	Ergänzung der fehlenden Aufgaben	FrU	Tafel	60 Min.
4. Schritt: Übertragung der Ergebnisse auf Arbeitsblatt	Sch. überträgt auf Arbeitsblatt 2		EzA	Arbeitsblatt 2	
5. Schritt: Die betriebswirtschaftlichen Vor- und Nachteile der „Freiwilligen Kette" im GH	L. fordert Sch. zur Bearbeitung der betriebswirtschaftlichen Vor- und Nachteile für den GH bei Zugehörigkeit zur „Freiwilligen Kette" auf	Wettbewerbssituation Kostenvorteile	FrU	Tafel	
6. Schritt: Übertragung der Ergebnisse auf Arbeitsblatt	Sch. überträgt auf Arbeitsblatt 2		EzA	Arbeitsblatt 2	
7. Schritt: Aufgabenübernahme des Großhandels gegenüber dem Einzelhandel im Rahmen der „Freiwilligen Kette"	Sch. und L. erarbeiten die Aufgaben des Großhandels gegenüber dem Einzelhandel in der „Freiwilligen Kette" L. nimmt erforderliche Ergänzungen vor	Verkaufshilfen regionale Schlagerangebote	FrU	Tafel	
8. Schritt: Übertragung der Ergebnisse auf Arbeitsblatt	Sch. überträgt auf Arbeitsblatt 2		EzA	Arbeitsblatt 2	
IV Übende Anwendung und didaktische Reserve					
1. Schritt: Bearbeitung der Übungsaufgaben	L. fordert Sch. zur Bearbeitung der Übungsaufgaben auf dem Arbeitsblatt 3 auf		EzA	Arbeitsblatt 3	10 Min.
2. Schritt: Besprechung der Übungsaufgaben und Hausaufgaben	Sch./L. vergleichen L. erklärt Hausaufgabe		FrU	Informationsblatt	

Sch = Schüler TB = Tafelbild EzA = Einzelarbeit
L = Lehrer FrU = Frontalunterricht TL = Tageslichtprojektor

4.3 Geplante Tafelbilder, Folien und Arbeitsblätter

Folie 1: (ist Schülern bekannt und dient der Motivation und dem Einstieg)

Gliederung der Kooperationsformen nach den Intensitätsstufen des Mitteleinsatzes

Merkmale ⟶ Intensitätsstufen	Leistungszusammenhang zwischen Partner und Verbund	Verbundeinrichtung	Mittel und Mitteleinsatz	typische Kooperationsformen
Erfahrungsaustausch	Entgegennahme und Abgabe von Informationen	keine; direkte Kommunikation	Verwendung der bisherigen Mittel, rationeller Einsatz	niedrige Kooperationsformen
Verhaltenskoordination, Angleichung betrieblicher Leistungen	Information, Absprachen, Angleichung, Richtlinien	keine oder schwache Zentralstelle als Organisationsträger	alte Mittel bei rationellerem Einsatz, neue Mittel	Fachverbände, Arbeitsgemeinschaften, Kartelle
Austausch von Leistungen	Übernahme und Abgabe von Leistungen	Ausgleichs- bzw. Zentralstelle (clearing)	alte Mittel in rationellerem Einsatz (bessere Auslastung), Selektion von Mitteln	Genossenschaften, Freiwillige Handelsketten
Austausch und teilweise kollektive Wahrnehmung von Aufgaben	Übernahme und Abgabe von Leistungen gegenüber Einzelpartnern und Verbund	Verbundbetrieb unter kollektiver Leitung, Ausgleichsstelle	Hinzunahme neuer Mittel, besserer Einsatz und Selektion von Mitteln	Genossenschaften (Freiwillige Handelsketten)
kollektive Wahrnehmung von Aufgaben	Abgabe von Aufgaben an den Verbund, Wahrnehmung neuer Aufgaben	gemeinsamer Verbundvertrieb, übergeordnet	primär Einsatz neuer Mittel	Syndikate Konsortien Konzerne

Vgl. E. Gerth: Zwischenbetriebliche Kooperation, a. a. O.

Folie 2: (zur Motivation und zum Realitätsbezug)

Folie 3: für den Tageslichtprojektor (wird als Leerfolie aufgelegt, anschließend wird sie von L. und Sch. gemeinsam erarbeitet)
gleichzeitig **Arbeitsblatt 1** für die Schüler

Aufbau der freiwilligen Handelskette als Kooperationsform des Handels

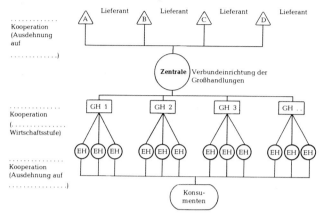

Betriebswirtschaftliche Überlegungen und Entscheidungen des Großhandels bei Eintritt in die Freiwillige Handelskette

Tafelanschrieb und vorbereitetes Arbeitsblatt 2

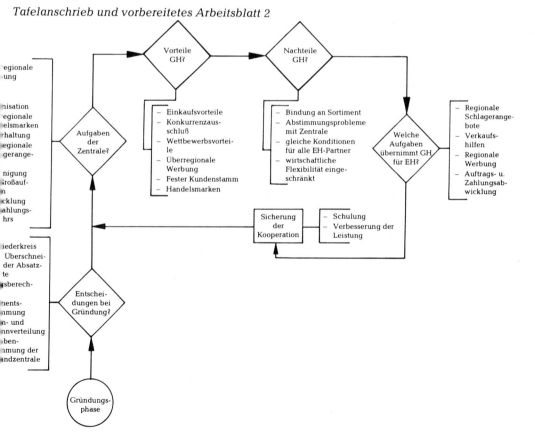

Arbeitsblatt 3: (kann auch als Folie vorbereitet werden)

Lernzielorientierter Test

Bearbeitungszeit: max. 5 Min.
Hilfsmittel: keine

Punkte	
0,5	1. Von welchem Marktpartner ist die Initiative zur Gründung der „Freiwilligen Handelsketten" ausgegangen? ....
1,5	2. Welche Marktpartner können am Aufbau der „Freiwilligen Handelskette" beteiligt sein? ....
0,5 0,5 0,5	3. Nennen Sie drei wichtige **Vorteile**, die der Großhandel durch den Beitritt zur „Freiwilligen Handelskette" erreichen kann! ....
0,5 0,5 0,5	4. Nennen Sie drei wichtige **Nachteile**, die der Großhandel akzeptieren muß, falls er einer Handelskette beitritt? ....
0,5 0,5 0,5	5. Zählen Sie drei wesentliche Aufgaben der Verbundzentrale auf! ....

Gesamtzahl an Punkten = 6,5
Mindestzahl an Punkten = 5,0

Informationsblatt (soll im Rahmen der Hausarbeiten eingesetzt werden)

IV. Kooperationsformen des Handels

Der mittelständische Handel fühlte sich durch das ständige Anwachsen der Großbetriebe schon sehr frühzeitig in seiner Existenz bedroht. Die Filialgeschäfte, Kauf- und Warenhäuser waren und sind ihm auf vielen Gebieten überlegen: Sie besitzen die größere Markttransparenz, können den innerbetrieblichen Arbeitsablauf stärker rationalisieren, beschäftigen Spezialisten im Ein- und Verkauf, Dekoration, Werbung u.a.m. und erzielen beim Warenbezug hohe Barzahlungs- und Mengenrabatte. Um diese Vorteile wenigstens teilweise auszugleichen, haben sich Klein- und Mittelbetriebe – unter Wahrung ihrer wirtschaftlichen und rechtlichen Selbständigkeit – zu *Einkaufsvereinigungen* zusammengeschlossen. So wurden zu Beginn dieses Jahrhunderts die Edeka- und in der Mitte der zwanziger Jahre die Rewe-Genossenschaften als Zusammenschlüsse selbständiger Lebensmitteleinzelhändler gegründet.

Die zahlreichen kleineren örtlichen Genossenschaften sind bald zu Zentralverbänden vereinigt worden, um die Nachfrage auch überregional zusammenzufassen und damit die Genossenschaften als Nachfragemacht so zu stärken, daß sie eine Konzernen vergleichbare Marktstellung erlangten. Im Jahre 1970 zählten beide Vereinigungen mit ca. 43 000 (Edeka: 33 000; Rewe: 10 000) Mitgliedern zu den stärksten genossenschaftlichen Einkaufsverbänden der Bundesrepublik.

Neben den Einkaufsgenossenschaften entstanden besonders im Dienste der kleinen und mittleren Lebensmittelhändler – als neuartige weitere Kooperationsform – die *freiwilligen Gruppen*. In ihnen sind ein oder mehrere Großhändler mit einer größeren Zahl von Einzelhändlern (ca. 40–60) zum Ziele gemeinsamer Warenbeschaffung und einheitlicher Verkaufsdurchführung zusammengeschlossen. Die Initiative zu dieser Vereinigung ging – im Gegensatz zu den Einkaufsgenossenschaften – vom Großhandel aus. Die Ertragslage der Großhandlungen hatte sich zusehends verschlechtert, nachdem seine Abnehmer ihre Waren immer mehr direkt vom Hersteller oder von Einkaufsgenossenschaften kauften. Daher gründeten in den USA bereits 1921 unternehmerische Grossisten die erste „freiwillige Gruppe" der Welt: „Red and White". Zehn Jahre später errichtete der Holländer van Well die erste – bis heute bekannteste – europäische Organisation dieser Art, die „Spar". Von den Niederlanden breiteten sich die Gruppen über Europa aus, in der Bundesrepublik besonders nach dem zweiten Weltkrieg, so daß den größten unter ihnen (Spar, A & O, Vivo, Fachring, Centra, AFU) im Jahre 1969 etwa 38 000 Einzelhändler angehörten. Die freiwilligen Gruppen bevorzugen die *Rechtsform des eingetragenen Vereins*. In ihrem Vorstand sind neben dem (den) Großhändler(n) auch die Einzelhändler vertreten, denen damit ein beachtlicher Einfluß auf die Geschäftsführung eingeräumt wird. Ähnlich wie die Einkaufsgenossenschaften haben die freiwilligen Gruppen Verbände auf nationaler, z.T. sogar europäischer Ebene gebildet, ebenfalls mit dem Ziele, ihre Nachfrage immer stärker zu konzentrieren. Dabei obliegt den Zentralen bevorzugt der Einkauf der Standardware, während die Büros der regionalen Gruppen den differenzierten Bedarf ihrer örtlichen Mitglieder decken.

Da Arbeitsweise und Geschäftsprinzipien der Einkaufsgenossenschaft und freiwilligen Gruppen verwandt sind, sollen sie nunmehr gemeinsam behandelt werden.

K. Chr. Behrens: Kurze Einführung in die Handelsbetriebslehre, Stuttgart 1972, S. 64–68.

Literaturverzeichnis

a) H. Speth, R. Nußbaum: Die sozialen und anthropogenen Rahmenbedingungen und ihr Einfluß auf den Wirtschaftslehre-Unterricht, in: Methodik und Didaktik des Wirtschaftslehre-Unterrichts, Bd. 4, Rinteln 1977.

b) H. Speth: Unterrichtsstoff, Lernziele und Motivation im Wirtschaftslehre-Unterricht, in: Methodik und Didaktik des Wirtschaftslehre-Unterrichts, Bd. 2, Rinteln 1976.

c) H. Speth, F. Dörr, R. Krug: Medieneinsatz und Lernzielkontrolle im Wirtschaftslehre-Unterricht, in: Methodik und Didaktik des Wirtschaftslehre-Unterrichts, Bd. 5, Rinteln 1978.

d) E. Gerth: Zwischenbetriebliche Kooperation, Sammlung Poeschel, Stuttgart 1971.

e) R. Grytsch, R. Kintzel: Betriebs- und Volkswirtschaftslehre, Merkur-Verlag, Rinteln 1981.

f) R. Grytsch, R. Kintzel: Unterrichtsmodelle für eine praxis- und entscheidungsorientierte Wirtschaftslehre, Band 1, Merkur-Verlag, Rinteln 1981.

Thema: Die notleidende Unternehmung
  a) Unternehmungsstörungen und ihre Ursachen

Lernziele:

Der Schüler soll
- Gründe für Unternehmungsstörungen nennen können,
- ein einfaches System zur Untersuchung unternehmerischer Ziele kennen,
- Folgen von Unternehmungsstörungen in einem einfachen Systemzusammenhang erläutern können,
- die Begriffe „Zahlungsunfähigkeit", „Zahlungsaufstockung" und „Überschuldung" beschreiben können.

1. Lernschritt:

Motivationsphase: L verteilt Informationsblatt und fordert Sch zur Partnerarbeit auf.

2. Lernschritt:

Erarbeitungsphase: 1. Schritt: Sch tragen Ergebnisse zu Arbeitsaufgabe 1 vor.
2. Schritt: L und Sch wiederholen gemeinsam das Zielsystem (Folie 1).
3. Schritt: Sch versuchen auf der Grundlage ihrer Arbeitsergebnisse, die Folgen der Unternehmungsstörungen im Zielsystem zu verfolgen.

3. Lernschritt:

Vertiefungsphase: L und Sch erarbeiten gemeinsam Tafelbild 1 zu den Unternehmensstörungen und ihren Ursachen.

Informations- und Arbeitsblatt

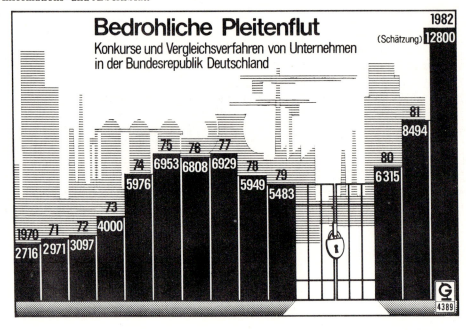

Mehr Konkurse – mehr Arbeitslose

Die Pleitenwelle in der Bundesrepublik strebt einem bisher nie erreichten Höhepunkt zu. Die Schätzungen lauten auf 12 800 finanzielle Unternehmenszusammenbrüche im laufenden Jahr. Das wären 5 800 mehr als im Rezessionsjahr 1975. Die Meldungen für das erste Halbjahr 1982 zeigen, daß derart düstere Voraussagen vollauf gerechtfertigt sind; sie liegen um 50 Prozent über den entsprechenden Zahlen des Vorjahres.

Natürlich hängt diese Entwicklung mit der schlechten Konjunktur zusammen. Die äußeren Ursachen der Pleitenwelle sind schnell aufgezählt: Hohe Zinsen, schwache Nachfrage, harte Konkurrenz.

Aber mindestens ebenso wichtig sind innere Ursachen: Zu geringes Eigenkapital, falsche Markteinschätzung, zu langes Festhalten an herkömmlichen Produkten, Unternehmensstrukturen und Absatzstrategien. Sie bringt Mängel zutage, die in besseren Zeiten verborgen bleiben: Unzulängliche Unternehmensführung, zu späte Anpassung an Änderungen des Marktes, unzureichendes Kostenbewußtsein. Vor allem aber erweist sich bei schlechterem Geschäftsgang, ob das Eigenkapital ausreicht, um auch einmal eine längere Durststrecke zu überstehen. Nicht von ungefähr waren vier von fünf zahlungsunfähigen Unternehmen noch keine acht Jahre alt; für viele von ihnen reichte die Zeit nicht, um ein ausreichendes Kapitalpolster anzusammeln.

Aufgaben:

1. Welche Ursachen für die „Pleitenflut" werden im Text genannt?
2. Versuchen Sie, einen Zusammenhang zum „Magischen Dreieck der Unternehmenspolitik" herzustellen!

Folie 1

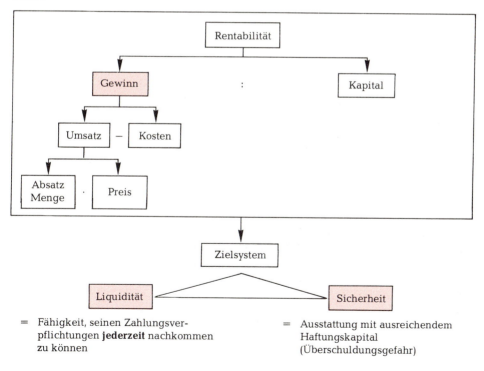

Tafelbild 1

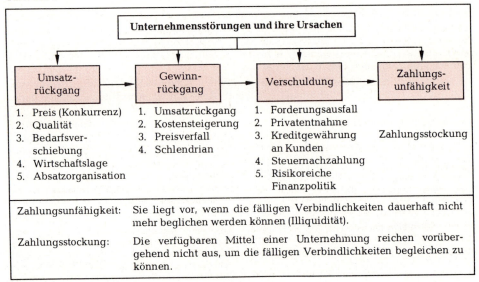

Thema: Die notleidende Unternehmung
  b) Maßnahmen bei Unternehmungsstörungen (Überblick)

Lernziele:

Der Schüler soll
- vier verschiedene Maßnahmen bei Unternehmensstörungen nennen können,
- Maßnahmen zur Unternehmungserhaltung und -auflösung unterscheiden können,
- verschiedene Sanierungsarten nennen und erklären,
- verschiedene Vergleichsmöglichkeiten unterscheiden können,
- den Begriff „Liquidation" erklären können.

1. Lernschritt:

Motivationsphase: L verteilt Informationsblatt zur AEG-Rettung und bittet Sch, ihn durchzulesen und die beschriebenen Einzelmaßnahmen stichwortartig zu notieren.

2. Lernschritt:

Erarbeitungsphase: 1. Schritt: Sch tragen Sanierungsmaßnahmen zusammen.
2. Schritt: L entwickelt Tafelbild, das Sch übernehmen.
3. Schritt: L gibt einen Überblick über weitere Maßnahmen anhand Folie 1; dabei werden insbesondere die Möglichkeiten des außergerichtlichen Vergleichs erklärt.

3. Lernschritt:

Vertiefungsphase: 1. Schritt: L zeigt Folie 2 (HRA-Auszug) und läßt Sch beschreiben.
2. Schritt: L und Sch erarbeiten gemeinsam das Wesen der Liquidation.

Alle sollen jetzt bei der AEG-Rettung helfen

Wie das neue Konzept aussieht / Partner, Eigenkapital, Kredite und Staatsbürgschaft erhofft

Klr. FRANKFURT, 4. Juni. In einer konzentrierten Aktion von Unternehmen, Banken, Aktionären, Bund und Ländern sowie Industrie und Versicherungen soll nun der Fall AEG endgültig gelöst und das Fortsetzungsthema Sanierung beendet werden. Die maßgebenden Beteiligten sind dieser Tage über das neue Konzept unterrichtet worden, das davon ausgeht, daß AEG nicht nur sanierungswürdig, sondern auch sanierungsfähig sei. Nach dem, was bisher bekannt geworden ist, enthält es eine ganze Reihe von Maßnahmen. Als Gesamtlösung verwirklicht verspricht man sich, daß nicht nur der Bestand des Konzerns abgesichert, sondern dieser zugleich auch auf die Zukunft ausgerichtet wird. Den damit verbundenen Satzungsänderungen müßte eine Dreiviertel-Mehrheit der Aktionäre zustimmen (rund 50 Prozent halten die Banken).

1. Der zweitgrößte deutsche Elektrokonzern soll, möglichst schom zum 1. Januar 1983 aufgeteilt werden in eine Holding (die heutige AEG-Telefunken AG) sowie in eine neue AEG-Technik AG und eine neue AEG-Konsum AG. Die Unterhaltungselektronik (Telefunken) will man zumindest mehrheitlich abgeben. In die neue AEG-Technik AG soll ein industrieller Partner aufgenommen werden. Der britische Elektrokonzern General Electric Company soll bereits zugesagt haben, sich mit 40 Prozent zu beteiligen und ein zinsloses Darlehen über 400 Millionen DM zu gewähren.

Zur Sanierung des in der neuen AEG-Konsum AG zusammengefaßten Hausgerätebereichs hofft man auf die Mitwirkung der öffentlichen Hand. Man stellt sich vor, daß sich jene Bundesländer an dieser neuen Gesellschaft beteiligen, die ein Interesse an der Erhaltung von Arbeitsplätzen in strukturschwachen Gebieten wie zum Beispiel in Bayern haben. Man hofft weiter auf Landesbürgschaften. Der Bund soll um eine Konzept-Bürgschaft in Höhe von 1 Milliarde DM gebeten werden, und zwar für neue Kredite. Ohne Mitwirkung der öffentlichen Hand scheint man inzwischen eine erfolgreiche Sanierung nicht mehr für möglich zu halten. Im Augenblick scheint es so zu sein, daß Bonn sagt, die Banken müssen her, diese wiederum, Bonn müsse her.

2. Um den Konzern unter Heranziehung neuen Eigenkapitals neu organisieren zu können, sind weitere Schritte vorgesehen: die Finanzschulden sollen, entsprechend ihrem Bedarf, den neuen Konzernteilen zugeordnet werden. Von den Banken erwartet man zunächst Darlehen von 1,75 Milliarden DM, die fünf Jahre mit 2,5 Prozent und dann zu marktüblichen Sätzen verzinst werden sollen. Getilgt werden sollen die Darlehen aus den Gewinnen der AEG-Technik AG. Dabei ist vorausgesetzt, daß der bei der Holding bestehende steuerliche Verlustvortrag (schätzungsweise 2 Milliarden DM) verwendet werden kann. Hier braucht man die Mitwirkung der Finanzbehörden. Mit der Belegschaft soll schließlich darüber gesprochen werden, ob sie nicht einen Teil der betrieblichen Sonderzahlungen als zinsgünstige Darlehen dem Konzern zur Verfügung stellt. Durch die verschiedenen Maßnahmen könnten, wenn sie so verwirklicht werden, dem Konzern knappe 3 Milliarden DM als zinsfreies „Kapital" zufließen.

3. Den Industriefirmen und Versicherungen, die 1979/80 Schuldscheindarlehen (466 Millionen DM) gezeichnet haben, soll angeboten werden, diese – über ein Konsortium – in eine Beteiligung an der neuen AEG-Technik umzuwandeln, wobei man sich ein hohes Agio erhofft. Ins Auge gefaßt wird offensichtlich auch eine Beteiligung dieses Kreises an der neuen AEG-Konsum AG.

4. Ein großes Problem für den Konzern sind die fehlenden Pensionsrückstellungen. Nach dem neuen Konzept sollen die Verpflichtungen gegenüber den vorhandenen Pensionären von der Holding, also der jetzigen AEG-Telefunken AG, übernommen werden. Sie soll die Pension solange zu Lasten des laufenden Ergebnisses zahlen, bis die Barwerte bei den Rückstellungen erreicht sind. Das erwartet man für 1987. Die beiden neuen Gesellschaften Technik und Konsum werden in ihren Eröffnungsbilanzen keine Pensionsrückstellungen haben. Sie sollen aber von ihrem Bestehen an zu Lasten ihrer Ergebnisse Rückstellungen für Pensionsanwartschaften bilden.

Die neue AEG-Technik AG soll mit einem Eigenkapital von etwa 750 Millionen DM ausgestattet werden. Sie umfaßt die jetzigen Unternehmensbereiche Anlagen- und Kommunikationstechnik, Serienprodukte und Olympia. Die Belegschaft würde rund 80 000 Mitarbeiter betragen, der Jahresumsatz gut 11 Milliarden DM. Mit dem neuen Partner wäre eine Zusammenarbeit auf fast allen Gebieten der Elektrotechnik und Elektronik möglich. Davon verspricht man sich eine der Weltkonkurrenz vergleichbare Größe und eine Ausweitung der Märkte für jeden der Partner.

Für die neue AEG-Konsum AG stellt sich das Konzept ein Eigenkapital von 400 Millionen DM vor. In ihr wäre der jetzige Unternehmensbereich Hausgeräte zusammengefaßt, der dem Konzern gegenwärtig am meisten zu schaffen macht. Wie es heißt, soll aber ein solides Sanierungsprogramm vorliegen. Es sei freilich aber noch eine Durststrecke zu überwinden, die auf zwei bis drei Jahre veranschlagt wird. Nur mit Hilfe der öffentlichen Hand könnten hier besonders gefährdete Arbeitsplätze gesichert werden.

Der Unternehmensbereich Unterhaltungs-Elektronik (Telefunken) soll, wie erwähnt, zumindest mehrheitlich abgegeben werden. Da sich die Gespräche mit dem französischen Konzern Thomson-Brandt zerschlagen haben, soll nun für das Inland eine

Lösung im nationalen Rahmen angestrebt werden. Außerdem soll die Abgabe von Produktionsgesellschaften im Ausland forciert werden.

Die derzeitige Zentrale des Konzerns soll, ihren künftigen Aufgaben als Holding entsprechend, erheblich verkleinert werden. Die echten Dienstleistungsfunktionen möchte man entweder als Dienstleistungsfirmen ausgliedern oder den operativen Bereichen zuordnen. Die Mitbestimmung in der Holding AEG-Telefunken AG bliebe bei der vorgesehenen Konstruktion des Konzerns erhalten.

Die Sanierungsversuche bei AEG

1. Im Dezember 1979 kündigt der AEG-Vorstand Dr. Walter Cipa seinen Rücktritt an. Gleichzeitig wird eine große Sanierungsaktion gestartet: Das Kapital wird von 930 auf 310 Millionen DM herabgesetzt und anschließend um 310 Millionen DM zum Kurs von 300 Prozent auf 620 Millionen DM heraufgesetzt. Die Banken übernehmen die neuen Aktien und stellen dem Konzern damit 930 Millionen DM zur Verfügung. Außerdem erfolgen Zinsstützungsmaßnahmen; Industrie sowie Versicherungen gewähren zinsgünstige Darlehen über 466 Millionen DM. Cipa: „Eine Sanierung darf keine Dauerveranstaltung sein."

2. Im Februar 1980 tritt Heinz Dürr als neuer Vorstandsvorsitzender zur Sanierung der AEG an mit der Zusicherung der Banken, der AEG auch weiter zu helfen.

3. Im Jahresabschluß 1980 muß ein Fehlbetrag von 278 (Vorjahr 968) Millionen DM ausgewiesen werden, wobei zuvor ein Teil der Verluste durch außerordentliche Einnahmen aus Grundstücksverkäufen ausgeglichen werden konnte.

4. Für das Jahr 1981 verzichten die Banken auf Forderungen in Höhe von 240 Millionen DM, damit die AEG einen ausgeglichenen Abschluß vorlegen kann. Insgesamt beträgt der Verlust 650 Millionen DM, der Rest wird durch außerordentliche Erträge aus Beteiligungsverkäufen ausgeglichen.

5. Dürr kündigt bei der Bilanzpressekonferenz im Mai an, daß 1982 wahrscheinlich neue Betriebsverluste zwischen 400 und 500 Millionen DM auszugleichen sein werden.

6. Ende Mai fühlen Dürr und sein Aufsichtsratsvorsitzender, der Dresdner-Bank-Chef Hans Friderichs, in Bonn wegen einer öffentlichen Bürgschaft vor.

7. Auf der Betriebsräteversammlung Ende Mai sagt Dürr: „Wenn wir jetzt zu einer weiteren Sanierung antreten, dann muß sie konzeptionell so angelegt sein, daß sie die vorhandenen Probleme abschließend löst. Das Problem AEG muß für die deutsche Wirtschaft und Gesellschaft vom Tisch." Dürr kritisiert, daß die erste Sanierung 1979 nicht ausgereicht habe, weil damals die verlustbringende Struktur nicht gleich mit verändert wurde und das Eigenkapital zu klein blieb. Die noch Ende der sechziger Jahre bis 1972 bezahlten Dividenden seien nicht echt „verdient" gewesen.

Zur Zukunft sagt Dürr dann: „Aber die AEG ist nicht nur sanierungswürdig, sie ist auch sanierungsfähig. Dazu ist eine konzertierte Aktion aller Beteiligten und Betroffenen erforderlich: des Unternehmens, der Belegschaft, des Großaktionärs Bankenkonsortium, der freien Aktionäre, des Bundes, der Länder und gegebenenfalls der deutschen Industrie."

Quelle: F.A.Z. vom 5. Juni 1982, S. 13 f.

Tafelbild

Sanierungsarten	
kapitalmäßige Sanierung (Sanierung im engeren Sinne)	allgemeine Sanierung (Sanierung im weiteren Sinne)
● Umschuldung ● Zuführung neuer Geldmittel ● Umwandlung von Fremd- in Eigenkapital ● Kapitalangleichung	Maßnahmen ● organisatorischer Art ● personeller Art

Folie 1

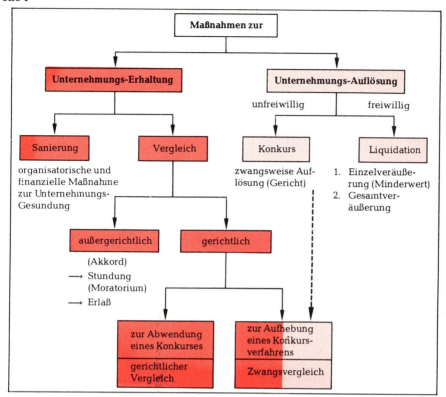

Folie 2

Veränderungen:	Löschungen:
HRA 21573 – 9.2.1981: **ORGANON-EDV-Gemeinschaftsanlage Gesellschaft mit beschränkter Haftung & Co., Hannover** (Georgstr. 52). Die Gesellschaft ist aufgelöst. Dipl.-Kaufmann Wolfgang Lechner, Hannover, ist zum Liquidator bestellt. Die Prokuren für Udo Haustein und Wolfgang Hoffmann sind erloschen.	HRB 432 – 30.1.1981: **KOSMOS – Industrie-Gummi, Gesellschaft mit beschränkter Haftung, Kempen 1.** Durch Gesellschafterbeschluß vom 16. März 1979 ist die Gesellschaft aufgelöst. Liquidator ist Josef Franz von Hasselt. Die Liquidation ist beendet. Die Firma ist erloschen.

Thema: Die notleidende Unternehmung
        c) Außergerichtlicher und gerichtlicher Vergleich

Lernziele:

Der Schüler soll

– die beiden Vergleichsarten unterscheiden können,
– Gefahren des außergerichtlichen Vergleichs aufzeigen,
– Voraussetzungen des Vergleichsverfahrens vor Gericht nennen,
– das Zustandekommen des gerichtlichen Vergleichs in Abhängigkeit von der Vergleichsquote erklären und auf einfache Fälle anwenden können.

1. Lernschritt:

Motivationsphase: L legt Folie 1 auf und bittet Sch die „Amtliche Bekanntmachung" zu beschreiben und zu erläutern.

2. Lernschritt:

Erarbeitungsphase: 1. Schritt: Was könnte dem gerichtlichen Vergleich vorausgegangen sein?
2. Schritt: Sch und L erarbeiten gemeinsam die Merkmale des außergerichtlichen Vergleichs in Folie 2 (Leerblatt für Sch).
3. Schritt: L erarbeitet fragend-entwickelnd die Merkmale des gerichtlichen Vergleichs anhand Folie 2.

3. Lernschritt:

Anwendungsphase: 1. Schritt: L verteilt Situationsaufgaben und fordert Sch zur Bearbeitung in Gruppenarbeit auf.
2. Schritt: Gemeinsame Besprechung der Ergebnisse.

Folie 1 (Information)

Amtliche Bekanntmachung

66 VN 3/81: Die Firma **von Manteuffel Handelsgesellschaft mbH, Kölner Straße 146, 4000 Düsseldorf** – vertreten durch den Kaufmann Adam Schmitz, Falkenweg 8, 4044 Kaarst – hat am 6. Februar 1981 die Eröffnung des gerichtlichen Vergleichsverfahrens beantragt. Zum vorläufigen Vergleichsverwalter ist der Rechtsanwalt Joachim Mikoleit, Grafenberger Allee 32, 4000 Düsseldorf, bestellt worden. Gegen die Schuldnerin ist ein allgemeines Veräußerungsverbot erlassen worden.
Düsseldorf, 6. Februar 1981   Amtsgericht

3 VN 3/81, 2 N 36/81: Amtsgericht Göppingen: Unter Ablehnung des Antrages auf Eröffnung des Vergleichsverfahrens ist über das Vermögen der **Firma Schiller Elektrogeräte, Gesellschaft mit beschränkter Haftung in 7336 Uhingen-Nassach**, vertreten durch die Liquidatoren Werner Renz, Steuerbevollmächtigter, Mozartstraße 11, 7320 Göppingen, und Rechtsanwalt Dr. Horst Brehm, Wilhelmstr. 19, 7060 Schorndorf, am 14.11.1981, 10 Uhr, das Anschlußverfahren eröffnet worden. **Konkursverwalter** ist Herr Rechtsanwalt Kurt Helmig, Ulmenweg 8, 7320 Göppingen. Konkursforderungen sind bis zum 07.01.1981 beim Amtsgericht Göppingen in doppelter Fertigung anzumelden. Termin zur Beschlußfassung über die Wahl eines endgültigen Verwalters, über die Bestellung eines Gläubigerausschusses und eintretendenfalls über die in § 132 der Konkursordnung bezeichneten Gegenstände ist bestimmt auf **Montag, den 25.01.1981, 14 Uhr,** Termin zur Prüfung der angemeldeten Forderungen ist bestimmt auf **Montag, den 08.02.1981, 14 Uhr,** vor dem Amtsgericht Göppingen, Pfarrstr. 25 (Schloß), 1. Stock, Sitzungssaal I. Wer Gegenstände der Konkursmasse besitzt oder zur Masse etwas schuldet, darf nichts mehr an die Schuldnerin leisten. Der Besitz der Sache und Ansprüche auf abgesonderte Befriedigung darauf sind dem Konkursverwalter bis zum 31.12.1981 anzuzeigen.

Folie 2 (Leerblatt für Schüler)

Übersicht	Freiwilliger Vergleich = Akkord	gerichtlicher Vergleich	Zwangsvergleich	Liquidation	Konkurs
Antrag		Schuldner			Gläubiger Schuldner
Gericht	–	zuständiges Amtsgericht = Vergleichsgericht	zuständiges Amtsgericht = Konkursgericht	–	zuständiges Amtsgericht = Konkursgericht
Unternehmung	bleibt bestehen			wird aufgelöst	
Zustimmung	**ein oder mehrere** (alle) Gläubiger *	Quote > 50 % = Mehrheit der Gläubiger mit 75 % aller Forderungen Quote < 50 % = Mehrheit 80 % der Forderungen	Mehrheit der nicht bevorrechtigten Gläubiger mit 75 % aller Forderungen	–	–
Quote	nach Vereinbarung	≧ 35 % oder ≧ 40 % bei Zahlungsziel von 1 Jahr	≧ 20 %		Höhe unbestimmt
Besonderheiten	* Gefahr, wenn Vergleich nicht zustande kommt (Wiederauflebungsklausel) – Restschuld erlassen	– Restschuld erlassen	Abwendung des Konkurses, wenn beim Konkurs geringere Quote zu erwarten – Restschuld erlassen	Firmenzusatz: i. L. – 5 Jahre Haftung bei Pers.-Ges. – Sperrfrist bei Kapitalges.	1. Illiquidität 2. Überschuldung Restschulden bleiben bestehen (30 J. Verj.)

↓

Moratorium
Stundung

Situationsaufgaben

Der außergerichtliche Vergleich

Wäschehaus Ernst Schumacher · Celle

Postanschrift: Ernst Schumacher · 3100 Celle · Postfach 346

> Strumpffabrik
> Georg Beyerle
> Tübinger Straße 225
> 7000 Stuttgart-Feuerbach

Vergleichsvorschlag

Leider hat sich mein Geschäft nicht so entwickelt, wie ich es bei der Erstellung meines neuen Geschäftshauses annahm.

Ich hatte nicht den erwarteten Umsatzzuwachs. Infolge der zunehmenden Motorisierung kauft die Landbevölkerung jetzt am Wochenende überwiegend in der benachbarten Großstadt Hannover ein. Ich habe deshalb den Neubau verkauft und in der Bahnhofstraße 34 ein kleines Geschäftslokal gemietet. Der durch die hohen Zins- und Personalkosten entstandene Verlust wurde durch den Verkauf des Hauses leider noch vergrößert. Die neuen Geschäftsräume sind dem gegenwärtigen Geschäftsumfang angepaßt. Meine Stammkundschaft sichert die Rentabilität des jetzigen Geschäftes.

Zur Abwendung des Konkurses biete ich meinen Gläubigern 50 % ihrer Forderungen für den Fall, daß sämtliche Gläubiger diesem außergerichtlichen Vergleich zustimmen. Die Vergleichsquote kommt spätestens 30 Tage nach Vergleichsabschluß zur Auszahlung und wird durch die Bürgschaft meines Schwiegervaters, des Kraftfahrzeughändlers Paul Müller, Mindener Straße 12, 3260 Rinteln, gesichert.

Die Versammlung der Gläubiger findet am 19.06. dieses Jahres um 10 Uhr in unseren Geschäftsräumen statt.

Mit freundlichen Grüßen

a) Welche Vorteile hat Schumacher bei der Durchführung eines außergerichtlichen Vergleichs gegenüber einem Konkursverfahren?

b) Welche Vorteile können die Gläubiger gegenüber der Durchführung eines Konkursverfahrens haben?

c) Beyerle hat dem Vorschlag Schumachers nicht zugestimmt. Muß er auf 50 % seiner Forderung verzichten?

d) Handelt es sich in diesem Fall um einen Erlaß- oder einen Stundungsvergleich? Wie unterscheiden sich beide?

Der gerichtliche Vergleich

Schumacher konnte den außergerichtlichen Vergleich nicht erreichen. Nur die Gläubiger Leonhard und Mathis waren einverstanden. Er beantragt deshalb einen gerichtlichen Vergleich zur Abwendung des Konkursverfahrens.

Vermögen	Bilanz des Wäschehauses E. Schumacher		Schulden
Anlagevermögen	10 000,—	Verbindlichkeiten	90 000,—
Umlaufvermögen	50 000,—		
Überschuldung	30 000,—		
	90 000,—		90 000,—

	Liste der Verbindlichkeiten	
Leonhard	aus Warenlieferung	20 000,—
Mathis	aus Warenlieferung	35 000,—
Kißling	Lohnforderung aus dem letzten Jahr	2 000,—
Finanzamt	Steuerforderung	10 000,—
Dr. Noll	Arzthonorar	3 000,—
G. Beyerle, Stuttgart	aus Warenlieferung	20 000,—

1. Auch bei der Abstimmung über den gerichtlichen Vergleich stimmen nur Leonhard und Mathis zu. Schumacher bietet 5 % der Forderungen innerhalb eines Jahres. Kommt der gerichtliche Vergleich zustande?
2. Muß Schumacher in der Vermögensaufstellung auch sein Privatvermögen angeben?
3. Müßte bei einer GmbH, einer OHG oder einer KG das Privatvermögen der Gesellschafter in der Vermögensaufstellung angegeben werden?

Thema: Die notleidende Unternehmung
   d)   Der Konkurs

Lernziele:

Der Schüler soll
— Voraussetzungen für das Konkursverfahren nennen können,
— das Verfahren grob beschreiben können,
— Verteilung der Konkursmasse und Berechnung der Konkursquote durchführen können,
— den Übergang zum Zwangsvergleich erklären,
— den Begriff „Ablehnung mangels Masse" erklären können, Kreditpunkte am geltenden Konkursrecht formulieren.

1. Lernschritt:

Motivationsphase: Sch lesen und erläutern Information zur Eröffnung des Konkursverfahrens (Folie 1).

2. Lernschritt:

Erarbeitungsphase: 1. Schritt: L und Sch erarbeiten gemeinsam Tafelbild 1 zum Konkursverfahren.
2. Schritt: L ergänzt Folie 2 aus der Vorstunde (Merkmale des Konkursverfahrens), Sch übernehmen.
3. Schritt: L und Sch führen anhand Folie 3 schrittweise Verteilung der Konkursmasse durch.
4. Schritt: Sch berechnen Konkursquote.
5. Schritt: L erläutert den Übergang zum Zwangsvergleich und ergänzt Voraussetzungen hierfür in Folie 2 (Merkmale).
6. Schritt: L erläutert „Einstellung mangels Masse".

3. Lernschritt:

Anwendungsphase: 1. Schritt: L verteilt Situationsaufgabe und fordert Sch zur Bearbeitung in Gruppenarbeit auf.
2. Schritt: Gemeinsame Besprechung der Ergebnisse.

4. Lernschritt:

Vertiefungsphase: Sch lösen Hausaufgaben, die später gemeinsam besprochen/diskutiert werden.

Folie 1 (Information)

66 N 25/81: Konkurseröffnungsverfahren über den Nachlaß des am 14. Dezember 1980 in Düsseldorf verstorbenen Kaufmanns **Bernhard Janßen, zuletzt wohnhaft in Düsseldorf, Glockenstraße 23**, bisheriger persönlich haftender Gesellschafter der Firma Bernd Janßen KG Büro-Electronic, Düsseldorf, Klosterstraße 78. Am 10. Februar 1981 ist ein allgemeines Veräußerungsverbot erlassen.
Düsseldorf, 10. Februar 1981   Amtsgericht

66 N 387/80: Der Antrag eines Gläubigers auf Eröffnung des Konkursverfahrens über das Vermögen der Firma **Graphexpo Messebau GmbH, Heyestraße 20–22, 4000 Düsseldorf 12** – vertreten durch den Geschäftsführer Roger Stanley, Horstead, Red Lodge, Chesham Road, Amersham/Buck (Großbritannien) und den Geschäftsführer Jorge Umbert Pla, Viladomat 49, Barcelona (Spanien) – ist mangels Masse abgewiesen worden (§ 107 KO).
Düsseldorf, 4. Februar 1981   Amtsgericht

Tafelbild 1

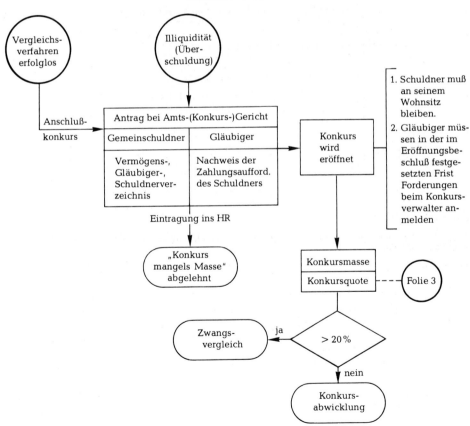

Folie 3

Vermögen	Schulden	Recht im Konkurs		
fremdes Eigentum (z. B. Eigentumsvorbehalt) 20 000,— DM)		Aussonderung		
Konkursmasse 170 000,— DM	durch Pfand gesichert (Hypo., Sicherungsübereignung) 30 000,— DM	Absonderung	stufenweise Befriedigung	
	bei Kunden 10 000,— DM	Aufrechnung		
	Käufe, Miete, Löhne nach Konkurseröffnung 20 000,— DM	Masseschulden		Einstellung „Mangels Masse", wenn nicht gedeckt
	Gerichts- und Verwaltungskosten 30 000,— DM	Massekosten		
	– bei Personal – beim Staat – bei Kirchen – bei Ärzten – bei Mündeln 60 000,— DM	bevorrechtigte Forderungen		
	gewöhnliche Forderungen – gedeckt 10 000,— DM	Quote $\frac{20\,000 \cdot 100}{120\,600}$		$16\,^2/_3\,\%$
	– ungedeckt 100 000,— DM			

hier: Zwangsvergleich unmöglich!

Situationsaufgaben

(Fälle in Anlehnung an Lehraufgabenprogramme für kaufmännische Betriebslehre und Organisation, 4. Auflage 1973, Europa-Verlag.)

Der Konkurs

1. Ein Konkursverwalter hat folgende Fälle zu erledigen:

   a) Eine Bohrmaschine wurde zum Preis von 6 000,— DM an den Schuldner unter Eigentumsvorbehalt geliefert. 3 000,— DM sind bezahlt. Der Gläubiger fordert die Herausgabe; der Konkursverwalter benötigt die Maschine noch zur vorläufigen Weiterführung der Produktion.

   Wie kann der Konkursverwalter erreichen, daß er die Maschine nicht herausgeben muß.

   b) Bei einem Spediteur lagert eine Kiste mit Gasfeuerzeugen aus der Produktion des Konkursschuldners. Der Spediteur verweigert die Herausgabe, da er noch Frachtgebühren zu fordern hat.

Wie soll sich der Konkursverwalter verhalten, wenn die Gasfeuerzeuge 2800,— DM wert sind und die Frachtschuld (auch noch aus früheren Sendungen) 1650,— DM beträgt?

c) Die Stadtsparkasse hat eine Forderung von 50000,— DM durch eine Hypothek auf das Geschäftshaus gesichert, das einen Wert von 190000,— DM hat.
Was hat mit dem Geschäftshaus zu geschehen?

d) Bei der Stadtsparkasse liegen Wertpapiere mit einem Tageswert von 50000,— DM als Sicherheit für einen Kredit in Höhe von 40000,— DM.
Was soll der Konkursverwalter unternehmen?

e) Ein Lieferer fordert die Herausgabe einer Maschine im Werte von 6000,— DM, die zur Sicherung einer Forderung aus Warenlieferung in Höhe von 4000,— DM sicherungsübereignet wurde.
Muß der Konkursverwalter die Maschine herausgeben?

f) Der Konkursschuldner hat eine Forderung aus Warenlieferung an den Kunden Maler in Höhe von 16000,— DM. Maler hat für eine Gegenlieferung 22000,— DM vom Konkursschuldner zu fordern.
Der Konkursverwalter hat die Quote auf 40% geschätzt.
Wieviel D-Mark seiner Forderungen muß Maler abschreiben (Buchung)?

g) Der Konkursschuldner schenkt seiner Ehefrau 13 Monate vor Konkurseröffnung Schmuck im Werte von 7000,— DM.
Muß die Ehefrau den Schmuck an den Konkursverwalter herausgeben? (Die Eheleute leben im Güterstand der Zugewinngemeinschaft.)

2. Nach Aussonderung, Absonderung, Aufrechnung und Verwertung des gesamten Vermögens bleiben dem Konkursverwalter 150000,— DM. Die Kosten des Verfahrens betragen 10000,— DM. Sonst sind nur noch die gewöhnlichen Forderungen mit 300000,— DM zu befriedigen.
Wie hoch ist die Konkursquote?

3. Nach Aussonderung, Absonderung, Aufrechnung und Verwertung des gesamten Vermögens bleiben dem Konkursverwalter 90000,— DM. Die Kosten des Verfahrens betragen 12000,— DM. Außerdem sind noch 3000,— DM Löhne und 5000,— DM Miete zu zahlen, die durch die vorübergehende Weiterführung des Geschäfts nach Konkurseröffnung entstanden sind. Die gewöhnlichen Forderungen betragen 280000,— DM.
Wie hoch ist die Konkursquote?

4. Nach Aussonderung, Absonderung und Aufrechnung bleiben dem Konkursverwalter noch 34000,— DM. Die Kosten des Verfahrens betragen 17000,— DM. Nach Eröffnung des Konkursverfahrens sind noch 3000,— DM Löhne angefallen. Aus dem Jahre vor der Eröffnung des Konkursverfahrens sind noch 12000,— DM Löhne und noch 8000,— DM Steuern zu zahlen. Die restlichen gewöhnlichen Forderungen betragen 35000,— DM.
Wie werden die einzelnen Forderungen befriedigt?

Der Zwangsvergleich

Der gerichtliche Vergleich ist nicht zustande gekommen. Deshalb wurde das Vergleichsverfahren in das Konkursverfahren übergeleitet.

1. Der bestellte Konkursverwalter glaubt, daß er für die Vermögensgegenstände der vorliegenden Bilanz folgende Veräußerungserlöse erzielen kann:
Anlagevermögen 5000,— DM, Umlaufvermögen 25000,— DM. Die Forderungen der Massegläubiger betragen 5000,— DM.
Errechnen Sie aus den Schätzungen des Konkursverwalters die zu erwartende Konkursquote!

2. Nach einer Rücksprache Schumachers mit seinem Schwiegervater Müller ist dieser bereit, seinen Schwiegersohn durch einen Zuschuß von 20 000,— DM zu unterstützen.
   a) Warum werden die Gläubiger jetzt eher bereit sein, der Abwendung des Konkurses zuzustimmen?
   b) Beyerle will auf alle Fälle auf der Durchführung des Konkursverfahrens bestehen. Kann er es erzwingen?
   c) Warum macht der Schwiegervater Müller seinen Zuschuß davon abhängig, daß der Konkurs abgewendet wird?

Hausaufgaben:

1. Sammeln Sie Maßnahmen zur Unternehmenserhaltung, die den finanziellen und organisatorischen Bereich einer Unternehmung betreffen!
2. Stellen Sie die wesentlichen Unterschiede des gerichtlichen und außergerichtlichen Vergleichs gegenüber!
3. Wo liegen die besonderen Gefahren für den Gläubiger, wenn er sich auf einen Vergleich einläßt?
4. Wie unterscheiden sich Stundungs- und Erlaßvergleich?
5. INSOLVENZEN

   Creditreform: 1981 rollt neue Konkurswelle

   HANDELSBLATT, Dienstag, 17.2.1981

   hs Düsseldorf. Eine neue Welle von Unternehmenszusammenbrüchen – vergleichbar der Insolvenzwelle in den Krisenjahren 1966/67 und 1974/75 – erwartet der Verband der auf Wirtschaftsauskünfte und Forderungseinzug spezialisierten Vereine Creditreform in Neuß für dieses Jahr. Schon 1980 gab es eine Umkehr der 1978/79 rückläufigen Tendenz der Konkurse und Vergleiche.

   Für 1980 rechnet Creditreform mit einer Zunahme der Konkurse und Vergleiche um 9,5 % auf insgesamt 9 111 Fälle. Die Zahl der Zahlungsunfähigkeitsfälle bei Firmen dürfte sogar um 13,5 % auf rd. 6 220 gestiegen sein. Der geschätzte Gegenwert der zur Protest gegangenen Wechsel stieg um 10,5 % auf 941 Mill. DM, der der reklamierten Schecks sogar um über 26 % auf 2,88 Mrd. DM. Rd. 6 660 Konkurse dürften mangels Masse abgelehnt worden sein. Das entspricht einer Zunahme um über 10 % gegenüber 1979 bzw. einem Anteil an der Gesamtzahl der Konkurse von fast 75 %. Das ist ein neuer Rekord und erscheint besonders negativ bei einem Vergleich mit der Quote masseloser Konkurse von nur 40 % im Krisenjahr 1967.

   Nach eigenen Untersuchungen von Creditreform wurden 1980 Einzelhandelsbetriebe besonders stark in Mitleidenschaft gezogen, im Dienstleistungsgewerbe häufig Verlage und Unternehmen der Freizeitbranche. Im Verhältnis zur Zahl der in den einzelnen Wirtschaftsbereichen tätigen Unternehmen entwickelten sich die Insolvenzen im vorigen Jahr gegenüber 1979 wie folgt: Im produzierenden Gewerbe stiegen die Fälle um 18,3 %, davon im verarbeitenden Gewerbe allein um 20,4 %. Im Baugewerbe gab es nach einem Anstieg in vergangenen Jahren einen Rückgang um fast 8 %, im Handel dagegen eine Zunahme um fast 23 %. Im Einzelhandel lag der Bereich Bekleidung, Wäsche, Ausstattungs- und Sportartikel sowie Schuhe nach der absoluten Zahl der Fälle an der Spitze der Zusammenbrüche. Wiederum relativ zur Zahl der vorhandenen Unternehmen stieg die Zahl der Insolvenzen im Bereich Dienstleistungen, sonstige Unternehmen und Freie Berufe um 23,6 %.

   Pro tausend Unternehmen lagen Bremen mit 1,4 und Hamburg mit 1,3 insolvent gewordenen Firmen regional an der Spitze, Schleswig-Holstein mit 0,17 Insolvenzfällen am Ende der Skala.

   Nach Rechtsformen liegt die GmbH mit 15,8 (12,9) Insolvenzfällen je 1 000 Unternehmen nach wie vor mit großem Abstand an der Spitze, gefolgt von der GmbH & Co. KG mit 5,6 (5,4) Fällen. Hier liegen am Ende der Skala die Einzelfirma und die eingetragene Genossenschaft mit jeweils rd. 0,15 Fällen je 1000 Unternehmen. Creditreform rechnet noch mit einem Anschwellen der Insolvenzwelle bei diesen Rechtsformen und nennt als Gründe den Drang zur Selbständigkeit bei gleichzeitiger Risikobeschränkung, was zu einer Bevorzugung der GmbH bei Neugründungen führe. Häufig werde bei Neugründungen die Voraussetzung ausreichender Finanzierung, Fachqualifikation und Marktererkundung sowie des richtigen Standorts nicht beachtet. Relativ die meisten Neugründungen erfolgten 1980 mit 84,3 pro 1000 Unternehmen im Wirtschaftsbereich Elektrotechnik, Feinmechanik und Optik, gefolgt von Kreditinstituten und vom Versicherungsgewerbe mit 78,4, der chemischen Industrie mit 78,3 und dem Baugewerbe mit 44,2 Neueintragungen pro 1000 Unternehmen.

Im vergangenen Jahr dürften rd. 255000 Arbeitskräfte insolvenzbedingt freigesetzt worden sein. Das entspricht 28,7 (28,5) % der durchschnittlichen Arbeitslosenzahl.

Die 104 Vereine Creditreform, denen am 31.12. 1980 genau 74381 (+ 2,2%) Mitglieder angeschlossen waren, konnten 1980 ihren Umsatz mit einem bis zum Jahresultimo um 3% auf 1982 festgestellte Mitarbeiter um gestiegenen Personalbestand um 13,3% auf 125,4 Mill. DM erhöhen.

a) In welchen Branchen ist für 1981 mit besonders hohen Vergleichen und Konkursen zu rechnen?
b) Suchen Sie nach Gründen für diese Entwicklung!
c) Welche Rolle spielen die Unternehmensformen in diesem Zusammenhang?

6. Die Summe der nicht bevorrechtigten Forderungen beträgt 150000,— DM, die der verbliebenen Konkursmasse 10000,— DM.
Wie hoch ist die Konkursquote?

7. Berechnen Sie für die folgenden Beispiele die Konkursquote!

Beispiel:

Konkursmasse	140000,— DM	80000,— DM
− Aussonderung	15000,— DM	−,— DM
− Absonderung	7000,— DM	4000,— DM
Restmasse I	118000,— DM	76000,— DM
− Masseschulden	9000,— DM	7000,— DM
− Massekosten	11000,— DM	10000,— DM
Restmasse II	98000,— DM	59000,— DM
− bevorrechtigte Gläubiger		
rückständige Löhne	26000,— DM	48000,— DM
rückständige Kirchensteuern	3000,— DM	2000,— DM
Arztrechnungen	−,— DM	3000,— DM
Restmasse III	51000,— DM	−,— DM
nicht bevorrechtigte Gläubiger	433000,— DM	176000,— DM
Konkursquote		

8. **INSOLVENZRECHT**

So gut wie konkursreif

Donnerstag voriger Woche: Ausverkauf bei der zahlungsunfähigen SB-Warenhauskette mehr Wert. Konkursverwalter Joachim Kilger hatte empfohlen, die Warenbestände zu verramschen, in der Hoffnung, für die über 3000 Gläubiger vielleicht 50 Millionen hereinzubekommen.

Kilgers Idee löste ungeahnten Zuspruch aus. Bei mehr Wert in Mönchengladbach prügelten sich Kunden, in Hannover kapitulierte die Polizei vor einem Verkehrschaos, in Hamburg fielen in dem Gedränge ältere Damen um. Schon am ersten Tag waren mehr als zehn Millionen in den Kassen. Dennoch steht jetzt schon fest, daß die Einnahmen nicht ausreichen werden, die Masse der Gläubiger zu entschädigen.

Am selben Donnerstag dozierte derselbe Joachim Kilger vor rund 2500 Kollegen beim Deutschen Juristentag in Stuttgart über die rechtlichen Seiten derartiger Insolvenzen. Nach seinem Erkenntnisstand ist das deutsche Konkursrecht selbst „so gut wie konkursreif".

Schon öfter hat sich der Juristentag in seiner 116jährigen Geschichte mit dem mangelhaften Schutz der Gläubiger bei Pleiten befaßt. Leichtfertige Kaufleute können nach geltendem Recht ihren Lieferanten und Kreditgebern mehr Sicherheiten anbieten, als sie zu garantieren imstande sind.

Der prominenteste Gast der Stuttgarter Tagung, Bundesjustizminister Hans-Joachim Vogel untertrieb fein, als er meinte, daß die heutige Vielfalt von Kredit-Sicherheiten auf die Ergebnisse einer Insolvenz „von ganz starkem Einfluß" sei.

Worin hier das Hauptübel liegt, deutete das Thema der Juristentag-Arbeitsgruppe „Kreditsicherung" an: „Empfehlen sich gesetzliche Maßnahmen zur Reform der Mobiliar-Sicherheiten?"

Längst spielen im Geschäftsleben so klassische Pfänder wie Gebäude und Grundstücke keine große Rolle mehr. Wesentlich weiter verbreitet sind heute von Warenlieferanten angemeldete Eigentumsvorbehalte oder Rechte auf Maschinen und Fahrzeuge, die sich Banken als Sicherheiten haben übereignen lassen.

Was derartige Garantien fragwürdig macht, ist, daß sie häufig miteinander konkurrieren. So kommt es oft vor, daß zur Absicherung von Bankkrediten das ganze Warenlager angeboten wird, auf das jedoch etliche Lieferanten schon Vorbehalte ausgehandelt haben. So sind in vielen Fällen von Zahlungsunfähigkeit die Vermögensreste derart mit Vorrechten belastet, daß schon vor Eröffnung des Konkurses praktisch alles mehrfach verteilt ist.

Diese Tendenz steigt: 1967 wurden etwa 40 Prozent aller Konkursanträge mangels Masse abgelehnt. In diesem Jahr waren es bisher schon 70 Prozent. Verschärfend kommt hinzu ein ehernes Prinzip der Konkursordnung – die Generalvollstreckung. Will heißen: Ein insolventes Unternehmen kommt in der Regel gänzlich unter den Hammer. Das Gesetz sieht nicht vor, möglicherweise noch gesunde Teile herauszulösen und zum Nutzen aller Beteiligten weiter wirtschaften zu lassen.

(Quelle: Wirtschaftswoche vom 24.09.1976, S. 23)

a) Nennen Sie Gründe dafür, daß das deutsche Konkursrecht überholt ist!
b) Machen Sie Vorschläge zu einer verbesserten Kreditsicherung!
c) Welche Gründe sprechen für die zunehmende Ablehnung von Konkursanträgen?

4 Wirtschaftssysteme und Wirtschaftsordnungen

Thema: Zusammenhänge zwischen Wirtschafts-, Rechts- und Gesellschaftsordnung

Lernziele:

Der Schüler soll
- die Bauelemente der Wirtschaftsordnung bezeichnen können,
- die wichtigsten Kriterien eines Gesellschaftssystems nennen können,
- erkennen, daß das Rechtssystem zur Erhaltung des Gesellschaftssystems und des Wirtschaftssystem beiträgt,
- das Verhältnis zwischen Wirtschafts- und Gesellschaftsordnung beschreiben und erklären können.

1. Lernschritt:

Motivationsphase: L verteilt Text zur Situation der Bundesrepublik Deutschland nach dem Kriege und fordert Sch zur Bearbeitung der Fragen auf.

2. Lernschritt:

Erarbeitungsphase: 1. Schritt: L und Sch diskutieren die Antworten aus Arbeitsblatt 1.
2. Schritt: L ergänzt die Ergebnisse durch Tafelbild 1.
3. Schritt: Sch und L erarbeiten den Unterschied zwischen „System" und „Ordnung".

3. Lernschritt:

Vertiefungsphase: 1. Schritt: Sch und L erarbeiten die Grundlagen der Rechtsordnung im Zusammenhang mit der Gesellschafts- und Wirtschaftsordnung (Tafelbild 2a).
2. Schritt: Sch und L erarbeiten die Entscheidungen im Bereich Gesellschaftsordnung (TB 2b) und Wirtschaftsordnung (TB 2c) im Verhältnis zur Rechtsordnung.

Arbeitsblatt 1

Die Lage Deutschlands nach dem Zusammenbruch 1945 ließ wenig Hoffnung zu, daß die Wirtschaft jemals wieder blühen würde. Die deutsche Wirtschaft war fast völlig zerstört. In Deutschland herrschten Not und Hunger. Der Schwarzmarkt blühte. Die einfachsten Forderungen des täglichen Lebens waren zu fast unlösbaren Problemen geworden. Die Menschen hatten kaum Möglichkeiten zum Arbeiten und für das verdiente Geld konnte man nichts Brauchbares kaufen. Den Menschen war der ganze Mut genommen, denn zum zweiten Mal innerhalb einer Generation hatte eine Inflation die Ersparnisse vernichtet und die Wirtschaft lahmgelegt. Diese kümmerliche Lage konnte nur durch einen radikalen Eingriff, eine Währungsreform und eine Wirtschaftsreform, beseitigt werden. Am 20. Juni 1948 trat die DM in Kraft. Die Verantwortung für diese Maßnahmen übernahmen die drei westlichen Besatzungsmächte. Aber die Entscheidung über Erfolg und Mißerfolg der Währungsreform, d. h. über einzuführende Ordnung der deutschen Wirtschaft, blieb der damals zuständigen deutschen Stelle, dem Frankfurter Wirtschaftsrat. Professor Ludwig Erhard, der damals Direktor des Wirtschaftsrates war, begann 1948 die Grundlagen unserer heutigen Wirtschaftsordnung zu legen. Er gehörte zu einer Gruppe von Volkswirtschaftlern, die sich schon während der national-sozialistischen Herrschaft Gedanken darüber machte, wie die deutsche Wirtschaft nach dem Kriege neu geordnet werden könne. Zu dieser Gruppe gehörten außer Prof. Ludwig Erhard, Prof. Walter Eucken, Prof. Franz Böhm, Prof. Alexander Rüstow, Prof. Wilhelm Röpke, Prof. Alfred Müller-Armack und andere. Man nennt diese Gruppe auch die „Neo-Liberalen". Das deutsche Volk mußte sich also für eine Wirtschaftsordnung entscheiden. Daneben mußte die Frage der Gesellschaftsordnung und der Rechtsordnung ebenfalls neu entschieden und geregelt werden.

Aufgaben:

Beantworten und diskutieren Sie folgende Fragen:
1. Überprüfen Sie, ob die obigen Aussagen mit der damaligen Realität übereinstimmen!
2. Was ist unter Wirtschafts-, Gesellschafts- und Rechtsordnung zu verstehen?
3. Welche Wirtschafts- und Gesellschaftsordnung hatten wir vor dem Krieg?
4. Welche Nachteile hatte das Wirtschafts- und Gesellschaftssystem in Deutschland vor dem Krieg?

Tafelbild 1

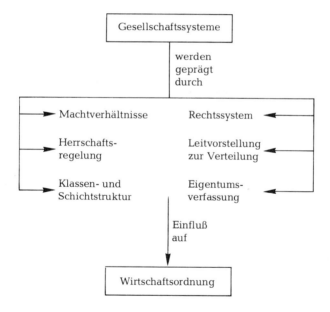

Tafelbild 2

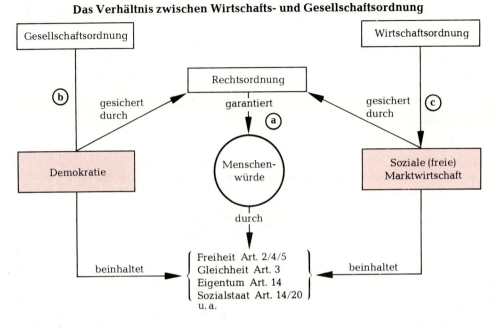

Thema: Von der freien Marktwirtschaft zur sozialen Marktwirtschaft

Lernziele:

Der Schüler soll

— die Ordnungselemente zur Ausgestaltung und Typisierung der Wirtschaftsordnungen nennen und beschreiben können,
— die wesentlichen Unterschiede zwischen „Freier Marktwirtschaft" und „Sozialer Marktwirtschaft" nennen und erläutern können,
— aktive Eingriffe des Staates in das marktliche Geschehen beschreiben können,
— die Erfahrungen der „Freien Marktwirtschaft" in der Vergangenheit bewerten können.

1. Lernschritt:

Motivationsphase: L und Sch besprechen im Rahmen einer Wiederholung das vereinfachte System der Marktwirtschaft (Folie 1).

2. Lernschritt:

Erarbeitungsphase: 1. Schritt: L und Sch erarbeiten die Ordnungselemente der Ausgestaltung und Typisierung der Wirtschaftsordnungen (Tafelbild 1).
2. Schritt: L und Sch konstruieren das vereinfachte Modell der „Freien Marktwirtschaft" (Tafelbild 2a).
3. Schritt: Sch und L erweitern um den Bereich der „Sozialen Marktwirtschaft" (Tafelbild 2b).

3. Lernschritt:

Vertiefungsphase: 1. Schritt: L erläutert anhand Tafelbild 3 die Negativmerkmale der „Freien Marktwirtschaft".

2. Schritt: L und Sch erarbeiten die aktiven Eingriffe des Staates in der „Sozialen Marktwirtschaft" (TB 4).

3. Schritt: L und Sch stellen die wesentlichen Merkmale von freier und sozialer Marktwirtschaft in TB 5 gegenüber.

Folie 1

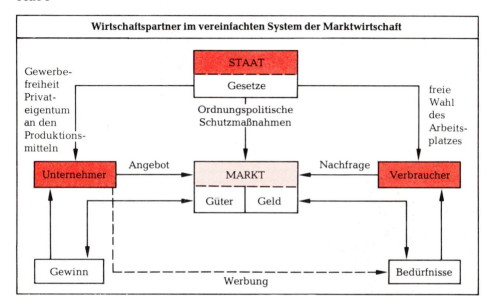

Tafelbild 1

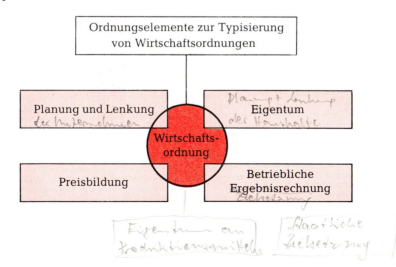

Tafelbild 2

Soziale (freie) Marktwirtschaft

- Soziale MW
  - A. Müller-Armack
  - L. Erhard
- Neoliberale MW
  - W. Eucken
  - W. Röpke
- liberale MW
  - A. Smith
  - D. Ricardo
  - J. St. Mill

"regulierende Prinzipien"

Staat — **Gesetze**
- "gerechte" Verteilung
- unternehmerische Tätigkeit
- funktionierendes Geldwesen
- angemessene Rechtsordnung

Schutz (KartellG, VerbrSchutzG) → **Verbraucher**

Schutz (Patente) → **Unternehmer**

Angebot → **MARKT** (Güter / Geld) ← Bedarf / Nachfrage ← Verbraucher

N = A Ⓟ

Werbung / Marktforschung → Bedürfnisse

Gewinn — Zielsystem

② b soziale Marktwirtschaft
② a freie Marktwirtschaft

220

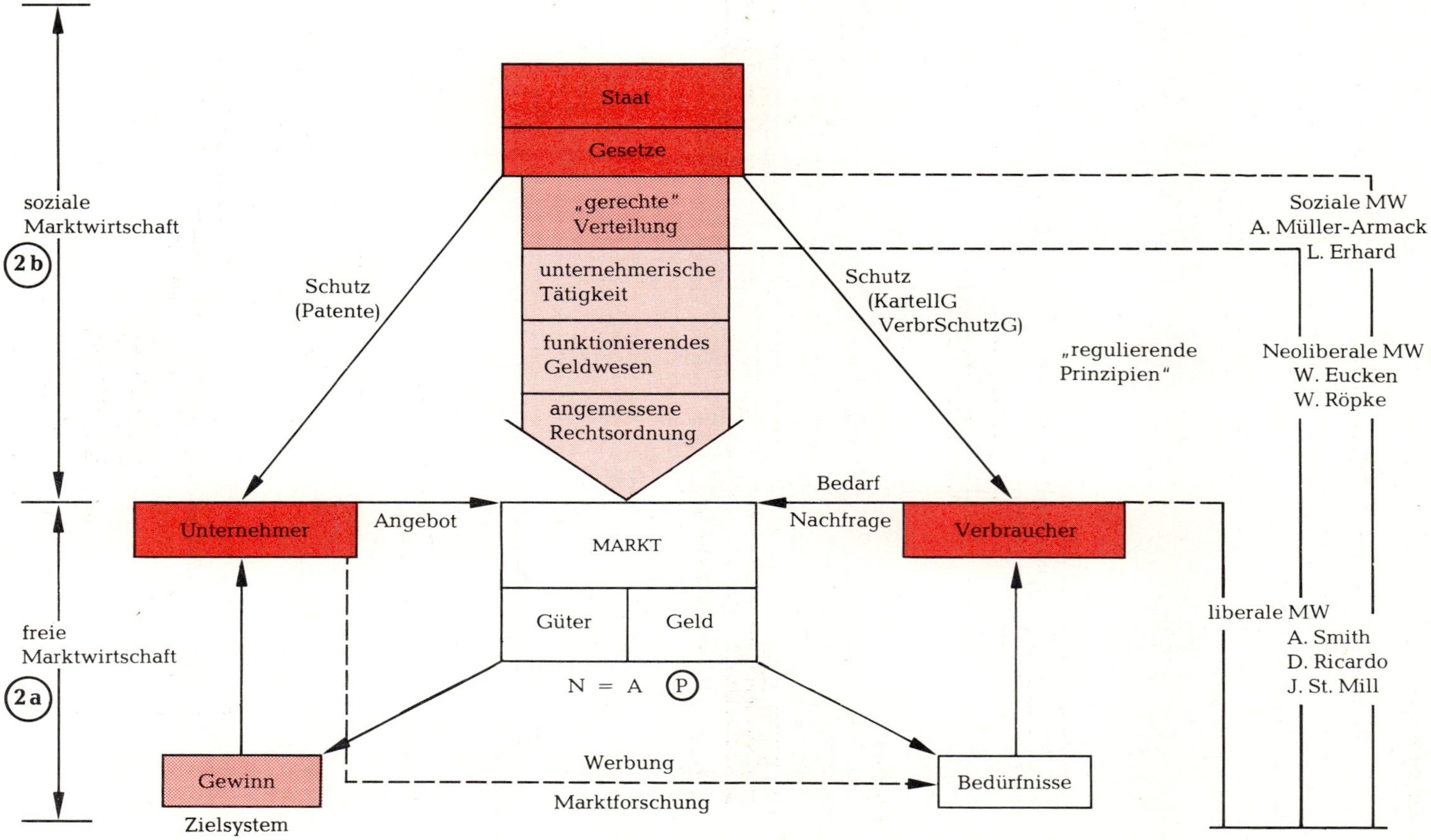

Tafelbild 3

Entwicklungsstufen zur Marktbeherrschung in der „Freien Marktwirtschaft"

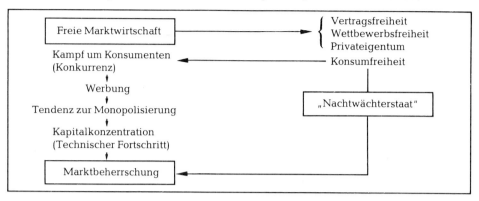

Tafelbild 4

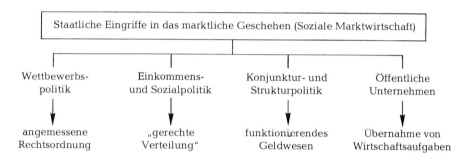

Tafelbild 5

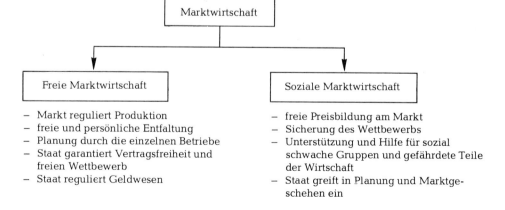

Thema: Von der Zentralverwaltungswirtschaft zum realexistierenden Sozialismus

Lernziele:

Der Schüler soll
- das Grundmodell der „Zentralverwaltungswirtschaft" beschreiben können,
- die Grundprobleme der Zentralverwaltungswirtschaft erläutern können,
- Reformmaßnahmen am planwirtschaftlichen System beschreiben und bewerten können,
- die sozialistische Planwirtschaft in Mitteldeutschland als realexistierende Zentralverwaltungswirtschaft beschreiben können.

1. Lernschritt:

Motivationsphase: L verteilt Arbeitsaufgabe 1 und fordert Sch zur Bearbeitung mit anschließender Diskussion auf.

2. Lernschritt:

Erarbeitungsphase: 1. Schritt: Sch und L erarbeiten das Grundmodell der Zentralverwaltungswirtschaft (Tafelbild 1).
2. Schritt: L erläutert anhand Tafelbild 2 den Ordnungsrahmen der Zentralverwaltungswirtschaft.
3. Schritt: L und Sch besprechen die grundlegenden Probleme der Zentralverwaltungswirtschaft (Tafelbild 3).
4. Schritt: L erläutert anhand Folie 1 mögliche Reformmaßnahmen für das System der Zentralverwaltungswirtschaft.

3. Lernschritt:

Vertiefungsphase: 1. Schritt: L verteilt Informationsblatt 1 an Sch und erläutert die sozialistische Planwirtschaft in der DDR.
2. Schritt: L und Sch ergänzen die Ordnungselemente der Wirtschaftsordnungen für die Marktwirtschaft und die Zentralverwaltungswirtschaft (Tafelbild 4).

Arbeitsaufgabe 1

Bei einem Hausbau will der Architekt prüfen, ob Kunststoff durch Holz ersetzt werden kann.
a) Beschreiben Sie kurz, wie das Problem in der Marktwirtschaft zu lösen wäre!
b) Welche Überlegungen müssen dagegen in der Zentralverwaltungswirtschaft von der zentralen Planungsbehörde angestellt werden?

Tafelbild 1

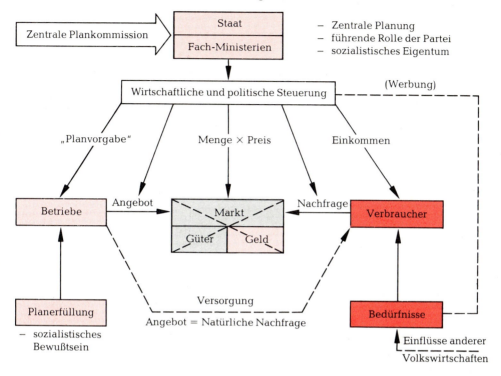

Tafelbild 2

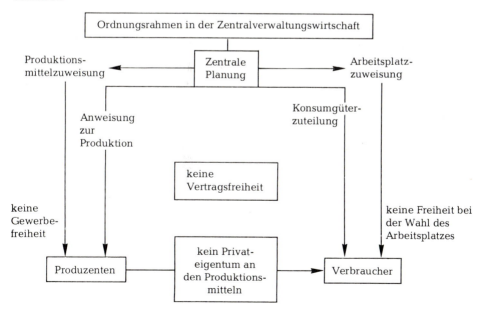

Tafelbild 3

Folie 1

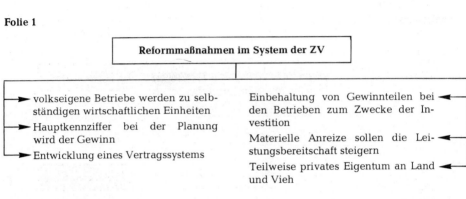

Informationsblatt 1

Sozialistische Planwirtschaft in Mitteldeutschland

Die sozialistische Planwirtschaft in Mitteldeutschland ist eine zentral gelenkte Verwaltungswirtschaft, die nach dem Vorbild der Sowjetunion auf dem staatlichen und genossenschaftlichen Eigentum an den Produktionsmitteln beruht. Sie ist verfassungsmäßig festgelegt und erstreckt sich auf alle Wirtschaftsbereiche, einschl. des kleinen Sektors der noch verbliebenen privaten Wirtschaftsbetriebe.

Die oberste Planungsbehörde ist die Staatliche Plankommission, die den Weisungen des Zentralkomitees (ZK) der SED unterliegt und in enger Zusammenarbeit und Absprache mit den sowjetischen Planungsinstanzen sowie mit dem Rat für gegenseitige Wirtschaftshilfe (RGW oder COMECON) die Wirtschaftspläne entwickelt. Nach den Anweisungen der Staatlichen Plankommission (Mengenplanung) und des Finanzministeriums (Finanzplanung) lenken und kontrollieren die Wirtschaftsministerien und zentralen Behörden Erzeugung, Verteilung und Verbrauch des volkswirtschaftlichen Sozialprodukts. Der Staat dirigiert den gesamten Arbeitsmarkt, setzt Preise und Löhne fest und besitzt das Monopol im Außenhandel, im Bank-, Geld- und Kreditverkehr sowie im Versicherungswesen. Charakteristisch für die Planwirtschaft der kommunistischen Länder ist der bevorzugte Ausbau der Grundstoff- und Schwerindustrie.

In der Vergangenheit wurde das mitteldeutsche Planungssystem äußerst starr und unelastisch gehandhabt. Die Produktionsbetriebe waren streng an die zentralen Wirtschaftspläne gebunden und mußten sich strikt an die vorgeschriebenen Orientierungs- und Kennziffern halten. Der geringe wirtschaftliche Erfolg dieses Planungssystems veranlaßte die SED-Führung im Juli 1963 zur Einführung des „Neuen ökonomischen Systems der Planung und Leitung der Volkswirtschaft" (NÖS).

Das neue System behält das Grundprinzip der Planung und Leitung mittels zentraler Befehle bei, ergänzt es jedoch durch ein System indirekter wirtschaftlicher Instrumente, sog. „ökonomischer Hebel" (Preise, Gewinn, Kapitalzins). Vor allem durch den betrieblichen Gewinn und entsprechende Prämien soll das materielle Interesse der Arbeiter gestärkt und sie dadurch zu planentsprechendem Verhalten und zu erhöhten Leistungen angespornt werden. Die Methoden der Wirtschaftsplanung wurden insofern geändert, als an die Stelle der bis ins Detail ausgearbeiteten langfristigen Perspektivpläne Rahmenpläne mit weniger detaillierten Plan- und Wertkennziffern traten. Den für die einzelnen Industriezweige geschaffenen „Vereinigungen Volkseigener Betriebe" wurde mehr Spielraum für eigene Planvorschläge eingeräumt.

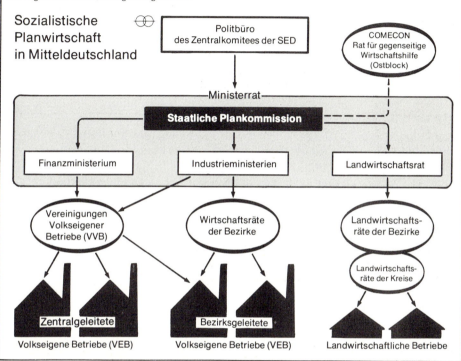

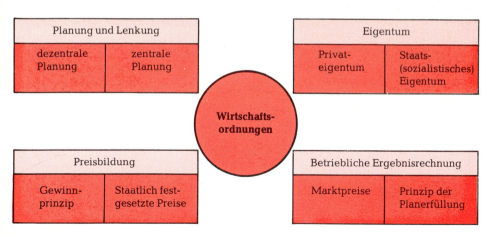

Thema: Vergleich der Wirtschaftsordnungen

Lernziele:

Der Schüler soll
- die Wirtschaftssysteme der Bundesrepublik Deutschland und der DDR unterscheiden und beschreiben können,
- die Schwerpunkte der Betriebs- und Unternehmensführung in beiden Wirtschaftssystemen erklären können,
- erkennen, daß durch unterschiedliche statistische Methoden und Begriffsinhalte ein Vergleich der Wirtschaftssysteme erschwert wird.

1. Lernschritt:

Motivationsphase: L verteilt geographische Karte der Bundesrepublik und der DDR und fordert Sch zum Vergleich Gebiet und Bevölkerung auf (Arbeitsblatt 1).

2. Lernschritt:

Erarbeitungsphase: 1. Schritt: L und Sch erarbeiten die Schwerpunkte der Betriebs- und Unternehmensführung in der Sozialen Marktwirtschaft der Bundesrepublik Deutschland (Folie 1 a).
2. Schritt: L und Sch erarbeiten den Bereich der Zentralen Planwirtschaft der DDR (Folie 1 b).

3. Lernschritt:

Vertiefungsphase: 1. Schritt: L erläutert anhand Tafelbild 1 in einer vergleichenden Gegenüberstellung die Marktwirtschaft und die Planwirtschaft.
2. Schritt: L und Sch erarbeiten in einer Übersicht (Tafelbild 2) die Annäherungstendenzen bei realexistierenden Wirtschaftsordnungen.

4. Lernschritt:

Anwendungsphase und Lernzielkontrolle: L verteilt Arbeitsaufgaben und läßt Klassenarbeit schreiben.

Arbeitsblatt 1

Gebiet und Bevölkerung

Bundesrepublik Deutschland[1)]
nach Ländern
DDR nach Bezirken
Stand 1.1.1981

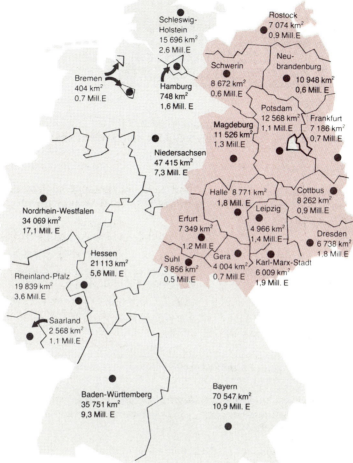

Quellen: 1 (1981); 2 (1981)

Zahlenspiegel

- Landeshauptstädte in der Bundesrepublik bzw. Bezirkshauptstädte in der DDR (hier namentlich identisch mit den Bezirksbezeichnungen)
- E Einwohner

Gesamtfläche	Gesamtbevölkerung
248 630 km²	61,7 Mill. E[2)]
108 333 km²	16,7 Mill. E

1) Gebietsstand 1.2.1978   2) Darunter 7 % Ausländer ≙ 4 453 300.

Folie 1
Schwerpunkte der Betriebs- und Unternehmensführung in beiden Wirtschaftssystemen

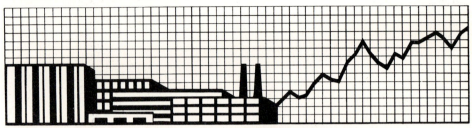

Bundesrepublik Deutschland | Deutsche Demokratische Republik

1a Soziale Marktwirtschaft | **1b** Zentrale Planwirtschaft

– Ziele –
- BRD: 1. Gewinnerwirtschaftung; 2. Zukunftssicherung des Unternehmens
- DDR: 1. Erfüllung des Betriebsplans als Teil des Volkswirtschaftsplans; 2. Gewinnerwirtschaftung

– Leitung –
- BRD: vor allem Kollegialleitungen (unterschiedliche Leitungsprinzipien)
- DDR: Leitung durch einzelne staatliche Beauftragte (Prinzip der Einzelleitung)

– Kontrollorgane –
- BRD:
  - Eigentümer (z. B. Einzeleigentümer, Aktionäre)
  - Kreditgeber (z. B. Banken)
  - staatliche und supranationale Behörden (z. B. Gewerbeaufsichtsamt)
  - „Erfolg am Markt"
- DDR:
  - staatliche wirtschaftsleitende Organe (z. B. Fachminister, Rat des Bezirks)
  - staatliche Plankommission
  - Betriebsparteiorganisation der SED, Beauftragte des Zentralkomitees der SED
  - Betriebsgewerkschaftsorganisation des FDGB
  - gesellschaftliche Kontrollorgane (z. B. „Arbeiter- und Bauerninspektion")

Tafelbild 1

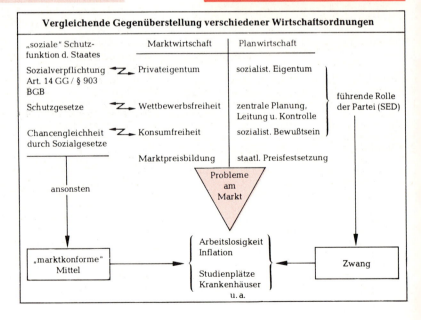

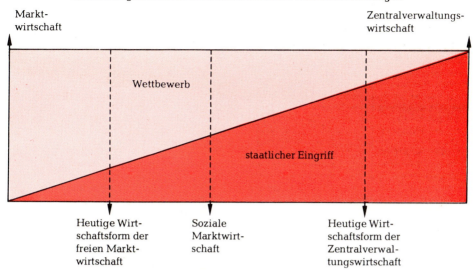

Arbeitsaufgaben:

(Gesamtbereich Wirtschaftssysteme und Wirtschaftsordnungen)

1. Ein aktuelles Problem der Marktwirtschaft ist die Arbeitslosigkeit. Die Zentralverwaltungswirtschaft stellt als ihren Vorzug heraus, daß es Arbeitslosigkeit bei ihr nicht geben kann.

Arbeitslosigkeit im Ost-West-Vergleich

Die nun schon seit fünf Jahren – seit den drastischen Ölpreiserhöhungen von 1973/74 – hartnäckig anhaltende relativ hohe Arbeitslosigkeit in den westlichen Industrieländern wird selbst unter westlichen Politikern und Publizisten weithin als Symptom einer neuen „Weltwirtschaftskrise" gedeutet.

Darüber hinaus ist auch in der westlichen Soziologie die Auffassung weit verbreitet, diese relativ hohe Stellenlosigkeit (in der Bundesrepublik Deutschland im Jahresdurchschnitt rund eine Million Stellenlose gegenüber 21 Millionen abhängig Beschäftigten und 25 Millionen Beschäftigten – inklusive Selbständige und Mithelfende – insgesamt) sei eine spezifische Erscheinung des marktwirtschaftlichen oder „kapitalistischen" Systems.

Dies ist jedoch nicht oder nur sehr bedingt richtig. Denn einmal ist die gegenwärtige Rezession mit der tiefgreifenden Weltwirtschaftskrise der Jahre 1929 bis 1933 schon deshalb nicht vergleichbar, weil das Wirtschaftswachstum seit 1973 nicht – wie damals – drastisch gesunken ist, sondern weiter deutlich zugenommen hat, wenn auch nicht mehr so stark wie zuvor. Auch die kontinuierlichen Lohnerhöhungen über die Inflationsrate hinaus bei gleichzeitigen Arbeitszeitverkürzungen deuten nicht auf eine schwache Verfassung der westlichen Volkswirtschaften hin.

Zum andern kann die ideologische oder ideologisierte Betrachtungsweise vor allem deswegen den Kern des Problems nicht treffen, weil sie die Arbeitsmarktprobleme des eigenen Landes weder historisch noch politisch relativiert, und weil sie die gerade in Demokratien vorhandenen individuellen Möglichkeiten (freiwillige Umschulung, Fortbildung, Einarbeitung) ebenso übersieht wie den auftretenden individuellen Mißbrauch des Versicherungsprinzips, stattdessen aber vom Staat die Lösung aller Probleme verlangt.

Gerade im Falle der Bundesrepublik Deutschland ist eine nur Teilaspekte einbeziehende Betrachtungsweise besonders schwer verständlich. Denn anschaulicher als das beste Lehrbuch zeigt die Realität in der DDR und im gesamten Ostblock, wie oberflächlich die ideologischen Perspektiven sind.

Oberflächlich betrachtet ist die DDR wahrscheinlich das einzige Land der Welt ohne statistisch signifikante Arbeitslosigkeit – sieht man einmal von den einigen Tausend Bürgern ab, die nach wiederholtem Ausreisebegehren automatisch ihre Arbeitsplätze verlieren: Mit 53 Prozent hat die DDR die höchste Erwerbsquote aller Länder (Bundesrepublik Deutschland: 42 Prozent).

Dennoch ist jedem westlichen DDR-Besucher schon nach wenigen Tagen klar, daß die absolute Vollbeschäftigung dort nicht etwa die Folge eines besonders sozialen Systems ist, sondern insbesondere eine Konsequenz der mangelhaften Produktivität und Organisation. Denn überall sieht man offensichtlich überflüssige Arbeitskräfte – angefangen von Platzanweisern in den wenigen Gaststätten über Schaffnerinnen in den Straßenbahnen und den Dampfbetrieb der Eisenbahnen bis hin zu immer noch untermechanisierten Straßenbaukolonnen und Landarbeiterkollektiven.

In Ost-Berlin akkreditierte westdeutsche Journalisten hatten schon lange vor den verschärften Arbeitsbedingungen von 1979 immer wieder vergeblich versucht, DDR-Unternehmen genauer kennenzulernen. So hätte etwa der Vergleich der Leuna-Werke bei Merseburg mit einem der drei bundesdeutschen Chemiekonzerne Hoechst, Bayer oder BASF interessante Rückschlüsse hinsichtlich Arbeitsbedingungen und Produktivität erbringen können.

Dennoch gibt es eine Möglichkeit des direkten Systemvergleichs Ost-West – die Gegenüberstellung der beiden hundertprozentigen Staatsbetriebe Bundespost und „Deutsche Post" der DDR. Denn im Gegensatz zu den Bilanzen der volkseigenen Betriebe werden die Betriebsergebnisse der DDR-Post im „Statistischen Jahrbuch" Ost-Berlins veröffentlicht. Verglichen mit dem „Statistischen Jahrbuch" der Bundesrepublik Deutschland ergibt sich folgendes Bild:

Die Bundespost hat mit etwas über 400 000 Beschäftigten knapp dreimal so viel Beschäftigte wie die „Deutsche Post" der DDR mit annähernd 150 000, was in etwa dem Größenverhältnis beider deutschen Staaten entspricht. Dennoch leistet die westdeutsche Bundespost in allen wichtigen Betriebsbereichen – auch in den personalintensiven wie der Briefzustellung – gut zehnmal so viel.

Die Bundespost beförderte 11 Milliarden Briefe, die „Deutsche Post" der DDR etwas über 1 Milliarde. Die Bundespost beförderte nahezu 600 Millionen Päckchen und Pakete, die DDR-Post rund 60 Millionen. Die Geldbriefträger der Bundespost brachten an die 400 Millionen Postanweisungen zum Empfänger, die DDR-Postboten 37 Millionen. Die Bundespost verwaltet 20 Millionen Sparkassen- und Scheck-Konten, die DDR-Post knapp drei Millionen. Die Bundespost ermöglicht Jahr für Jahr über 13 Milliarden Orts- und Ferngespräche, die DDR-Post 1,4 Milliarden.

Für die Bundespost ergibt sich eine dreimal so große Produktivität je Beschäftigten bei ohne Frage höherem Verdienst und vermutlich auch besseren Arbeitsbedingungen gegenüber der „Deutschen Post".

Theoretisch müßte also die Bundespost dreimal so viele Mitarbeiter haben als sie hat, praktisch natürlich weniger, weil bei einem Unternehmen wie der Post an vielen Stellen Personal unabhängig von der anfallenden Arbeit vorhanden sein muß. Damit wäre das Arbeitslosigkeitsproblem der Bundesrepublik Deutschland mit einem Schlage aus der Welt geschafft, doch einer solchen Lösung wird natürlich kein vernünftiger Mensch zustimmen wollen.

Eines der häufigsten Argumente in der Arbeitslosigkeits-Diskussion des Westens ist jenes vom „Wegrationalisieren von Arbeitsplätzen", wobei den rationalisierenden Unternehmen häufig unterstellt wird, sie würden aus reinen Profitgründen „Arbeitsplätze vernichten". Doch dabei wird übersehen, daß Rationalisierung und Mechanisierung seit Beginn der Industrialisierung ein permanenter Prozeß sind und prinzipiell vom jeweiligen Wirtschaftssystem unabhängig, wenn das gesellschaftliche Ziel eine mit möglichst wenig Arbeitskräften und möglichst wenig Handarbeit erreichbare hohe Produktivität ist.

Gerade in der – gemessen an der Bundesrepublik Deutschland – relativ unproduktiven DDR gehören Begriffe wie „Produktivitätssteigerungen" und „Rationalisierung" zum alltäglichen Vokabular. Ein Zitat aus dem DDR-Rundfunk: „Gelingt es, die Hilfsprozesse stärker zu mechanisieren, würden wir Tausende und Abertausende Arbeitskräfte einsparen. Aber auch in der Industrieproduktion selbst arbeiten noch viel zu viel Werktätige manuell. Hier liegen also noch gewaltige Reserven. Die Auffassung, wir könnten durch weitere Rationalisierung nicht mehr allzu viele Arbeitskräfte freisetzen, ist also falsch: Wir können noch Zehntausende, ja Hunderttausende Arbeitskräfte freisetzen und dabei gleichzeitig die verbleibende Arbeit erleichtern."

Was aber geschieht mit den „freigesetzten" oder „freisetzbaren" Arbeitskräften, die in rationalisierenden DDR-Unternehmen nicht mehr beschäftigt werden können? Wo finden sie einen adäquaten Arbeitsplatz, wenn alle Unternehmen gleichermaßen rationalisieren? Müssen sie – wie ihre stellenlosen Kollegen im Westen, wenn auch auf niedrigerem Niveau – einen sozialen Abstieg in Kauf nehmen?

Auf diese Fragen gibt es in den DDR-Medien keine Antwort. Dennoch darf man wohl davon ausgehen, daß gerade die sozialistische Wirtschaftsgesellschaft hier vor ungleich größeren Problemen steht als die marktwirtschaftliche.

Das gleiche gilt für die anderen osteuropäischen Länder mehr oder minder in noch stärkerem Maße – für die schon seit langem relativ stark industrialisierte Tschechoslowakei sicher weniger als für Polen, Ungarn oder gar Bulgarien und Rumänien.

Besonders groß sind diese Probleme im Vielvölkerstaat Sowjetunion, in dem mit rund 250 Millionen Menschen genauso viel Bürger leben wie in den neun Ländern der „Europäischen Gemeinschaft". Hierzu Professor Alexander Birmann in der Zeitschrift „Sowjetunion heute", dem offiziellen Informationsmagazin der sowjetischen Botschaft in Bonn:

„Die weitere Mechanisierung der Arbeit in der Landwirtschaft, im Handel, im Kraftverkehr und im Bauwesen kann – vorsichtigen Schätzungen zufolge – mindestens ein Drittel der Beschäftigten freisetzen, die heute in diesen Zweigen tätig sind."

Das bedeutet eine gewaltige Umschichtung auf dem sowjetischen Arbeitsmarkt, weshalb auch – dieser und anderen offiziellen Quellen zufolge – in der UdSSR seit einigen Jahren ein Netz von Arbeitsämtern eingerichtet wird, was im Westen noch immer kaum bekannt ist. Allerdings haben die sowjetischen Arbeitsämter – nach dem sozialistischen Verständnis des Rechts auf Arbeit, dem die Pflicht zur Arbeit entspricht – in erster Linie die Aufgabe der Arbeitskräftelenkung und nicht etwa der Arbeitslosenunterstützung.

Hinzu kommen aber noch ganz erhebliche Ungleichgewichte auf den regionalen Arbeitsmärkten der UdSSR, die etwa zwischen Taschkent und Leningrad, Kasachstan und Lettland ungleich deutlicher sind als zwischen Neapel und Stuttgart, Kalabrien und Schleswig-Holstein. Vor allem in den Provinzen der Sowjetrepubliken sind selbst amtlichen Angaben zufolge bis zu zwanzig Prozent der Beschäftigten mit „Haus- und Hilfsarbeiten" nur ungenügend ausgelastet und minimal bezahlt – nach dem Prinzip „Schaufeln statt Stempeln".

Gäbe es also eine sowjetische Arbeitsmarktstatistik nach den strengen Kriterien der bundesdeutschen, dann wäre die monatliche Arbeitslosenquote der UdSSR mit Sicherheit erheblich höher als die unsrige mit 3 bis 5 Prozent. Im Falle der anderen Ostblockländer wäre es prinzipiell nicht viel anders – die DDR nicht ausgenommen.

Heinz Günther

a) Erklären Sie, warum es in der Marktwirtschaft Arbeitslosigkeit geben kann und in der Zentralverwaltungswirtschaft nicht!
b) Suchen Sie aus dem Text Beispiele dafür, daß es auch in einer Zentralverwaltungswirtschaft Arbeitslosigkeit geben kann!
c) Begründen Sie, daß es unter dem Gesichtspunkt des technischen Fortschritts Arbeitslosigkeit geben muß!

2. **Preise und Kaufkraft Jahresmitte 1981**

Industriewaren und Dienstleistungen

Waren- bzw. Leistungsart	Mengen-Einheit	Einzelhandelspreise, Gebühren und Tarife (Jahresmitte 1981) DM	M	Zum Kauf erforderliche Arbeitszeit[9] Std. : Min.	
Industriewaren					
Herrenoberhemd, Kunstfaser	Stck.	19,90	45,00	1:36	8:55
Herrenstraßenschuhe, Rindleder	Paar	79,90	130,00	6:27	25:45
Herrenanzug, einreihig, Kunstfaser	Stck.	165,00	350,00	13:18	69:18
Damenfeinstrumpfhose[1]	Stck.	3,95	18,00	0:19	3:34
Damenkleid, Mischgewebe	Stck.	70,00	210,00	5:39	41:35
Kinderhalbschuhe, Gummisohle	Paar	29,90	39,00	2:25	7:43
Bettwäsche (Bezug, Kopfk.), Baumw.	Garn.	38,00	108,00	3:04	21:23
Fahrbarer Staubsauger (600 W)	Stck.	179,00	425,00	14:26	84:10
Kühlschrank[2]	Stck.	348,00	1 425,00	28:04	282:11
Waschvollautomat[3]	Stck.	558,00	2 050,00	45:00	405:56
Fernsehempfänger, 61er Bildr., sw.	Stck.	348,00	2 050,00	28:04	405:56
Farbfernsehgerät[4]	Stck.	1 498,00	6 250,00	120:48	1 237:37
Personenkraftwagen[5]	Stck.	9 300,00	19 800,00	750:00	3 920:48
Benzin[6]	1 l	1,38	1,65	0:07	0:20
Dienstleistungen					
Elektrischer Strom[7]	75 kWh	24,20	8,00	1:57	1:35
Eisenbahnwochenkarte, 2. Kl.	15 km	16,50	2,50	1:20	0:30
Straßenbahn-, Omnibusfahrt	1 Fahrt	1,54	0,20	0:05	0:02
Briefporto im Fernverkehr	20 g-Brf.	0,60	0,20	0:03	0:02
Ortsgespräch in öffentl. Sprechstelle	1 Gespr.	0,20	0,20	0:01	0:02
Ton- und Fernseh-Rundfunkgebühr	monatl.	13,00	10,00	1:03	1:59
Tageszeitungen, Abonnement	monatl.	14,97	3,60	1:12	0:43
Herren-Haarschnitt	1 mal	9,05	1,80	0:44	0:21
Besohlen von Herrenschuhen[8]	1 mal	25,00	10,00	2:01	1:59

1) Kräuselkrepp bzw. Dederon-Silastik.
2) Bundesrepublik: 160 l, DDR: 170 l; beide mit Abtauautomatik und Tiefkühlfach.
3) Bis 4,5 kg, 500 Umdr./min.
4) 67er Bildröhre, Pal/Secam.
5) Lada 1200 (1198 cm³, 60 PS).
6) Bundesrepublik Deutschland: 91/92 Oktan, DDR: 94 Oktan.
7) Einschl. monatl. Grundgebühr für eine 3-Zimmer-Wohnung.
8) Gummisohlen und Absätze.
9) Unter Zugrundelegung des durchschn. Nettostundenlohnes eines beschäftigten Arbeitnehmers je geleisteter Arbeitsstunde von 12,40 DM in der Bundesrepublik Deutschland und 5,05 M in der DDR im Jahre 1980.

Quellen: 6 (Fachserie 17, Reihe 7); 2 (1981); verschiedene Pressemeldungen; DIW, Berlin

Nahrungs- und Genußmittel Warenart	Mengen-Einheit	Einzelhandelspreise (Jahresmitte 1981)		Zum Kauf erforderliche Arbeitszeit[9]	
		DM	M	Std. : Min.	
Roggen-Mischbrot	1 kg	2,65	0,52	0:13	0:06
Weizenmehl, Typ W 405	1 kg	1,34	1,32	0:06	0:16
Zucker, Raffinade, gepackt	1 kg	1,75	1,59	0:08	0:19
Deutsche Markenbutter	1 kg	9,52	10,00	0:46	1:59
Margarine, Spitzensorte[8]	1 kg	4,60	4,80	0:22	0:57
Eier	Stck.	0,26	0,39	0:01	0:05
Trinkvollmilch, verpackt[10]	1/2 l	0,58	0,50	0:03	0:06
Käse, 40–45 % F.i.T.[11]	1 kg	10,50	11,00	0:51	2:11
Schweinekotelett	1 kg	11,36	8,00	0:55	1:35
Mettwurst, Braunschweiger	1 kg	10,75	6,80	0:52	1:21
Kartoffeln[12]	5 kg	3,26	1,04	0:16	0:12
Blumenkohl[13]	1 kg	2,90	2,10	0:14	0:25
Äpfel, inländ. mittl. Güte[13]	1 kg	1,90	2,30	0:09	0:27
Zitronen	1 kg	2,85	5,00	0:14	0:59
Schokolade, Vollmilch	100 g	0,99	4,80	0:05	0:57
Bohnenkaffe, mittl. Sorte	1 kg	16,90	80,00	1:22	15:50
Weinbrand, 38 %	0,7 l	9,45	17,45	0:46	3:28
Filterzigaretten, mittl. Sorte	20 St.	2,85	3,20	0:14	0:38

10) Bundesrepublik: 3,5 % Fettgehalt, DDR: 3,2 % Fettgehalt.
11) Gouda.
12) Jahresdurchschnittspreis für 1980, ohne Frühkartoffeln.
13) Saisonabhängiger Preis.
Quellen: 6 (Fachserie 17, Reihe 7); 2 (1981); verschiedene Pressemeldungen; DIW, Berlin

Sowjetunion: Abbau der Subventionen – Preiserhöhungen

Wie schnell und wie stark die Geldeinkommen der Bevölkerung auch immer anwachsen mögen, so schaffen sie natürlich nur die Möglichkeit einer realen Steigerung des Wohlstands. Um aus dieser Möglichkeit Wirklichkeit werden zu lassen, ist es notwendig, die Vorbedingungen dafür zu schaffen, daß diese Einkommen in konkrete Waren und Dienstleistungen umgewandelt werden können, die dieses oder jenes Bedürfnis eines Menschen befriedigen.

Bislang ist es nicht gelungen, dieses Problem vollständig zu lösen. Einer der Beweise dafür ist das Anwachsen des Umfanges der „aufgestauten" Nachfrage: in den letzten 8 Jahren haben sich die Spareinlagen der Bevölkerung in den Sparkassen fast verdreifacht.

Eine weitere Ursache für das Anwachsen der „aufgestauten" Nachfrage ist darin zu sehen, daß sich die strukturellen Änderungen im Sortiment und in der Qualität der angebotenen Konsumgüter und Dienstleistungen langsamer vollziehen als die Veränderungen der Nachfrage. Der springende Punkt ist, daß sich mit wachsendem Einkommen das Bestreben verstärkt, hochwertigere Erzeugnisse zu verbrauchen ...

Das Verhältnis von Geldeinkommen und Nachfrage der Bevölkerung zu den Möglichkeiten ihrer Befriedigung wird mit Hilfe des Preisbildungsmechanismus reguliert. Unter den gegenwärtigen Bedingungen ist er darauf gerichtet, die staatlichen Einzelhandelspreise für die Grund-, Konsumgüter- und Dienstleistungen stabil zu halten und sie für einzelne Waren, nach Maßgabe der Schaffung der notwendigen Voraussetzungen und Ressourcen, zu senken.

In unserem Land wird die Stabilität der Einzelhandelspreise vor allem durch staatliche Subventionen erreicht. Wenn die Aufwendungen für die Produktion einzelner wichtiger Arten von Konsumgütern und Dienstleistungen höher sind als deren Einzelhandelspreise, so wird die Differenz aus dem Staatshaushalt gedeckt. Zum Beispiel erhalten wir für jedes gekaufte Kilo tierisches Fett 1,69 Rubel Subventionen vom Staat. So ist es auch mit dem Fleisch. Aus dem Staatshaushalt werden für jedes im staatlichen Handel verkaufte kg Rindfleisch 1,79 Rubel zugezahlt. Die Gesamtsumme der Subventionen der Einzelhandelspreise für Fleisch- und Milchprodukte belief sich 1978 auf 19 Milliarden Rubel.

Bei einer allgemeinen Tendenz zur Stabilisierung der staatlichen Einzelhandelspreise für Massenbedarfsgüter und -dienstleistungen ist eine Erhöhung der Preise für einzelne Arten von Erzeugnissen keineswegs ausgeschlossen. Derartige Maßnahmen werden von der ökonomischen Notwendigkeit hervorgerufen, ein richtiges Verhältnis zwischen den Preisen und den wachsenden Aufwendungen für die Produktion und den Absatz einiger Arten von Waren und Dienstleistungen herzustellen. Ein Beispiel dafür ist die letzte Erhöhung der Preise für Möbel aus einheimischer Produktion wegen der bedeutenden Steigerung der Aufwendungen für die Holzgewinnung.

Die Einzelhandelspreise können auch in den Fällen erhöht werden, wo es notwendig ist, den Handel mit einzelnen Waren und Dienstleistungen zu regulieren, die Nachfrage nach diesen

Waren mit den Möglichkeiten der Produktion dieser Waren in Übereinstimmung zu bringen. Aus eben diesem Grunde wurden vom 1. Juli d. J. an die Preise für Juwelierwaren und Pelze, Teppiche, Personenkraftwagen sowie die Abendpreise der Restaurants und Cafes erhöht. Allein aus dem Verzeichnis der Waren, deren Preise erhöht wurden, sieht man: Das sind keine „Massenbedarfsgüter".

A. Trjakin, Kandidat der ökonomischen Wissenschaften, Moskau, Socialisticeskaja industrija, 3. Juli 1979.

Gluschkow: „Die Einzelhandelspreise, über deren Veränderung heute eine Mitteilung des Staatlichen Preiskomitees der UdSSR veröffentlicht wird, wurden für Erzeugnisse aus Edelmetallen, für Teppiche, Teppicherzeugnisse, Pelze und Pelzerzeugnisse im Durchschnitt um 50 % erhöht, für Personenkraftwagen um 18 %, für importierte Möbelgarnituren um 30 %, für Möbel aus einheimischer Produktion um 10 %. ... In Restaurants und Cafés wurden die Abendpreise – je nach Kategorie dieser Betriebe – um 25–45 % erhöht. Auch der Preis von Bier, das in Betrieben des Gaststättenwesens verkauft wird, wurde im Durchschnitt um 45 % erhöht..."

Frage: Wodurch wurde die Preiserhöhung hervorgerufen?

Gluschkow: „Bekanntlich wurde und wird in unserem Lande viel für die Steigerung der Produktion der verschiedenen Konsumgüter getan. ... Trotz allem übersteigt die Nachfrage nach einer Reihe von Waren die Produktionsmöglichkeiten. Im Grunde genommen ist es eben hierdurch bedingt, daß beschlossen wurde, als erzwungene, aber notwenige Maßnahme den Preisbildungsmechanismus zur Regulierung des Handels mit Juwelierwaren und Pelzerzeugnissen sowie mit Teppichen, Autos und Importmöbeln einzusetzen." ...

Interview mit dem Vorsitzenden des Staatlichen Preiskomitees der UdSSR, N. T. Gluschkow: Prawda v. 1. 7. 1979.

Die DDR und die Inflation

Von Peter Hort

Tag für Tag freuen sich die Propagandisten der DDR an den Wirtschaftskrisen des Westens. Arbeitslosigkeit, Preissteigerungen und Firmenzusammenbrüche sind für die Ost-Berliner Marxisten lebendige Beweise dafür, daß gewisse Thesen von Marx und Lenin über den Zerfall des kapitalistischen Systems am Ende doch noch wahr werden. Schon vor einem halben Jahr stellte Parteichef Honecker vor dem Zentralkomitee der SED genüßvoll fest, „daß sich die allgemeine Krise des Kapitalismus nicht nur quantitativ verschärft hat, sondern daß sie gegenwärtig eine qualitative Zuspitzung erfährt und neue Züge aufweist". Andererseits könne niemand mehr übersehen, daß die sozialistische Gemeinschaft eine „kraftvolle, kontinuierliche Aufwärtsentwicklung" durchmache: nur im Sozialismus gebe es Stabilität und keine Krisen.

In der Tat schneidet die DDR bei einem Zahlenvergleich mit der Bundesrepublik zur Zeit hervorragend ab. Während hierzulande das Gespenst von einer Million Arbeitslosen die Runde macht, gibt es in den volkseigenen Betrieben zwischen Elbe und Oder weder Kurzarbeit noch Arbeitslosigkeit. In der Bundesrepublik konnte im letzten Jahr nur noch ein minimales Wirtschaftswachstum erzielt werden. In der DDR dagegen ist das Nationaleinkommen 1974 um stattliche 6,3 Prozent auf knapp 140 Milliarden Mark gestiegen; das war der höchste Zuwachs seit Jahren. Auch wenn diese Zahlen, wie alle Ost-Berliner Statistiken, nur mit äußerster Vorsicht zu lesen sind, so konnte die DDR – nach Jahren schwerer Erschütterungen – ihr wirtschaftliches Wachstum beschleunigen. In der Bundesrepublik war das Gegenteil der Fall. Behalten Honecker, Marx und Lenin also recht? Ist die DDR heute wirtschaftlich stabiler als die Bundesrepublik?

Natürlich ist der andere Teil Deutschlands keineswegs jene „Insel der Stabilität", die er gerne vorgibt zu sein. Das hat die Einheitspartei vor wenigen Tagen ungewollt deutlich gemacht. Damit haben die Blätter besser als in langatmigen Artikeln gleich zweierlei deutlich gemacht: daß die DDR nämlich wie jedes andere Industrieland gegen die internationalen Rohstoffverteuerungen zu kämpfen hat und daß es dabei, trotz absoluten Preisstopps und sozialistischer Wachsamkeit, im Innern zu einer gewissen Geldentwertung kommt.

Tatsächlich haben zahlreiche Verbraucherpreise in der DDR seit geraumer Zeit steigende Tendenz, obwohl offiziell noch immer der strenge Preisstopp von 1971 in Kraft ist. Stillschweigend werden billige Waren aus dem Sortiment gestrichen, geringfügig geändert und als Neuigkeiten mit „höheren Gebrauchseigenschaften" zu höheren Preisen wieder eingeführt. Als Folge davon geht das Angebot in den unteren Preisgruppen ständig zurück. Heute sind einigermaßen ansprechende Kleider für weniger als 150 Mark in den „Centrum"-Kaufhäusern kaum mehr zu finden, und wer etwas Schickes haben will, muß ohnehin auf die teureren Importwaren zurückgreifen.

Dagegen sind viele Grundnahrungsmittel jenseits der Elbe weitgehend stabil geblieben. Hier hat sich der Abstand zur Bundesrepublik sogar noch vergrößert – als Folge der starken Preissteigerungen im Westen. Die Preise für Kartoffeln, Gemüse und Brot liegen heute bereits um mehr als 50 Prozent unter denen in der Bundesrepublik. Zum Teil erheblich teurer sind nach wie vor jedoch Genußmittel und dauerhafte Konsumgüter: ein Kilogramm Bohnenkaffee kostet in den HO-Läden noch immer 70 Mark, ein Farbfernseher ist nicht unter 3500 Mark zu haben, und der Kleinwagen „Trabant" kostet in seiner billigsten Ausführung fast 8000 Mark.

Genau wie im Westen können Inflationen im Osten nachfrage-, kostenbedingt oder eine Mischung aus beiden Elementen sein. Denn auf der einen Seite schieben die sozialistischen Länder einen gewaltigen Kaufkraftüberhang vor sich her, der vor allem auf das begrenzte und qualitativ unzureichende Konsumgüterangebot zurückzuführen ist. Weil es bestimmte Waren nicht gibt, wird auch kein Geld ausgegeben. Auf der anderen Seite steigen die Selbstkosten. Die Rohstoffe werden teurer, Löhne und Investitionen müssen sich verbessern, und aus dem Betriebsgewinn muß ein halbes Dutzend „Fonds" alimentiert werden – natürlich zu möglichst steigenden Sätzen.

So breitet sich auch im Sozialismus eine Inflationsmentalität aus, die ganz entscheidend von den übertriebenen Wachstumsansprüchen der Einheitsparteien an einen unzureichenden und überalterten Produktionsapparat genährt wird. Hinzu kommen, wie im Westen, die steigenden Wohlstandserwartungen der Bevölkerung. Der Inflationsdruck verschärft sich noch, weil die Preise weder die Produktionskosten noch die Knappheitsverhältnisse widerspiegeln. Die mit den Mitteln der Zwangswirtschaft gewaltsam „aufgestaute" Inflation führt schließlich zu jenen Engpässen und Fehlentwicklungen, die in regelmäßigen Abständen die ganze Volkswirtschaft erschüttern und die Partei zu schmerzhaften Anpassungen zwingen.

Deshalb blicken die Ost-Berliner Funktionäre voller Sorge in die Zukunft. Bisher hat die DDR von der weltweiten Inflation noch nicht allzuviel gespürt. Ihr Handel mit dem Westen ist relativ gering, und die sozialistischen Nachbarländer liefern noch Rohstoffe und Fertigwaren auf der Basis langfristiger Handelsverträge zu weitgehend stabilen Preisen. Das könnte sich jedoch bald ändern, denn noch im Laufe dieses Jahres müssen für die bevorstehenden Fünfjahrespläne neue Lieferverträge ausgehandelt werden. In Ost-Berlin fürchtet man, daß die Sowjetunion nicht nur die Rohstoffpreise dem gestiegenen Weltmarktniveau anpassen wird, sondern auch völlig neue Vertragsbedingungen diktiert. Damit wird zugleich die Frage akut, ob dann die bisherige Subventionierung der Grundnahrungsmittel noch aufrechterhalten werden kann.

Damit wäre die „relative Stabilität" in der DDR vorbei. Und Parteichef Honecker müßte sich vor einem Wort fürchten, das er selbst – und völlig zu Recht – an die Adresse der kapitalistischen Länder kürzlich richtete: Das System wird politisch instabiler, wenn es ökonomisch labiler wird.

a) Nehmen Sie zu der Behauptung Stellung, daß in der Zentralverwaltungswirtschaft Geldentwertung unmöglich sei!
b) Hat der Preis in der Zentralverwaltungswirtschaft Bedeutung bei der Regelung der Nachfrage?
c) Begründen Sie die Unterschiede in der Lohnkaufkraft (siehe Preis und Kaufkraft 1981)!

3.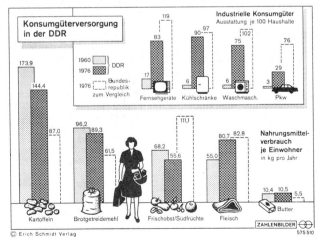

„Vitamin B" noch immer unerläßlich
Von den Schwierigkeiten einer Planwirtschaft / Das beschwerliche Alltagsleben in der DDR

mh. Frankfurt, 8. September. „Vitamin B" – die gute Beziehung als Quelle für den Bezug der kleinen Dinge des Alltags, die das Leben leichter und lebenswert machen, ist eine Erscheinung, die nach 30 Jahren Sozialismus im anderen Teil Deutschlands noch immer nicht wegzudenken ist. Wer einen Autoreifen benötigt, muß den guten Bekannten in der staatlichen Handelsorganisation haben, der ihm – vertraulich natürlich – den Termin nennt, an dem ein paar Reifen eintreffen. Wer Kacheln für sein Badezimmer benötigt, muß trotz der leistungsfähigen keramischen Industrie bis zu zwei Jahren auf Lieferung warten. Er muß auch in der PGH – der Produktionsgenossenschaft des verstaatlichten Handwerks – einen guten Bekannten haben, der ihm den Fliesenleger ins Haus bringt. Der durchgebrannte Badeofen wird für den zum Problem, der sich nicht mit eigenen handwerklichen Fähigkeiten über den Engpaß an Lötmaterial helfen kann, der die quasi „offizielle" Reparatur um Wochen, wenn nicht Monate hinauszögert.

Die Bevölkerung der DDR nimmt diese Erscheinungen eines streng planwirtschaftlich ausgerichteten Wirtschaftssystems mit fatalistischer Verärgerung hin. Die Pannen, der Mangel, die Fehler sind offensichtlich unabänderlich, so daß man sich arrangieren muß – mit Hilfe des Prinzips „Eine Hand wäscht die andere". Doch die Verbitterung ist für den Besucher aus dem Westen, bei dem die Erfüllung seiner Alltagswünsche allenfalls am schmalen Geldbeutel scheitert, nicht zu überhören. Je länger die Alltagsmisere anhält, desto mehr schwindet das Verständnis. „Wir sind doch nicht dümmer oder fauler als die Arbeiter und Angestellten in der Bundesrepublik" lautet die ständige indirekte Frage an den Besucher aus dem Westen.

Der Grund für diese Schwierigkeiten, die das Alltagsleben in der DDR so mühsam machen, wird den Bewohnern in Jena, Rostock oder Leipzig kaum bewußt. Mangelnde Informationen über wirtschaftliche Vorgänge, vor allem aber die ständige Verteufelung der kapitalistischen Wirtschaftsordnung in der Bundesrepublik, verdecken die Schwächen und Fehler des Plansystems. Verwandtschaftliche Bande in den Westen und das Westfernsehen, das in der DDR mindestens soviel gesehen wird wie das Ostfernsehen, haben davon überzeugt, daß Versorgung, Funktionsfähigkeit und Effektivität der bundesdeutschen Wirtschaft ungleich besser sind als in der DDR. Doch inwieweit im Westen diese Segnungen der gesamten Bevölkerung zugute kommen, scheint manchem DDR-Bürger unklar. Zu lange hat der Propaganda-Apparat der SED die Karte Ausbeutung und Unsicherheit in der Bundesrepublik ausgespielt, als daß nicht doch Zweifel wach geworden sind, ob der Sozialismus nicht wenigstens in dieser Beziehung doch seine Vorteile habe. Arbeitslosigkeit gibt es in der DDR nicht, und auch der Leistungsdruck ist mangels jeden materiellen Anreizes geringer als im Westen. Jedoch wird die vermeintliche Sicherheit mit einer fast vollständigen Immobilität und einem hohen Maß Behördenabhängigkeit erkauft.

Doch ein direkter Vergleich des Alltagslebens hüben und drüben, der durch die steigenden Besucherzahlen aus der Bundesrepublik ermöglicht wird, stärkt die Zweifel am sozialistischen System. Damenstrumpfhosen, die von der DDR für 85 Pfennig in die Bundesrepublik geliefert werden, um hier schon für eine DM angeboten zu werden, in der DDR aber immer noch 8 bis 10 DM kosten, das Viertelpfund Kaffee, das in der DDR soviel kostet wie in der Bundesrepublik ein ganzes Pfund, Versorgungslücken selbst bei Gütern und Nahrungsmitteln, die im eigenen Land produziert werden, sind kein gutes Argument für die angeblichen Vorteile einer sozialistischen Planwirtschaft. Nach 30 Jahren schwindet auch der Glaube, daß es sich bei diesen Querelen um Pannen handelt, die mit dem Wiederaufbau des Landes und der Organisation des Verteilungsapparates zusammenhängen. Das böse Wort vom Sozialismus als Institution zur Verteilung des Mangels macht auch in der DDR die Runde.

Es will der Hausfrau einfach nicht eingehen, daß in einer Zeit, in der auf allen Gemüsefeldern Blumenkohl geerntet wird, in einer Großstadt kein Blumenkohl angeboten wird. Es fehlt ihr das Verständnis, wenn der Fleischer am Freitag zwar Rindersteak, aber keinen Rinderbraten hat, wenn es zwar Bananen gibt, aber keine Apfelsinen oder Zitronen. Daß nicht ständig die begehrten Schuhe aus dem Westen am Lager sind und Miederwaren eines großen westdeutschen Unternehmens nur sporadisch zu haben sind, wird wegen des Devisenmangels noch akzeptiert, daß aber gleichzeitig auch entsprechende Angebote der volkseigenen Industrie fehlen, ruft Ärger hervor. Das führt dazu, daß jedes Angebot sofort vergriffen ist. Eine Lieferung Kinderfahrräder in einem Kaufhaus ist bereits vergriffen, noch bevor Pedale, Sattel und Dynamo montiert sind. Niemand wagt sich darauf zu verlassen.

Natürlich leidet heute drüben niemand mehr Not in dem Sinne, daß er nicht genug zu essen oder anzuziehen hätte oder etwa kein Dach über dem Kopf. Doch es ist für die DDR-Bürger des Jahres 1976 ein Unterschied, ob er die einfachsten Dinge des täglichen Lebens als Selbstverständlichkeit betrachtet oder sie nur mit großer Mühe, viel Zeit, Geldaufwand und guten Beziehungen befriedigen kann. Es war bezeichnend, daß die Ausstattung des SED-Politbüros mit neuen Wagen vom Typ Volvo in Leipzig als ausgemachte Sensation empfunden wurde, erweckte doch dieser Wechsel von den bisherigen sowjetischen zu schwedischen Modellen die Hoffnung, daß mit einem Quentchen mehr Unabhängigkeit vom großen Bruder auch die wirtschaftliche Selbständigkeit in der DDR größer würde. Daß damit die Schwachstellen eines bis auf den letzten Hosenknopf planenden Wirtschaftssystems nicht beseitigt werden, wird eine bittere Erkenntnis der nächsten Zukunft sein.

(Aus: F.A.Z. vom 9. Sept. 1976)

Suchen Sie Gründe für die unterschiedliche Konsumgüterversorgung in der DDR und der Bundesrepublik Deutschland!

4. Schwerpunkte der staatlichen Leistungen
Rangordnung nach Ausgabenanteilen am öffentlichen Gesamthaushalt

Bundesrepublik Deutschland		Deutsche Demokratische Republik	
Aufgabenbereich Ausgabenschwerpunkt	Durchschnittlicher Ausgabenanteil im öffentlichen Gesamthaushalt der Jahre 1969 bis 1971	Aufgabenbereich Ausgabenschwerpunkt	Durchschnittlicher Ausgabenanteil in den Haushalten der Jahre 1968 bis 1972
1. Rang Ausgaben für die **soziale Sicherung**, die Unterstützung bedürftiger Staatsbürger bei der Verbesserung ihrer Wohlfahrt und die Zahlung gesetzlich verankerter Versorgungsleistungen (u. a. Pensionen) plus Zuschüsse an die Sozialversicherung	26,2 %	1. Rang Ausgaben für die Verbesserung der **Leistungskraft der Volkswirtschaft** und der staatlichen Wirtschaftsunternehmen sowie Ausgaben für die Erhaltung und Erweiterung des produktiv genutzten Grund- und Kapitalvermögens des Staates[2]	32 %
2. Rang Ausgaben für die Verbesserung der **Leistungskraft der Volkswirtschaft** und der staatlichen Wirtschaftsunternehmen sowie Ausgaben für die Erhaltung und Erweiterung des produktiv genutzten Grund- und Kapitalvermögens des Staates	15 %	2. Rang Ausgaben für die **soziale Sicherung**, die Unterstützung bedürftiger Staatsbürger bei der Verbesserung ihrer Wohlfahrt und die Zahlung gesetzlich verankerter Versorgungsleistungen (u. a. Pensionen) plus Zuschüsse an die Sozialversicherung	14 %
3. Rang Ausgaben für das **Bildungswesen** (vor allem Schulen) und die Wissenschaft (Hochschulen und Hochschulfernstudium)	12,7 %	3. Rang Ausgaben für das **Bildungswesen** (vor allem Schulen) und die Wissenschaft (Hochschulen und Hochschulfernstudium)	11,5 %
4. Rang Ausgaben für **Verteidigung** und Wehrforschung	11 %	4. Rang Ausgaben für **Verteidigung** und Wehrforschung[3]	11 %
5. Rang Ausgaben für den **Straßen- und Brückenbau**	7,4 %	5. Rang Ausgaben für das **Gesundheitswesen**	6 %
6. Rang Ausgaben zur Unterhaltung des **Staatsverwaltungsapparates** (Allgemeine Verwaltung)	6 %	6. Rang Ausgaben zur Unterhaltung des **Staatsverwaltungsapparates** (Allgemeine Verwaltung)	5 %
7. Rang Ausgaben für das **Gesundheitswesen**	4 %	7. Rang Ausgaben für den **Straßen- und Brückenbau**	2,5 %
8. Rang Ausgaben zur Bestreitung von Aufwendungen für den Bereich der **„allgemeinen Finanzwirtschaft"** (hauptsächlich der Schuldendienst des Staates gegenüber seinen Gläubigern, einschließlich aller privaten Haushalte, die Staatsanleihen erwerben)[1]	3,8 %	8. Rang Ausgaben für die Kunst, die **Kulturpflege**, die „kulturelle Massenarbeit", die „politische Propaganda", den staatlichen Rundfunk und das staatliche Fernsehen[4]	2 %
9. Rang Ausgaben zur Förderung des **Leistungs- und Breitensports** und für die Pflege von Sportstätten, die Bereitstellung von Erholungsmöglichkeiten und die Unterhaltung von Erholungseinrichtungen	1,1 %	9. Rang Ausgaben zur Förderung des **Leistungs- und Breitensports** und für die Pflege von Sportstätten, die Bereitstellung von Erholungsmöglichkeiten und die Unterhaltung von Erholungseinrichtungen	0,4 %

Bundesrepublik Deutschland		Deutsche Demokratische Republik	
		Ergänzung zu den Punkten 2, 3, 5, 6, 8 und 9 **Investitionsaufwendungen** zur Wiederbeschaffung verbrauchter Gegenstände des öffentlichen Anlagevermögens und zur Errichtung und Erweiterung öffentlicher Einrichtungen in den Bereichen — Sozialwesen (Pkt. 2) — Volksbildung, Fach- und Berufsausbildung, Wissenschaft (Pkt. 3) — Gesundheitswesen (Pkt. 5) — Staatsverwaltung (Pkt. 6) — Kultur, Kunst, „kulturelle Massenarbeit", „politische Propaganda", Rundfunk und staatliches Fernsehen (Pkt. 8) — Sportförderung (Pkt. 9) — Erholung und Kommunalwirtschaft (ohne Wohnungsbau und Folgeinvestitionen)[5]	3,8 %
Ausgaben für **sonstige Staatsaktivitäten**, die entweder nicht miteinander vergleichbar sind oder bei denen eine gleiche Abgrenzung der Aufgabenfelder und der Haushaltsaufwendungen nicht möglich ist: z..B. die Ausgaben für den Auswärtigen Dienst, die Entwicklungshilfe, das Wohnungswesen und die Raumordnung, die Kunst, die Kulturpflege und die Zuwendungen für kirchliche Zwecke	12,8 %	Ausgaben für **sonstige Staatsaktivitäten**, die entweder nicht miteinander vergleichbar sind oder bei denen eine gleiche Abgrenzung der Aufgabenfelder und der Haushaltsaufwendungen nicht möglich ist: z. B. die Ausgaben für den Auswärtigen Dienst, die Auslandspropaganda, die militärische und zivile Entwicklungshilfe, das Wohnungswesen und die Aufwendungen zum Ausgleich der Defizite im Außenhandel	11,8 %
Ausgaben für sämtliche staatlichen Aufgabenbereiche	100,0 %	Ausgaben für sämtliche staatlichen Aufgabenbereiche	100,0 %

1) Die unter dieser Ausgabenposition verbuchten staatlichen Aufwendungen bestehen zu knapp 90 % aus der Tilgung und Verzinsung staatlicher Schulden. Für diese Art von Ausgaben gibt es in der DDR keine Gegenposition, da dort der Staat sein Angebot an öffentlichen Leistungen nicht durch die Aufnahme von Krediten finanziert. Lediglich den Gemeinden ist in der DDR seit einigen Jahren wieder erlaubt, einige ausgewählte kommunale Aufgaben zu einem geringen Teil auch durch die Aufnahme von Krediten bei den staatlichen Banken zu finanzieren.
2) In der Marktwirtschaft der Bundesrepublik Deutschland und in der durch den Staat zentral gelenkten Volkswirtschaft der DDR werden durch die Regierungen sehr unterschiedliche Methoden bei der Wirtschaftsförderung durch Bereitstellung von Haushaltsmitteln eingesetzt. Zu den Maßnahmen, die in der DDR angewendet werden, um die staatseigenen Betriebe und die Produktionsgenossenschaften zu entwickeln und zu sanieren, gehören umfangreiche Haushaltssubventionen, mit denen viele der behördlich festgesetzten Preise gestützt werden.
3) Die Rangpositionen der Verteidigungsausgaben wurde auf der Grundlage der amtlich veröffentlichten Ausgabensummen errechnet.

4) Für die meisten Ausgaben dieses Sammelpostens gibt es in der Bundesrepublik Deutschland keine Gegenposition. Denn in der Bundesrepublik werden das kulturelle Leben und die durch den Rundfunk und das Fernsehen verbreitete Meinung nicht durch den Staat gelenkt. In beiden Staaten müssen für den Empfang von Rundfunk- und Fernsehsendungen Gebühren bezahlt werden. Allerdings decken in der DDR die vergleichsweise niedrigen Rundfunk- und Fernsehgebühren nur einen Teil der tatsächlichen Kosten der Massenkommunikationsmittel.
5) Die verfügbaren Informationen über die Haushaltswirtschaft der DDR reichen nicht dazu aus, um die Investitionsaufwendungen zutreffend auf die Ausgabenschwerpunkte 2, 3, 5, 6, 8 und 9 zu verteilen. Da ihre Summe insgesamt jedoch nur 3,8 % der Gesamtausgaben beträgt, kann auch eine Zurechnung auf die genannten Ausgabenschwerpunkte an der Rangordnung der Ausgabenzwecke nichts ändern.

Analysieren Sie die Schwerpunkte der staatlichen Leistungen und finden Sie heraus, inwieweit der einzelne Bürger in den Genuß staatlicher Leistungen kommt.

5. In welchen wesentlichen Bereichen unterscheidet sich das System der Bundesrepublik Deutschland und der DDR?

Bundesrepublik Deutschland:
Verfassungsstaat mit Gewaltenteilung und Grundrechtsgarantie

Grundgesetz

— mit unanfechtbarem Verfassungskern (Art. 79, 19 Abs. 2):
- Die Würde des Menschen ist unantastbar (Art. 1).
- Die Bundesrepublik Deutschland ist ein demokratischer und sozialer Bundesstaat (Art. 20, 28).

— Alle Staatsgewalt geht vom Volke aus (Art. 20).

— Die Parteien wirken bei der politischen Willensbildung mit (Art. 21).

Gewaltenteilung

	Gesetzgebende Gewalt		Vollziehende Gewalt	Rechtsprechende Gewalt	
	Art. 38–49	Art. 50–53	Art. 62–69	Art. 92–104	
Bundesebene	Bundestag Volksvertretung Art. 71, 73 Ausschließliche Gesetzgebung des Bundes	Bundesrat Ländervertretung	Bundesregierung Art. 86, 87 Bundeseigene Verwaltung	Bundesverfassungsgericht Oberste Gerichtshöfe	Gemeinsamer Senat
Länderebene	Art. 72, 74 Konkurrierende Gesetzgebung der Länder und des Bundes Parlamente der Länder Gesetzgebung der Länder		Art. 30, 83 Länderverwaltung von Bundesgesetzen Art. 85 Auftragsverwaltung Länderregierungen Länderverwaltungen Kreisverwaltungen Gemeindeverwaltungen[1)]	Gerichte der Länder	

Grundrechtsgarantie

Die politische und soziale Stellung des einzelnen ist durch Grundrechte und die verfassungsmäßige Anerkennung unverletzlicher und unveräußerlicher Menschenrechte gesichert (Art. 1). Ein Grund- und Menschenrecht darf in seinem Wesensgehalt auch durch politisch-staatliche Entscheidungen nicht angetastet werden (Art. 19, Abs. 2). Die Grundrechte des Grundgesetzes umfassen Rechte der persönlichen Selbstverwirklichung, der wirtschaftlichen Betätigung und materiellen Daseinssicherung und Rechte der politischen Freiheit (Art. 1–19).

Das Grundgesetz erklärt die Achtung des Menschen, seine persönliche Freiheit und seine Selbstverwirklichung zum Grundsatz des staatlichen Handelns und der Rechtsordnung (Art. 1). Der Schutz der Würde des Menschen bildet zusammen mit dem Recht auf freie Entfaltung der Persönlichkeit (Art. 2, Abs. 1) und Gleichheit aller vor dem Gesetz (Art. 3, Abs. 1) den Kern der grundrechtlichen Freiheit.

1) Diese erlassen Verordnungen und Satzungen, die nur in einem materiellen, nicht jedoch auch im formellen Sinn Gesetze darstellen.

Quelle: GG

DDR: Politische Führung durch die SED bei Gewalteneinheit

Partei | Staat

Politbüro unter Leitung des Generalsekretärs der SED:
Fällt die politischen Grundsatzentscheidungen. Lenkt die Arbeit aller staatlichen und gesellschaftlichen Organisationen über Parteimitglieder in diesen Organisationen.

SED-Sekretariat: Durchführung der politischen Grundsatzentscheidungen

Politbüro

Sekretariat des Zentralkomitees der SED

ZK-Abteilungen

Zentralkomitee der SED

Ministerrat, Vorsitzender des MR, Präsidium

Fachministerien, staatliche Plankommission, Rat für landwirtschaftliche Produktion.

Ministerrat: Regierung, die die Durchführung und Umsetzung der politischen Grundsatzentscheidungen (insbesondere in der Innen- und Wirtschaftspolitik) leitet.

Staatsrat: Kollektives Staatsoberhaupt

Nationaler Verteidigungsrat: Einsatzleitung, bisher unter Vorsitz des Generalsekretärs der SED, der im Verteidigungsfall Oberbefehlshaber ist. Im Notstandsfall erhält der Rat alle legislativen und exekutiven Vollmachten.

Oberstes Gericht: Höchstes Organ der Rechtsprechung, leitet die Rechtsprechung aller Gerichte.

Generalstaatsanwalt: Kontrolliert die einheitliche und „richtige" Rechtsanwendung.

Partei und Staat sind nach einem einheitlichen Prinzip organisiert, dem „demokratischen Zentralismus":
— Verbindlichkeit der jeweils höheren Organe für die nachgeordneten Organe
— Rechenschaftspflicht der gewählten Organe
— Wahlen der von unten vorgeschlagenen und von oben bestätigten Kandidaten

Parteitag der SED: Nominell oberstes Parteiorgan. Verabschiedet Parteiprogramme und -statute.

Volkskammer: Nominell oberstes staatliches Machtorgan. Keine Oppositionsmöglichkeit. Setzt politische Grundsatzentscheidungen in allgemeinverbindliche Gesetze um.

Regionale Organe

SED-Parteiorganisation Bezirksleitung mit Sekretariat – Delegiertenkonferenzen –

Bezirkstag – Rat des Bezirkes – Bezirksplankommission – Bezirksrat für landwirtschaftliche Produktion

Lokale Organe

SED-Parteiorganisation Kreisleitung mit Sekretariat – Delegiertenkonferenzen –

Kreistag – Rat des Kreises – Kreisplankommission – Kreisrat für landwirtschaftliche Produktion

Massenorganisationen:
Erfassen, organisieren und mobilisieren die sozialen Gruppen und Schichten der Bevölkerung
z. B. Freier Deutscher Gewerkschaftsbund (FDGB), Freie Deutsche Jugend (FDJ), Demokratischer Frauenbund Deutschlands (DFD), Kammer der Technik (KdT), Kulturbund der DDR, Gesellschaft für Deutsch-Sowjetische Freundschaft, Gesellschaft für Sport und Technik (GST), Schriftstellerverband der DDR

Werktätiges Volk

Quelle: Zahlenspiegel, hrsg. vom Bundesministerium für innerdeutsche Beziehungen

Quellen: Zusammengestellt nach den geltenden Rechtsnormen, vor allem: DDRV; Statut der SED v. 22. 5. 1976; MRG; NVRG; VKGO

Programmierter Test

1. Wie wird ein steiler Aufstieg im Wirtschaftskreislauf bezeichnet?
   - (A) Boom
   - (B) Konjunktur
   - (C) Krise
   - (D) Rezession

2. Depression in der Wirtschaft bedeutet:
   - (A) Ausdehnung der Produktion
   - (B) Steigerung des Geldumlaufes
   - (C) Tiefstand im Konjunkturverlauf
   - (D) Wirtschaftsaufschwung

3. Welches Wirtschaftssystem wird in der Bundesrepublik Deutschland angewandt?
   - (A) Gelenkte Wirtschaft
   - (B) Planwirtschaft
   - (C) Soziale Marktwirtschaft
   - (D) Zentrale Verwaltungswirtschaft

4. Soziale Marktwirtschaft bedeutet:
   - (A) Angebot und Nachfrage bestimmen allein den Preis
   - (B) freie Marktwirtschaft + staatliche Regulierungsmöglichkeit
   - (C) verstärkter Ausbau der Sozialversicherung
   - (D) Wirtschaft in den sozialistischen Staaten

5. Welche Theorie bildet die geistige Grundlage der freien Marktwirtschaft?
   - (A) „Das Kapital" von Karl Marx
   - (B) Die Wirtschaft befindet sich ohne Eingriffe des Staates in Harmonie
   - (C) Förderung des freien Handels- und Reiseverkehrs
   - (D) Vorstellung eines wirtschaftlich geeinigten Europas

6. Welches Prinzip bestimmt das wirtschaftliche Handeln in der Marktwirtschaft?
   - (A) Autonomie der Tarifpartner
   - (B) Der Kunde ist König
   - (C) Großer Aufwand – Großer Gewinn
   - (D) Ökonomisches Prinzip
   - (E) Zwischenstaatliche Vereinbarungen

Wodurch werden im folgend genannten Wirtschaftssystem die Preise vorwiegend bestimmt?
7. Freie Marktwirtschaft
8. Zentrale Planwirtschaft
   - (A) Absprache zwischen Produzenten und Staat
   - (B) Angebot und Nachfrage sowie Kosten
   - (C) Festlegung der Warenbörse
   - (D) Festlegung durch den Staat
   - (E) Vereinbarung zwischen Produzenten und Gewerkschaften

Auf welchem Grundsatz beruht in erster Linie die
9. freie Marktwirtschaft?
10. zentrale Planwirtschaft
   - (A) Föderative Staatsordnung
   - (B) Gemeineigentum
   - (C) Privateigentum
   - (D) Sozial ausgerichtete Preisregulierung

11. Welcher Grundsatz ist mit einer freien Marktwirtschaft unvereinbar?
(A) Angebot und Nachfrage regeln den Preis
(B) Selbständigkeit und Unabhängigkeit der Tarifpartner
(C) Staatlicher Preis- und Lohnstopp zur Stabilisierung der Währung
(D) Unbeschränkter Wettbewerb ohne Subventionen

12. Was ist kein Merkmal der freien Marktwirtschaft?
(A) Alle wirtschaftlichen Entscheidungen liegen bei den Individuen
(B) Kein Einfluß des Staates auf das Wirtschaftsgeschehen
(C) Staat hat nur das Recht auf Mittel für seine hoheitlichen Aufgaben
(D) Vertragsfreiheit
(E) Wirtschaftsplanung durch den Staat

13. Welches Wirtschaftsprinzip kennzeichnet die Planwirtschaft?
(A) Gewinnstreben
(B) Kostenminimierung
(C) Rationalisierung
(D) Sollerfüllung
(E) Stabilität der Währung

14. Preisdifferenz in einer Marktwirtschaft ist der Absatz einer Ware von
(A) gleicher Qualität auf verschiedenen Teilmärkten zum gleichen Preis
(B) gleicher Qualität auf verschiedenen Teilmärkten zu unterschiedlichen Preisen
(C) unterschiedlicher Qualität auf dem gleichen Markt zu unterschiedlichen Preisen
(D) unterschiedlicher Qualität auf verschiedenen Teilmärkten zum gleichen Preis

15. Im Käufermarkt ist
(A) Angebot gleich Nachfrage
(B) Angebot größer als Nachfrage
(C) Nachfrage größer als Angebot
(D) nur Angebot vorhanden
(E) nur Nachfrage vorhanden

16. Was ist kein Mittel der Wirtschaftslenkung?
(A) Bewirtschaftung
(B) Marktordnung
(C) Marktregelung
(D) Sozialgesetzgebung

17. In der freien Marktwirtschaft werden die Preise hauptsächlich bestimmt durch:
(A) Angebot und Nachfrage sowie Kosten
(B) Bundeswirtschaftsministerium
(C) Rationalisierungsmaßnahmen
(D) Sozialpartner

18. Der Preis einer Ware wird in erster Linie bestimmt durch:
(A) Angebot und Nachfrage oder Kosten
(B) Bundeswirtschaftsministerium
(C) EG
(D) Marktordnung

Quelle: Kiehl Verlag, Ludwigshafen, Prüfungsaufgaben für kaufmännische Berufe

5 Wirtschaftspolitik

Thema: Wirtschaftskreislauf

Lernziele:

Der Schüler soll
- die Entwicklung des Wirtschaftskreislaufes aus kulturellen Entwicklungsstufen ableiten können,
- den einfachen Wirtschaftskreislauf grafisch darstellen können,
- die Entstehungs- und Verwendungsgleichung des Volkseinkommens aus der Zeichnung ableiten und die Gleichheit von I und S erklären können,
- die Markterscheinungsformen kennen und erklären können,
- die Modelle der geschlossenen Volkswirtschaft mit staatlicher Aktivität und der offenen Volkswirtschaft schrittweise grafisch und mathematisch entwickeln können,
- die Bedeutung des Außenbeitrages erklären können,
- die Auswirkungen einzelner Variablenänderungen im Kreislaufmodell erläutern können,
- am Beispiel der geschlossenen Volkswirtschaft das Planungsproblem beschreiben können.

1. Lernschritt:

Motivationsphase: L legt Folie 1 auf (drei kulturelle Entwicklungsstufen) und fordert Sch zur wiederholenden Diskussion und Beschreibung auf.

2. Lernschritt:

Erarbeitungsphase: 1. Schritt: L knüpft an die vereinfachte Gut-Geld-Beziehung in der Geldwirtschaft an (Ende Folie 2).
2. Schritt: Sch und L entwickeln gemeinsam anhand Folie 2 einen geschlossenen Wirtschaftskreislauf und ordnen verschiedene Markterscheinungsformen zu.
3. Schritt: L und Sch entwickeln anhand Tafelbild 1 Entstehungs- und Verwendungsgleichung des Volkseinkommens in einer geschlossenen Volkswirtschaft; dabei wird eine Beschränkung auf die Geldgrößen vorgenommen und begründet.
4. Schritt: L erklärt anhand Tafelbild 1 die Gleichheit von Investition und Ersparnis.
5. Schritt: L fordert Sch auf, das Modell grafisch mit dem Staat (Arbeitsaufgabe 1) zu ergänzen (Tafelbild 2).
6. Schritt: Sch entwickeln die Entstehungs- und Verwendungsgleichung und begründen die Gleichheit von I und S im erweiterten Modell.

3. Lernschritt:

Vertiefungsphase: 1. Schritt: Sch und L erarbeiten gemeinsam das Modell der offenen Volkswirtschaft grafisch und mathematisch (Tafelbild 3).
2. Schritt: L erläutert anhand Folie 3 die Bedeutung des Außenbeitrages.
3. Schritt: L fordert Sch in Gruppenarbeit auf, den Rückgang von Investitionen und seine Auswirkungen im Modell zu erarbeiten.

4. Schritt: Gemeinsame Besprechung der Problemanalyse anhand Folie 4.
5. Schritt: L erläutert ein Beispiel zur Planungsproblematik (Tafelbild 4).
6. Schritt: Sch und L erarbeiten gemeinsam in Tafelbild 4 den Unterschied von Ex-post- und Ex-ante-Analyse.

4. Lernschritt:

Anwendungs- und Übungsphase: Sch bearbeiten Arbeitsaufgaben 2 mit anschließender gemeinsamer Besprechung.

Folie 1

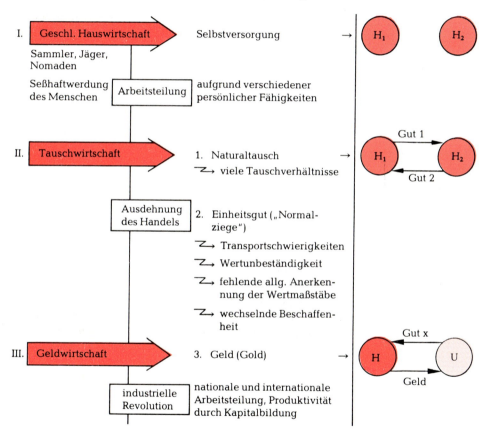

Folie 2 (ggf. Ergänzung von Tafelbild 1)

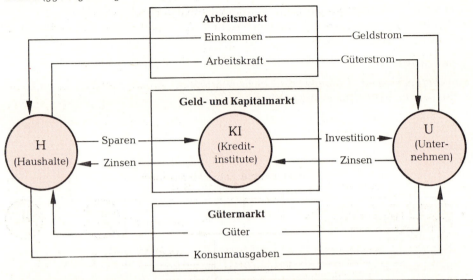

Im Wirtschaftskreislauf ist (in der Regel) ein Geldstrom einem Güterstrom entgegengerichtet.

Tafelbild 1

Einfaches Kreislaufmodell
(geschlossene VW ohne staatliche Aktivität)

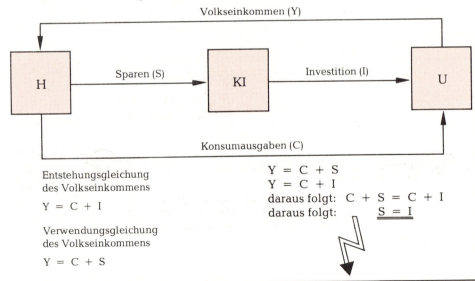

Entstehungsgleichung
des Volkseinkommens

$Y = C + I$

Verwendungsgleichung
des Volkseinkommens

$Y = C + S$

$Y = C + S$
$Y = C + I$
daraus folgt: $C + S = C + I$
daraus folgt: $\underline{S = I}$

In einer geschlossenen Volkswirtschaft ohne staatliche Aktivität entspricht die Summe der Ersparnisse immer der Summe der Investitionen. Oder: Es kann nur soviel investiert werden, wie gespart wurde.

Tafelbild 2

Modell der geschlossenen Volkswirtschaft
mit staatlicher Aktivität

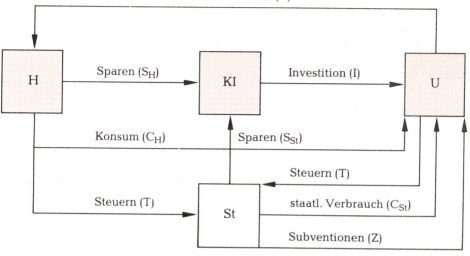

Entstehungsgleichung

$$Y = C_H + C_{St} + I - T + Z$$

Verwendungsgleichung

$$Y = C_H + S + T$$

a)
1) $Y = C_{pr} + S_{pr} + T_{dir} [-Z]$

b)
2) $Y = C_{pr} + C_{St} + I - T_{ind} + Z_U$
3) $C_{pr} + S_{pr} + T_{dir} = C_{pr} + C_{St} + I - T_{ind} + Z_U$
4) $S_{pr} + T_{dir} = C_{St} + I - T_{ind} + Z_U$
5) $S_{pr} + (T_{dir} + T_{ind} - C_{St} - Z_U) = I$
6) $T_{dir} + T_{ind} - C_{St} - Z_U = S_{St}$
7) $\underline{\underline{S_{pr} + S_{St} = I}}$

$$400 + 120 + 50 \qquad\qquad = 570$$
$$400 + 70 + 130 - 100 + 70 = 570$$
$$120 + 50 = 70 - 100 + 70 + 130$$
$$120 + (50 + 100 - 70 - 70) = 130$$
$$(50 + 100 - 70 - 70 = 10)$$
$$\underline{\underline{120 + 10 \qquad\qquad\qquad = 130}}$$

> In einer geschlossenen Volkswirtschaft mit staatlicher Aktivität kann nur soviel investiert werden, wie Haushalte und Staat sparen.

Arbeitsaufgabe 1

Zur Veranschaulichung ein Beispiel:

Für ihre Arbeitsleistung erhalten die Haushalte 570 Geldeinheiten Einkommen. Nach Abzug von 50 GE Steuern entschließen sie sich, für 400 GE Konsumgüter zu kaufen.

Der Staat ist in der Lage, neben Rüstungskäufen bei den Unternehmen für 70 GE und Subventionen an mittelständische Unternehmen in Höhe von 70 GE noch 10 GE zu sparen. Aufgrund obiger Angaben stellen wir den Wirtschaftskreislauf einer geschlossenen Volkswirtschaft mit staatlicher Aktivität grafisch dar.

Aufgabe: Stellen Sie den Wirtschaftskreislauf grafisch dar, und tragen Sie die Stromgrößen ein!

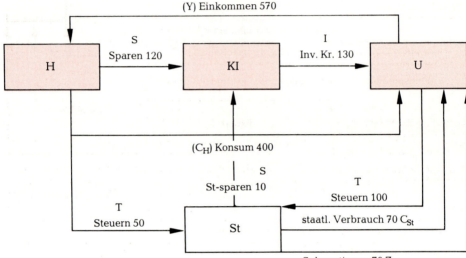

Tafelbild 3   **Modell der offenen Volkswirtschaft**

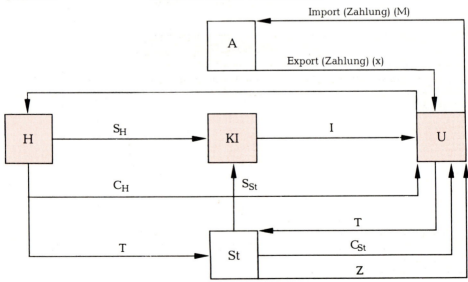

246

1. Verwendungsgleichung: $Y = C_H + S_H + T_{dir}$
2. Entstehungsgleichung: $Y = C_H + C_{St} + I - T_{ind} + Z + (X - M)^1 - S_U$
3. $C_H + S_H + T_{dir} = C_H + C_{St} + I - T_{ind} + Z + (X - M) - S_U$
4. $S_H + S_U + (T_{dir} + T_{ind} - C_{St} - Z) = I + (X - M)^1$
5. $\qquad\qquad T_{dir} + T_{ind} - C_{St} - Z = S_{St}$
6. $S_H + S_U + S_{St} = I + (X - M)$
7. $\boxed{S = I + (X - M)}$
   $\qquad S - (X - M) = I \qquad / X > M$

Folie 3

Positiver Außenbeitrag in einer Volkswirtschaft		
Herkunft der Güter	Nachfrageaufteilung	Außenbeitrag
Inlandsprodukt	Konsum und Investition des Inlands	positiv
	Export	
Import		

Ist in der Volkswirtschaft ein **positiver Außenbeitrag** vorhanden, so werden in dieser Volkswirtschaft weniger Güter konsumiert und investiert, als im Inland hergestellt wurden. Dieser positive Außenbeitrag erzwingt einen Konsumverzicht im Inland. Dadurch nehmen die Forderungen des Inlandes gegenüber denen des Auslandes zu.

Negativer Außenbeitrag in einer Volkswirtschaft		
Herkunft der Güter	Nachfrageaufteilung	Außenbeitrag
Inlandsprodukt	Konsum und Investition des Inlands	negativ
Import	Export	

Liegt ein **negativer Außenbeitrag** vor, so werden im Inland mehr Güter konsumiert und investiert, als hier hergestellt wurden. Die Verbindlichkeiten gegenüber dem Ausland nehmen dadurch zu.

In einer offenen VW hängt die Investition von der Ersparnis und dem Außenbeitrag ab.

---

1 $X - M$ = Außenbeitrag

Folie 4

Problemanalyse

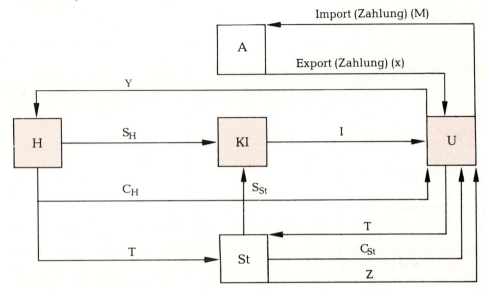

1. In einer VW sind die Investitionen zurückgegangen. Analysieren Sie mit Hilfe des obigen Modells die Auswirkungen!

    Ergebnis: Investitionsrückgang bei konstanten Rahmenbedingungen führt zu
    a) Rückgang des VE (Kurzarbeit, Arbeitslosigkeit),
    b) Rückgang des privaten Konsums,
    c) Verminderung der Steuereinnahmen,
    d) Verminderung der Staatsausgaben für Subventionen, Rentenzahlungen oder
    e) Erhöhung der Staatsverschuldung.

2. Analysieren Sie die Auswirkungen eines erhöhten privaten Konsums, eines negativen Außenbeitrags.

Tafelbild 4

Das Problem der Planung (am Beispiel der geschlossenen VW)

Beispiel:

Die Haushalte beziehen von den Unternehmungen Einkommen in Höhe von 5 000 GE, die sie zu 30 % für den Konsum verwenden wollen. Die Unternehmen planen Anlageinvestitionen von 1 200 GE.

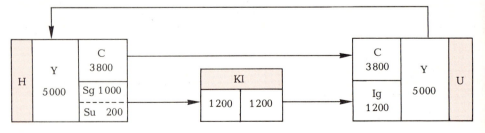

Die Haushalte wollen für 4 000 GE konsumieren, es werden aber nur Güter für 3 800 GE angeboten; sie müssen auf Konsum verzichten oder Zwangssparen durchführen (konstante Preise).

Die **geplanten** Investitionen (1 200 GE) sind größer als die geplanten Ersparnisse (1 000 GE).

Ex ante gilt: $I_g > T_g$

Die Finanzierung der geplanten Investitionen erfolgt dann durch geplante (1 000) und ungeplante (200) S.

Ex post gilt: $I_g = S_g + S_u$

> Die Wertgleichung I = S ergibt sich am **Ende** einer Wirtschaftsperiode (ex post).
> Zu Beginn der Wirtschaftsperiode – wenn Unternehmungen und Haushalte ihre **Haushaltspläne** erstellen – wäre eine Übereinstimmung eher zufällig (ex ante).

Arbeitsaufgaben 2

1. Erklären Sie den Wirtschaftskreislauf im Rahmen einer geschlossenen Volkswirtschaft ohne staatliche Aktivität!
2. Erklären Sie die Entstehungs- und Verwendungsgleichung des Volkseinkommens in einer geschlossenen Volkswirtschaft mit staatlicher Aktivität!
3. Beweisen Sie, daß auch in einer geschlossenen Volkswirtschaft mit staatlicher Aktivität nur soviel investiert werden kann, wie gespart wurde.
4. Im Rahmen der Entwicklungspolitik wird vom „Teufelskreis der Armut" gesprochen. Für die Volkswirtschaft werden folgende Mängel der betroffenen Entwicklungsländer in Form eines unheilvollen Regelkreises dargestellt:

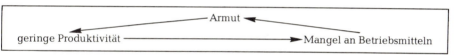

Versuchen Sie diesen Zusammenhang mit Hilfe der Erkenntnisse aus der Betrachtung des Wirtschaftskreislaufes zu begründen und machen Sie Vorschläge, wie man im Rahmen der Entwicklungshilfe die Situation der Betroffenen verbessern kann!
5. Welche Auswirkungen haben positive und negative Außenbeiträge in einer Volkswirtschaft?
6. Die Haushalte beziehen ein Einkommen von 4 000 GE, das sie zu 90 % für den Konsum verplant haben.
Der Investitionsplan der Unternehmungen sieht 200 GE vor.
   a) Wie hoch ist S_g?
   b) Zeichnen Sie ein Kreislaufschema mit allen erforderlichen Stromgrößen!
   c) Erläutern Sie, wie die Übereinstimmung von I und S zustande kommt!

Thema: Sozialprodukt und Volkseinkommen

Lernziel:

Der Schüler soll
- die verschiedenen Sozialproduktbegriffe und den Begriff des Volkseinkommens kennen und erklären können,
- das Volkseinkommen aus den GuV-Rechnungen der Einzelunternehmungen ableiten können,
- die Differenz- und die personelle Methode kennen und unterscheiden können,
- das nationale Produktionskonto erklären können,
- wissen, daß man die volkswirtschaftliche Gesamtrechnung grafisch, kontenmäßig und in Form von Gleichungen darstellen kann.

1. Lernschritt:

Motivationsphase: L legt Schallplatte „Bruttosozialprodukt" von der Gruppe „Geier Sturzflug" auf und führt mit Sch anschließend eine kleine Textdiskussion durch.

2. Lernschritt:

Erarbeitungsphase: 1. Schritt: L verteilt Informations- und Arbeitsblatt.
2. Schritt: L und Sch erarbeiten gemeinsam die Ableitung des Volkseinkommens aus den GuV-Rechnungen einer Modellwirtschaft.
3. Schritt: L und Sch fassen die verschiedenen Darstellungsmöglichkeiten der volkswirtschaftlichen Gesamtrechnung zusammen.
4. Schritt: L erläutert anhand Aufgabe 9 die Entwicklung des verfügbaren Einkommens der Haushalte aus den Nettoproduktionswerten einer Volkswirtschaft.

3. Lernschritt:

Anwendungs- und Übungsphase: Sch bearbeiten Arbeitsaufgaben, die anschließend verglichen und besprochen werden.

Informations- und Arbeitsblatt zum Sozialprodukt und Volkseinkommen

1. Aus der volkswirtschaftlichen Kreislaufbetrachtung läßt sich der Beitrag der einzelnen Wirtschaftssektoren zur gesamtwirtschaftlichen Wertschöpfung erkennen.
2. *Sozialprodukt* und *Volkseinkommen* als Teilergebnisse der volkswirtschaftlichen Gesamtrechnung sind wichtige Beurteilungsmaßstäbe der Gesamtentwicklung.
3. Bei ihrer Berechnung geht man von den Produktionsergebnissen der einzelnen Unternehmen in der Volkswirtschaft aus.

    Die Summe aller in den GuV-Rechnungen festgehaltenen Produktionsergebnisse ergibt den *Bruttoproduktionswert* einer Volkswirtschaft.
4. Der Bruttoproduktionswert kann aber nicht als *Wertschöpfung* einer Volkswirtschaft begriffen werden, weil in ihm die Vorleistungen der einzelnen Wirtschaftsstufen mehrfach enthalten sind.

    Wertschöpfung = Bruttoproduktionswert − Vorleistungen

5. Aber auch diese Wertschöpfung ist noch fehlerhaft; denn sie enthält die Produktionsteile, die zur Erhaltung der Kapazität des Vorjahres aufgewandt werden müssen, also keinen Fortschritt bedeuten.

   Wertschöpfung = Bruttoproduktionswert − Vorleistungen − Abschreibungen

6. Das folgende vereinfachte Beispiel geht von einigen Voraussetzungen aus:
   − die geschlossene Volkswirtschaft besteht aus vier Unternehmen,
   − indirekte Steuern und Subventionen werden nicht berücksichtigt.

GuV-Rechnungen	Forst-wirtschaft		Holzver-arbeitung		Schulmöbel-fabrik		Büromöbel-handel	
Vorleistungen	−		1 300		2 600		4 000	
Löhne/Gehälter	1 000		800		1 000		550	
Zinsen	50		100		100		150	
Abschreibungen	50		80		100		30	
Gewinn	200		320		200		170	
Verkaufserlöse		1 300		2 600		4 000		4 900
Summen	1 300	1 300	2 600	2 600	4 000	4 000	4 900	4 900

Merke: Zur Berechnung der betrieblichen Wertschöpfung bieten sich zwei Wege an:
(1) Differenzmethode − sie zeigt auf der Basis des Güterkreislaufs den Wert der Gesamtproduktion auf;
(2) Personelle Methode − sie zeigt auf der Basis des Güterkreislaufs den Wert der im Produktionsprozeß verdienten Einkommen auf.

a) Berechnung der betrieblichen Wertschöpfung des Büromöbelhandels:

Differenzmethode	Personelle Methode

b) Berechnung des volkswirtschaftlichen Bruttoproduktionswertes; der Vorleistungen; der Abschreibungen:
   (1)
   (2)
   (3)

c) Berechnung der volkswirtschaftlichen Wertschöpfung:

Differenzmethode	Personelle Methode

d) Berechnung des *Bruttosozialproduktes zu Marktpreisen*:
   Das Bruttosozialprodukt zu Marktpreisen ist der volkswirtschaftliche Nettoproduktionswert, d.h. die Summe der betrieblichen Nettoproduktionswerte in einer Volkswirtschaft.

e) Berechnung des *Nettosozialproduktes zu Marktpreisen*:
   Das Nettosozialprodukt zu Marktpreisen ist der um Abschreibungen verminderte Nettoproduktionswert, d.h. die Summe aller Wertschöpfungen in einer Volkswirtschaft.

7. Unter den vereinfachenden Bedingungen des Beispiels entspricht das Nettosozialprodukt zu Marktpreisen dem Volkseinkommen.

   Gibt man realitätsnäher die erste Nebenbedingung auf – wonach indirekte Steuern und Subventionen vernachlässigt wurden –, erhält man nach folgender Rechnung das *Nettosozialprodukt zu Faktorkosten (Volkseinkommen)*:

8. Betrachtet man schließlich eine *offene Volkswirtschaft*, dann sind Exporte und Importe in die Betrachtung einzubeziehen. Mit Hilfe des folgenden Gleichungssystems läßt sich dann die volkswirtschaftliche Gesamtrechnung beschreiben:

9. Folgende alternative Darstellungsmöglichkeiten können zur Veranschaulichung der volkswirtschaftlichen Gesamtrechnung dienen:

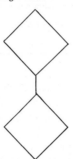

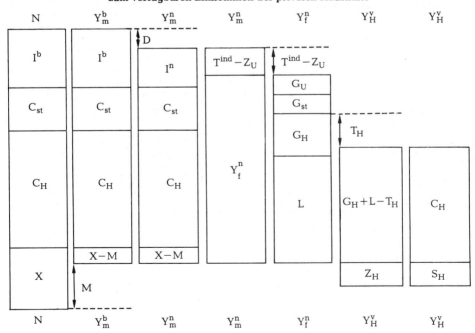

Der Übergang von der gesamtwirtschaftlichen Endnachfrage zum verfügbaren Einkommen der privaten Haushalte

10. Für eine Volkswirtschaft liegen folgende Zahlen vor:

GuV-Rechnungen								
	Forst-wirtschaft		Holzver-arbeitung		Schulmöbel-herstellung		Büromöbel-handel	
Vorleistungen	–		1 200		2 550		3 950	
Löhne/Gehälter	800		600		700		250	
Zinsen	50		100		100		150	
Abschreibungen	50		80		100		30	
Gewinn	200		320		200		170	
Ind. St.-Subv.	100		250		300		350	
Verkaufserlöse		1 200		2 550		3 950		4 900
Summen	1 200	1 200	2 550	2 550	3 950	3 950	4 900	4 900

a) Aggregieren Sie die Zahlen und fassen Sie sie im folgenden Konto zusammen!

Volkswirtschaftliches Produktionskonto

b) Berechnen Sie die gesamtwirtschaftliche Endnachfrage (N), Y_m^b, Y_m^n, Y_F^n!

c) Verallgemeinern Sie das volkswirtschaftliche Produktionskonto!

Lösungen zum Informations- und Arbeitsblatt

Aufgabe:

Gewinn- und Verlustrechnungen der Unternehmen einer Volkswirtschaft:								
	Forstwirtschaft		Holzver-arbeitung		Schulmöbel-fabrik		Büromöbel-handel	
Vorleistungen	–		1 300		2 600		4 000	
Löhne u. Gehälter	1 000		800		1 000		550	
Zinsen	50		100		100		150	
Abschreibungen	50		80		100		30	
Gewinn	200		320		200		170	
Verkaufserlöse		1 300		2 600		4 000		4 900
Summen	1 300	1 300	2 600	2 600	4 000	4 000	4 900	4 900

Am Beispiel des Büromöbelhandels wollen wir die Berechnung der betrieblichen Wertschöpfung aufzeigen. Dabei stehen zwei Wege zur Verfügung:
1. Differenzmethode (reale Methode), sie zeigt den Wert der Gesamtproduktion der einzelnen Unternehmung auf (Güterkreislauf).
2. Personelle Methode, sie zeigt die im Produktionsprozeß verdienten Einkommen auf (Geldkreislauf).

1. Berechnung der betrieblichen Wertschöpfung

Differenzmethode		Personelle Methode	
Bruttoproduktionswert	4 900	Löhne und Gehälter	550
− Vorleistungen	4 000	+ Zinsen	150
= Nettoproduktionswert	900	+ Gewinn	170
− Abschreibungen	30	= Wertschöpfung	870
= Wertschöpfung	870		

Durch die Zusammenfassung der betrieblichen Einzelergebnisse können wir zur volkswirtschaftlichen Gesamtrechnung übergehen. Dabei werden die Bruttoproduktionswerte addiert:

− 4 900 + 4 000 + 2 600 + 1 300 = 12 800

Ebenso werden die Vorleistungen addiert:

− 4 000 + 2 600 + 1 300 + 0 = 7 900

Letztlich sind auch die Abschreibungen zu addieren:

− 30 + 100 + 80 + 50 = 260

2. Berechnung der gesamtwirtschaftlichen Wertschöpfung

Differenzmethode		Personelle Methode	
Bruttoproduktionswert	12 800	Löhne und Gehälter	3 350
− Vorleistungen	7 900	+ Zinsen	400
= Nettoproduktionswert	4 900	+ Gewinn	890
− Abschreibungen	260	= Wertschöpfung	4 640
= Wertschöpfung	4 640		

Für unser **Beispiel** ergeben sich folgende Nettoproduktionswerte:

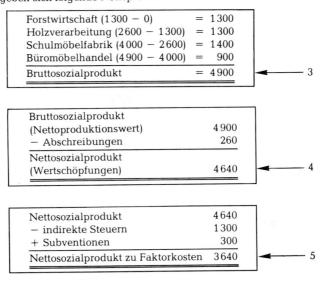

254

Lösung zu 8:

Y_m^b: 1. $Y_m^b = C_H + C_{st} + I^b + X - M$

2. $Y_m^b = C_H + C_{st} + S_H + S_{st} + S_U \; \lceil + D \rceil \; [- D]$

Y_m^n: 1. $Y_m^n = C_H + C_{st} + I^n + X - M$

2. $Y_m^n = C_H + C_{st} + S_H + S_{st} + S_U$

Y_f^n: 1. $Y_f^n = C_H + C_{st} + I_n + X - M - T^{ind} + Z_U$

2. $Y_f^n = C_H + C_{st} + S_H + S_{st} + S_U - T^{ind} + Z_U$

3. $Y_f^n = L + G_H + G_U + G_{st}$

Y_{pr}: $Y_{pr} = Y_f^n - G_{st} + Z_H = L + G_H + G_U + Z_H$

Y_H: $Y_H = Y_f^n - G_{st} - G_U + Z_H = L + G_H + Z_H$

Y_H^v: $Y_H^v = Y_f^n - G_{st} - G_U + Z_H - T_H^{dir} = L + G_H + Z_H - T_H^{dir}$

Lösung zu 9:

Die Zusammenhänge einer volkswirtschaftlichen Gesamtrechnung können anhand folgender alternativer Möglichkeiten veranschaulicht werden:

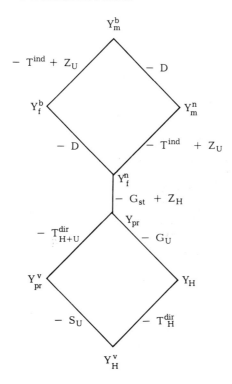

Lösung zu 10:

Zusammenfassung (Konsolidierung)

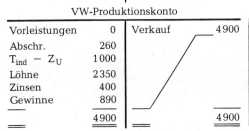
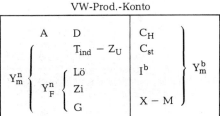

Arbeitsaufgaben

1. Berechnen Sie auf der Grundlage folgender GuV-Rechnungen mit den bekannten Einschränkungen
   - Nettoproduktionswert,
   - Wertschöpfung,
   - Bruttosozialprodukt zu Marktpreisen,
   - Volkseinkommen.

	Bergbau	Stahlwerk	Stahlhandel	Eisenwaren-fachgeschäft
Vorleistungen	–	130	310	110
Löhne u. Gehälter	100	160	300	220
Zinsen	5	20	30	60
Abschreibungen	5	16	30	12
Gewinn	20	64	60	68
Verkaufserlöse	?	?	?	?
Summen				
Indirekte Steuern 260				
Subventionen 60				

2. Analysieren und begründen Sie die Entwicklung von Sozialprodukt und Volkseinkommen in der Bundesrepublik Deutschland!

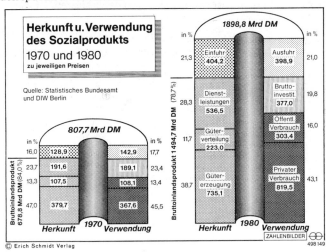

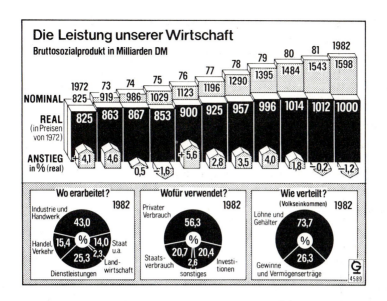

Thema: Markt und Preis

Lernziele:

Der Schüler soll

— die Preisbildung bei vollkommener Konkurrenz anhand einer Grafik erklären können,

— Angebots- und Nachfrageüberhänge bestimmen und damit Käufer- und Verkäufermärkte bestimmen können,

— Preisveränderungen bei Nachfrage- und Angebotssteigerungen erklären können,

— verschiedene Preisfunktionen nennen und erklären können,

— vollkommene und unvollkommene Märkte unterscheiden können,

— verschiedene Marktformen beschreiben können,

— die Monopolpreisbildung beispielhaft erläutern können und ihren Unterschied zur Preisbildung in der vollkommenen Konkurrenz erklären können.

1. Lernschritt:

Motivationsphase: Sch entwickeln aus einer Preis-/Mengenvorstellung am Wochenmarkt für Gänse eine grafische Darstellung der Gleichgewichtspreisbildung (Arbeitsblatt 1).

2. Lernschritt:

Erarbeitungsphase: 1. Schritt: Sch und L erarbeiten gemeinsam Tafelbild 1 und besprechen dabei insbesondere die Funktion von Angebots- und Nachfrageüberhängen.

2. Schritt: L und Sch entwickeln gemeinsam anhand Tafelbild 2 eine Gleichgewichtsbedingung und untersuchen die Wirkung von Angebots- und Nachfragesteigerungen.

3. Schritt (ggf. zur Vertiefung): L und Sch erarbeiten das Cobweb-Theorem zur schrittweisen Findung des neuen Gleichgewichtspreises (Tafelbild 3).

4. Schritt: L und Sch erarbeiten den Unterschied zwischen vollkommenen und unvollkommenen Märkten (Tafelbild 4).

5. Schritt: L und Sch erarbeiten gemeinsam eine Matrix verschiedener Marktformen (Folie 1).

3. Lernschritt:

Vertiefungsphase: 1. Schritt: Sch erarbeiten in Gruppenarbeit anhand Arbeitsblatt 2 die Monopolpreisbildung.

2. Schritt: L und Sch besprechen Ergebnisse anhand Folie 2 und stellen Unterschied zur vollkommenen Konkurrenz heraus (Folie 3).

4. Lernschritt:

Anwendungs- und Übungsphase: Sch lösen Arbeitsaufgaben, die anschließend gemeinsam besprochen werden.

Arbeitsblatt 1 (zugleich Tafelbild 1)

Unter Berücksichtigung des bekannten Marktmechanismus stellen Sie in einem Koordinatensystem die Preismengenvorstellung der Marktpartner dar:

Preis-/Mengen-Vorstellung am Wochenmarkt für Gänse			
Nachfrage		Angebot	
Menge/kg	Preis	Menge	Preis
1	10,— DM	1	4,— DM
2	6,— DM	2	6,— DM
3	4,— DM	3	8,— DM
4	2,— DM	4	10,— DM

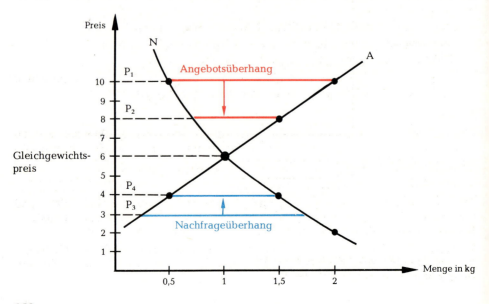

Angebotsüberhang:

Von einem Angebotsüberhang wird immer dann gesprochen, wenn auf einem Markt ein Preis verlangt wird, bei dem die angebotene Menge größer ist als die nachgefragte. Damit der Anbieter nicht „auf seiner teuren Ware sitzenbleibt", wird er den Preis senken (von P_1 nach P_2). Dadurch wird der Angebotsüberhang schrittweise abgebaut, bis sich ein Gleichgewichtspreis eingependelt hat. Da die Käufer eine Tendenz zur Preissenkung bewirken, wird von einem Käufermarkt gesprochen.

Nachfrageüberhang:

Ein Nachfrageüberhang liegt vor, wenn auf dem Markt ein Preis verlangt wird, bei dem die nachgefragte Menge größer als die angebotene ist. Da in diesem Fall dem Anbieter die preisgünstige Ware von den Nachfragern „aus den Händen gerissen wird", sieht er sich zu einer Preiserhöhung veranlaßt (von P_3 nach P_4). Auch hier wird der Nachfrageüberhang so lange abgebaut, bis sich ein Gleichgewichtspreis eingependelt hat. Da hier die Verkäufer eine Tendenz zur Preissteigerung bewirken, spricht man von einem Verkäufermarkt.

Zeichnung und Text werden anhand des TB ergänzt.

Tafelbild 2

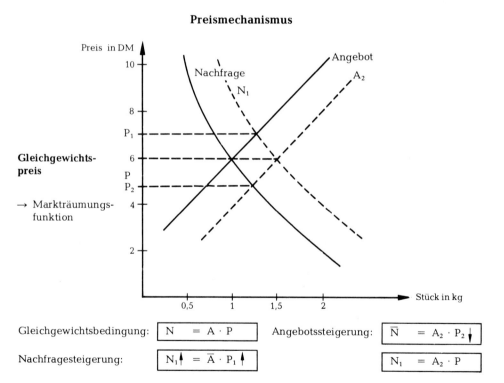

Beschreiben Sie mit Hilfe des obigen Modells die Veränderungen des Preises in Abhängigkeit von
a) einer Angebots- und Nachfragesteigerung,
b) einer Angebots- und Nachfragesenkung.

Tafelbild 3

Schrittweise Findung des Gleichgewichtspreises

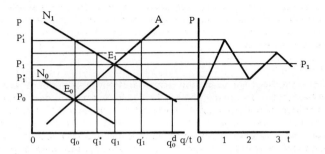

1. Nachfrage steigt ($N_0 \to N_1$) (z. B. durch Einkommenssteigerung).
2. Preis steigt von $P_0 \to P_1^*$, da Anbieter den Nachfrageüberhang nicht sofort befriedigen können.
3. Anbieter reagieren mit Angebotserhöhung (Lenkungsfunktion des steigenden Preises).
4. Bei steigendem Angebot und jetzt konstanter Nachfrage sinkt der Preis, bis er sich auf den Gleichgewichtspreis eingependelt hat.
5. Reaktionslinien gleichen einem Spinngewebe (Cobweb-Theorem).

Aufgabe: Überlegen Sie, ob es in jedem Fall zu einem neuen Gleichgewicht kommen muß?

Lösung zur Aufgabe

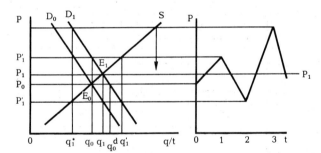

I. Explosives Modell

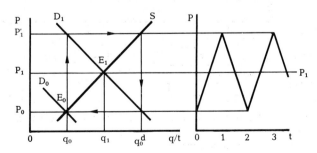

II. Indifferentes Modell

Tafelbild 4

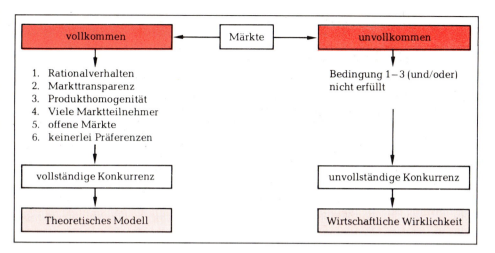

Folie 1 (Leerfolie)

Anbieter / Nachfrager	Viele	Wenige	Einer
Viele	**Vollständige Konkurrenz** in etwa: – Aktienmarkt Gemüsehändler am Wochenmarkt Verbraucher	**Angebots-Oligopol** Mineralölgesellschaften Autofahrer	**Angebots-Monopol** Post Telefonbenutzer
Wenige	**Nachfrage-Oligopol** Landwirte Molkereien	**Zweiseitiges Oligopol** Hersteller von Kränen Unternehmen, die mit Kränen arbeiten	**Oligopolistisch beschränktes Angebots-Monopol** Hersteller eines medizinischen Spezialgeräts Krankenhäuser
Einer	**Nachfrage-Monopol** Straßenbauunternehmen Staat	**Oligopolistisch beschränktes Nachfrage-Monopol** Hersteller von Panzern Staat	**Zweiseitiges Monopol** Einziger Hersteller eines Pkw-Einzelteils Automobil-Unternehmen

– Anbieter
– Nachfrager

Arbeitsblatt 2

Der Veranstalter des „Berliner Sechstagerennens" hat ein Stadion mit 30000 Plätzen. Bei früheren Veranstaltungen hat er genaue Anhaltspunkte für das Publikumsverhalten auf seine Preisfestsetzung erhalten. Grundlagen für seine Preisfestsetzung ist folgende Schätzung über Zuschauerzahlen bei Preisen zwischen 15,— DM und 36,— DM.

Zuschauer (X)	Preis (P)	Umsatz		Kosten	Gewinn
30000	15,— DM	450000,— DM		450000,— DM	—
27000	18,— DM	486000,— DM	P↑ X↓	420000,— DM	66000,— DM
24000	21,— DM	504000,— DM		390000,— DM	114000,— DM
22500	22,50 DM	506250,— DM		375000,— DM	131250,— DM
21000	24,— DM	504000,— DM		360000,— DM	144000,— DM
18000	27,— DM	486000,— DM		330000,— DM	156000,— DM
15000	30,— DM	450000,— DM	P↓ X↑	300000,— DM	150000,— DM
12000	33,— DM	396000,— DM		270000,— DM	126000,— DM
9000	36,— DM	324000,— DM		240000,— DM	64000,— DM

* leer

Aufgaben:

1. Zeichnen Sie die Nachfragekurve anhand der Preis-Mengen-Vorstellung des Veranstalters in das Diagramm!
2. Berechnen Sie in obiger Tabelle den Umsatz und zeichnen Sie die Umsatzkurve in das Diagramm!
3. Zeichnen Sie anhand der Tabellenangaben den Kostenverlauf ein!
4. Versuchen Sie grafisch, den maximalen Gewinn zu ermitteln und den zugehörigen Preis zu bestimmen!
5. Überprüfen Sie Ihr Ergebnis anhand der Tabelle!
6. Versuchen Sie, die Unterschiede zwischen der Preisbildung in der „vollk. Konkurrenz" und dem Monopol klar herauszustellen!

Folie 2 (Rückseite Arbeitsblatt, leer)

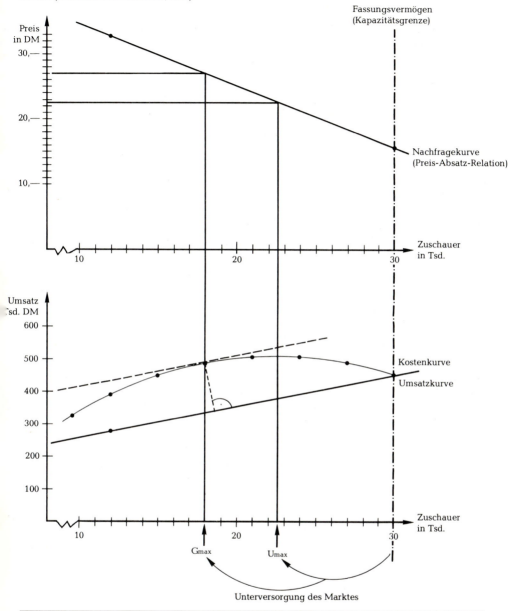

1. Der Monopolist erreicht eine Umsatzsteigerung durch
   → P↑ bei Absatz↓
   → P↓ bei Absatz↑
   Sowohl Menge wie Preis können von ihm bestimmt werden!
2. Der Monopolist setzt seinen Preis so fest, daß sein Gewinn maximal wird (Preispolitik).
3. Der Monopolist erreicht sein Gewinnmaximum durch Unterversorgung des Marktes.

Folie 3

Das Beispiel zeigt, daß bei einem Preis von 15,— DM pro Platz das Stadion zwar ausverkauft wäre, der Gewinn des Veranstalters aber noch gesteigert werden könnte.
Beim **Monopolpreis** von 27,— DM ergeben sich zwar 12 000 freie Plätze, aber der Gewinn hat sein Maximum von 156 000,— DM erreicht.

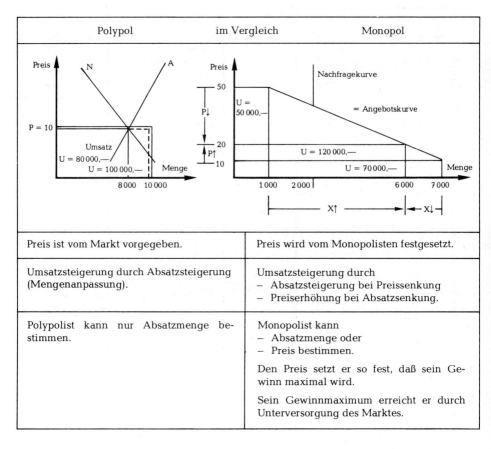

264

Arbeitsaufgaben:

1. Für ein internationales Sportfest im „Olympia-Stadion" sollen die Eintrittspreise festgelegt werden. Der Veranstalter hat aus früheren ähnlichen Sportfesten recht genaue Anhaltspunkte über das Verhalten des Publikums bei unterschiedlichen Preisen. Ermitteln Sie aufgrund der folgenden geschätzten Zahlen den höchstmöglichen Gewinn für den Veranstalter, und stellen Sie die Lösung grafisch dar!

Zuschauer	Preise	Umsatz	Kosten	Gewinn
100 000	8,— DM		750 000,— DM	
90 000	10,— DM		700 000,— DM	
80 000	12,— DM		650 000,— DM	
70 000	14,— DM		600 000,— DM	
60 000	16,— DM		550 000,— DM	
50 000	18,— DM		500 000,— DM	
40 000	20,— DM		450 000,— DM	
30 000	22,— DM		400 000,— DM	

2. Erklären Sie den Unterschied der Preisbildung zwischen „vollständiger Konkurrenz" und „Monopol"!

3. Börse Hannover, 13.03., VW-Aktien

Nachfrager

7 zahlen höchstens 148,— DM
8 zahlen höchstens 149,— DM
3 zahlen höchstens 150,— DM
6 zahlen höchstens 151,— DM
15 zahlen höchstens 152,— DM
10 zahlen jeden Preis

Anbieter

14 verkaufen zu jedem Preis
13 wollen mindestens 147,— DM
10 wollen mindestens 148,— DM
5 wollen mindestens 149,— DM
12 wollen mindestens 150,— DM
23 wollen mindestens 151,— DM

Ermitteln Sie in einer grafischen Darstellung den Börsengleichgewichtspreis für VW-Aktien!

Thema: Wirtschaftspolitische Ziele und Zielkonflikte

Lernziele:

Der Schüler soll

– die vier Ziele des Stabilitätsgesetzes kennen,
– den Unterschied zwischen den Zielen und der Realität beschreiben können,
– Zielkonflikte erkennen und erklären können,
– die Bedeutung des Umweltschutzes und der sozialen Sicherung für die Wirtschaftspolitik erkennen und ihre Bedeutung für die wirtschaftspolitische Zielsetzung erklären können.

1. Lernschritt:

Motivationsphase: L verteilt Arbeitsblatt 1 und fordert Sch zur Bearbeitung in Partnerarbeit auf.

2. Lernschritt:

Erarbeitungsphase: 1. Schritt: L und Sch besprechen gemeinsam Arbeitsaufgaben 1 und 2.
2. Schritt: L und Sch erarbeiten gemeinsam auf der Grundlage von Arbeitsaufgabe 3 und 4 Tafelbild 1 (Magisches Viereck).

3. Lernschritt:

Vertiefungsphase: 1. Schritt: Sch erarbeiten und diskutieren in Gruppenarbeit die Arbeitsaufgaben in Arbeitsblatt 2.

2. Schritt: Sch und L diskutieren gemeinsam die Bedeutung des Umweltschutzes und der sozialen Sicherheit eines magischen Fünf- oder Sechsecks.

3. Schritt: L und Sch fassen anhand Folie die Ergebnisse zusammen und diskutieren abschließend einige Zielkonflikte im Zielsystem.

Arbeitsblatt 1

Wirtschaftspolitische Ziele und Zielkonflikte

Die wirtschaftspolitischen Zielsetzungen der Bundesrepublik sind im Gesetz zur Förderung der Stabilität und des Wachstums der Wirtschaft („Stabilitätsgesetz" vom 08.07.1967) festgehalten:

§ 1: Bund und Länder haben bei ihren wirtschafts- und finanzpolitischen Maßnahmen die Erfordernisse des gesamtwirtschaftlichen Gleichgewichtes zu beachten. Diese Maßnahmen sind so zu treffen, daß sie im Rahmen der marktwirtschaftlichen Ordnung gleichzeitig zur Stabilität des Preisniveaus, zu einem hohen Beschäftigungsstand und außenwirtschaftlichem Gleichgewicht bei stetigem und angemessenem Wirtschaftswachstum beitragen.

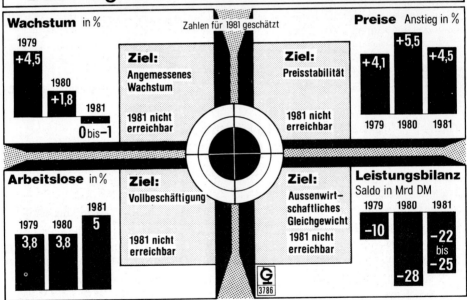

Aufgaben:

1. Beschreiben Sie die vier wirtschaftspolitischen Zielsetzungen des magischen Vierecks!
2. Stellen Sie den Unterschied zwischen den Anforderungen des Stabilitätsgesetzes und der wirtschaftlichen Realität dar!
3. Untersuchen Sie, warum sich die einzelnen Ziele des Stabilitätsgesetzes kaum miteinander vereinbaren lassen!
4. Beschreiben Sie die Problematik, die sich aus diesem Dilemma für die politischen Entscheidungsträger ergibt!

Tafelbild 1

Arbeitsblatt 2

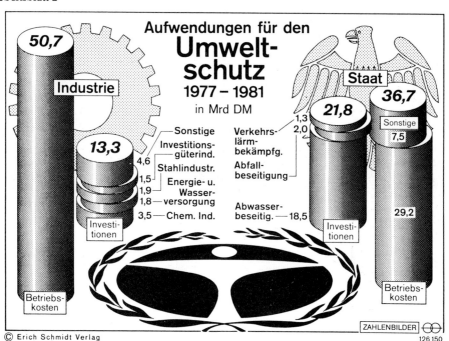

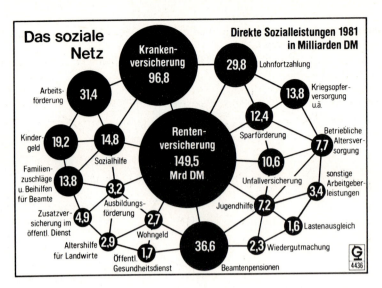

Aufgaben:
1. Begründen Sie, warum die Aufwendungen für den Umweltschutz bei Staat und Industrie erheblich zugenommen haben!
2. Welche Bedeutung haben nach Ihrer Meinung die Sozialaufwendungen für den Staat?
3. Versuchen Sie, die Zielkonflikte zwischen dem „Magischen Viereck" und dem Streben nach „Sozialer Sicherung" und „Umweltschutz" aufzuzeigen!
4. Versuchen Sie eine Rechtfertigung für die Aufstellung des Zieles „Umweltschutz" im Rahmen des „Magischen Sechsecks"!
5. Rechtfertigen Sie aus dem Grundgesetz die Aufnahme des Zieles „Streben nach sozialer Gerechtigkeit"!

Folie

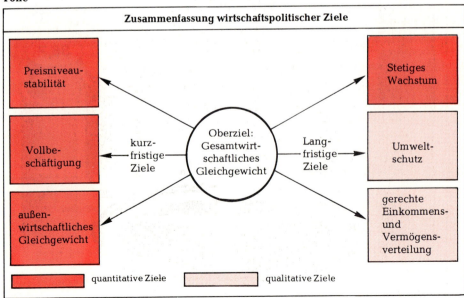

6. Interpretieren Sie das „Magische Fünf- bzw. Sechseck" der Wirtschaftspolitik unter folgenden speziellen Fragestellungen:
   a) Worin besteht der Zielkonflikt zwischen Vollbeschäftigung und außenwirtschaftlichem Gleichgewicht?
   b) Woraus ergibt sich ein Widerspruch zwischen Preisstabilität und Vollbeschäftigung?
   c) Ergibt sich zwischen Vollbeschäftigung und Wachstum ein Interessengegensatz?
   d) Welche Gefährdung ergibt sich für die Preisstabilität aus dem Ziel des Wirtschaftswachstums?

Thema: Wirtschaftspolitische Einzelziele

Lernziele:

Der Schüler soll
- den Begriff der Preisniveaustabilität erläutern können,
- Preisniveau und Kaufkraft unterscheiden können,
- den Begriff Warenkorb erläutern können,
- statistische Unterlagen zum Arbeitsmarkt in einfacher Form grafisch darstellen können,
- den Begriff der Arbeitsmarktschere erläutern können,
- Gründe für Arbeitslosigkeit nennen und Maßnahmen für ihre Behebung aufzeigen können,
- den Begriff des wirtschaftlichen Wachstums in realer und nominaler Form unterscheiden können,
- das Sozialprodukt als Wachstumsmaßstab verwenden können,
- die Notwendigkeit eines außenwirtschaftlichen Gleichgewichts erläutern können.

Die folgenden Lernschritte wiederholen sich bei den einzelnen Zielen.

1. Lernschritt:

Informationsphase.

2. Lernschritt:

Erarbeitung von Arbeitsaufgaben in Gruppen-, Partnerarbeit oder bei Hausaufgaben.

3. Lernschritt:

Besprechung der Ergebnisse, ggf. Vertiefung durch Tafelbilder.

Folie 1

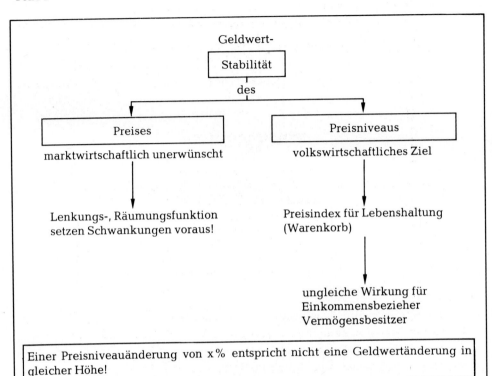

Tafelbild

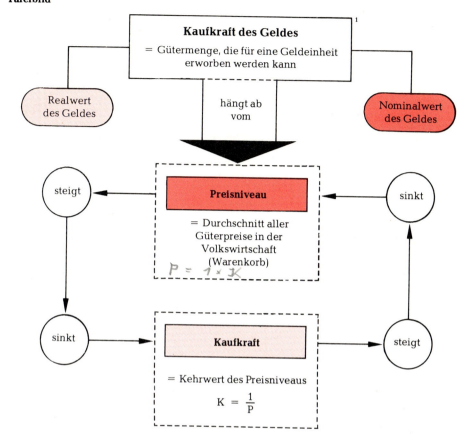

Information

Neuer Warenkorb für den Preisindex

Der Index der Lebenshaltungskosten ist der Maßstab für die Preisentwicklung in einer Volkswirtschaft. In der Bundesrepublik Deutschland wurde der Preisindex für die Lebenshaltung aller privaten Haushalte bis 1979 nach einem fast zehn Jahre unverändert beibehaltenen Warenkorb berechnet, der aufgrund der Verbrauchsverhältnisse des Jahres 1970 zusammengestellt war. Da aber mit zunehmender zeitlicher Entfernung vom Basisjahr ein derart konstanter Warenkorb unrealistisch wird, hat das Statistische Bundesamt für die Berechnung des Preisindex einen neuen Warenkorb zugrunde gelegt, der auf den Verbrauchsgewohnheiten des Jahres 1976 basiert. Die beiden Warenkörbe unterscheiden sich in der Art und der Zahl der enthaltenen Güter wie auch in den jeweils zugeteilten Indexgewichten. Es mußte inbesondere berücksichtigt werden, daß sich das Güterangebot gegenüber 1970 stark differenziert hat und außerdem eine Reihe neuartiger Güter auf den Markt gekommen ist.

Statt früher 899 umfaßt der Warenkorb von 1976 nur 778 Indexpositionen. Das Statistische Bundesamt hebt hervor, daß dennoch keine Reduzierung des für die Indexberechnung verwendeten Preismaterials vorgenommen wurde. Vielmehr ergab die Zusammenfassung

---

1 Vgl. Seidel-Temmen, Volkswirtschaftslehre, Gehlen Verlag 1980.

von bisher als verschiedenartige Waren und Leistungen behandelten Gütern zu jeweils einer Indexposition eine Minderung um insgesamt 148 Positionen. Sachliche Veränderungen traten nur insofern ein, als 65 Streichungen vorgenommen und 92 Güter zur Aktualisierung des Warenkorbes neu aufgenommen wurden.

Die Wägungsanteile der Hauptgruppen an den Warenkörben von 1970 und 1976 haben sich teilweise erheblich verändert. Nahrungsmittel beanspruchen nur noch gut ein Viertel (26,7 %) der Haushaltsausgaben gegenüber einem Drittel (33,3 %) nach der Berechnung von 1970. Auch bei der Position „Kleidung, Schuhe" ergab sich eine Abnahme von 10,1 % auf 8,7 %. Hier zeigt sich erneut, daß mit steigendem Lebensstandard für den Grundbedarf des Lebens, also für Nahrung und Kleidung, immer geringere Anteile der Gesamtausgaben erforderlich sind. Stärkeres Gewicht erhielten dagegen die Gruppen „Wohnungsmiete" (von 12,6 % auf 13,3 %), „Elektrizität, Gas, Brennstoffe" (von 4,6 % auf 4,9 %) sowie „Bildung, Unterhaltung" (von 6,1 % auf 7,9 %). Am weitaus stärksten erhöhten sich die Anteile für Verkehr und Nachrichtenübermittlung (von 10,5 % auf 14,8 %) sowie für „Persönliche Ausstattung" (von 7,4 % auf 9,4 %). Hier wirkten sich die zunehmende Motorisierung der Haushalte sowie die stärkere Beanspruchung der Haushaltskasse für Urlaubsreisen, Kfz-Haftpflichtversicherung und Kfz-Steuer aus.

Die Verbrauchsausgaben je Monat und Haushalt wurden für das Basisjahr 1970 mit 1 294 DM, für das Basisjahr 1976 mit 2 326 DM errechnet.

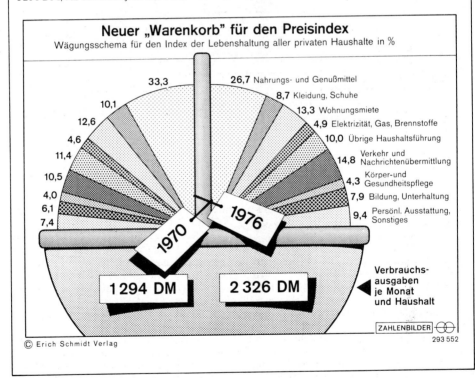

Arbeitsaufgaben zur Geldwertstabilität

1. Die Kaufkraft des Geldes gibt an, wieviel Güter für eine Einheit des Geldes gekauft werden können. Erläutern Sie diesen Zusammenhang unter Verwendung der Begriffe „Kaufkraft" und „Preisniveau"!

[handwritten top:] TA die Kaufkraft – Binnenwert der Währung
[handwritten:] Münze 1,- DM

2. Auf einer Banknote ist der Wert von 1 000,— DM aufgedruckt. Hierfür sollen Güter gekauft werden, die durchschnittlich 40,— DM wert sind, ein Jahr später durchschnittlich 50,— DM kosten.
   a) Wieviel Güter kann man sich in den beiden Jahren jeweils kaufen?
   b) Erläutern Sie anhand dieses Beispiels den Nennwert des Geldes (Nominalwert) und den tatsächlichen Wert des Geldes (Realwert)!

3. Eine Preissteigerung von 20% bewirkt nicht, daß die Kaufkraft des Geldes um den gleichen Prozentsatz sinkt.
   Beweisen Sie diese Aussage anhand folgenden Beispiels:
   1978 betrug der Preis für ein Mofa 600,— DM,
   1980 jedoch 900,— DM.

4. Der Zusammenhang zwischen Preis und Kaufkraft für zwei einzelne Güter ist in folgender Tabelle veranschaulicht:

Gut	Alter Preis	Neuer Preis	Veränderungen ± % Preis	± % Kaufkraft
A	24,— DM	48,— DM	+ 100 %	− 50 %
B	640,— DM	480,— DM	− 25 %	+ 33 $\frac{1}{3}$ %

Die Veränderungen können mit dem Dreisatz oder mit folgenden Formeln errechnet werden:

Preisänderung = $\frac{\text{Neuer Preis}}{\text{Alter Preis}} \cdot 100 \cdot 100$

Kaufkraftänderung = $\frac{\text{Alter Preis}}{\text{Neuer Preis}} \cdot 100 \cdot 100$

Errechnen Sie nach obigem Muster die Preis- und Kaufkraftveränderung folgender Güter:

	C	D	E	F
Alter Preis	30,— DM	2 400,— DM	17 620,— DM	210,— DM
Neuer Preis	22,— DM	2 650,— DM	15 460,— DM	200,— DM

5. Welche Auswirkungen hat eine 25 %ige Erhöhung des Preisniveaus auf die Kaufkraft?

6. Welche volkswirtschaftlichen Auswirkungen sind zu erwarten, wenn Löhne und Preise steigen?

	1. Jahr		2. Jahr
Nominallohn:	400,— DM	+ 5 % =	420,— DM
Brotpreis je kg:	2,— DM	+ 12 % =	2,24 DM *[hs:] 4.48*
Reallohn, ausgedrückt in Brot:	200 Brote		187,5 Brote

[handwritten:] 93,75 Brote   Kaufkraft sinkt u 6,25 %.

Benutzen Sie für Ihre Argumente das obige Beispiel!

7. Der Verkäufer eines Bauernhofes vereinbart mit dem Käufer:
   – eine jährliche Leibrente in Höhe von 24 000,— DM
   – oder die Lieferung einer bestimmten Milch- und Getreidemenge.
   Welche Vor- und Nachteile bieten diese Vereinbarungen für den Verkäufer?

[handwritten:] Folie

Vgl. Seidel-Temmen, Volkswirtschaftslehre, Gehlen Verlag 1980.

Arbeitsblatt zur Vollbeschäftigung

3. Arbeitsmarkt *)

Zeit	Abhängig Beschäftigte						Ausländer 3) Tsd	Kurzarbeiter Tsd	Arbeitslose					Offene Stellen	
	insgesamt 1)		Produzierendes Gewerbe ohne Bau und Energie 2)		Bauhauptgewerbe 2)				insgesamt		darunter Teilzeit-arbeits-lose Tsd	Arbeitslosen-quote 4) %			Veränderung gegen Vorjahr Tsd
	Tsd	Veränderung gegen Vorjahr %	Tsd	Veränderung gegen Vorjahr %	Tsd	Veränderung gegen Vorjahr %			Tsd	Veränderung gegen Vorjahr Tsd			Tsd		
1971	22 414	+ 0,8	8 834	− 0,5	1 583	+ 1,1	2 128	86	185	+ 36	34	0,9		648	−147
1972	22 435	+ 0,1	8 633	− 2,3	1 570	− 0,8	2 284	76	246	+ 61	40	1,1		546	−102
1973	22 564	+ 0,6	8 662	+ 0,3	1 550	− 1,3	5) 2 459	44	273	+ 27	47	1,3		572	+ 26
1974	22 152	− 1,8	8 452	− 2,4	1 394	−10,1	5) 2 328	292	582	+309	94	2,6		315	−257
1975	21 386	− 3,5	7 908	− 6,4	1 245	−10,7	2 061	773	1 071	+492	155	4,7		236	− 79
1976	21 288	− 0,5	7 698	− 2,6	1 222	− 1,8	1 925	277	1 060	− 14	172	4,6		235	− 1
1977	21 347	+ 0,3	7 636	− 0,8	1 170	− 4,3	1 872	231	1 030	− 30	187	4,5		231	− 4
1978	21 605	+ 1,2	7 586	− 0,7	1 188	+ 1,5	1 858	191	993	− 37	187	4,3		245	+ 14
1979	p) 22 008	p) + 1,9	7 604	+ 0,2	1 238	+ 4,2	1 925	88	876	−117	170	3,8		304	+ 59
1980	p) 22 296	p) + 1,3	7 662	+ 0,8	1 263	+ 2,0	2 018	137	889	+ 13	163	3,8		308	+ 4
1981	...	...	...	...	...	...	...	347	1 272	+383	207	5,5		208	−100
1980 Dez.			7 600	− 0,6	1 243	− 0,6	1 926	357	1 118	+251	184	4,8		226	− 42
1981 Jan.			7 556	− 1,0	1 193	− 1,2	.	402	1 309	+272	197	5,6		228	− 54
Febr.	p) 22 117	p) − 0,1	7 536	− 1,5	1 174	− 2,9	.	374	1 300	+307	197	5,6		239	− 74
März			7 530	− 1,7	1 208	− 4,2	.	405	1 210	+334	196	5,2		247	− 90
April			7 502	− 1,9	1 222	− 4,0	.	360	1 146	+321	201	4,9		242	−104
Mai	p) 22 123	p) − 0,6	7 481	− 2,1	1 223	− 4,1	.	340	1 110	+343	201	4,8		242	−101
Juni			7 476	− 2,3	1 229	− 4,1	.	317	1 126	+345	201	4,8		236	−117
Juli			7 489	− 2,5	1 223	− 4,4	.	221	1 246	+393	210	5,3		219	−116
Aug.	p) 22 202	p) − 0,9	7 498	− 2,5	1 229	− 4,6	.	167	1 289	+424	212	5,5		206	−118
Sept.			7 514	− 2,6	1 226	− 5,2	.	268	1 256	+434	212	5,4		176	−123
Okt.			7 473	− 2,8	...	...	.	367	1 366	+478	223	5,9		155	−120
Nov.			...	...	...	...	.	436	1 490	+522	227	6,4		132	−114
Dez.			...	...	...	...	.	506	1 704	+586	235	7,3		118	−108

Quelle: Statistisches Bundesamt; für beschäftigte Ausländer, Arbeitslose und Offene Stellen: Bundesanstalt für Arbeit. − * Die Monatswerte beziehen sich auf das Monatsende, bei den Kurzarbeitern auf die Monatsmitte. − 1 Vierteljahreszahlen (Durchschnitte) eigene Berechnung. − 2 Einschl. tätiger Inhaber. − 3 In allen Wirtschaftszweigen. − 4 Arbeitslose (insgesamt) in % der abhängigen Erwerbspersonen (ohne Soldaten) nach dem Mikrozensus. − 5 Eigene Schätzung. − p Vorläufig.

1. Zeichnen Sie in ein Koordinatensystem (Zahl der AN/Zeit) die Zahl der Arbeitslosen und der offenen Stellen für den Zeitraum von 1970−1981!
2. Interpretieren Sie im Rahmen der Gruppenarbeit das Schlagwort der „Arbeitsmarktschere"!
3. Welche Aussage macht der Spiegel-Artikel in bezug auf das Verhalten von Kurzarbeit und Arbeitslosenzahlen?

KONJUNKTUR

Alle getroffen

Die Zahl der Kurzarbeiter stieg bislang nicht so hoch wie erwartet − nach Meinung von Arbeitsmarktexperten kein gutes Zeichen.

Noch vor wenigen Wochen sahen etliche unter Bonns Konjunkturlenkern keinen Grund zur Beunruhigung. Im Sommer, spätestens im Herbst, so lautete die auch von Bundeskanzler Helmut Schmidt verbreitete Voraussage, werde es mit der Konjunktur schon wieder bergauf gehen.

„Die konjunkturelle Durststrecke", fand das Institut der Deutschen Wirtschaft heraus, werde sich „nicht allzu nachhaltig auf die Beschäftigung auswirken".

In der Hoffnung auf bessere Zeiten würden die Unternehmer, so die Annahme, die Beschäftigten mit Kurzarbeit über Winter und Frühjahr schleppen und nicht gleich Kündigungsbriefe verschicken.

Doch die jüngsten Statistiken der Nürnberger Bundesanstalt für Arbeit zerstörten die von den Regierenden und der Industrie-Lobby geteilte Hoffnung. Die Zahl der Kurzarbeiter stieg viel langsamer als erwartet an. Dafür schnellte die Arbeitslosenzahl in die Höhe.

5445 Betriebe ließen im Januar rund 400 000 Arbeitnehmer kurzarbeiten. Vor sechs Jahren, auf dem Höhepunkt der vorigen Rezession, hielten die Betriebe mehr als die doppelte Anzahl ihrer Beschäftigten mit Kurzarbeit am Arbeitsplatz.

„Der Verdacht ist wohl begründet", wertet Helmut Minta, Vizepräsident der Nürnberger Bundesanstalt, die Zahlen, „daß noch mehr Betriebe als erwartet gleich entlassen."

Der vergleichsweise geringe Anstieg der Kurzarbeit ist um so unverständlicher, als der Staat den Unternehmen die Entscheidung zur Kurzarbeit mit kräftigen Finanzhilfen erleichtert. Immerhin zahlt die Arbeitslosen-Anstalt 68 Prozent des ausgefallenen Nettolohns an die Arbeitnehmer.

Die Meldungen über Betriebsstillegungen und Personalabbau passen zu den Statistiken der Nürnberger. Nicht nur einzelne kränkelnde Großbetriebe entlassen Arbeitnehmer, von dem Kehraus wurden fast alle Branchen und alle Regionen der Bundesrepublik getroffen.

Entlassen wurde bei den Autobauern Ford und Opel, bei der Büromaschinenfirma Olympia stehen Entlassungen ebenso bevor wie bei dem Fernseh-und-Radio-Hersteller Grundig. Der Kaffeeröster Hag aus Bremen baut seine Belegschaft ab, genauso die Textilfirma Girmes. Der größte europäische Chemiefaserkonzern, die Enka AG, will in der Bundesrepublik gleich 2000 Arbeitsplätze einsparen. Der Elektro-Konzern AEG und die Lkw-Firma Magirus-Deutz müssen sich gesundschrumpfen.

Warenhäuser wie Hertie oder Horten schließen Niederlassungen, Banken machen gleich reihenweise Filialen dicht. Allein bei Frankfurter Banken sollen in diesem Jahr 3000 Menschen weniger beschäftigt werden.

Hinzu kommen die Pleiten und Entlassungen der vielen mittelständischen Betriebe, bei denen ohne viel Aufhebens Tausende von Arbeitsplätzen wegfallen. In der Roma-Schuhfabrik in Hauenstein/Pfalz gehen 75 Jobs verloren, beim Ladenbauer Heinrich + Goldau in Eschwege 320, bei den Hohenstein-Bekleidungswerken in Crailsheim 60.

Die Gummi-Fabrik Pongs mit 1300 Arbeitnehmern in Aachen ist bankrott. Die Osnabrücker Solida-Bekleidungswerke werden ins Ausland verlegt; 100 Beschäftigte müssen sich um eine neue Stelle bemühen.

Der letzte Kündigungstermin für Angestellte am Ende des Jahres hat deutlich gemacht, daß ein ganzer Berufsstand dezimiert wird. Allein im Januar ging die Zahl der arbeitslosen Büroarbeiter um 25000 in die Höhe.

Daß die Unternehmen nun mehr entlassen, erklären die Arbeitsmarktforscher nicht zuletzt mit den schlechten Erfahrungen der Manager im vorigen Jahr.

Im Hochgefühl eines außergewöhnlich guten Konjunkturstarts Anfang des letzten Jahres hatten die Betriebe Arbeitskräfte gehortet. „Die haben lange einfach nicht daran geglaubt", erklärt der Beschäftigungsexperte des Münchner Ifo-Instituts Josef Gattinger, „daß ein Konjunkturabschwung kommt".

Diese Arbeitnehmer-Reserve, so die Analyse, würde jetzt, da die Zukunftsaussichten spürbar schlechter geworden seien, durch Entlassungen abgebaut.

Der erwartete starke Anstieg der Kurzarbeit muß daher ausbleiben.

Der jetzt erkennbare Trend verstärkt die Beschäftigungsprobleme in diesem Jahr unerwartet. Zu den Abgängen aus den Firmen addieren sich die Entlassungen aus den Schulen. Knapp 200000 Berufsanfänger drängen zusätzlich 1981 auf den Arbeitsmarkt, über 100000 Jugendliche aber sind bereits als Arbeitslose registriert.

Weitere 100000, das schätzen Experten, haben längst resigniert und sich gar nicht erst bei den Ämtern gemeldet.

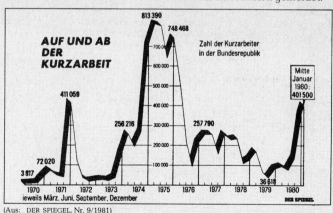

(Aus: DER SPIEGEL, Nr. 9/1981)

Tafelbild a)

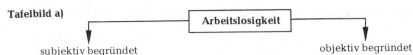

subjektiv begründet
(in der Person des Arbeitnehmers)

1. persönliches Verschulden
   (Unehrlichkeit . . .)
2. kein persönliches Verschulden
   (Unfall, zu lange Krankheit . . .)
3. Arbeitnehmer kündigt selber
4. Immobilität des Arbeitnehmers
   (nicht bereit, Ort zu wechseln
   = Vermittlungsproblem für AA)
5. fehlender Arbeitswille
   (bei guter sozialer Versorgung)

objektiv begründet
(örtlich oder sachlich bedingter Mangel an Arbeitsgelegenheit)

1. Rationalisierung durch Automation
2. Konkurs (→ Sozialplan)
3. keine Aufträge
   → konjunkturelle AL
4. Substitution ganzer Wirtschaftszweige
   (Kohle → Öl)
   → strukturelle AL
5. witterungsabhängige Branchen
   → saisonale AL

Diskussionsmaterial – Folgen der Arbeitslosigkeit

Herr STINGL (Bundesanstalt für Arbeit, Nürnberg) sagte einmal in einer Fernsehsendung sinngemäß:
„Es ist sogar eine sozialpolitisch wünschenswerte Folge, daß junge Arbeitnehmer vor Älteren und Familienvätern entlassen werden." (!!!)

Zeitungsmeldungen

1. „Stempeln – das ist nichts für mich"
   Maurer K. ging nach seiner Kündigung nach Hause, berichtete seiner Frau und ging schlafen – nach zwei Stunden tot durch eine Überdosis Schlaftabletten!
2. „Frau eines Arbeitslosen erhängt sich nach Diebstahl"
   Eine Familie konnte mit 700,— DM Arbeitslosengeld nicht mehr ihre Ausgaben bestreiten – die Mutter entwendete Textilien für 650,— DM.
3. „Versteckspiel für ein wenig Achtung"
   Ein 53jähriger arbeitsloser Bauingenieur ging 7 Wochen jeden Morgen pünktlich aus dem Haus, die Aktentasche unter dem Arm: „Meine Frau weiß nicht, daß ich arbeitslos bin, wir leben von unserem Ersparten."

Tafelbild b)

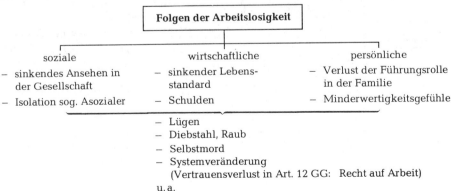

Informationen – Maßnahmen gegen die Arbeitslosigkeit

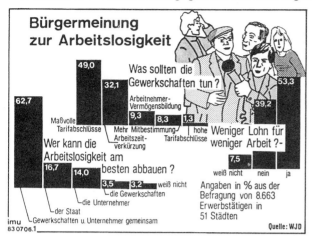

Wie denkt der Mann auf der Straße über die Beseitigung der Arbeitslosigkeit? Während Unternehmer, Gewerkschaften und Politiker um den richtigen Weg streiten, hat sich die Arbeitslosigkeit auf hohem Niveau stabilisiert und signalisiert einen harten Winter. Realistischer als manche Organisationen annehmen, stehen die erwerbstätigen Bürger dem größten wirtschaftlichen Problem der Gegenwart gegenüber.

In den Anfangsjahren dauerte das Wochenende nur einen Tag; denn am Sonnabend wurde gearbeitet. Die tarifliche Arbeitszeit umfaßte 48 Stunden. Doch auch sie reichte oft nicht aus, um alles zu schaffen. Die Industriearbeiter kamen einschließlich Überstunden auf ein Wochenpensum von über 49 Stunden. Mit steigender Produktivität und zunehmendem Wohlstand wuchs das Bedürfnis nach weniger Arbeit und mehr Freizeit.

Die Schwierigkeiten stecken im Detail. Alle bisherigen Vorschläge müssen sich kritisch darauf befragen lassen, ob sie ihr Hauptziel – die Reduzierung der Arbeitslosigkeit – auch erreichen können oder ob sie nicht sogar das Gegenteil – einen weiteren Abbau von Arbeitsplätzen – bewirken werden. Strittig ist vor allem, wer die Kosten der einen oder anderen Variante der Arbeitszeitverkürzung zu tragen hat.

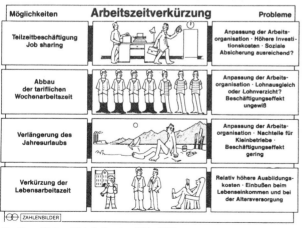

(Quelle: „Kleiner Wirtschaftsspiegel" Nr. 9/83)

Tafelbild c)

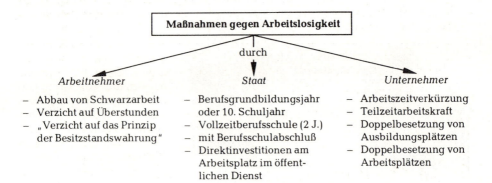

Folie 2

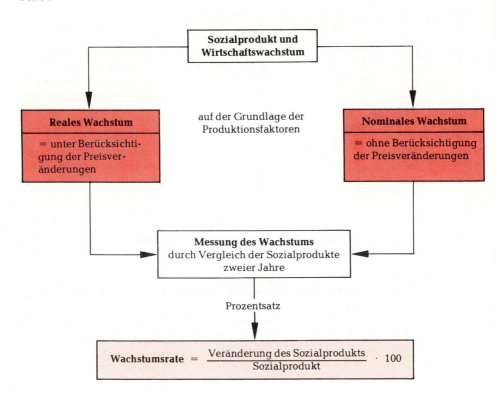

Vgl. Seidel-Temmen, Volkswirtschaftslehre, Gehlen Verlag 1980.

Arbeitsaufgaben zum wirtschaftlichen Wachstum

1. Um einen langfristigen Überblick über das Wachstum zu erhalten, ist es zweckmäßig, die Veränderungen des nominalen und realen Bruttosozialprodukts als **Leistungskurven** darzustellen.

Jahr	Bruttosozialprodukt	
	in jeweiligen Preisen	in Preisen von 1970
1970	679,0	679,0
1971	756,0	701,7
1972	827,2	727,3
1973	920,1	763,0
1974	986,9	765,7
1975	1 031,1	746,8
1976	1 124,9	789,1
1977	1 193,4	808,1

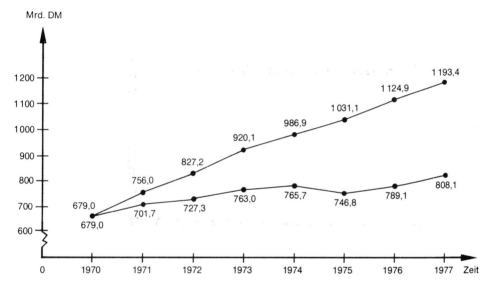

a) Erläutern Sie, warum sich die Schere zwischen der Entwicklung des nominalen und des realen Sozialprodukts immer mehr öffnet, sogar im Jahre 1974, als das reale Wachstum fast Null war!

b) Erweitern Sie die o. a. Tabelle der Bruttosozialprodukte und zeichnen Sie die Wachstumskurven in einem Koordinatenkreuz mit den neuen Werten! (Die aktuellen Werte können Sie entnehmen aus den Monatsberichten der Deutschen Bundesbank, aus Leistung in Zahlen des BMWI und aus dem Statistischen Jahrbuch.)

2. Die prozentuale Veränderung des Sozialprodukts zweier aufeinander folgender Jahre bezeichnet man als **Wachstumsrate**.

a) Errechnen Sie anhand der o. a. Werte die nominalen und realen Wachstumsraten und fertigen Sie sich eine Tabelle an, in die Sie die Ergebnisse eintragen!

b) Das Ziel unserer Wirtschaftspolitik ist ein stetiges und angemessenes Wirtschaftswachstum.
Beurteilen Sie, ob und inwieweit seit 1971 dieses Ziel erreicht wurde!

3. „Mit der Steigerung des privaten Wohlstandes aber treten Probleme hervor, die vordem weniger dringlich erschienen, so vor allem nachteilige Nebenwirkungen auf Umwelt und Gesundheit ... Das Bewußtsein, daß es hier zu Disproportionalitäten gekommen war, hat zu der verbreiteten Vorstellung geführt, daß die Marktwirtschaft auf rein quantitatives wirtschaftliches Wachstum angelegt sei, daß sie schon aus dem System heraus qualitative Aspekte vernachlässige. Das ist ein Irrtum ...

Wenn nach den Regeln des Systems, gegebenenfalls durch demokratisch legitimierte Instanzen aufgrund ihrer Kompetenz für die Rahmenbedingungen, entschieden wird,

– daß die Arbeitszeit verkürzt, die Freizeit also verlängert werden soll,
– daß die Arbeitsbedingungen erhöhten Standards zu genügen haben,
– daß bei der Produktion und dem Verbrauch von Gütern mehr Rücksicht auf die Umwelt genommen werden soll und daher entsprechende Auflagen zu erfüllen sind,

so geschieht dies nicht gegen die Zwecke der Marktwirtschaft, sondern ist deren Ausdruck, nämlich Ausdruck dessen, daß zählen soll, was die Menschen wollen."

Quelle: Jahresgutachten des Sachverständigenrates zur Begutachtung der gesamtwirtschaftlichen Entwicklung 1975/76, Stuttgart und Mainz 1975, S. 121

a) Diskutieren Sie die Frage, daß unsere Wirtschaft rein mengenmäßiges Wachstum verfolgen müsse und damit keine qualitativen Aspekte berücksichtigen könne!
b) Erläutern Sie die Auffassung des Sachverständigenrates zu dieser Problematik!

4.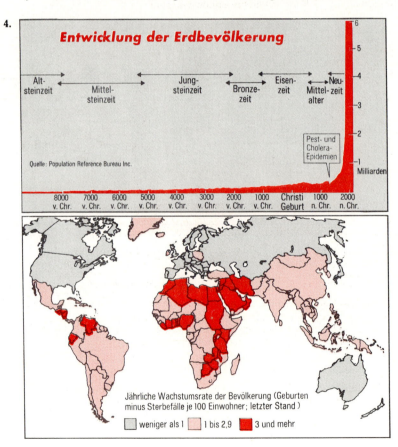

a) Welche Gefahr signalisiert die obere Darstellung für die Welt unter Wachstumsgesichtspunkten?
b) Welche Schlußfolgerungen sind in bezug auf das Wachstum aus der unteren Darstellung zu zeichnen?

Arbeitsblatt zum außenwirtschaftlichen Gleichgewicht

Im Wirtschaftsverkehr mit dem Ausland wird ein Gleichgewicht zwischen Zahlungseingängen und Zahlungsausgängen angestrebt. Zentraler Maßstab ist der **Außenbeitrag**: er bezeichnet die Differenz zwischen Importen und Exporten von Waren und Dienstleistungen. Ist der Außenbeitrag positiv, so hat das Inland mehr Güter produziert als verbraucht. Das von der Bundesregierung angestrebte Ziel eines positiven Außenbeitrages von 1 bis 2% des nominalen Bruttosozialproduktes erscheint deswegen notwendig, weil die hohen Defizite für die Devisenübertragungen aus der hohen Ölrechnung ausgeglichen werden müssen.

Positiver Außenbeitrag in einer Volkswirtschaft		
Herkunft der Güter	Nachfrageaufteilung	Außenbeitrag
Inlandsprodukt	Konsum und Investition des Inlands	positiv
Import	Export	

Negativer Außenbeitrag in einer Volkswirtschaft		
Herkunft der Güter	Nachfrageaufteilung	Außenbeitrag
Inlandsprodukt	Konsum und Investition des Inlands	negativ
Import	Export	

1. Beschreiben Sie das Zustandekommen und die Wirkungen positiver und negativer Außenbeiträge!
2. Welche Nachteile sind mit ständig hohen Überschüssen in der Handelsbilanz verbunden?
3. Warum ist in der Bundesrepublik ein positiver Außenbeitrag notwendig?
4. Wann spricht man von einem außenwirtschaftlichen Gleichgewicht, wenn man positiven Außenbeitrag und Übertragungen für Rohstoffeinkäufe miteinander vergleicht?
5. Überlegen Sie, welche Wirkungen die
   – Zahlungen der Gastarbeiter an ihre Heimatfamilien,
   – Zahlungen für den Urlaub im Ausland
   zeitigen.

Thema: Inflation und ihre Ursachen

Lernziele:

Der Schüler soll

- nominales und reales Sozialprodukt unterscheiden und definieren können,
- die Begriffe Inflation und Deflation unterscheiden können,
- Ursachen der Inflation nennen können,
- die Auswirkungen der Inflation am Beispiel der Verkehrsgleichung verdeutlichen können.

1. Lernschritt:

Motivationsphase: L verteilt Arbeitsblatt und fordert Sch zur Bearbeitung der Arbeitsaufgaben auf.

2 Lernschritt:

Erarbeitungsphase: 1. Schritt: L und Sch besprechen und diskutieren die Ergebnisse des Arbeitsblattes.
2. Schritt: L legt Folie auf und erarbeitet mit Sch Teil a) der Folie (Inflation und Deflation).
3. Schritt: L und Sch erarbeiten gemeinsam Teil b) der Folie (Auswirkungen von Inflation und Deflation).

3. Lernschritt:

Vertiefungsphase: 1. Schritt: L und Sch erarbeiten gemeinsam die Inflationsursachen im Tafelbild Teil 1.
2. Schritt: L entwickelt die Kurzformel der Verkehrsgleichung in Tafelbild Teil 2.
3. Schritt: Sch analysieren die Bedingungen der Verkehrsgleichung, die für Preisstabilität erfüllt sein müssen (Tafelbild Teil 2).

Arbeitsblatt:

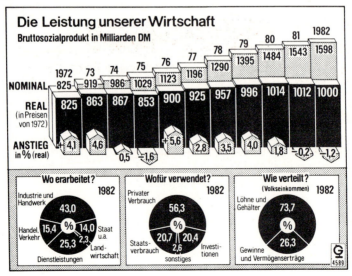

1. Errechnen Sie die Veränderungen des nominalen und realen Sozialproduktes für die Jahre 1977 bis 1982!
2. Vergleichen Sie die Veränderungen gegenüber dem Vorjahr! Welche Schlüsse ergeben sich im Hinblick auf das Preisniveau?
3. Erstellen Sie eine abschließende Definition für beide Sozialproduktarten!
4. Überlegen Sie, welcher der beiden Begriffe im Hinblick auf wirtschaftspolitische Ziele aussagefähiger ist!

Folie: Inflation und Deflation

a)

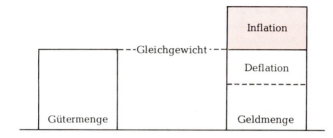

In einer Volkswirtschaft mit nur einer Ware stehen 3 000 kg zur Verfügung. Die Käufer verfügen insgesamt über 6 000,— DM, die sie für den Kauf der Ware ausgeben wollen. Die Verkäufer wollen den gesamten Warenbestand absetzen.

Es ergibt sich folgender Preis:

$$\frac{6\,000}{3\,000} = 2,\text{— DM/Stück}$$

Am nächsten Tag werden wieder 3 000 kg angeboten, die Käufer verfügen jedoch über 9 000,— DM, die sie für die Ware ausgeben wollen.

Der neue Preis errechnet sich wie folgt:

$$\frac{9\,000}{3\,000} = 3,\text{— DM/Stück}$$

Da der Preis unserer Ware gleichzeitig den Geldwert darstellt, ist in unserem Beispiel der Geldwert gesunken, weil die Nachfrage bei konstantem Angebot größer geworden ist. Wäre auch die Gütermenge im gleichen Verhältnis gestiegen, hätte es keine Preisveränderungen gegeben.

$$\frac{9\,000}{4\,500} = 2,\text{— DM/Stück.}$$

b)

Gleichgewicht	stabiler Geldwert
Inflation	– Preisniveau steigt – geringer Geldwert (kleine Kaufkraft)
Deflation	– Preisniveau sinkt – hoher Geldwert (große Kaufkraft)

Tafelbild

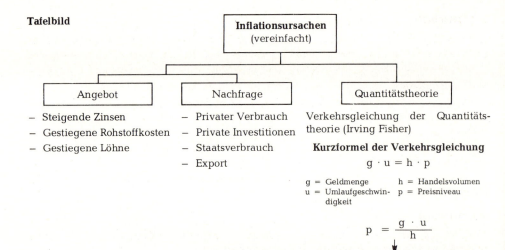

Bedingungen, die, ausgehend von der Verkehrsgleichung, erfüllt sein müssen, um Preisstabilität zu wahren

Wie müßten sich in der Verkehrsgleichung die Größen „u" und „h" (Umlaufgeschwindigkeit des Geldes und Handelsvolumens) ändern, wenn bei einer Erhöhung der Geldmenge „g" die Größe „p" (Preise) konstant bleiben soll (es ist zweckmäßig, von einem einfachen Zahlenbeispiel auszugehen, das die Verkehrsgleichung anschaulich machen soll; z.B. $5 \cdot 4 = 10 \cdot 2$).

Thema: Träger und Instrumente der Wirtschaftspolitik

Lernziele:

Der Schüler soll

— die Träger der Wirtschaftspolitik nennen können,
— die Organisation der Deutschen Bundesbank und ihre Aufgaben beschreiben können,
— in einem vereinfachten Modell die Geldschöpfung der Kreditinstitute beschreiben können,
— Möglichkeiten der Geldmengenveränderung nennen und den Instrumenten der Deutschen Bundesbank zuordnen können,
— die Instrumente der Deutschen Bundesbank erklären können,
— die Konjunkturphasen nennen und erklären können,
— die Hauptindikatoren des Konjunkturverlaufs nennen können,
— die wichtigsten wirtschaftspolitischen Maßnahmen des Staates nennen und beispielhaft erläutern können.

1. Lernschritt:

Motivationsphase: L legt Folie 1 auf und bespricht mit Sch die Auszüge aus dem Gesetz der Deutschen Bundesbank im Hinblick auf die Träger der Wirtschaftspolitik.

2. Lernschritt:

Erarbeitungsphase: 1. Schritt: L verteilt Informationsblatt 1 mit Arbeitsaufgaben und fordert Sch zur Bearbeitung auf.
2. Schritt: Sch-Vortrag zum Aufbau der Deutschen Bundesbank mit anschließender kritischer Besprechung.
3. Schritt: L verteilt Arbeitsblatt 1 zur Geldschöpfung und entwickelt mit Sch einen Geldschöpfungsmultiplikator. (Dieser Schritt ist nur für lernstarke Klassen geeignet.)
4. Schritt: L und Sch entwickeln gemeinsam Tafelbild 1 (Möglichkeiten der Geldmengenveränderung).
5. Schritt: L legt Folie 2 auf und bespricht die währungspolitischen Befugnisse der Deutschen Bundesbank.

3. Lernschritt:

Vertiefungs- und Übungsphase: 1. Schritt: L verteilt Aufgaben zur Geldpolitik und fordert Sch zur Bearbeitung in Partnerarbeit auf.
2. Schritt: Gemeinsame Besprechung der Arbeitsergebnisse.
3. Schritt: L verteilt Informationsblatt 2 zur Konjunktur und erarbeitet mit Sch Folie 3 (Konjunkturverläufe).
4. Schritt: Sch bearbeiten Arbeitsaufgaben zum Konjunkturverlauf.
5. Schritt: L und Sch erarbeiten anhand Folie 4 die Einnahmen- und Ausgabenpolitik des Staates.
6. Schritt: L gibt zusammenfassenden Überblick über wirtschaftspolitische Maßnahmen des Staates anhand Folie 5.
7. Schritt: L verteilt Arbeitsaufgaben zur staatlichen Wirtschaftspolitik, die von Sch gelöst und anschließend gemeinsam besprochen werden.

4. Lernschritt:

Lernzielkontrolle: Sch erhalten programmierten Test und Klassenarbeit.

Folie 1   Auszüge aus dem Gesetz über die Deutsche Bundesbank:

§ 3: „Die Deutsche Bundesbank regelt mit Hilfe der währungspolitischen Befugnisse, die ihr nach diesem Gesetz zustehen, den Geldumlauf und die Kreditversorgung der Wirtschaft mit dem Ziel, die Währung zu sichern..."

§ 6: „Der Zentralbankrat bestimmt die Währungs- und Kreditpolitik der Bank. Der Zentralbankrat besteht aus dem Präsidenten und dem Vizepräsidenten der Deutschen Bundesbank, den weiteren Mitgliedern des Direktoriums und den Präsidenten der Landeszentralbanken."

§ 12: „Die Deutsche Bundesbank ist verpflichtet, unter Wahrung ihrer Aufgabe die allgemeine Wirtschaftspolitik der Bundesregierung zu unterstützen. Sie ist bei der Ausübung der Befugnisse, die ihr nach diesem Gesetz zustehen, von Weisungen der Bundesregierung unabhängig."

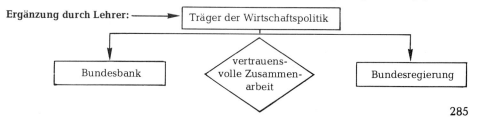

Informationsblatt 1 mit Arbeitsaufgabe

Die Deutsche Bundesbank

Die Deutsche Bundesbank, deren Sitz sich in Frankfurt/Main befindet, ist am 01.08.1957 aus der Verschmelzung der seit 1948 bestehenden Bank deutscher Länder mit den Landeszentralbanken hervorgegangen. Mit ihrer Errichtung als bundesunmittelbare juristische Person des öffentlichen Rechts wurde das bisherige zweistufige Zentralbanksystem mit föderativem Aufbau durch ein zentralisiertes Banksystem abgelöst, das auch den Aufbau der früheren Reichsbank kennzeichnete. Die Landeszentralbanken, die bis 1957 als rechtlich selbständige regionale Institute bestanden, wurden unter Beibehaltung ihrer Namen in Hauptverwaltungen der Deutschen Bundesbank umgewandelt. Das Grundkapital der Bundesbank in Höhe von 290 Mio. DM befindet sich in Händen des Bundes, dem auch der Gewinn nach Abzug bestimmter Rücklagen zusteht.

Oberstes Organ der Bundesbank ist der Zentralbankrat, der die Währungs- und Kreditpolitik der Bundesbank bestimmt und die allgemeinen Richtlinien für Ihre Geschäftsführung und Verwaltung aufstellt. Er besteht aus dem Präsidenten und den Vizepräsidenten der Bundesbank, bis zu acht weiteren Mitgliedern des Direktoriums und den elf Präsidenten der Landeszentralbanken. Präsident, Vizepräsident und die weiteren Mitglieder des Direktoriums, das zentrales Exekutivorgan ist, werden auf Vorschlag der Bundesregierung unter Anhörung des Zentralbankrates vom Bundespräsidenten für acht Jahre bestellt. Ebenfalls von ihm werden die Präsidenten der Landeszentralbanken bestellt, und zwar auf Vorschlag des Bundesrates nach Anhörung der Landesregierungen und des Zentralbankrates. Die Vizepräsidenten und die weiteren Vorstandsmitglieder der Landeszentralbanken bestellt der Präsident der Bundesbank auf Vorschlag des Zentralbankrates.

Im Bereich der Währungspolitik ist die Bundesbank für den inneren und die Bundesregierung für den äußeren Teil (Wechselkurssystem, Festsetzung der Währungsparitäten) kompetent. Nach § 3 des Bundesbankgesetzes ist es die vorrangige Aufgabe der Bundesbank, den Geldumlauf und die Kreditversorgung der Wirtschaft zu regeln mit dem Ziel, den Wert des Geldes stabil zu halten und die bankmäßige Abwicklung des Zahlungsverkehrs im In- und Ausland zu gewährleisten. Ihr steht das alleinige Recht der Notenausgabe zu, für die es keine feststehende Umlaufbegrenzung gibt.

Als unabhängige Noten- und Währungsbank ist sie bei der Durchführung ihrer Aufgaben nicht an Weisungen der Bundesregierung gebunden, doch ist sie verpflichtet, unter Wahrung ihrer Aufgabe die allgemeine Wirtschaftspolitik der Regierung zu unterstützen.

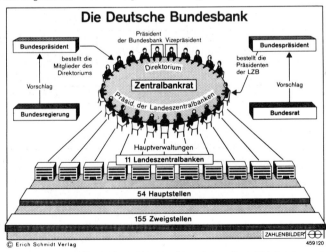

Studieren Sie vorliegende Information und versuchen Sie eine Beschreibung der Organisation der Deutschen Bundesbank zu erstellen, die für alle Mitschüler verständlich ist!

Arbeitsblatt 1

Instrumentarium der Deutschen Bundesbank

Die Bundesbank kann ihrer Aufgabe, den Geldwert durch Regulierung der Gesamtgeldmenge stabil zu halten, nur gerecht werden, wenn sie auf die Schöpfung von Buchgeld durch die Banken Einfluß nimmt. Diese können, wie das folgende Beispiel zeigt, auf einer von der Bundesbank ausgegebenen Geldmenge in **Banknoten** ein Vielfaches an neu geschaffenem **Giralgeld** aufbauen.

Rudi besitzt 1 000,— DM in bar. Mit diesem Geld geht er zu einer Bank und läßt sich dort ein Konto eröffnen. Er zahlt seine 1 000,— DM als Einlage ein und hat damit ein Guthaben von 1 000,— DM. Über dieses **Sichtguthaben** kann er jederzeit durch Barabhebung, Scheck, Überweisung u. a. verfügen. Der gesamte Vorgang bewirkt bei Rudi keine wirtschaftliche Veränderung, denn er hat Zentralbankgeld gegen Buchgeld getauscht.

In der Vermögenslage der Bank ist ebenfalls keine Veränderung eingetreten, denn dem Kassenzuwachs von 1 000,— DM steht eine gleich hohe Verbindlichkeit an Rudi gegenüber.

Die flüssigen Mittel der Bank haben jedoch ihre **Liquidität** erhöht. Falls die Bank damit rechnen müßte, daß die 1 000,— DM demnächst in voller Höhe in bar wieder zurückverlangt werden, so müßte sie den gesamten Betrag als Barreserve (Kassenreserve) bereithalten.

In einer entwickelten Volkswirtschaft wird aber ein Großteil aller Zahlungen unbar abgewickelt. Die Erfahrungswerte der Bank besagen, daß die Barauszahlungen im Durchschnitt durch neue Bareinzahlungen aufgewogen werden, so daß es genügt, wenn sie einen Bruchteil aller Einlagen als Barreserve hält (in unserem Fall nehmen wir 10 % an, das entspricht 100,— DM als Kassenreserve).

Durch den Liquiditätszuwachs von 1 000,— DM und die erforderliche Kassenreserve kann die Bank einen Kredit in Höhe von 900,— DM vergeben. Das im Umlauf befindliche Zentralbankgeld hat sich durch den Vorgang nicht verändert, nur die umlaufende Buchgeldmenge ist um 900,— DM erhöht worden. Wird der beschriebene Vorgang durch weitere Banken fortgesetzt, so kann die Geldschöpfung insgesamt den Ausgangsbetrag um das Mehrfache überschreiten.

Arbeitsblatt 2

Geldschöpfungsmöglichkeiten eines Kreditinstituts

1. Einlage 1 000,— DM
   Verfügungsfaktor 50 %

①

Kunde	Einlage	Barabfluß	Kredit = Geldschöpfung
A	1 000,— DM	—	1 000,— DM an B
B	1 000,— DM	500,— DM	500,— DM an C
C	500,— DM	250,— DM	250,— DM an D
D	250,— DM	125,— DM	125,— DM an ...
			2 000,— DM

2. Einlage 1 000,— DM
   Verfügungsfaktor 20 %

Kunde	Einlage	Barabfluß	Kredit = Geldschöpfung
A	1 000,— DM	—	1 000,— DM an B
B	1 000,— DM	200,— DM	800,— DM an C
C	800,— DM	160,— DM	640,— DM an D
D	640,— DM	128,— DM	512,— DM an ...
			5 000,— DM

Je geringer der Bargeldabfluß, desto höher die Geldschöpfungsmöglichkeit.

② **Formel:** unendliche geometrische Reihe

(1) $G = \dfrac{a}{1-q}$ G = Geldschöpfungsbetrag
a = Einlage
b = %-Satz der Barabhebung

(2) $q = 1 - \dfrac{b}{100}$

(3) $G = \dfrac{a}{1-\left(1-\dfrac{b}{100}\right)}$

zu 1: $= \dfrac{1\,000}{1-\left(1-\dfrac{50}{100}\right)}$ zu 2: $G = \dfrac{1\,000}{1-\left(1-\dfrac{20}{100}\right)}$

$= \dfrac{1\,000}{0{,}5}$ $= \dfrac{1\,000}{1-0{,}8}$

$= \underline{\underline{2\,000{,}—}}$ $= \dfrac{1\,000}{0{,}2}$

$= \underline{\underline{5\,000{,}—}}$

3. Einlage 1 000,— DM
Verfügungsfaktor 50 %
Mindestreservesatz 10 %

Zinsloses Guthaben auf dem LZB-Konto!

Kunde	Einlage	Mindestreserve	Geldschöpfung	Barabfluß
A*	1 000,— DM	–	1 000,— DM an B	500,— DM
B	500,— DM	50,— DM	450,— DM an C	225,— DM
C	225,— DM	22,50 DM	202,50 DM an D	101,25 DM
D	101,25 DM	10,13 DM	91,12 DM an ...	45,56 DM
			1 818,18 DM	

* Zur Vereinfachung A ohne MR (Auslandsg.)

4. Einlage 1 000,— DM
Verfügungsfaktor 50 %
Mindestreservesatz 20 %

Lösung mit Formel

(1) $G = \dfrac{a}{1-(q\cdot r)}$ m = MR-Satz

(2) $r = 1 - \dfrac{m}{100}$

(3) $G = \dfrac{a}{1-\left[\left(1-\dfrac{6}{100}\right)\left(1-\dfrac{m}{100}\right)\right]}$

zu 3: $G = \dfrac{a}{1-(0{,}5\cdot 0{,}9)}$ zu 4: $G = \dfrac{a}{1-(0{,}5\cdot 0{,}8)}$

$= \dfrac{a}{1-0{,}45}$ $= \dfrac{a}{1-0{,}4}$

$= \dfrac{1\,000}{0{,}55}$ $= \dfrac{1\,000}{0{,}6}$

$= \underline{\underline{1\,818{,}18}}$ $= \underline{\underline{1\,666{,}66}}$

Je höher m (= Mindestreservesatz), desto geringer ist die Geldschöpfungsmöglichkeit!

Tafelbild 1

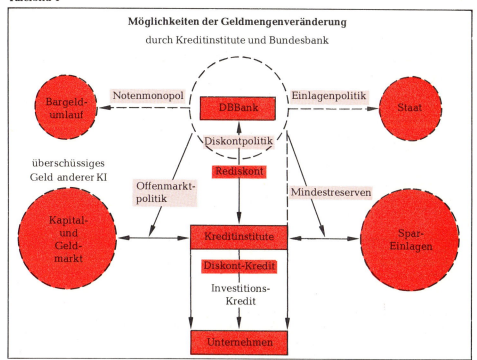

Folie 2

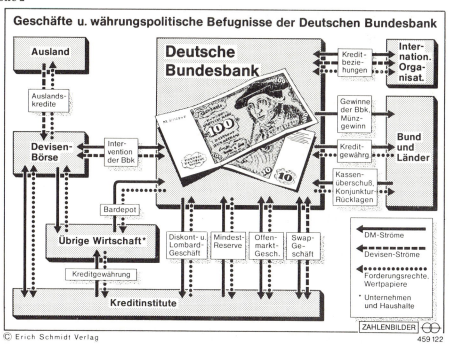

Aufgaben: Geldpolitik[1]

1. Eine Geschäftsbank diskontiert Wechsel, indem sie von Unternehmen Wechsel vor Fälligkeit ankauft. Sie hat folgende Bilanz:

    Bankbilanz

Kasse	55 000,—	Sichteinlagen	200 000,—
Wechsel	145 000,—		
	200 000,—		200 000,—

    a) Ermitteln Sie die Überschußreserve bei einer Kassenreserve von 10 %!
    b) Berechnen Sie die Überschußreserve, wenn die Bank 50 000,— DM Wechsel gegen Sichtguthaben an die Bundesbank verkauft hat!
    c) Wie kann die Bundesbank mit Hilfe des Diskontsatzes in diese Schaffung von Zentralbankgeld der Kreditinstitute eingreifen?

2. Eine Geschäftsbank verkauft an die Deutsche Bundesbank Wertpapiere im Werte von 200 000,— DM gegen Sichtguthaben.

    Bankbilanz

Kasse	100 000,—	Sichteinlagen	1 000 000,—
Sichtguthaben	200 000,—		
Wertpapiere	700 000,—		
	1 000 000,—		1 000 000,—

    a) Wie sieht die Bilanz nach dem Wertpapierverkauf aus?
    b) Wie verändert sich die Überschußreserve bei einer Kassenreserve von 15 %?
    c) Wie würde sich die Überschußreserve ändern, wenn das Kreditinstitut von der Bundesbank Wertpapiere im Werte von 80 000,— DM kaufen würde?
    d) Erklären Sie die Funktionsweise der Offenmarktpolitik der Deutschen Bundesbank!

3. Eine Geschäftsbank hat folgende Bilanz:

    Bankbilanz

Kasse	260 000,—	Sichteinlagen	2 000 000,—
Sichtguthaben	370 000,—		
Wechsel	390 000,—		
Kredite	980 000,—		
	2 000 000,—		2 000 000,—

    a) Wie hoch ist die Überschußreserve, wenn neben der Kassenreserve eine Mindestreserve von 15 % auf dem LZB-Konto zu unterhalten ist?
    b) Welche Wirkung ergibt sich für die Überschußreserve, wenn die Bundesbank den Mindestreservesatz auf 25 % erhöht bzw. auf 5 % senkt?
    c) Wie wirkt sich eine Erhöhung des Mindestreservesatzes auf die Rentabilität der Geschäftsbanken aus?
    d) Die Bundesbank trifft folgende Beschlüsse:
       - Erhöhung des Diskontsatzes,
       - Erhöhung der Mindestreserve,
       - Verkauf von Wertpapieren.

       Welche Auswirkungen ergeben sich für
       a) Bankenliquidität (Überschußreserve),
       b) Zinsniveau,
       c) gesamtwirtschaftliche Nachfrage?

1 Vgl. Seidel-Temmen, Volkswirtschaftslehre, Gehlen Verlag 1980.

Die Bundesbank hält an ihrem harten Kurs fest
Diskont- und Lombardsatz erhöht / Die Bankzinsen werden steigen

Ss. Frankfurt, 28. Februar. Der Zentralbankrat der Deutschen Bundesbank hat einige kreditpolitische Maßnahmen getroffen, die dazu führen sollen, daß sich die Zinsen für Bankkredite wie auch die Zinsen für Bankeinlagen, insbesondere die Spareinlagen, erhöhen und die Zinsen am Geldmarkt zumindest stabilisiert werden. Zu diesem Zweck wird der Diskontsatz der Deutschen Bundesbank um 1,0 auf 7,0 Prozent, der Lombardsatz um 1,5 auf 8,5 Prozent heraufgesetzt.

Dies bedeutet, daß die Banken für Wechsel, die sie bei der Bundesbank einreichen, einen erhöhten Diskontabschlag hinnehmen müssen und daß für Bundesbankkredite an Banken, die diese gegen Hinterlegung von Wertpapieren aufnehmen, ein höherer Zins bezahlt werden muß. Die Bundesbank erwartet, daß diese Erhöhung der Leitzinsen auf die Kreditzinsen durchschlagen wird, da diese in vielen Fällen an die Leitzinsen der Bundesbank gebunden sind. Zugleich hofft man, daß diese Maßnahmen auch ein Signal dafür sind, daß die Einlagenzinsen der Banken erhöht werden.

Außerdem hat der Zentralbankrat beschlossen, die Rediskontkontingente, das heißt den Rahmen, in dem die Banken bei der Bundesbank Wechsel „rediskontieren" können, vom 3. März an um rund 4,0 Milliarden DM zu erhöhen. Schließlich werden die Lombardlinien der Kreditinstitute, die seit Ende August im Normalfall auf 15 Prozent der Rediskontingente bemessen waren, aufgehoben. In diesem Zusammenhang erinnert die Bundesbank an das geltende Prinzip, daß Lombardkredit nur zur kurzfristigen Überbrückung eines vorübergehenden Liquiditätsbedürfnisses gewährt werden soll.

Der Beschluß des Zentralbankrates enthält demnach zwei Elemente: Eine Verteuerung des Bundesbankkredites, der von den Banken zur Erfüllung ihrer Mindestreserve-Verpflichtungen aufgenommen werden muß, zugleich aber auch eine Erleichterung des Zuganges zum Bundesbankkredit. Bei wachsender Wirtschaft muß die Notenbank, so ist die Ansicht, immer wieder zusätzliches Zentralbankgeld zur Verfügung stellen; diesem Ziel dient die Erweiterung der Rediskontkontingente. Was die Aufhebung der „Lombardkontingentierung" anlangt, soll den Kreditinstituten wieder eine flexiblere Handhabung der Beschaffung von Zentralbankgeld ermöglicht werden. Dabei wird es darauf ankommen, daß die Notenbank den Lombardkredit im Griff behält.

Der Präsident der Deutschen Bundesbank, Karl Otto Pöhl, hat nach der Sitzung des Zentralbankrates gesagt, die Maßnahmen seien notwendig geworden, damit sich die Zinsdifferenz zwischen den deutschen und insbesondere amerikanischen Zinsen nicht noch vergrößern und die Kapitalexporte, die derzeit festzustellen sind, sich nicht noch verstärken. Außerdem hätten die Leitzinsen der Notenbank in der letzten Zeit die Verbindung zu den Marktzinsen verloren.

Pöhl wandte sich gegen die Ansicht, daß die Notenbankbeschlüsse zu einer Abschwächung der Konjunktur beitragen könnten. Angesichts der konjunkturellen Risiken habe man sich den Entschluß nicht leichtgemacht. Aber man habe gegenüber der deutschen und der ausländischen Öffentlichkeit ein deutliches Signal setzen wollen, daß die D-Mark eine harte Währung ist. Eine Politik, die auf Preisstabilität und Stabilität des Wechselkurses ausgerichtet ist, sei aus Erfahrung die beste Garantie für Wachstum und hohen Beschäftigungsstand.

Im übrigen glaubt Pöhl nicht, daß die Marktzinsen in gleichem Umfang steigen werden wie die Leitzinsen der Bundesbank. Das Ergebnis der beschlossenen Maßnahmen werde sein, daß eine Finanzierung des deutschen Leistungsbilanzdefizits über die internationalen Finanzmärkte möglich ist. Auf den deutschen Kapitalmarkt werden die kreditpolitischen Maßnahmen nach der Ansicht von Pöhl beruhigend wirken und zu einer Normalisierung beitragen.

(Quelle: „F.A.Z", Nr. 51 vom 29. 02. 1980, S. 13)

Kommentar der „F.A.Z.":

Wachsam bleiben

Ss. Die Beschlüsse, die der Zentralbankrat der Deutschen Bundesbank gefaßt hat, zeigen Entschlossenheit, sich von seiner Aufgabe, die Währung zu sichern, nicht abbringen zu lassen. Die Maßnahmen, die getroffen worden sind, erscheinen geeignet, die Kreditexpansion besser unter Kontrolle zu bringen, die Sparzinsen auf eine angemessene Höhe zu heben und Inflationserwartungen entgegenzutreten. Es könnte freilich sein, daß die Beschlüsse nicht überall als eine Fortsetzung des auf Dämpfung der Inflation gerichteten Kurses gesehen werden. Die Erweiterung der Rediskontkontingente und der wieder freiere Zugang zum Lombardkredit können als kompensatorische Maßnahmen zur Diskont- und Lombardsatzerhöhung angesehen werden, die eher als eine Erleichterung für die Kreditinstitute gelten könnten.

Die Frage bleibt offen, ob die Wirkung der Leitzinserhöhung auf die Kredit- und Geldmengenausweitung stärker ist als die Einladung an die Kreditinstitute, auf die Güte der Bundesbank zu vertrauen, wenn sie mit Zentralbankgeld in die Enge kommen. So wäre der Bundesbank vor allem zu raten, den Lombardkredit wirklich nur für kurzfristige Überbrückungen zuzulassen und zu vermeiden, daß wieder einmal der „Selbstbedienungsladen" des Lombardkredits von den Kreditinstituten fleißig benutzt wird.

Es ist sicher richtige Politik, nicht in einem Schritt zu viel zu erreichen. Wenn die neuen Maßnahmen ausreichen, die Märkte davon zu überzeugen, daß die Bundesbank stabilitätspolitisch wachsam bleibe, dann könnte man damit zufrieden sein. Die Bundesbank sollte sich aber nicht scheuen, sofort einzugreifen, wenn sich das Zinsniveau abwärtsbewegen oder die D-Mark an den Devisenmärkten unter Druck geraten sollte. Zunächst wird man abwarten müssen.

1. Suchen Sie die eingesetzten Instrumente der Deutschen Bundesbank heraus, und versuchen Sie sie kurz zu beschreiben!
2. Suchen Sie eine Erklärung dafür, daß aufgrund der Maßnahmen die Zinsen steigen werden! – Warum ist der Effekt erwünscht?
3. Beschreiben Sie die **„zwei Elemente"** des Zentralbankbeschlusses. Warum erscheinen sie als Kombination notwendig?

Offenmarktpolitik

Die Offenmarktpolitik der Notenbanken ist ein Mittel der Währungspolitik mit dem Ziel, durch Kauf oder Verkauf bestimmter „Wertpapiere" die gesamtwirtschaftliche Liquidität zu verknappen oder zu erweitern. Kauft die Notenbank derartige Papiere am „offenen" Markt, so erhöht sich die Liquidität der „Einreicher". Der umgekehrte Effekt wird erzielt, wenn die Notenbank als Verkäufer auftritt, wobei der Gegenwert der verkauften Papiere bei ihr stillgelegt und damit der gesamtwirtschaftlichen Liquidität entzogen wird. Da aber Offenmarktpapiere in den Händen der Partner der Notenbanken eine Liquiditätsreserve darstellen – die Titel können jederzeit verkauft, d.h. in Barmittel umgewandelt werden –, ändert sich durch Offenmarkt-Operationen die Liquidität nicht in ihrer Quantität, sondern nur in ihrer Zusammensetzung. Es wird nämlich sofort verfügbares Notenbankgeld in kurz-, mittel- oder langfristige Papiere umgewandelt oder umgekehrt.

Nach dem Bundesbankgesetz darf die Deutsche Bundesbank „zur Regelung des Geldmarktes am offenen Markt zu Marktsätzen kaufen und verkaufen". Es handelt sich dabei um folgende Papiere:

– rediskontfähige Wechsel;
– Schatzwechsel und Schatzanweisungen, deren Schuldner der Bund, ein Sondervermögen des Bundes oder ein Land ist;

- Schuldverschreibungen und Schuldbuchforderungen des Bundes, eines Sondervermögens des Bundes oder eines Landes (hierzu zählen auch Kassenobligationen von Bund, Post und Bahn mit einer Restlaufzeit von bis zu 18 Monaten);
- andere zum amtlichen Börsenhandel zugelassene festverzinsliche Papiere.

Das Gesetz läßt demnach auch Offenmarktgeschäfte mit langfristigen Titeln zu, was der Bundesbank die Möglichkeit gibt, auch am Kapitalmarkt zu intervenieren.

Darüber hinaus stehen der Bundesbank für Offenmarktoperationen noch eine große Anzahl anderer Schatzwechsel und unverzinslicher Schatzanweisungen zur Verfügung, die deshalb als „unverzinslich" bezeichnet werden, weil die Verzinsung durch Vorwegabzug im Diskontweg und nicht mittels Zinskupon erfolgt. Diese Geldmarktpapiere kann in der Bundesrepublik jedermann erwerben.

In der Praxis betreibt die Bundesbank Offenmarktpolitik in der Weise, daß sie je nach ihren Absichten die Abgabe- und Rücknahmesätze ändert, um Anreiz entweder zu Rückgaben oder zu Käufen seitens der Marktpartner zu geben. Außerdem ist es wiederholt vorgekommen, daß die Bundesbank für bestimmte Geldmarktpapiere den Verkauf zeitweilig einstellte, um die Geldanlage im Ausland attraktiver zu machen. Die Beeinflussung der Liquidität durch Variierung der Konditionen zeigt, daß die Offenmarktpolitik ebenso als Instrument der Zinspolitik wie der Liquiditätspolitik geeignet ist und deshalb Diskont- und Mindestreservemaßnahmen unterstützt.

(Aus: Handelsblatt Nr. 13 vom 14.04.1973)

1. Erläutern Sie kurz die Funktionsweise der Offenmarktpolitik (OMP)!
2. Wovon ist der Erfolg der OMP abhängig?
3. Welche Wirkung kann durch die OMP erreicht werden?
4. Wodurch unterscheidet sich die OMP von der Diskont- und MR-Politik?

Informationsblatt 2

Konjunkturelle Schwankungen = Saisonschwankungen

Der Wirtschaftsablauf in der Marktwirtschaft ist niemals gleichmäßig. Sich stets wandelnde Verbrauchergewohnheiten, technische Neuerungen, Naturereignisse und politische Maßnahmen können Störungen hervorrufen.

Bei wiederkehrenden kurzfristigen Änderungen der Wirtschaftslage spricht man von **Saisonschwankungen**, die meist nur einzelne Wirtschaftszweige (z.B. Baugewerbe oder Landwirtschaft infolge ungünstiger Witterung) betreffen und auf die gesamte Volkswirtschaft ohne großen Einfluß bleiben. Dagegen wirken sich die auf mehrere Jahre erstreckenden mittelfristigen Wirtschaftsschwankungen, nämlich die **Konjunkturschwankungen**, auf die Entwicklung der gesamtwirtschaftlichen Aktivität aus. Die einzelnen Phasen des Konjunkturablaufs bezeichnet man als Aufschwung, Hochkonjunktur, Rückschlag oder Krise und Tiefstand oder Depression.

In der Phase des **Aufschwungs** steigen Produktion und Absatz. Zusätzliche Arbeitskräfte werden eingestellt. Mit steigendem Einkommen der Arbeitnehmer erhöht sich die Nachfrage nach Konsumgütern. Bei zunächst noch niedrigen Zinssätzen nehmen die Unternehmer für ihre Investitionsvorhaben hohe Bankkredite auf. An der Börse steigen die Aktienkurse. Die **Hochkonjunktur** ist gekennzeichnet durch Voll- und Überbeschäftigung; es besteht Mangel an Arbeitskräften. Die Produktionskapazitäten sind voll ausgelastet. Preise und Löhne steigen weiter. In *Krisenzeiten* verringert sich der Absatz. Die Produktion wird eingeschränkt, es kommt zu ersten Entlassungen. Die Konsumgüternachfrage läßt nach, obgleich die Preise fallen. Die Aktienkurse fallen. Die Konjunkturbewegung hat den *Tiefstand* erreicht. Große Arbeitslosigkeit, Betriebsstillegungen sind die sichtbaren Merkmale. Da der Absatz stockt, werden keine Investitionen mehr vorgenommen. Die niedrigen Löhne und Zinssätze veranlassen die Unternehmer aber ,ihre Produktion langsam wieder auszuweiten, nachdem durch konjunkturgerechte Maßnahmen des Staates der Anstoß für eine Wirtschaftsbelebung gegeben wurde.

Aufgabe der staatlichen Konjunkturpolitik ist es, die Konjunkturschwankungen möglichst einzudämmen, um ein langfristiges Wirtschaftswachstum zu sichern. Durch Steuerermäßigungen und öffentliche Aufträge wird der wirtschaftliche Rückgang abgefangen, während hohe Steuern und Einschränkungen der öffentlichen Ausgaben einer überhitzten Konjunktur entgegenwirken.

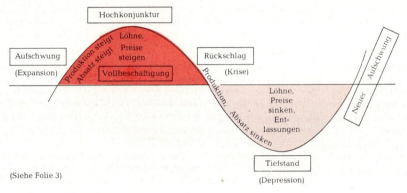

(Siehe Folie 3)

Leerfolie 3 (zugleich Schülerarbeitsblatt)

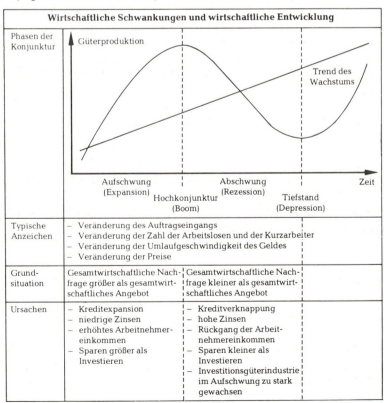

294

Arbeitsaufgaben:

Auszug aus einem Zeitungsbericht:

DIE KONJUNKTUR SPRINGT BALD WIEDER AN

Einen neuen Konjunkturaufschwung wird es mit an Sicherheit grenzender Wahrscheinlichkeit noch in diesem Jahr geben. Diese – allerdings undatierte – Prognose geben die fünf wirtschaftswissenschaftlichen Forschungsinstitute in ihrem Frühjahrsgutachten. Die wichtigsten Nachfragekomponenten – Investitionen, Verbrauch, Staatsausgaben, aber auch die Auslandsaufträge – werden die Kapazitätsauslastung verbessern. Auf dem Arbeitsmarkt, so rechnen die Konjunkturforscher, wird sich die Belebung allerdings erst im Herbst auswirken.

Die Entwicklung der großen Nachfragekomponenten beurteilen die Institute wie folgt:

1. Die schon seit einigen Monaten steigende Inlandsnachfrage nach Investitionsgütern wird bis zur Jahresmitte verstärkt zunehmen.
2. Bei den Bauinvestitionen ist ein weiteres Abgleiten nicht mehr zu befürchten, sogar ein geringer Anstieg erscheint möglich.
3. Der private Verbrauch wird sich im weiteren Jahresverlauf deutlich beleben und damit auch die Investitionsneigungen günstig beeinflussen. Zu den Stützen der Verbrauchskonjunktur zählen die Nachzahlungen aus den Lohnabschlüssen, eine sinkende Sparquote und ein geringeres Arbeitsplatzrisiko.
4. Das Auslandsgeschäft wird von der Wirtschaftsbelebung in den westlichen Industrienationen – vor allem in den Vereinigten Staaten und Japan – profitieren.

1. Nennen Sie die wichtigsten Komponenten der gesamtwirtschaftlichen Nachfrage!

   (a) .... (b) ....

   (c) .... (d) ....

2. Wie bezeichnet man mit einem Begriff die Summe aus privatem Verbrauch, staatlichem Verbrauch (Staatsausgaben), Investitionen und Außenbeitrag (Auslandsaufträge – Inlandsaufträge an das Ausland oder Exporte – Importe)?

   ....

3. a) Was versteht man unter Kapazitätsauslastung einer Volkswirtschaft?

   ....

   b) Wie muß die Nachfrage beschaffen sein, damit die volkswirtschaftlichen Kapazitäten voll ausgelastet sind?

   hohe Nachfrage ☐ geringe Nachfrage ☐

4. a) Was versteht man unter einem Arbeitsmarkt?

   ....

   b) Wie muß die Nachfrage beschaffen sein, damit hohe Beschäftigungszahlen erreicht werden (wenig Arbeitslose)?

   hohe Nachfrage ☐ geringe Nachfrage ☐

5. a) Wie bezeichnet man in einem Begriff eine Wirtschaftsphase, die durch eine geringe Nachfrage gekennzeichnet ist?

   ....

   b) Wie bezeichnet man in einem Begriff eine Wirtschaftsphase, die durch eine hohe Nachfrage gekennzeichnet ist?

   ....

6. a) Wie bezeichnet man die Übergangsphase, die zwischen geringer Nachfrage und hoher Nachfrage liegt?

   . . . .

   b) Wie bezeichnet man die Übergangsphase, die zwischen hoher und geringer Nachfrage liegt?

   . . . .

7. Wie bezeichnet man die Gesamtbewegung der gesamtwirtschaftlichen Nachfrage?

   . . . .

8. **Konjunkturverlauf in der Bundesrepublik Deutschland**

   Nach einer nur zögernden konjunkturellen Erholung in den Jahren 1977 und 1978 gewann die wirtschaftliche Aufwärtsentwicklung im Jahre 1979 deutlich an Dynamik. Das reale Wirtschaftswachstum überschritt in diesem Jahr erstmals seit 1976 wieder die 4 %-Marke. Für 1980 befürchtet der Sachverständigenrat zur Begutachtung der gesamtwirtschaftlichen Entwicklung allerdings eine Abschwächung des konjunkturellen Aufschwungs. Schwächetendenzen ließen sich sowohl bei den Auftragseingängen aus dem Inland als auch bei denen aus dem Ausland erkennen.

   Die voraussichtliche konjunkturelle Abkühlung dürfte in erster Linie eine Folge des neuen Ölpreisschocks sein. Die erheblichen Ölpreissteigerungen legen es nahe, für das Jahr 1980 ein abgeschwächtes Wirtschaftswachstum mit Zuwachsraten von nur 2,5 % bis 3,0 % anzunehmen. Es ist vor allem zu erwarten, daß durch die Energieverteuerung ein Teil der inländischen Nachfrage absorbiert wird. Da gleichfalls alle wichtigen Handelspartner der Bundesrepublik Deutschland von der Rohstoffverteuerung betroffen sind, dürfte auch das deutsche Exportgeschäft deutlich beeinträchtigt werden.

   Sofern es gelingt, im Jahre 1980 ein Abrutschen in die Rezession zu verhindern, kann der Konjunkturzyklus 1976/1980 mit einem respektablen Wachstum von 3,5 % bis 4,0 % abschließen. Der Konjunkturzyklus von 1972/1975 brachte demgegenüber nur ein Durchschnittsergebnis von 1,8 %. Ursächlich hierfür war der tiefe Konjunktureinbruch von 1974/1975.

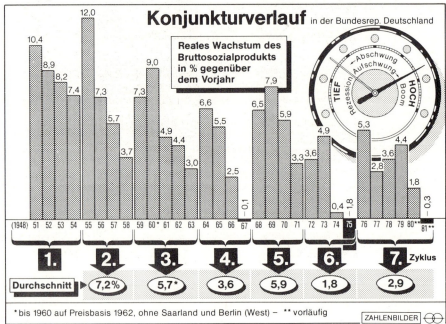

Insgesamt darf nicht übersehen werden, daß das wirtschaftliche Wachstum in den 70er Jahren entschieden schwächer ausgefallen war als in den beiden vorausgegangenen Jahrzehnten. Die leichte Aufwärtsentwicklung im Jahre 1973 wurde schnell von einer Rezessionsphase abgelöst, die 1975 zum bisher tiefsten wirtschaftlichen Rückschlag seit Bestehen der Bundesrepublik Deutschland geführt hatte. Auch die Ende 1975 einsetzende Konjunkturbelebung blieb nur von kurzer Dauer. Erst die wirtschaftliche Erholung in den Jahren 1978 und 1979 führte dazu, daß die 70er Jahre jahresdurchschnittlich mit einem Wachstum von gut 3,0 % abschließen konnten. In den 60er Jahren wurde im Durchschnitt eine Wachstumsrate von 5,0 % erreicht, in den 50er Jahren lag sie sogar bei 7,0 %.

Im internationalen Vergleich 1979 nahm die Bundesrepublik Deutschland mit einer Wachstumsrate von 4 % einen Mittelplatz ein. Günstigere Ergebnisse erreichten vor allem Japan und Österreich, während Großbritannien und die Schweiz weit unter dem Durchschnitt blieben.

Aufgabe: Beschaffen Sie sich Zahlenmaterial (Monatsberichte der Deutschen Bundesbank; Stat. Bundesamt) für den Zeitraum ab 1981. Stellen Sie die Konjunkturindikatoren (s. Lehrbuch) zusammen, und interpretieren Sie sie in Anlehnung an die Info!

Folie 4

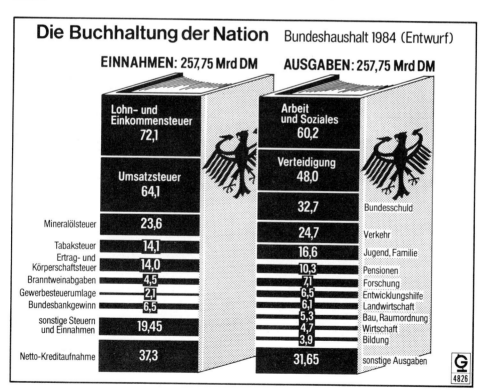

Wirtschaftspolitische Maßnahmen des Staates

1. Finanzpolitik

Sie umfaßt im wesentlichen die **Einnahme- und Ausgabepolitik** von Bund, Ländern und Gemeinden. Sie werden vor allem eingesetzt, um auf die gesamtwirtschaftliche Situation einzuwirken.

- **Einnahmenpolitik:** z. B. Erhöhung der Steuersätze
  Veränderung der Abschreibungsmöglichkeiten
  Prägen von Sondermünzen u. a.

- **Ausgabenpolitik:** z. B. BAFöG-, Kindergeldkürzung
  Kürzungen im Bildungsbereich
  Erhöhung der Verteidigungsausgaben u. a.

2. Geld- und Kreditpolitik

Hierunter fallen alle Maßnahmen, die die Vergabe von Krediten an private Haushalte, Unternehmungen oder öffentliche Institutionen entweder erleichtern oder erschweren.

3. Wechselkurspolitik

Hierher gehören allgemeine Auf- und Abwertungen, Veränderungen des Wechselkurses für bestimmte Transaktionen oder Währungen und auch Änderungen des Wechselkurssystems.

4. Direkte Kontrollen

Hierunter wird die staatliche Festsetzung von Güterpreisen oder -mengen verstanden, die z. B. durch die Bestimmung von Preisober- oder -untergrenzen erfolgt. Direkte Kontrollen sind meist zwingende Vorschriften mit Gesetzeskraft (z. B. Kalkulation öffentlicher Aufträge).

5. Schaffung bzw. Veränderung institutioneller Rahmenbedingungen

Eingriffe in den institutionellen Rahmen sind z. B. Veränderungen der Wettbewerbsgesetzgebung oder die Schaffung neuer internationaler Institutionen, die den Handlungsspielraum der nationalen Wirtschaftspolitik einengen.

Arbeitsaufgaben zur staatlichen Wirtschaftspolitik

1. Die folgende Tabelle zeigt, in welchem Umfang die im Stabilitätsgesetz festgelegten Ziele des magischen Vierecks tatsächlich erreicht wurden.

Jahr	Veränderungen gegenüber dem Vorjahr			
	Änderung des realen BSP in %	Änderung des Preisindex in %	Arbeitslosenquote in %	Außenbeitrag in % des realen BSP
1965	5,6	3,3	0,7	− 0,1
1966	2,9	3,6	0,7	+ 1,6
1967	− 0,2	1,6	2,1	+ 3,7
1968	7,3	1,6	1,5	+ 3,7
1969	8,2	1,9	0,9	+ 2,9
1970	5,8	3,4	0,7	+ 1,5
1971	2,7	5,3	0,9	+ 0,9
1972	3,6	5,5	1,1	+ 0,7
1973	5,4	6,9	1,2	+ 2,7
1974	0,4	7,0	2,6	+ 5,6
1975	− 2,5	6,0	4,7	+ 2,4
1976	5,7	4,5	4,6	+ 4,7
1977	2,4	3,9	4,6	+ 4,7

a) Stellen Sie anhand der Tabelle ein Kurvendiagramm im Koordinatenkreuz auf, indem Sie auf der x-Achse die Jahre von 1965 bis 1977 und auf der y-Achse die folgenden Größen abtragen:
1 Veränderungen des realen BSP gegenüber dem Vorjahr:
2 Veränderungen des Preisindex für die Lebenshaltung aller privaten Haushalte gegenüber dem Vorjahr:
3 Durchschnittliche jährliche Arbeitslosenquote:
4 Anteil des Außenbeitrags am BSP:

b) Begründen Sie anhand Ihres Diagramms den Begriff „magisch"!

2. Wie muß sich der Staat in der Hochkonjunktur verhalten, wenn er mit seiner Einnahmen- und Ausgabenpolitik antizyklisch wirken will?

3. Welche Möglichkeiten hat der Staat in einer Rezession, seine Ausgaben zu erhöhen, wenn bei zunehmender Arbeitslosigkeit die Steuern spärlicher fließen?

4. Kennzeichnen Sie die Konjunktursituation, in der eine Herauf- oder Herabsetzung der Steuersätze angebracht erscheint!

5. Entscheiden Sie, welche Staatsausgaben sich für eine antizyklische Ausgabenpolitik eignen.
Zu den Staatsausgaben gehören:
– **Transformationsausgaben:** Personalausgaben, laufende Sachausgaben (z.B. Büromaterial, Heizungskosten usw.) und öffentliche Investitionen (z.B. kapitalintensiver Autobahnbau, personalintensiver Hochbau).
– **Transferausgaben** werden im Zusammenhang mit der Einkommensumverteilung gezahlt (z.B. Renten, Pensionen, Kindergeld u.a.).

6. Reichen in einer Rezession die Mittel zur Deckung eines Haushaltsdefizits nicht aus, müssen nach Auflösung der Konjunkturausgleichsrücklage Schulden gemacht werden, um die Deckungslücke zu schließen.

Haushaltskonto zur Konjunkturbelebung

Nennen Sie die Bezeichnung für diese Kreditfinanzierung und geben Sie Möglichkeiten der Kreditaufnahme an!

7. Zeichnen Sie das Schema eines Haushaltskontos, das zur Dämpfung einer Hochkonjunktur aufgestellt wurde!

8. Erklären Sie die Wirkung eines Haushaltsüberschusses bzw. eines Haushaltsdefizites auf die Konjunktur!

9. Lesen Sie die Information zur Staatsverschuldung und beschreiben/erklären Sie die dargestellte Gefahr!

(Aufgaben in Anlehnung an Seidel/Temmen, Volkswirtschaftslehre, Gehlen-Verlag 1980.)

Klassenarbeit

Beantworten Sie bitte die nachfolgenden Fragen unter Verwendung der jeweiligen Fachausdrücke!

1. Nennen Sie die fünf Bedingungen des „vollkommenen Marktes"!
   1. . . . .
   2. . . . .
   3. . . . .
   4. . . . .
   5. . . . .

2. Worin unterscheidet sich der „unvollkommene" vom „vollkommenen Markt"?
   1. . . . .
   2. . . . .
      . . . .
      . . . .

3. Wie verhalten sich auf einem vollkommenen Markt Angebot und Nachfrage zueinander?

   | | Menge | | Preis |
	Nachfrage	Angebot	je Stücke

   (Bezeichnung der Achsen bitte auch eintragen!)

4. Auf einem vollkommenen Markt pendelt sich immer wieder nur ein Preis ein.
   a) Wie heißt dieser Preis? . . . .
   b) Warum heißt er so? (Nennen und begründen Sie kurz die Bedingungen dieses Preises!)
      . . . .

5. Wodurch kann eine Veränderung der Nachfragekurve bewirkt werden?
   1. . . . .
   2. . . . .
   3. . . . .
   4. . . . .

6. Stellen Sie die etwaige Verschiebung der Nachfragekurve durch eine Einkommenserhöhung dar! (Gehen Sie dabei von Aufgabe 3 aus!)

   Kurze Erläuterung zur Zeichnung:

7. Auf eine Erhöhung der Nachfrage reagieren die Anbieter auf zweifache Weise. (Geben Sie die Reaktionen und die Begründung dazu an! Keine Zeichnung!)

   a) *kurzfristig:* wie? ....

   warum? ....

   b) *langfristig:* wie? ....

   warum? ....

8. Der Mineralölmarkt ist gekennzeichnet durch seine eindeutige Struktur. Um was für einen Markt und um welche Konkurrenzsituation handelt es sich hierbei?

   1. ....

   2. ....

9. Was besagt folgender Kurvenverlauf?

   P

   P_0 ————————→ N

   0   m

   1. ....
   2. ....
   3. ....

10. Für eine Volkswirtschaft gelten folgende Größen: Bruttoeinkommen der privaten Haushalte aus Arbeitsleistungen in Unternehmungen 200000 GE; Renten 13000 GE und Gehaltszahlungen des Staates 17000 GE; Konsumausgaben der privaten Haushalte 175000 GE, Steuerzahlungen der privaten Haushalte 118000 GE, das übrige Einkommen wird gespart und von den Unternehmungen für Investitionen verwendet; Subventionen des Staates 12000 GE; Ausgaben des Staates für Sachgüter und Dienstleistungen 116000 GE; Steuerzahlungen der Unternehmungen 112000 GE; Export 19000 GE und Import 17000 GE.

    a) Fertigen Sie eine Skizze des erweiterten Wirtschaftskreislaufs an, und tragen Sie auf den Verbindungslinien die Werte der verschiedenen Geldströme ein!

    b) Errechnen Sie folgende Größen: Volkseinkommen; Gesamtetat des Staates; Höhe der Nettoinvestitionen; Einnahmen der Unternehmen; Transferzahlungen des Staates; Außenbeitrag!

| Unternehmungen | Banken | Haushalte |

| Staat |

| Ausland |

Programmierte Aufgaben (Test)

Was versteht man in der Wirtschaft unter Monopol?
(A) Aktiengesellschaften
(B) Ein- und Ausfuhr eines Landes
(C) Freie Marktwirtschaft
(D) Marktform, bei der für eine Ware nur ein Anbieter vorhanden ist

Welcher Lohn sagt am meisten über die Kaufkraft aus?
(A) Akkordlohn
(B) Nominallohn
(C) Prämienlohn
(D) Reallohn
(E) Zeitlohn

Reallohn ist die/der
(A) Gütermenge, die mit dem Nettolohn gekauft werden kann
(B) Lohnausgleich bei Einführung der 40-Stunden-Woche
(C) Lohnform, die neben der Leistung auch soziale Verhältnisse des Arbeitnehmers berücksichtigt
(D) vom Betrieb ausgezahlte Lohnsumme

Was ist Inflation?
(A) Geldaufwertung
(B) Geldentwertung
(C) Passive Zahlungsbilanz
(D) Staatsbankrott

Welche Aussage über das Verhältnis von Nominal- zu Reallohn ist richtig?
(A) Die Höhe des Nominallohnes bestimmt den Lebensstandard eines Volkes
(B) In einer Inflation steigt der Reallohn schneller als der Nominallohn
(C) Reallohn bezeichnet – im Gegensatz zu Nominallohn – den reinen Nennwert des Lohnes
(D) Steigen die Lebenshaltungskosten langsamer als der Nominallohn, so sinkt der Reallohn
(E) Steigen die Lebenshaltungskosten stärker als der Nominallohn, so sinkt der Reallohn

Dirigismus in einem Staat bedeutet für Preise und Löhne, daß diese
(A) staatlich fixiert sind
(B) von Produzenten diktiert werden
(C) von Verbrauchern bestimmt werden
(D) zwischen Produzenten und Verbrauchern abgesprochen werden

Die Lohn-Preis-Spirale zeigt:
(A) Abhängigkeit des Faktors Arbeit von der Tarifpolitik
(B) Auswirkung von Preiserhöhungen auf Bezieher von festen Einkommen
(C) Kaufkraftsteigerung für Arbeitnehmerhaushalte durch Erhöhung des Nominallohnes
(D) übermäßige Lohnerhöhungen haben Preissteigerung zur Folge und umgekehrt

Der Güterkreislauf verläuft im Vergleich zum Geldkreislauf
(A) entgegengesetzt
(B) in gleicher Richtung
(C) langsamer
(D) schneller
(E) unabhängig

Was ist keine gesetzliche Maßnahme zur Förderung der Eigentumsbildung durch die Arbeitnehmer?
(A) Gewinnausschüttung
(B) Steuerbegünstigtes Sparen
(C) Volksaktien
(D) Wohnungsbauprämien